Hansjürg Büchi · Markus Huppenbauer (Hrsg.)

Autarkie und Anpassung

Hansjürg Büchi · Markus Huppenbauer (Hrsg.)

Autarkie und Anpassung

Zur Spannung zwischen Selbstbestimmung und Umwelterhaltung

Westdeutscher Verlag

Umschlaggestaltung: Horst Dieter Bürkle, Darmstadt
Umschlagbild: Hansjürg Büchi, Zürich
Druck und buchbinderische Verarbeitung: Druckerei Hubert & Co., Göttingen
Gedruckt auf säurefreiem Papier
Printed in Germany

ISBN 3-531-12795-0

Inhalt

Einleitung

Ausgangspunkt des Buches

Die Grundlage dieses Buches ist eine gleichnamige interdiszplinäre Vorlesungsreihe, die im Sommer 1994 an der Universität und der ETH Zürich durchgeführt wurde. Ausgangspunkt jener Vorlesung war die Frage, ob und wie weit die begrenzte Ressourcenverfügbarkeit in einem begrenzten Raum ein Problem sei. Wo die Bewohner eines Raumes mehr Rohstoffe und Energie verbrauchen, als ihnen darin zur Verfügung steht, sind die rauminternen Systeme auf externe Versorgung oder den Einsatz von nicht erneuerbaren Ressourcen angewiesen. Im ersten Fall geht die Außenversorgung zu Lasten anderer Räume, im zweiten Fall zu Lasten der Reserven. Allerdings ist heute selten klar, wie hoch diese Tragfähigkeitsschwelle (engl. "carrying capacity") eines Raumes ist. Auch gibt es bis heute kaum globalisierungsfähige Konzepte, wie eine externe Versorgung „umweltgerecht" abgegolten werden kann beziehungsweise wie der Ressourcenabzug aus einer Region durch die Empfängerregion ressourcenerhaltend zu kompensieren wäre. Noch viel schwieriger wird die Situation, wenn auch die soziale Gerechtigkeit in den Konzepten berücksichtigt werden soll.

Autarkie und Selbstversorgungsfähigkeit von Regionen

Die Frage nach der Tragfähigkeit von Räumen ist weitgehend deckungsgleich mit der Frage nach der Selbstversorgungsfähigkeit bzw. der Autarkiefähigkeit (vgl. den Text von HJ. BÜCHI). Man könnte aber sagen, daß man im Falle der Tragfähigkeit von den Gesamträumen her, im Falle der Autarkiefähigkeit von den einzelnen Teilsystemen her fragt. Damit sind in der ökologischen Debatte zunächst Fragen im Umkreis der Energieversorgung und der Stoffkreisläufe angesichts der beschränkten globalen Ressourcen angeschnitten, wie sie im Beitrag von HJ. BÜCHI/A. RELLER dargelegt werden.

Nicht selten wird Regionalisierung (verbunden mit einer Unterbindung des globalen Stoffaustausches) als Hilfsmittel vorgeschlagen, wenn umweltgerechte Verbrauchs- und Abgeltungsweisen verlangt werden. Mit dieser Idee kritisieren Umweltbewegungen und grüne Parteien die globalwirtschaftlich orientierten marktwirtschaftlichen Strukturen unserer Gesellschaft. Beispiele für diese Position finden sich in diesem Buch vor allem im Text von D. STEINER. Nach Meinung jener Gruppierungen sind die marktwirtschaft-

lichen Strukturen und entsprechende Globalmodelle der wirtschaftlichen
Vordenker, wie sie R.WEDER in seinem Beitrag vertritt, nicht in der Lage,
ökologisch wichtige regionale Unterschiede zu berücksichtigen. Das hängt
damit zusammen, daß Weltmarktmodelle von global gültigen Systemstrukturen ausgehen müssen, und solche Systemstrukturen sind, wenn überhaupt,
höchstens im Bereich der menschlichen Sozialsysteme denkbar. Natürliche
Systeme sind demgegenüber an ihren Standort mit seinen ihm eigenen
Rahmenbedingungen angepaßt und über die Regionen hinweg nur beschränkt austauschbar. Deshalb wird hier die Anwendung globaler Strukturen problematisch.

Natürliche und kulturelle Vielfalt

Wenn die einzelnen Natursysteme an ihre jeweiligen Lebensräume angepaßt sind, heißt das, daß für die Besetzung aller Lebensräume auf der Erde mit
einer großen Systemvielfalt zu rechnen ist. Neben der Forderung nach Standortangepaßtheit ist im Rahmen einer umweltverträglichen Planung also auch
die natürliche Vielfalt zu berücksichtigen. Globalstrukturen bewirken, daß
Lebensformen verdrängt werden, die sich einer Kulturglobalisierung und
ihren Bedürfnissen nicht anpassen können (vgl. hiezu den Text von
V. ZISWILER). Dies führt zu einem irreversiblen Verlust der Artenvielfalt. Eine
Folge der zunehmenden globalen Vereinheitlichung der Lebensformen und
damit zusammenhängend der abnehmenden Lebensvielfalt ist die verstärkte
Anfälligkeit gegenüber störenden Einflüssen. Außenverursachte Änderungen können häufig nicht mehr durch den Einsatz schon bereitstehender
Alternativen aufgefangen werden. Wo es um die Erhaltung der natürlichen
Lebensgrundlagen geht, ist deshalb eine unkontrollierte Öffnung der Natur-
regionen unerwünscht. Dass andererseits menschliche Eingriffe nicht nur
negative Folgen haben, zeigt E. LANDOLT in seinem Beitrag. Wo ein über-
regionaler Austausch zu einer Vergrößerung der Artenvielfalt führt, kann er
durchaus erwünscht sein.
    Etwas Ähnliches gilt auch für die kulturelle Vielfalt. Wir haben zuvor
gesagt, globale Systemstrukturen wären vielleicht im Bereich der menschlichen Gemeinschaft denkbar. Während ein globaler Kulturaustausch durchaus sinnvoll und befruchtend sein kann, wäre es gefährlich, wenn wir das
vielfältige Potential an menschlichen Beziehungsformen opferten, um eine
einheitliche Weltkultur zu entwickeln, die dann doch keiner Region und
keiner Tradition mehr gerecht würde.
    Das gilt auch im Hinblick auf ethisch durchaus akzeptierte Werte. Man
kann sich manchmal des Eindrucks nicht erwehren, daß die Forderungen
nach globaler Gleichheit dem Schutz der eigenen Privilegien dienen, etwa
dann, wenn die Menschenrechtserklärung dazu herhalten muß, einen Wirt-
schaftsprotektionismus zu tarnen. Die tief in der europäischen Tradition ver-

wurzelten Menschenrechte mit ihrem Anspruch auf Allgemeingültigkeit eignen sich ohnehin gut als Vehikel für den Export einer westlichen Lebensweise in alle Welt und für einen globalen Kulturkolonialismus. Dieser Mißbrauch allein ist allerdings noch kein zwingendes Argument gegen die Universalität der Menschenrechte. Zumal ja auch die Ablehnung dieser Universalität meistens aus Machtinteressen geschieht... Wie J. LEIMBACHER in seinem Beitrag umfassend ausführt, ist aber auch hier eine Diskussion zu führen, vor allem, wenn das Beharren auf dem Recht auf individuelle Freiheit zur Zerstörung der für andere Individuen und für das Kollektiv notwendigen Lebensgrundlagen führen kann.

Zu beachten ist in jedem Fall die Frage, ob eine Entwurzelung und Orientierungslosigkeit, wie sie bei einer die regionalen Gegebenheiten vernachlässigenden Kulturglobalisierung zu erwarten ist, der Schlüssel zu mehr Frieden und sozialer Gerechtigkeit sein kann. Eine gewisse Regionalisierung ist aus kulturellen und ethischen Gründen wünschenswert, wobei hier – wie eben aus dem Hinweis auf die Menschenrechtsproblematik deutlich geworden ist – auf das Problem des ethischen Relativismus hinzuweisen ist.

Regionalisierungsforderungen lassen sich also durchaus glaubwürdig begründen. Mit ihren Konzepten sitzen die Vertreter eines ökologisch begründeten Regionalismus jedoch nicht selten mit Rassisten und Hurrapatrioten zusammen im selben Boot. Diese Verbindung kann berechtigte ökologische Anliegen diskreditieren. Da ökologische Probleme nicht an Staatsgrenzen haltmachen, muss sich umweltbewußtes Denken immer auch in globalen Kontexten vollziehen und kritische Rückfragen an Regionalkonzepte stellen dürfen. Wo die von M. BROGGI, CH. SCHLÜCHTER oder H. STICHER aufgestellten Forderungen nach ökologisch begründeter Regionalisierung, Anpassung des Güterverbrauchs und Einpassen in natürliche Kreisläufe zum Vehikel von Nationalismen werden, werden die globalen Nachteile einer Entwicklung dem regionalen Vorteil untergeordnet und der Blick fürs Ganze geht verloren. Regionalisierung darf also nicht mit Nationalisierung gleichgesetzt und im Sinne einer Überhöhung des eigenen Standpunktes verstanden werden. Dies betrifft vor allem auch Westeuropa, eine Region, die traditionell eine große Offenheit aufweist und für die Wahrung ihres Lebensstandards zwingend auf eine Außenversorgung angewiesen ist (vgl. dazu den Text von HJ. BÜCHI / A. RELLER und, in bezug auf die Offenheit der Schweiz als Teilraum Westeuropas, den Beitrag von H.U. JOST).

Ethische Orientierung

Der Begriff "Autarkie" will allerdings seit der Antike mehr ausdrücken als nur den Aspekt der materiellen Unabhängigkeit: Dazu gehören auch, je nach Autor und Denkschule, Aspekte wie selbständiges Denken und Erkennen, selbständiges Handeln oder die Selbsterhaltung bestimmter Systeme oder

Strukturen. Angewendet auf das Spannungsfeld zwischen Globalisierung und Regionalisierung treten dabei neue Aspekte des Problems in das Zentrum der Diskussion.

Wenn die unterschiedlichen Regionen und kulturelle Identitäten durch die zunehmende Mobilität und den beschleunigten Informationsfluss global zusammenrücken, werden auch die Zusammenhänge komplexer. Die Unüberschaubarkeit beeinträchtigt die Fähigkeit zum selbständigen Handeln, der Orientierungsbedarf wächst. Dem globalen Zusammenrücken entspricht auf geistiger Ebene der Eindruck, alles, was man bisher an Normen kannte, sei beliebig geworden. Die Einheit der Vernunft ist trotz der Globalisierung der wissenschaftlich-technischen Zivilisation weiter entfernt denn je. Aus der dynamischen, scheinbar orientierungslosen Welt möchte man sich in eine unabhängige, überschaubare Region zurückziehen, in der alles seinen voraussehbaren Bahnen folgt. Es kommt dabei zum merkwürdigen Paradox, daß (regionale) Selbstbestimmung nicht unbedingt mit der klassisch-liberalen Selbstbestimmung oder Freiheit des Individuums korreliert.

Es gibt umweltethische Entwürfe, die Anpassung und Einbettung in die (regionalen) natürlichen Prozesse, in ein übergeordnetes Ganzes fordern. Der Wunsch, sich den Zwängen des globalen Marktes zu entziehen, endet dann in der Anpassung an den Zwang der Natur. Selbstbestimmung und Umwelterhaltung scheinen so gesehen kaum miteinander vermittelbar. Es kommen dadurch Fragestellungen wieder zu Ehren, die unter dem Titel "Autonomie" viele Diskussionen der neuzeitlichen Ethik geprägt haben (vgl. hiezu die Texte von M. HUPPENBAUER/H. RUH und B. WEISSHAUPT).

Daß wir im Kontext unseres Buches nicht mehr bloß von Autonomie, sondern von Autarkie reden, hat damit zu tun, daß wir die Frage nach der Selbstbestimmung oder Freiheit in einem sehr viel weiteren Kontext ansiedeln als die neuzeitliche Ethik, wie sie etwa von Kant entwickelt worden ist. Während Autonomie in der neuzeitlichen Ethik eine (wohlverstanden transzendentale oder nicht wegdenkbare, also nicht-empirische) Grundbedingung für die Möglichkeit menschlichen Handelns bezeichnet, kann man entsprechende Fragen im ökologischen Kontext nur sinnvoll aufnehmen, wenn man neben diesem individuell-geistigen auch materiell-stoffliche und systemorientiert-relationale Aspekte mitbedenkt. Dafür steht der schillernde Begriff der Autarkie. In formaler Hinsicht möchten wir im Anschluß an Aristoteles den Relationsaspekt betonen, insbesondere die Autarkie als Eigenschaft von Systemen, die notwendigen Strukturen zur selbstgesteuerten Fortführung ihrer Existenz in Abstimmung mit ihrer Umwelt aufrechtzuerhalten. Nachdenken über die Möglichkeiten, unter denen das Leben auf der Erde sich selbst erhalten kann und Handlungsfreiheit möglich bleibt, heißt immer auch nachdenken über Autarkie in diesem Sinne. Deshalb halten wir den Begriff der Autarkie für genauso fundamental wie den der Autonomie, denn ohne Autarkie gibt es keine Freiheit der Wahl.

Indem wir diese Diskussion aufgreifen, begeben wir uns bewußt in ein ethisch vorbelastetes Feld, das mit Vorurteilen und Tabus belegt ist (vgl. hierzu die Ausführungen von H.U.JOST). Die Frage nach der Übernutzung von Räumen kann mit nationalistischen oder die Nationengrenzen bewußt verneinenden Konzepten angegangen werden. Entsprechend groß ist die Gefahr, daß eine sachbezogene Diskussion ideologisch mißbraucht wird. Dies zeigte sich teilweise auch in den Diskussionsvoten im Anschluß an die einzelnen Referate der Vorlesungsreihe.

Ähnlich kontrovers verläuft auch die ökologisch-ökonomische Diskussion um die Frage "Globalisierung oder Regionalisierung" (vgl. die Texte und Kommentare von R.WEDER und D.STEINER). Weitere Probleme, die in den Texten immer wieder auftauchen, sind die individuelle Freiheit der Menschen, ihre Grenzen und die damit verbundenen Konflikte (zentral bei HJ.BÜCHI, M.HUPPENBAUER/H.RUH, J.LEIMBACHER, H.RAGUSE, M.ROTACH und B.WEISSHAUPT) und das politisch heikle Problempaar Bevölkerungsentwicklung/Ressourcenverbrauch, das vor allem in den naturwissenschaftlichen Beiträgen immer wieder angesprochen wird.

Es ist uns durchaus bewußt, daß, wer in diesem Gebiet eine Diskussion beginnt, Gefahr läuft, nicht nur gute Geister zu rufen. Die Gefahren, die hinter einer Tabuisierung des Themas "Raumübernutzung" lauern, sind aber zu groß, als daß es totgeschwiegen werden dürfte. Wir sollten über mögliche ökologische und soziale Schäden nicht erst nachdenken, wenn die Schäden Realität geworden sind. Ganz abgesehen davon steht hinter dem Totschweigen häufig nur die Bequemlichkeit, sich nicht mit einem unbeliebten Thema auseinandersetzen zu wollen. Dies heißt umgekehrt jedoch nicht, daß eine Auseinandersetzung mit dem Thema automatisch zu guten Lösungen führen würde. Vor diesem Hintergrund sind die in den Texten vorgeschlagenen Lösungskonzepte kritisch auf ihre ethische Vertretbarkeit hin zu hinterfragen.

Schlußbemerkungen

Die in diesem Buch abgedruckten Texte sind die überarbeiteten Referate der eingangs erwähnten interdisziplinären Vorlesungsreihe an den Zürcher Hochschulen im Sommersemester 1994. Sie wurde unter dem Titel "Autarkie und Anpassung" von der Kommission für interdisziplinäre Veranstaltungen der Universität Zürich und der ETH Zürich (KIV) gemeinsam mit der Evangelischen Studiengemeinschaft (ESG) durchgeführt. Daran anschließend organisierte die ESG einen Workshop zum Thema "Natur im Ghetto?", dessen Beiträge auch in diesem Band abgedruckt sind.

Die Texte wurden für die Veröffentlichung in eine systematische Reihenfolge gebracht. Nach einer Einführung ins Problem werden zunächst die naturwissenschaftlich, dann die raumplanerisch orientierten Beiträge abgedruckt. Nach Beiträgen, die vor allem den Menschen als Handelnden thematisieren, wird der Band mit Überlegungen zur wirtschaftlich-politischen und ethischen Umsetzung abgeschlossen.

Bereits bei der Vorbereitung der Vorlesungsreihe wurden die Referate stark koordiniert (Vorgabe der Themenbereiche), bei der Umsetzung in die schriftliche Form wurden von den Herausgebern teilweise Ergänzungswünsche im Hinblick auf die Verbindung der Texte angebracht. Von den Beispielen her ist der Band teilweise Schweiz- und Deutschland-orientiert, in ihren Aussagen versuchen die Beiträge jedoch einen überregionalen Bezug herzustellen. Einzig das Referat von H.U. JOST ist explizit Schweiz-orientiert, wobei die Schweiz hier exemplarisch für einen in den gesamteuropäischen Kontext eingebundenen Kleinraum gesehen werden kann.

Einzelne Texte sind speziell aufeinander bezogen: dazu gehören die zwei Beiträge von R. WEDER (Ökonomie) und D. STEINER (Humanökologie), deren Autoren sich dankenswerterweise bereit erklärt haben, gegenseitig kritische Stellungnahmen zu ihren Artikeln zu verfassen, der Beitrag von H. RAGUSE, der sich explizit auf eine Zusammenfassung des Referatstextes von D. STEINER bezieht, sowie die vier Texte von CH. SCHLÜCHTER, V. ZISWILER, E. LANDOLT und M. BROGGI die im Rahmen des Workshops "Natur im Ghetto" entstanden sind. Um die Texte des Workshops noch besser miteinander zu verbinden, wurde auch der Tagungsbericht in die Textsammlung aufgenommen.

Wir danken der Autorin und den Autoren für ihre Texte, dem Verlag für die unkomplizierte Bereitschaft zur Publikation des Bandes, der Evangelisch-reformierten Landeskirche des Kantons Zürich für die Möglichkeiten, die sie der ESG zur Verfügung gestellt hat, und der KIV für die Bereitschaft, mit einer nicht alltäglichen Partnerin zusammenzuarbeiten. Ein Dank geht auch an Anita Schlüchter und Jenny Ruffet für ihre Korrekturarbeit, an die Mitarbeiter der Schweizerischen Geotechnischen Kommission für ihre Unterstützung bei der Erstellung des Layouts sowie an alle Helferinnen und Helfer, die in der einen oder anderen Art beim Entstehen dieses Buches mitgeholfen haben. Last but not least sei auch Verena Hirzel gedankt, die in vielfältiger Art zur Vereinfachung unserer Arbeit beigetragen hat.

Zürich, im August 1995   Hansjürg Büchi und Markus Huppenbauer

Autarkie
Selbstgenügsamkeit, Selbständigkeit und Selbsterhaltung als ökologisches Leitziel?

Hansjürg Büchi

Faust: Ein Sumpf zieht am Gebirge hin,
Verpestet alles schon Errungene;
Den faulen Pfuhl auch abzuziehn,
Das letzte wär das Höchsterrungene.
Eröffn ich Räume vielen Millionen,
Nicht sicher zwar, doch tätig-frei zu wohnen.
Grün das Gefilde, fruchtbar; Mensch und Herde
Sogleich behaglich auf der neusten Erde,
Gleich angesiedelt an des Hügels Kraft,
Den aufgewälzt kühn-emsige Völkerschaft!
Im Innern hier ein paradiesisch Land,
Da rase draußen Flut bis an den Rand,
Und wie sie nascht, gewaltsam einzuschießen,
Gemeindrang eilt, die Lücke zu verschließen.

Ja! Diesem Sinne bin ich ganz ergeben,
Das ist der Weisheit letzter Schluß:
Nur der verdient sich Freiheit wie das Leben,
Der täglich sie erobern muß!
Und so verbringt, umrungen von Gefahr,
Hier Kindheit, Mann und Greis sein tüchtig Jahr.
Solch ein Gewimmel möcht ich sehn,
Auf freiem Grund mit freiem Volke stehn!
Zum Augenblicke dürft ich sagen:
"Verweile doch, du bist so schön!
Es kann die Spur von meinen Erdetagen
Nicht in Äonen untergehn."

(Goethe, Faust II, 5. Akt, 11'559-11'584)

1. Der Traum von der Freiheit

Die eingangs zitierte Stelle aus Goethes "Faust" ist gewiß eine der schönsten literarischen Beschreibungen des alten Traums von der Freiheit und Unabhängigkeit der Menschheit. Entstanden in der ersten Hälfte des 19. Jahrhunderts während der hohen Zeit der Sumpfmeliorationen, stellt der Text auch ein Zeitdokument der damaligen Technikgeschichte dar und transportiert gleichzeitig ein Naturbild, das der heutigen Vorstellung von Natur kaum mehr entspricht: die wilde Natur und die kontrollierbare zivilisierte Welt, dazwischen eine Mauer, welche die geordnete produktive Welt von allem Wilden fernhält. Heute würden wir wohl eher die wildgewordene Technik mit einer Mauer von den letzten Naturresten fernhalten wollen, allerdings unter der Voraussetzung, daß die Natur den Ausbruch in die zivilisierte Welt nicht wagt...

Nun ist Goethe freilich nicht so naiv, daß er den Menschen die Realisierung ihres Traumes zugestehen würde. Faust erreicht das erträumte Ziel auch mit Hilfe des Teufels nicht, im Gegenteil: im Anschluß an seine Rede stirbt dieser Prototyp des homo faber. Goethe geht sogar noch weiter: Vor dieser Schlußrede versucht die Sorge bei Faust vorzusprechen. Doch dieser will sich über sein Tun keine Sorgen machen und wird zur Strafe für seine Sorglosigkeit mit Blindheit geschlagen. Der Höhepunkt der Parabel ist jedoch dort erreicht, wo Faust, geblendet von seiner Überheblichkeit, unter das Tor des Palastes tritt und hört, wie die Diener des Teufels sein Grab ausheben. In der Meinung, seine Diener würden einen Entwässerungsgraben bauen, hält er dann die letzte, eingangs zitierte Rede.

Fausts Traum ist der alte Traum vom sich selbst bestimmenden, autarken Menschen. Und auch wenn wir Goethes literarischer Technikkritik zustimmen, müssen wir uns fragen, ob wir tatsächlich weiter sind als Faust oder ob wir unserem Traum von Selbstbestimmung und Machbarkeit der Natur nicht einfach ein ökologisches Mäntelchen umgehängt, ob wir nur das Hemd, nicht aber das Herz gewechselt haben. Glauben wir, gerade auch in Naturschutz- und Ökokreisen, nicht immer noch, daß wir mit unserem Verhalten die Natur schon dorthin bringen können, wo wir sie gerne hätten? Müssten wir nicht vielmehr den Traum vom selbstbestimmten Menschen aufgeben und wieder lernen, uns der Natur anzupassen statt umgekehrt? Oder liegt darin erst die wahre Autarkie des Menschen, im bewussten Loslassen, im Zulassen, im freiwilligen Anpassen an und nicht im Sich-Freikämpfen von der Natur?

2. Einführung: Gibt es eine Verbindung zwischen Autarkie und Ökologie?

Ausgehend vom Faust-Zitat habe ich Autarkie gleichgesetzt mit Freiheit und Selbständigkeit der Menschen in ihrem Handeln. Wie ich noch zeigen werde, hat diese Gleichsetzung durchaus gute Gründe. Autarkie wird heute allerdings meist verwendet, um so etwas wie materielle Unabhängigkeit zu bezeichnen. Dabei tauchte der Begriff im Sinne von regionaler Selbstversorgung bis in die jüngste Vergangenheit hinein vorwiegend in der Ökonomie und in der Wirtschaftspolitik auf.

Im Laufe der letzten Jahrzehnte hat sich die Umweltdiskussion zunehmend von einem reinen Reservatschutzdenken weg entwickelt und sich zu einer Debatte über die Einwirkungen der Menschen auf die Natur (und die daraus resultierenden Folgen für die Selbsterhaltungsfähigkeit des Ökosystems "Erde") gewandelt. Dabei wurden zunehmend Forderungen aufgestellt, die direkt oder indirekt mit einer Regionalisierung der materiellen Stoffkreisläufe verbunden waren. Wichtige und von Vertretern der Naturwissenschaften immer wieder geforderte Punkte sind dabei (unter anderem) die *Standortangepaßtheit* von Produktion und Lebensweise, die *Erhaltung der Vielfalt* der Arten und Ökosysteme (Biodiversität) und die *Schonung der materiel-*

len und energetischen Ressourcen (Einschränkung des Verbrauchs, Einsatz erneuerbarer Ressourcen, Recycling).[1] Die aus diesen Forderungen abgeleiteten Umsetzungsstrategien reichen von moderaten Steuerungsmaßnahmen (Bsp. Lenkungsabgaben) bis hin zu extremen "Aussteigerkonzepten" (lokale Selbstversorgung mit möglichst geringer materieller Vernetzung).

Im Rahmen der Umweltdebatte sind also Begriffe wie Regionalisierung oder Selbstversorgung durchaus geläufig. Sie werden auch mit dem Begriff "Autarkie" verbunden.[2] Ob und wie weit eine solche Verbindung gerechtfertigt ist, soll im folgenden untersucht werden. Die nachfolgenden Ausführungen gliedern sich in einen mehr phänomenologisch-genealogischen Teil (Frage nach Geschichte und Bedeutung des Begriffs "Autarkie") und in einen mehr empirisch-analytischen Teil (Frage nach der Verbindung zwischen Autarkie und Ökologie).

3. Der Autarkiebegriff und seine Geschichte

3.1. Bedeutung

"Autarkie" ist ein schillernder, nicht scharf definierter Begriff. Das Wort ist, wie so viele andere politische und philosophische Begriffe, ein Lehnwort aus dem antiken Griechenland. Ursprünglich handelte es sich um ein gewöhnliches Alltagswort. Seine Bedeutung wird mit "Selbstgenügsamkeit, Selbständigkeit, genügendes Auskommen" übersetzt, für das Adjektiv "autark" werden die Bedeutungen "sich selbst genügend, zufrieden, sicher, unabhängig, stark genug" angegeben.[3] In der philosophisch-politischen Verwendung lassen sich im wesentlichen drei Bedeutungsgruppen unterscheiden:

- Autarkie als *materielle Unabhängigkeit* (Selbstversorgung, Selbstgenügsamkeit).

- Autarkie als *geistige Unabhängigkeit* (Fähigkeit zum selbständigen Denken, zur selbständigen Einsicht und zum selbständigen Handeln) und, davon ausgehend, Autarkie als Attribut des freien Willens.

---

1   Ich will hier aus Platzgründen auf eine ausführliche Begründungsdiskussion dieser Forderungen verzichten. Argumente, die die Forderungen stützen, finden sich in zahlreichen wissenschaftlichen Publikationen. Für Begründungen sei unter anderem hingewiesen auf die Aufsätze von BROGGI, BÜCHI/RELLER, SCHLÜCHTER, STICHER und HUPPENBAUER/RUH in diesem Buch sowie auf SCHMIDT-BLEEK (1993).

2   Vgl. etwa MÜLLER et al. (1995), S. 32. Zur Diskussion der Verbindung zwischen Autarkie und Ökologie vgl. auch die Einleitung in diesem Buch.

3   Übersetzung nach GEMOLL: Griechisch-Deutsches Schul- und Handwörterbuch; zur Bedeutung von A. vgl. auch HIST. WÖRTERBUCH DER PHILOSOPHIE (HWdPh), Bd.1, 685-691, und WEISSHAUPT (1995, in diesem Buch).

- Autarkie als *zirkulär-kausale Geschlossenheit eines Ursache-Wirkung-Schemas*, wobei die Rück-Wirkung zur Erhaltung der Ursache führt (Selbstzweck und Selbsterhaltung).

In der Verknüpfung der drei Bedeutungsgruppen wird Autarkie zum Attribut Gottes oder des höchsten Gutes.

3.2. Klassische Antike

Anfänglich bezeichnet "Autarkie" das materielle Genug-Haben, das der einzelne Mensch oder die einzelne Familie braucht, um ein angenehmes Leben zu führen, ohne den anderen zur Last zu fallen. Das Wort wurde von einzelnen vorsokratischen Philosophen aufgenommen, wobei es spätestens bei Demokrit nicht mehr ausschließlich für materielle Sachverhalte steht.[4] Platon und vor allem Aristoteles übernahmen den Begriff und führten ihn unter anderem in ihre Staatstheorien ein. Interessant sind dabei die zeitlichen Umstände, in denen Platon und Aristoteles lebten. Im Peloponnesischen Bruderkrieg ist das griechische Selbstverständnis, *ein* Volk zu sein, zerbrochen, in den Städten entwickelt sich eine neue Mittelschicht, die alten sozialen und religiösen Ordnungen werden in Frage gestellt. An der Ostgrenze des griechischen Siedlungsgebietes stehen die Griechen in Kontakt mit der asiatisch geprägten Kultur der Perser und ihrem zentralistisch organisierten Staatsgebilde und im Norden wächst der Einfluß Makedoniens. An die Stelle der wohlgeordneten alten Einheiten ist eine offene Welt getreten.

In diesem Umfeld machten sich Platon und Aristoteles Gedanken über die gute Ordnung der Polis. Platon suchte dabei nach den Strukturen einer idealen Ordnung, denn die Ordnung der real existierenden griechischen Kultur hat sich als ungenügend erwiesen. Ein Attribut der idealen Ordnung ist der Begriff "autark": autark ist der Weise, der um das Gute weiß, autark ist die Welt als Ganzes und das Gute als Höchstes und Vollkommenes.[5] Die Bezeichnung "autark" scheint dabei vor allem die Qualität der (materiellen und geistigen) Vollkommenheit zu bezeichnen.[6]

Bei Aristoteles dagegen scheint der Begriff "autark" in erster Linie die Bezeichnung für eine bestimmte kausale Verweisstruktur zu sein. Autark sind Entitäten, die sich selbst als Ursache und als Folge haben, die also auf keine

---

4 Vgl. DK 68 B 176: "Der Zufall ist zwar großzügig, aber er ist auch unzuverläßig. Unsere Natur *bedarf nichts außer ihrer selbst* (αὐτάρκης); das Wenige, was sie uns zusichert, ist deshalb stärker als das Viele, was uns die Hoffnung vormacht." Übersetzung aus: Die Vorsokratiker (1987).

5 HWdPh, a.a.O., 686.

6 Zur Vollkommenheit des Guten vgl. Phileb. 67a8 (weitere Stellen: 20d1-6, 60b6-c4), zur Welt vgl. Tim. 33d2, 34a8-b9

äußere Ursache angewiesen sind.[7] Bezogen auf die Menschen unterschied er zwischen staatlicher und persönlicher Autarkie. Während die staatliche Autarkie materiell geprägt ist, ist die persönliche Autarkie rein geistiger Natur. Persönlich autark sein heißt nicht "Tunkönnen, was mir paßt", sondern zum eigenständigen Denken und zur eigenständigen Urteilsfindung fähig sein, seine Lebensumstände kennen und sein Tätigsein selbst planen können[8]. Aristoteles ging davon aus, daß ein Mensch seine Fähigkeiten des Sprechens, Denkens und Handelns, die ihn vom Tier unterscheiden, nur in der Gemeinschaft zum Tragen bringen kann. Er definierte deshalb den Menschen als Gemeinschaftswesen[9], entsprechend ist ein Mensch, der außerhalb der Gemeinschaft lebt, ein Tier oder ein Gott[10].

Aber auch die staatliche Autarkie ist für Aristoteles nicht hinreichend definiert als materielle Unabhängigkeit. Der autarke Staat muß für den Einzelnen überschaubar sein, er muß Strukturen aufweisen, die der Gesundheit förderlich sind und er muß eine vielfältig gegliederte Gemeinschaft enthalten, wobei die Bevölkerungszahl nicht zu groß oder zu klein sein darf.[11]

7　Vgl. etwa die Begründung, weshalb die Glückseligkeit (NE I 5) und der Weise (NE X 7) autark sind. Zum Weisen sagt Aristoteles: Der Gerechte, der Mäßige und der Mutige brauchen jemanden auf den hin sie handeln können. Der Weise braucht nur sich selbst (im Originaltext ist der Weise αὐταρκέστατος). Und von der Muße, in der der Weise seinen Betrachtungen nachgehen kann, sagt Aristoteles (NE 1177b4-6): "Wir opfern unsere Muße, um Muße zu haben, und wir führen Krieg, um in Frieden zu leben." Die Tätigkeit der Vernunft hat keinen anderen Zweck, als sich selbst (NE 1177b19-20), das Ziel der Muße des Weisen ist die Fortführung der Muße, im Gegensatz zum Krieg, dessen Ziel im Frieden und nicht in seiner Fortführung besteht.

8　Als Tätiger ist der Mensch gerade nicht autark, denn machen tun wir etwas immer auf einen Zweck hin. Im Denken sind wir autark und Gott am nächsten, Denken ist ein Sich-Annähern an den Zustand Gottes (NE 1178b25ff.). Doch als Gemeinschaftswesen können wir nicht in diesem Wissen verharren, sondern wir müssen danach streben, das Erkannte möglichst gut umzusetzen (NE 1179b3f.). Hiezu sind wir zwingend auf unsere Umwelt angewiesen (NE X 9).

9　Das aristotelische "zoon politikon" (Pol. 1253a3) wird üblicherweise via das lateinische "animal sociale" zum deutschen "Gesellschaftswesen". Ich bin auch schon darauf hingewiesen worden, daß der Begriff "Gemeinschaft" durch die Verwendung in nationalistisch-totalitären Propagandaschriften diskreditiert sei und deshalb vermieden werden sollte (ähnliche Einwände wären auch gegen den Gesellschaftsbegriff im Zusammenhang mit links-totalitären Ideologien anzubringen). "Gemeinschaft" sollte aber nicht unhinterfragt mit "Gesellschaft" gleichgesetzt werden, auch wenn die Übergänge fließend sind. Gemeinschaft bezeichnet eher eine Gruppe von Menschen im Hinblick auf ihre Gleichheit, Gesellschaft dagegen im Hinblick auf ihre funktionale Zusammengehörigkeit. Der Mensch ist für Aristoteles nicht ein Mängelwesen, das, als Individuum geboren, sich zwecks Behebung der Mängel zu größeren funktionalen Einheiten zusammenschließt, sondern a priori ein kommunikatives Wesen, was immer schon voraussetzt, daß er in einer Gemeinschaft von gleichartigen kommunikationsfähigen Wesen lebt.

10　Pol. 1253a27-29.

11　Pol. VII 4-6.

Nur eine solche Gemeinschaft ist für Aristoteles in der Lage, Orientierung zu bieten und die Verantwortung zu verteilen. Ein Staat ist für Aristoteles nur dann autark, wenn er seinen Bewohnern neben materieller Unabhängigkeit auch diejenigen Strukturen zur Verfügung stellt, die eine Einsehbarkeit der politischen Prozesse und ein menschenwürdiges Aufgehobensein in der Gemeinschaft garantieren.[12] Die autarke Gemeinschaft ist so konzipiert, daß sie dem Einzelnen erlaubt, aus eigener Einsicht seine Verpflichtungen in der Gemeinschaft wahrzunehmen, was wiederum zur Selbsterhaltungsfähigkeit und damit zur Fortführung der Autarkie der Gemeinschaft (zirkulär-kausale Struktur) führt. Ein unüberschaubarer Riesenstaat kann zwar im Materiellen selbsttragend sein, es fehlen ihm jedoch wichtige Qualitäten, um als autarker Staat zu gelten. Aristoteles geht davon aus, daß ein zu großes politisches System die Transparenz so verschlechtert, daß sich niemand mehr verantwortlich fühlt, womit die Möglichkeit zur kontrollierten Selbsterhaltung des Staates fehlt[13].

Hier wird ein Punkt angesprochen, der heute so aktuell ist wie vor zweitausend Jahren. Die Herrschaft des Niemand und das Desinteresse der Bürger an ihren Staaten sind am größten in verbeamteten Großstaaten. Und die informationelle Vernetzung in diesen Riesengebilden führt zur Reizüberflutung und zur Abstumpfung des Einzelnen gegenüber einer Welt, in der er alles sieht und niemanden mehr kennt.

Aristoteles erlebte noch den Sieg des makedonischen Königreiches über die kleinen Stadtrepubliken. Von diesem Zeitraum bis zum Zusammenbruch des Römischen Reiches beherrschten nur noch staatliche Großgebilde den Mittelmeerraum. Durch diese Entwicklung geschah, was Aristoteles vorausgesagt hatte. Die Staatsstrukturen wurden unübersichtlich, die Regierungen waren fern, die Einflußmöglichkeiten der Bürger auf die Politik verschwanden. Damit erlosch auch das Interesse des Einzelnen am Staat und die Flucht ins Private begann.[14] Entsprechend verschwand die Autarkie als "föderalistisches" Konzept aus den politischen Betrachtungen und erhielt dafür als "individualistisches" Konzept einen festen Platz im Privatbereich. Insbesondere für die Stoiker wurde geistige Autarkie zu einer Tugend. Wo der Mensch vom Schicksal in einer Welt umhergeworfen wird, die zwar groß und weit, aber entsprechend unsicher ist, da kann er sich nur wehren, indem

---

12 Pol. 1326b2-b24.

13 Pol. 1326b14ff.; vgl. auch die Bemerkung zum gemeinsamen Besitz (Pol. 1261b32ff.).

14 Ein typischer Vertreter dieser Richtung ist Epikur, der das Leben als zweckfreies Spiel ohne Ausrichtung auf eine reine Theorie oder eine sittlich-politische Praxis verstand (FORSCHNER 1993, S. 44). Nach Epikur vollendet die autark gemachte Seele des Weisen ihr Glück in heiterer Gelöstheit von allem unbedingten Streben (a.a.O., S. 24). Generell setzt sich die spätere antike Philosophie nur noch untergeordnet mit politischen Konzepten auseinander. Cicero bildet dabei die Ausnahme von der Regel, wobei sein politisches Werk unter ähnlichen Umständen (in der Endphase der römischen Demokratie) entstand, wie die Schriften von Platon und Aristoteles.

er sich emotional von dieser Welt abschottet. Er ist frei und von niemandem gezwungen, sein Schicksal anzunehmen oder sich erfolglos dagegen aufzulehnen. Ohne Einflussmöglichkeit auf den Gang der Welt kann er so sein Glücklichsein selbst bestimmen.[15]

3.3. Spätantike und Mittelalter

Daß die Vordenker des sich neu ausbreitenden Christentums dies nicht unwidersprochen hinnahmen, kann nicht verwundern. Die christlichen Kirchenväter versuchten allerdings, die philosophischen Konzepte mit dem christlichen Gedankengut in Einklang zu bringen. Eine Möglichkeit zur Selbstbestimmung des Glückes lehnten sie ab, denn dies widersprach der Allmacht Gottes. Es gab jedoch zahlreiche Versuche, die Autarkie im Sinne einer Mitbestimmung des Schicksals zu interpretieren[16]. Eine andere, eher mystische Vorstellung war, der Mensch sei da autark, wo er sich in der Meditation mit Gott vereinige, wobei "Autarkie" hier die Loslösung von der materiellen Welt und den Aufstieg in die geistige Sphäre bezeichnet.[17]

Typisch für diese frühchristlichen Vorstellungen wie auch für die vorgängig erwähnten antiken philosophischen Konzepte ist, daß sie Gedankengebäude entwerfen konnten, in denen der Mensch gleichzeitig als frei und unfrei beschrieben wurde. Diese von uns meist als unlogisch empfundene Offenheit ist kennzeichnend für die Antike und endet schlagartig mit der Ablehnung des freien Willens durch Augustin. Prägend für die weitere Entwicklung war dabei der pelagianische Streit.

Worum ging es bei dieser Auseinandersetzung? Augustin nahm zur Frage Stellung, ob der Mensch einen freien Willen habe. Zuerst waren seine Antworten eher verneinend, aber noch im typisch antiken Stil relativ offen. Pelagius und seine Schüler lehnten die Vorstellungen Augustins jedoch ab und vertraten die Ansicht, der Mensch werde mehr oder weniger als unbeschriebenes Blatt geboren und sei frei, das Leben selbst zum Guten zu gestalten. Dies veranlaßte Augustin und umgekehrt dann auch die Pelagianer, ihre Positionen zunehmend zu verschärfen und höchst rational begründete Gedankengebäude zu entwerfen. Am Ende des Streites gab es keinen Kompromiß mehr, übrig blieben nur noch zwei unversöhnlich getrennte Positionen. Das antike "Sowohl-als auch" ist einem "Entweder-oder" gewichen.

---

15 Ein Beispiel für die Diskussion des glücklichen Lebens in der Stoa ist CICERO: Gespräche in Tusculum V (insbes. V 12-20, Explikation des Problems, und V 80-82, Wertung).

16 Der Mensch wäre nach dieser Vorstellung beispielsweise frei, das Gute oder das Böse zu tun. Er wäre auch frei, sich in der diesseitigen Welt glücklich oder unglücklich zu fühlen. Dies bliebe aber ohne Einfluß auf das Schicksal nach dem Tod, das durch Gott bestimmt wird.

17 Zur frühchristlichen Auseinandersetzung mit dem Autarkiebegriff vgl. REALLEXIKON FÜR ANTIKE UND CHRISTENTUM; Bd.1, 1044-1050, sowie HWdPh; Bd.1, 688-690.

Letztlich setzte sich die Position Augustins als offizielle Meinung der abendländischen Kirche durch[18]: Der Mensch hat keinen freien Willen zum Erreichen des Heils, er ist vielmehr bereits bei der Geburt zum Heil oder zum
Unheil prädestiniert. Dies führte dazu, daß, nach der Idee einer staatlichen
Autarkie, nun auch die geistige Autarkie des Individuums aus den Gedanken-
gebäuden verschwand und einer zunehmenden Reflexion darüber Platz
machte, wie denn mit der Vorbestimmtheit des menschlichen Schicksals
umzugehen sei. Im Verlaufe des Mittelalters wurde die Prädestination nie
wirklich angezweifelt. Die Vorstellung, der Mensch könne zu seinem Heil
nichts beitragen, wurde aber zunehmend entschärft. Bußhandlungen und
Ablaßzahlungen konnten mindestens die Chance vergrößern, sich von
Sündenstrafen freizukaufen.

3.4. Neuzeit

Diese Geschäftemacherei führte, wie wir wissen, zum Widerspruch christ-
licher Denker, die sich wieder auf die Auslegung der Bibel als einzige Quelle
der Erkenntnis beriefen und gegen das kirchlich organisierte Heilsgeschäft
Stellung bezogen. Wie bereits Augustin, stellten sie sich auf den Standpunkt,
das Heil der Menschen sei allein von Gottes Gnade abhängig. Damit gerieten
sie aber in Konflikt mit dem gleichzeitig entstehenden humanistischen
Denken, das dem menschlichen Individuum Willensfreiheit zusprach. Das
berühmteste Ergebnis dieses Konfliktes ist wohl der Streit zwischen Erasmus
und Luther um das Problem des freien Willens.

Während sich auf der einen Seite das Konzept des freien Menschen nicht
mehr verdrängen ließ, wurde die Idee einer Vorbestimmtheit des Geschehens durch Gott zunehmend mit den Vorstellungen der neu aufkommenden
Naturwissenschaft verschmolzen. Anstelle der direkten göttlichen Vorsehung
trat die Idee der (vielleicht von einem Gott in Gang gesetzten) Weltmaschine
und später die darwinistische Evolutionstheorie, wobei die Vorstellung einer
hierin waltenden göttlichen Vorherbestimmung in Hinblick auf das Heil
(Prädestination) zunehmend der Vorstellung einer nur durch Naturgesetze
gesteuerten Kausalität des Geschehens (kausale Determination) Platz
machte.[19] In der extremen Form hat dieses kausaldeterminierte System kein

---

18 Im Gegensatz zur orthodoxen Kirche, in der die Diskussion um die Willensfreiheit
    praktisch keine Rolle spielte. Die Vertreter der frühen orthodoxen Kirche sahen die
    Selbständigkeit des Menschen vor allem in einem mystischen Bereich und interes-
    sierten sich kaum für die hochrationalen Dispute zwischen Augustin und Pelagius. Zur
    Geschichte der Prädestinationsdiskussion in der christlichen Kirche vgl. die histori-
    sche Abhandlung von GROSS (1960-72).

19 Die Ähnlichkeiten zwischen der Prädestination und der Determination (beides sind
    Kausalstrukturen, die das Gelingen des menschlichen Lebens in einer bestimmten
    Form beeinflussen, ohne ihrerseits vom Menschen beeinflußt werden zu können)

aufgrund irgendwelcher Kriterien (z.B. Optimierung der Abläufe) angestrebtes Ziel. Es entwickelt sich aber auf einer durch die Anfangsbedingungen vorgegebenen Bahn, deren weiterer Verlauf bei genügend großem Wissen bis in alle Zukunft hinein verfolgt werden könnte.[20]

Damit sind wir, was das Problem der geistigen Autarkie angeht, in der Moderne angekommen. Gibt es eine Handlungsfreiheit oder nicht? Besteht ein Unterschied zwischen Hirn und Computer oder nicht? Ist Dummheit lernbar oder angeboren? Ist der Mensch selbstverantwortlich oder wird er von den äußeren Umständen gezwungen? Und, vermutlich eine der Grundfragen westlichen Forschens: Sind wir dazu verdammt, wehrlos unserem Heil oder unserem Verderben entgegenzutreiben, als Produkt von Naturgesetz und Zufall und eingespannt in ein Weltgeschehen, dessen Gang nicht beeinflußt werden kann? Oder ist der Mensch etwas Besonderes, das dank seinem freien Willen aktiv in das Weltgeschehen eingreifen kann?

Nicht nur die moderne Esoterikwelle beschäftigt sich mit diesen Fragen. Ich denke da auch an all die natur- und geisteswissenschaftlichen Publikationen und die Zeitungsartikel, die sich mit Kognitions- und Computerwissenschaften, Genetik, Evolution und Kosmologie auseinandersetzen[21], und

---

legen die Vermutung nahe, daß es sich beim beschriebenen Wandel um eine Säkularisierung der Prädestinationsvorstellung handeln könnte.

20　Ein häufig zitiertes Beispiel für diese Vorstellung ist der Laplace'sche Dämon, eine Denkfigur, die LAPLACE (1814) einführte, um die Kausaldetermination besser zu veranschaulichen. Es handelt sich um ein hypothetisches Wesen, das alle Dinge und Zustände im Universum kennt und aufgrund seiner Allwissenheit den Lauf der Welt vorhersagen kann.
　　In eine ähnliche Richtung geht auch der Streit zwischen Einstein und Bohr um die Deutung der quantentheoretischen Modelle. Einstein wehrte sich dabei gegen eine statistische Deutung und verteidigte die Vorstellung einer determinierten, objektiv faßbaren Naturentwicklung. Berühmt geworden ist in diesem Zusammenhang sein Ausspruch: "Gott würfelt nicht." Eine Zusammenfassung dieser Debatte findet sich in HEISENBERG (1973), S. 98ff.

21　Als Beispiel ein Zitat aus einer amerikanischen Zeitschrift: "... But there is nothing inherently determinist about a biological perspective – and nothing to be gained by pretending that we live outside of nature. Biology shapes our impulses and aptitudes, but it doesn't act alone. There is always a context, and always room for resistance. 'It's biologically implausible to have a gene for something like crime, (...) it's like saying there's a gene for Roman Catholicism.' When that precise a gene is found, we'll have to give up on free will. For now, it's status seems save." (G. Cowley: It's time to rethink nature and nurture; Newsweek, 27.3.1995)
　　Allerdings ist bei dieser Argumentation auf einen Fehler hinzuweisen, wie er für die gegenwärtige Genetik-Debatte typisch ist: Von der Genetik herkommend wird hier Determination einseitig als innere (genetische) Determination verstanden. Die Entwicklung eines Lebewesens vollzieht sich zwar, wie im Zitat angetönt, immer in einem äußeren Zusammenhang, der sie beeinflußt. Dies heißt nun aber nicht, daß dadurch eine determinierte Entwicklung verunmöglicht wird. Auch beim Fehlen einer inneren Determination läßt sich die Behauptung aufstellen, alles sei determiniert. Die Entwicklung wäre dann durch den äußeren Kontext vorgegeben und eine allfällige "innere Freiheit" würde von den äußeren Einflüssen versklavt.

an die als neue wissenschaftliche Revolution gepriesenen Selbstorganisationstheorien, welche die Frage nach der inneren Unabhängigkeit von Systemen
ausdrücklich in ihr Programm aufgenommen haben.

4. Autopoiese, selbstorganisierte Systeme und das Paradox

Ein interessantes Konzept für eine sich selbst organisierende Natur findet sich
bereits in den Ende des 18. Jahrhunderts entstandenen naturphilosophischen
Schriften von F.W.J. Schelling. Dabei stellte sich Schelling die Natur vor als
ein im Spannungsfeld von Gegensätzen sich selbst produzierendes Produkt.
Sein Konzept bleibt allerdings nicht bei einer Selbstreproduktion oder Selbsterhaltung des Natursystems stehen, sondern entwickelt darüber hinaus ein
Konzept der Selbstentfaltung (modern würde man vermutlich von "Emergenz"
sprechen), in dem sich die Natur in autonome Individuen aufspaltet. Ich kann
hier nicht umfassender auf dieses Konzept eingehen, das dem vorgängig
beschriebenen naturwissenschaftlichen Zeitgeist zuwiderlief und außerhalb
der romantischen Kreise kaum reflektiert wurde. Ich möchte an dieser Stelle
nur darauf hinweisen, daß es etliche Vorstellungen enthält, die wir ähnlich
in den nachfolgend kurz diskutierten Selbstorganisationsansätzen ebenfalls
antreffen.[22]

In den Naturwissenschaften taucht die Idee einer sich selbst organisie-
renden Natur erst in der zweiten Hälfte dieses Jahrhunderts wieder auf. Dabei
treten neben die beiden alten Begriffe Autonomie und Autarkie zwei neue
Begriffe, die das "Selbst" thematisieren: die schon erwähnte Selbstorganisation
und die Autopoiese. Die Begriffe sind nicht identisch, stehen aber in einem
engen inneren Zusammenhang. Selbstorganisation ist dabei ein Oberbegriff,
unter dem sich mehrere Systemansätze vereinigen, Autopoiese ist gebunden
an den konstruktivistischen Ansatz.

Um zu klären, was Selbstorganisation mit Autarkie zu tun hat, will ich
kurz auf das "Neue" an diesen Systemansätzen eingehen. Es handelt sich um
Ansätze, die der Kybernetik entstammen und die auch die Darstellung von
Wirkungskreuzungen, Vernetzungen von wechselwirkenden Teilsystemen
und systeminternen Rückkoppelungen zulassen. Nachdem in der klassischen Wissenschaft die saubere Trennung von Ursache und Wirkung üblich
war, stellte sich nun die Frage, wie die Situation verändert wird, wenn die
Wirkung in einem rückgekoppelten System weitertransportiert wird, wie also
ein System auf seine eigene Änderung reagiert (zirkulär-kausale Schließung
eines Ursache-Wirkung-Schemas). Aus der Kybernetik entwickelten sich
verschiedene systemtheoretische Schulen. Dazu gehören als wichtigste Vertreter die Chaostheorie, die Synergetik und der Konstruktivismus.

---

22 Für eine umfassendere Diskussion der Verbindungen zwischen Schellings Philoso-
    phie und der Selbstorganisationstheorie verweise ich auf HEUSER (1990).

Chaostheorie und Synergetik: Der eng mit der Computerentwicklung verknüpfte Theoriekomplex, der mit dem schillernden Namen "Chaostheorie" versehen wurde, entwickelte sich im Umfeld der Naturwissenschaften und der Mathematik. Im Rahmen der entsprechenden Forschungsarbeiten zeigten komplexe Systeme[23] unter gewissen Bedingungen ein scheinbar planloses "chaotisches" Verhalten, in dem jedoch immer wieder die gleichen, mathematisch einfach faßbaren Spielregeln auftraten. Das Systemverhalten scheint also nur chaotisch, ist in Wirklichkeit aber von der Systemgestalt und der Ausgangssituation her vorbestimmt. Um sich vom echten "Zufallschaos" abzugrenzen, spricht man deshalb von einem "deterministischen Chaos".[24] Parallel zur Chaostheorie entwickelte Hermann Haken, ausgehend von der Laserphysik, eine Theorie vom sich selbstordnenden Zusammenwirken von Systemteilen, die er Synergetik nannte.[25] Während die Synergetik ursprünglich vor allem in Europa Fuß faßte und die Chaostheorie sich vorwiegend im angelsächsischen Bereich entwickelte, bilden die beiden Komplexe heute zunehmend eine Einheit.

Konstruktivistischer Ansatz: Unabhängig und bis heute weitgehend getrennt von den anderen Ansätzen, die sich ursprünglich ausschließlich mit klassischen naturwissenschaftlichen Fragestellungen auseinandersetzten, entwickelte sich eine zweite große Schule, ausgehend von der Frage: "Wie erkennt ein System seine Umwelt und organisiert sich darin?" Von der Neurobiologie her entwickelte sich der Ansatz über die Evolutionsbiologie in die Soziologie und die Psychologie hinein. Dabei steht das Postulat im Zentrum, daß ein erkennendes System seine Umgebung nicht "objektiv" wahrnehmen kann, sondern aus den eintreffenden Sinnesreizen eine mehr oder weniger gute Konstruktion seiner Umgebung macht und sich auf der Basis dieser Konstruktion gemäß der systeminternen Struktur organisiert (das System macht sich gleichsam selbst, von daher auch der Begriff "Autopoiese").[26] Daraus resultieren dann Fragen, wie Systeme, die immer nur mit

---

23 Komplex ist nicht gleich kompliziert. Komplexe Systeme sind Systeme, in denen mehrere, miteinander interagierende Prozesse ablaufen, im Gegensatz zu einfachen Systemen, in denen ein einziger, meist genau beschreibbarer und quantifizierbarer Prozeß stattfindet. In einem komplexen System können sich mehrere einfache Prozesse verbinden, in einem einfachen System kann ein komplizierter Prozeß ablaufen.

24 Definition des deterministischen Chaos: "Bezeichnung für das irreguläre Verhalten eines nichtlinearen dynamischen Systems, dessen zeitliche Entwicklung durch mathematische Gleichungen eindeutig beschrieben wird (d.h. determiniert ist). Die Lösungen dieser Gleichungen sind aber nicht in einer geschlossenen analytischen Form (durch eine 'Formel') angebbar. Daher lassen sich vergangene oder zukünftige Zustände des Systems nicht beliebig angeben." MORFILL/SCHEINGRABER (1991), S. 270.

25 "In diesem Sinne kann die Synergetik als eine Wissenschaft vom geordneten, selbstorganisierten, kollektiven Verhalten angesehen werden, wobei dieses Verhalten allgemeinen Gesetzen unterliegt." HAKEN (1981), S. 21

26 Zum Begriff der Autopoiese und zur Abgrenzung gegen die Autonomie vgl. VARELA (1987). Die von Varela gegebene systemtheoretische Definition der Autonomie als organisationelle Geschlossenheit kommt dabei der aristotelischen Autarkie als ge-

Bildern vom Gegenüber arbeiten, überhaupt eine erfolgreiche Kommunikation entwickeln können.

Die verschiedenen Selbstorganisationstheorien weisen eine interessante Gemeinsamkeit der relationalen Strukturen auf: Die kausale Rückkoppelung der Systeme führt häufig in "paradoxe Situationen". Damit ist die Tatsache gemeint, daß ein System gleichzeitig zwei gegensätzliche Eigenschaften aufweist, eine Eigenschaft, die in der traditionellen Logik nicht faßbar ist, und deshalb in den theoretischen Naturwissenschaften nach Möglichkeit ausgeblendet wurde. Populationsmodelle werden dann realitätsnah, wenn in ihnen gleichzeitig geboren und gestorben wird, Evolutionsmodelle postulieren Einheiten, die auseinanderfallen und gleichzeitig wieder eine unauflösbare Einheit bilden.

Wesentlich grundsätzlicher wird das Problem da, wo es um die Wechselbeziehung zwischen einem wissenschaftlichen Beobachter und dem beobachteten System geht, denn wenn sich System und Beobachter gegenseitig beeinflussen, entstehen Rückkoppelungen, die eindeutige Aussagen verunmöglichen.[27] Da die Wissenschaftler in ihren Theorien mit solchen Ambivalenzen nicht operieren können, versuchen sie, das Paradox zu lösen und in konventionelle Bahnen zurückzuführen, etwa, indem sie (wie Heinz von Foerster) eine prozeßhafte Flip-Flop-Logik konstruieren, in der sich die Gleichzeitigkeit des Gegenteils in einem permanenten Hin-und-Herspringen auflösen soll.[28]

---

schlossene kausale Verweisstruktur sehr nahe und weicht stark von der Alltagsbedeutung der Autonomie im Sinne einer Willensfreiheit ab. Vgl. dazu auch die Bemerkungen von MATURANA (1987), die auf eine Verneinung der Willensfreiheit im klassischen Sinn hinauslaufen und allenfalls noch ein der stoischen Auffassung ähnliches Sich-Einpassen in das, was dem System zustößt, zulassen.

27 Ein ausführlicheres Eingehen auf dieses erkenntnistheoretische Problem, das in der Quantentheorie wichtig wurde und auch für die Selbstorganisationstheorien von entscheidender Bedeutung ist, würde aber den Rahmen dieses Artikels sprengen, weshalb ich mich mit diesem kurzen Hinweis begnüge. In diesem Zusammenhang ist auch auf das Buch des Computerwissenschaftlers HOFSTADTER (1985) hinzuweisen. Hofstadter vertritt dabei die Grundthese, daß der freie Wille auf einer geschlossenen zirkulär-kausalen Struktur beruht und im Computer nachgebaut werden kann; vgl. dazu S. 730: "Einen Willen werden sie (die Maschinen, HB.) haben aus so ziemlich den gleichen Gründen wie wir – vermöge von Organisation und Struktur auf vielen Stufen der Hardware und Software. ... (Und freier Wille wird tatsächlich mechanisiert werden.)" und S. 761: "Ob das System deterministisch abläuft, ist ohne Belang; wir lassen gelten, daß es 'frei wählt', ... Dabei ist wichtig, daß dieser Selbst-'Strudel' (zirkulär-kausale Geschlossenheit, HB) an der Verwickeltheit ... der mentalen Prozesse schuld ist. ... Ich glaube, daß es (das Prinzip der kausalen Selbstbezüglichkeit, HB) sich schließlich als Grundprinzip der AI (künstliche Intelligenz, HB) erweisen wird und als Brennpunkt aller Versuche, das Funktionieren des menschlichen Geistes zu erklären."

28 V. FOERSTER umschreibt die Auflösung des Paradoxes mit Hilfe der Flip-Flop-Logik folgendermaßen: "The orthodox paradoxicality is ontological: when P *is* true, it *is* false, and vice versa. Ontogenetically, however, by apprehending → P, truth *arises* from

Diese Prozeßlogik ist ein spannender Versuch, wenn es darum geht, zyklisch geschlossene Verweisstrukturen, die eine Bejahung und eine Verneinung verbinden, logisch zu fassen[29]. Allerdings sollte die Flip-Flop-Struktur nur als logische Diskursform und nicht als realer Prozeß verstanden werden. Sonst wird eine Chance vergeben, der Welt etwas gerechter zu werden als in der traditionellen Beschreibung. Das unlogische "Sowohl-als auch" wird dann als unvereinbare Dualität verstanden. Zutreffend wäre es jedoch, in bezug auf die reale Welt von Ambivalenzen zu sprechen.[30]

Am Anfang der Selbstorganisationstheorien steht das Interesse an rückge-koppelten kausalen Verweisstrukturen, an der selbstgesteuerten Entwicklung von Systemen und ihrer Selbsterhaltung.[31] Im Rahmen der Betrachtung von lebenden kommunizierenden Systemen werden aber zunehmend Fragen diskutiert, die wir aus der Determinismusdiskussion kennen. Wenn sich komplexe Systeme mit Hilfe von einfachen Formeln beschreiben lassen, steckt hinter dem scheinbaren Zufall vielleicht die absolute Determiniertheit der Systeme. Und bei der Konstruktion der Wirklichkeit sind die Systeme vielleicht durch die Umstände derart vorbestimmt, daß sie nur ein bestimmtes Bild konstruieren können. Chaos und Konstruktivismus sind also qualitativ nicht gleichbedeutend mit Zufall und Freiheit, für gewisse Forscher werden sie sogar mit absoluter Determiniertheit und der Unmöglichkeit einer geziel-ten Einflußnahme, insbesondere auch des Menschen, gleichgesetzt.[32]

---

falsehood, and vice versa." (schriftlich abgegebene Erläuterung anlässlich des Vor-trags vom 2. Februar 1994 in Zürich)

29 Beispiele solcher Verweisstrukturen sind die Aussage "Der nächste Satz ist richtig. Der vorhergehende Satz ist falsch." oder das berühmte antike Paradoxon vom Kreter, der behauptet, daß alle Kreter lügen.

30 Das heißt nicht, daß die logische Argumentation, die eindeutige Aussagen machen will, sinnlos wäre, im Gegenteil: Ich halte den logischen Diskurs für absolut unver-zichtbar zur Darstellung der Vieldeutigkeit der Welt. Das Paradox läßt sich diskursiv nicht einsetzen, ohne Aporien zu konstruieren oder in der Beliebigkeit abzustürzen. Allerdings müßten wir heute wieder eine neue Gesprächskultur entwickeln, die akzeptiert, daß die logisch erarbeiteten "reinen Positionen" immer nur die eine Seite der Wahrheit sind und daß es im Diskurs nie einen eindeutigen Sieger geben kann.

31 Vgl. etwa die Diskussion von Selbstherstellung, Selbstbegrenzung und Selbsterhaltung in bezug auf selbstorganisierte Systeme bei SCHWEGLER (1992). Auch in seinem Artikel klingt übrigens die Determinismusdiskussion an.

32 Der Konstruktivist MATURANA spricht zwar im Rahmen seiner Theorie von Ethik und Liebe, bezeichnet jedoch in einem seiner Aufsätze lebende Systeme als determi-nistisch bzw. determiniert (1987, S. 115f.). Eine kritische Auseinandersetzung mit Maturanas Begriff der Freiheit findet sich bei EXNER/REITHMAYR (1993). Unter den Chaostheoretikern wird eine harte deterministische Position unter anderem ver-treten von RUELLE (1992, S. 30-32; mit einem Rückgriff auf das Prädestinations-problem) und STEWART (1990). Stewart greift mit seinem Buchtitel "Spielt Gott Roulette?" bewußt auf Einsteins Einwand gegen die statistische Deutung der Quanten-theorie zurück (a.a.O., S. 311): "Die Quantenunschärfe könnte ähnlich bestimmt sein (wie der "Zufall" bei deterministisch-chaotischen Ereignissen; H.B.). Ein unendlich intelligentes Wesen mit perfekten Sinnen – Gott, der 'umfassende Verstand' oder

Damit sind wir wieder beim Thema "Freiheit oder Determination?" gelandet. So bleibt die Frage nach der geistigen Autarkie des Menschen als eine der Triebkräfte menschlichen Forschens zentral, auch wenn der Autarkiebegriff in diesem Zusammenhang selten mehr verwendet wird. An seine Stelle sind die individuelle Freiheit, die Selbstbestimmung oder (seit Kant) die Autonomie getreten.

Eine kritische Auseinandersetzung mit den Begriffsinhalten findet jedoch meist nicht statt. Autonomie und individuelle Freiheit werden heute in der öffentlichen Diskussion vor allem dann bemüht, wenn es darum geht, eigene Vorteile zu sichern. Vergessen gegangen ist dabei allerdings die Frage nach den Grenzen jeder Autonomie sowie das aristotelische Wissen, daß autonom nur sein kann, wer auch mindestens teilweise autark ist und wer bereit ist, Verantwortung zu übernehmen.[33] So wird häufig Autonomie gefordert, ohne daß die Bedingungen dafür erfüllt sind, und es wird das Unrecht eingeklagt, wenn die Anderen nicht mitspielen und nicht ohne Gegenleistung auf ihre Vorteile verzichten.

'Deep Thought' – könnte tatsächlich dazu in der Lage sein, genau vorherzusagen, wann ein bestimmtes Atom zerfallen wird und ein bestimmtes Elektron seine Bahn verändert. Mit unseren begrenzten Fähigkeiten und unzureichenden Sinnen jedoch werden wir niemals fähig sein, den Dreh zu finden." MORFILL/SCHEINGRABER (1991, S. 55) dagegen stellen sich entschieden gegen die harte deterministische Position und sprechen den Menschen Freiheit und Verantwortung zu.

33 Im Laufe der Zeit sind Autonomie und Autarkie im allgemeinen Sprachgebrauch weitgehend verschmolzen. Deshalb ein eigener knapper Versuch einer Begriffstrennung: Autarkie bezeichnet den Raum der materiellen und/oder geistigen Selbständigkeit, Autonomie bezeichnet die Möglichkeit, diesen Raum nach eigener freier Wahl ganz oder teilweise auszunützen und zu gestalten oder auf eine Ausnützung zu verzichten. Autonomie ohne Autarkie ist ohne Raum, Autarkie ohne Autonomie ist ohne Inhalt.
Vier Beispiele: Unter der Annahme, der Mensch habe keinen freien Willen, aber alle materiellen Güter der Welt: Dann werden wir bei allen potentiellen Wahlmöglichkeiten nicht von einem freien Menschen reden können. Unter der Annahme, der Mensch habe einen freien Willen und ein gut entwickeltes Denkvermögen, habe aber keinen Zugang zu Informationen: Dann ist er nur soweit autonom, als er seine Wahrnehmungen aufgrund seiner Erfahrung sinnvoll einordnen kann; das Nicht-Wissen ist die Grenze seiner Autonomie. Unter der Annahme, der Mensch sei grundsätzlich zum freien Handeln fähig aber nicht im Besitz der lebensnotwendigen Güter: Dann wird sich die Autonomie auf die Wahl beschränken, die notwendigen Güter zu organisieren oder zu sterben. Unter der Annahme, der Mensch sei zum freien Handeln fähig und hätte die Freiheit und die Macht, alles zu tun, was er will: Dann wird seine Autonomie beschränkt durch die Unmöglichkeit, an mehreren Orten gleichzeitig zu sein; er wird also gezwungen sein, zu wählen, nicht nützbare Optionen freizugeben und mit den Konsequenzen seiner Wahl zu leben. Diese raum-zeitliche Kontingenz ist die äußerste Grenze jeder Autarkie und somit auch jeder Autonomie.

5. Autarkie in der Gegenwart

Der Begriff "Autarkie" wird heute kaum mehr auf die geistige Selbständigkeit bezogen, auch wenn die Auseinandersetzung um die geistige Freiheit und die Determiniertheit des Menschen heute noch so aktuell ist wie in der Antike. Geblieben ist vor allem die materiell-wirtschaftliche Bedeutung.

Konzepte autarker Staatsgebilde tauchten erstmals bei den frühneuzeitlichen Utopisten wieder auf, unter anderem im Zusammenhang mit der Kolonialpolitik, die mit der Notwendigkeit der Selbstversorgung gerechtfertigt wurde. Negative Berühmtheit erlangte dann vor allem das Konzept des geschlossenen Handelsstaates von Fichte, das den deutschen Nationalsozialisten als Argument bei ihrer Eroberungspolitik diente.[34] Auch in sozialistischen Ländern wurden teilweise autarke Handelskonzepte vertreten. Demgegenüber wird von kapitalistischen Wirtschaftstheoretikern die Idee von autarken regionalen Handelssystemen als unbrauchbar zurückgewiesen, da solche als künstlich empfundene Eingriffe der inneren Optimierung des Handelssystems zuwiderlaufen würden.

Ähnlich wird auch in der ökologisch-ökonomischen Debatte argumentiert. Dabei fällt auf, wie häufig die Vertreter moderner liberalistischer und kapitalistischer Konzepte auf deterministische Grundmuster zurückgreifen (Betonung der Entwicklungsfreiheit im Sinne eines sozialdarwinistischen Optimierungsvorganges), währenddem sich die Verfechter moderner sozialistischer Gesellschaftsmodelle gerne auf Vorstellungen berufen, die den pelagianischen Ideen entsprechen (Forderung nach Gleichbehandlung und Egalisierung der Unterschiede als Voraussetzung für Chancengleichheit).[35]

Vor allem da, wo sich die Forderung nach Freiheit des Handelsprozesses mit all ihren Folgen und die Forderung nach Eingriffen zur Herstellung der sozialen Gerechtigkeit gegenüberstehen, wird dies deutlich.[36] Einerseits sind die Betonung der Freiheit und die Berufung auf die Konkurrenz als Optimierungsmechanismus nicht weit von der Vorstellung entfernt, daß bestimmte

---

34 Vgl. ENCYCLOPAEDIA UNIVERSALIS, Vol. 2 (1970).

35 Damit beziehe ich mich auf die Argumentationsweisen in der heutigen Diskussion. Ob und wie weit die These Max Webers zutrifft, die calvinistische Ethik (hinter der ein dem augustinischen ähnliches Prädestinationsmodell steht) habe eine Affinität zur Ethik des Kapitalismus, und der Kapitalismus könne als so etwas wie ein calvinistisches System ohne Gott gesehen werden, ist hier nicht zu diskutieren. Interessant ist jedoch die Tatsache, daß die Ursprünge des liberalen Denkens im Humanismus liegen, der wieder pelagianische Ideen aufnahm, währenddem umgekehrt die Begründer der sozialistischen Theorie Vertreter eines Geschichtsdeterminismus waren.

36 Vgl. in diesem Zusammenhang auch die Diskussion zwischen STEINER und WEDER in diesem Buch.

Leute aufgrund ihrer Vorgaben zum Scheitern verurteilt sind. Andererseits sind die Ansicht, alle Menschen seien grundsätzlich gleich, und die daraus folgende Betonung der Gerechtigkeit und des Schutzes der Schwächeren auch nicht weit entfernt von der Idee, alle Menschen würden als "weißes Blatt" geboren und seien in keiner Weise prädestiniert. So taucht auch hier die Frage nach der geistigen Autarkie wieder auf.

Persönlich bin ich der Ansicht, daß sowohl Deterministen als auch Indeterministen bis zu einem gewissen Grad recht haben, was gleichzeitig hieße, daß die Menschen immer über ein Mindestmaß an geistiger Autarkie verfügen. Eine (logische) Letztbegründung, die diese Diskussion entscheiden und damit die Priorität von Freiheit oder Gleichheit festlegen könnte, kann es ohnehin nicht geben, denn wir sind als Erklärende immer Teil des von uns erklärten Systems. Ein solcher Selbstbezug führt, wie ich weiter vorn angetönt habe, in eine logische Unentscheidbarkeit. Die Entscheidung dieser Diskussion wäre aber die Voraussetzung für die Entscheidung der Frage, ob ein konkurrenzbetontes Weltwirtschaftssystem oder ein die Regionalinteressen wahrendes protektionistisches System dem Wesen der Menschen eher entspreche und welche Strategie in der Umweltökonomie zu verfolgen sei. Meine Titelfrage wäre also nicht entscheidbar.

Damit könnte ich den Artikel beenden. Allerdings habe ich jetzt vor allem von der individuellen geistigen Autarkie gesprochen. Auf der materiellen Ebene sieht die Sache etwas anders aus. Je globaler unsere kulturellen und wirtschaftlichen Verbindungen werden, desto stärker wächst das Bewußtsein, daß die Erde nicht unendlich groß ist und ihre Ressourcen begrenzt sind. Wir haben nur diese eine Erde und die muß genügen. Ein Ressourcenimport vom Mond oder sonstwoher bliebe (falls technisch überhaupt je machbar) auf wenige mineralische Rohstoffe beschränkt; Wasser und Nahrung sind nur auf der Erde vorhanden. Globale materielle Autarkie ist also eine natürliche Rahmenvorgabe. Mit anderen Worten: materiell ist die Erde ein autarkes System und je näher wir an die Grenzen ihrer Tragfähigkeit vorstoßen, desto entschiedener müssen wir dies in unsere Planung miteinbeziehen.

Die Antwort auf meine Ausgangsfrage – "Autarkie als ökologisches Leitziel?" –, bezogen auf die materielle Autarkie, wäre also ein "Ja". Dabei handelt es sich jedoch um ein rein feststellendes "Ja", denn eigentlich haben wir es nicht mit einem anzustrebenden Ziel zu tun, sondern mit einer natürlich vorgegebenen Rahmenbedingung, deren Überschreitung eine Verringerung der Selbsterhaltungsfähigkeit zur Folge hat. Ich spreche jetzt allerdings von einer globalen Autarkie. Damit ist noch nichts über den Wert von Regionalisierungskonzepten und regionalen Autarkien für die Erhaltung unserer natürlichen Lebensgrundlagen gesagt. Doch bevor ich zu dieser Frage komme, muss ich noch einen Einschub machen, um Mißverständnissen vorzubeugen.

6. Das Regio-Natio-Problem, Autarkie in Raum und Zeit

Ich will hier kurz auf den Unterschied zwischen einer Region und einer Nation eingehen. Mit "Region" bezeichnen wir eine räumliche Größe, die über ihre internen Strukturen im Gegenwartszustand definiert ist. Dabei sind bei einer Naturregion die Naturstrukturen, bei einer Kulturregion die Kulturstrukturen und bei einer als Staat definierten Region die politischen Strukturen entscheidend. Eine Nation dagegen ist eine historisch definierte Größe. Sie bezieht ihre Identität aus einer zeitlichen Dauer, die Vergangenheit und Gegenwart miteinander verbindet. Während eine Nation auf Geschichte angewiesen ist, kann eine Region darauf verzichten.

Was heißt das in bezug auf die Autarkie? Wenn wir nach der materiellen Autarkie fragen, fragen wir auch nach räumlichen Strukturen. Welche materiellen Vorräte sind in einem Raum verfügbar und wie werden sie genutzt? Dabei spielt nur der gegenwärtige Zustand eine Rolle. Was heute da war, muß morgen nicht mehr sein. Die dauerhafte Selbsterhaltung einer Autarkie basiert auf ihrer Anpassungsfähigkeit an die gegenwärtigen Umstände. In der Zeit ist jeder Raum offen für Änderungen.

Was will ich damit sagen? Ich will davor warnen, Autarkie als statische Größe zu verstehen und mit nationalen Konzepten zusammenzubringen. Nationen definieren sich über ihre rückwärtsgewandte Konstanz, während die Erhaltung eines "Autarkiezustandes" ein vorwärtsgewandter, hochdynamischer Prozeß ist, der sich den stets ändernden Rahmenbedingungen anpassen muß. Der Obertitel dieses Buches ist deshalb nicht nur als Gegensatz, sondern auch als gegenseitige Bedingung zu verstehen.[37]

Die heutige Fixierung auf rückwärtsgewandte historische Denkmuster erschwert die Reaktion auf extern verursachte Änderungen ungemein und ist, gerade aus globaler Sicht, unheimlich gefährlich.[38] Wir müssen wieder damit leben lernen, daß Änderungen der äußeren Rahmenbedingungen jederzeit möglich sind, sonst gefährden wir unser eigenes Überleben. Damit soll nun nicht der Einfluß des Menschen auf die Umwelt heruntergespielt

---

37 Damit ist auch ein Paradox der Autarkie angesprochen, denn nur wenn wir uns anpassen (also unsere Selbstbestimmung freiwillig einschränken), sind wir überhaupt in der Lage, autark zu bleiben.

38 Ein Beispiel für die unselige Verquickung von Gegenwart und Geschichte ist die Diskussion um die globale Klimaänderung. Da wird uns in den Medien eingeredet, das Klima sei seit Jahrtausenden konstant geblieben und wenn man sich nur richtig verhalten würde, würde das Klima auch auf lange Sicht hinaus konstant bleiben. Damit wird die Möglichkeit einer in die Zukunft hinaus fixierbaren Klimakonstanz vorgetäuscht (häufig verknüpft mit der Anpreisung von hintergründig politisch motivierten Allerweltskuren) und die Tatsache verschleiert, daß das Klima äußerst dynamisch ist und jederzeit abrupt wechseln kann. Die Natur hat zwar eine Geschichte, aber sie orientiert sich nur an ihren Spuren in der Gegenwart. Zur Klimadiskussion vgl. auch SCHLÜCHTER (1995, in diesem Buch).

und jede Umweltänderung als naturgegeben hingestellt werden. Aber wir sollten die Vorstellung aufgeben, was bis jetzt funktioniert hat, könne auch weiterhin am Laufen gehalten werden. Wo die Geschichte für die Begründung regionaler Unabhängigkeiten herhalten muß, ist also Vorsicht geboten. Autarkie ist gegenwartsbezogen und dynamisch, nur *Regionen* können autarke Einheiten sein, *nationale* Autarkien sind sinnlos.

7. Offene und geschlossene Autarkie

Wenn ich den Wert von Autarkiekonzepten im Hinblick auf die Umweltproblematik untersuchen will, muß ich die natürliche Grenze der materiell-energetischen Autarkie berücksichtigen: Aus thermodynamischen Gründen gibt es kein Perpetuum mobile und dementsprechend kommt jedes geschlossene dynamische System früher oder später zur Ruhe. Eine geschlossene materiell-energetische Autarkie ohne Austausch über die Grenzen hinweg kann nur so lange funktionieren, bis die Energievorräte aufgebraucht sind. Die Erde ist ein energetisch offenes System. Die regionalen Teilsysteme weisen auch eine materielle Offenheit auf. Wasser wird durch die Atmosphäre zugeführt und fließt wieder ab, Erosionsmaterial wird abgetragen oder gesammelt. Abgesehen vom Wasserkreislauf und dem Atmosphärenkreislauf ist der überregionale Massenaustausch jedoch sehr langsam, so daß sich zahlreiche lokal und regional geschlossene Stoffkreisläufe bilden können. Damit führen die unterschiedlichen Rahmenbedingungen und die zirkulär-kausale Selbstbeeinflussung der rauminternen Prozesse zur Bildung von relativ stabilen, regional unterschiedlichen Strukturen. Diese natürliche Situation bezeichne ich als offene Autarkie (=Autarkie im Fließgleichgewicht).

In verschiedenen Regionen entwickeln sich also aufgrund der natürlichen Rahmenbedingungen verschiedene Strukturen. Dies hat zur Folge, daß auch Bedürfnisse der Bevölkerung, Bewirtschaftungsmethoden und Bedürfnisse der natürlichen Umwelt sich regional stark unterscheiden, was zur Bildung von unterschiedlichen, den regionalen Rahmenbedingungen angepaßten Kulturformen führt. Bereits in der Einführung habe ich die Notwendigkeit der Erhaltung einer möglichst großen Vielfalt an Lebensformen erwähnt, worunter nicht nur die natürliche "Biodiversität", sondern auch die eben erwähnte "Kulturdiversität" zu verstehen ist. Im weiteren habe ich festgestellt, daß die Erde ein materiell geschlossenes System ist. Dies hat zur Folge, daß jede regionale Übernutzung über ihre indirekten Folgen (beispielsweise Ressourcenverlust oder Ertragsminderung durch Zerstörung der Vegetation) zulasten des Gesamtsystems geht. Daraus leite ich die Folgerung ab, daß eine langfristige Gewährleistung der Existenzfähigkeit natürlicher Gemeinschaften und der landwirtschaftlichen Produktionsfähigkeit einen standortangepaßten, sparsamen, die Vielfalt erhaltenden und möglichst ressourcen-

Land	Bauxit-gewinnung (Mio. t)	Tonerde-gewinnung (Mio. t)	Aluminium produktion (Mio. t)	Al-Verbrauch (inkl. Recycling; Mio. t)	Al-Verbrauch pro Kopf (kg)
Australien	40.5	11.7	1.2		
Guinea	17.0				
Jamaica	11.6	3.0			
Brasilien	10.4	1.7	1.1		
Indien	4.8	1.4	0.5		
UdSSR	4.8	3.6	2.1		
Suriname	3.1	1.5			
VR China	3.0	1.2	0.9		
Jugoslawien	2.5		0.3		
Guyana	2.2				
Griechenland	2.1				
Ungarn	2.0				
Venezuela	2.0	1.4	0.6		
Indonesien	1.4				
Sierra Leone	1.3				
USA		5.4	4.1	6.7	27
Deutschland		1.1	0.7	2.1	26
Kanada		1.1	1.8	0.5	18
Norwegen			0.9		
Spanien			0.4		
Japan				3.5	28
Italien				1.2	20
Frankreich				1.0	18
Großbritannien				0.6	10
übriges Westeuropa	- - -	- - -	- - -	- - -	ca. 10
Rest	2.1	8.0	3.8	9.0	1.4
Erde gesamt	110.8	41.1	18.5	24.6	3.6

Die Differenz zwischen Aluminiumproduktion und -verbrauch wird durch Recycling-Aluminium gedeckt. Die maximal mögliche Recyclingrate für Aluminium liegt bei >50%. (Fischer Weltalmanach 1994)
Die Produktion läuft über drei Schritte (Bauxitabbau, Tonerdegewinnung, elektrolytische Verhüttung), wobei aus einer Tonne Bauxit 300-500 kg Tonerde, und daraus 160-250 kg Aluminium gewonnen werden können. Für die Produktion einer Tonne Aluminium wird weiter benötigt: 0.45 t Kohle, 0.07 t Kryolith (Calciumfluorid) und 15'000 kWh (= 55 GJ) Energie, dazu kommt noch die Transportenergie zwischen Abbau- und Verarbeitungsort (Transportweg meistens mehrere tausend Kilometer). Aluminium wird vor allem im Transportmittelbau (Autos, Flugzeuge) und in der Verpackungsindustrie verwendet.

Tabelle 1: Rohstoffproduktion und -verbrauch im globalen Vergleich am Beispiel Aluminium; Stand 1991. Daten nach FISCHER WELTALMANACH 1993

neutralen Mitteleinsatz voraussetzt. Dies ist nur möglich, wenn aufgebrochene Naturkreisläufe wieder geschlossen, die dem System entzogenen Güter nach Möglichkeit wieder ersetzt und umgekehrt die dem System zugeführten Güter wieder entsorgt werden, ohne dabei auf nicht-erneuerbare Ressourcen zurückzugreifen.

Dies spricht an sich nicht gegen einen überregionalen Güteraustausch. Gegen einen solchen Austausch wäre auch nichts einzuwenden, solange die Erhaltung der regionalen Ökosysteme gewährleistet bleibt. Das Problem ist weniger der Güteraustausch an sich, es sind vielmehr die Mittel, die für die Gewährleistung dieses Güteraustausches und die Bereitstellung der Güter notwendig sind. Dazu gehört, neben dem Einsatz von nicht-erneuerbaren Treibstoffen für den Transport der Güter, der Einsatz von Energie und Material für die Steuerung der Produktion (vgl. das Beispiel "Aluminiumproduktion", Tab. 1) und die Anpassung der Standortfaktoren an die zu produzierenden Güter.

Unter die Anpassung der Standortfaktoren fallen die Düngung, die Bewässerung, die Schädlingsvernichtung, die Beheizung von Kulturen, der Aufwand für Transport und Lagerung usw. So braucht eine technisierte Mastfarm für die Produktion von einem Kilo Fleisch neben 10 Kilo Pflanzennahrung ein Mehrfaches der Energie, die am Schluß im Fleisch gebunden ist. Dabei eingerechnet ist weder die Produktion des Futters noch die Verarbeitung und der Transport zum Kunden. Ähnliche Bilanzen ergeben sich auch bei der Treibhausproduktion. Müßte eine Produktion ressourcenneutral sein, dann wären solche Produktionsweisen unmöglich.[39]

Mit der Wahl der letzten Beispiele habe ich allerdings eine unzulässige Engführung des Problems vorgenommen, die mir jedoch typisch scheint für die gegenwärtige Situation in der Umweltdiskussion: ich habe vor allem von *Stoff-* und *Energieflüssen* gesprochen. Für die Funktionsfähigkeit von Räumen ebenso wichtig sind jedoch die *Raumstrukturen*.[40] Da diese für eine quantitative

---

39 In einer Ökobilanz wurde für ein Menu, bestehend aus 1 Glas Orangensaft, Pouletbruststreifen mit Spargeln, Lammgigot mit Tomaten und Bohnen, einem Glas Mineralwasser und einem Apfel zum Dessert, (= ca. 2,7 MJ pro Portion) folgender Energiebedarf errechnet (heute übliche Produktions- und Verarbeitungsmethoden): Herstellung aus einheimischen Saisongemüsen: 30 MJ; Herstellung mit importierten Nahrungsmitteln: 110 MJ. Bei Saisongemüsen muß also (zusätzlich zur "natürlichen" Sonnenenergie) siebenmal mehr Energie in die Produktion und Verarbeitung der Nahrungsmittel hineingesteckt werden, als diese dem Körper später an Nahrungsenergie liefern, bei importierten Nahrungsmitteln steigt der Energieaufwand auf das Vierzigfache der gewinnbaren Nahrungsenergie, was dem Energieaufwand von über 2 Liter Heizöl pro Portion entspricht (KF/GREENPEACE, 1994). Für weitere Daten vgl. auch den Artikel von BÜCHI/RELLER (1995, in diesem Buch).

40 Ein Beispiel für die Wichtigkeit des Miteinbezugs von Raumstrukturen ist die Verbindung von Topographie und Bewaldung. Auf steilen Hängen halten die Wälder die Oberfläche stabil und speichern Niederschläge. Wird der Wald abgeholzt, ist die Oberfläche der Erosion weitgehend schutzlos ausgesetzt. Bei an sich unverändertem Stoff- und Energiefluß wird die Vegetation dauerhaft zerstört, in den Tälern treten

Betrachtung aber eher ungeeignet sind, haben sie Mühe, das Interesse der analytischen Naturwissenschaften zu finden. Stoff- und Energieflüsse lassen sich zudem einfacher kapitalisieren als Raumstrukturen, weshalb sie einer ökonomischen Diskussion viel leichter zugänglich sind. Dies führt zu einer einseitigen Betrachtung der Umweltproblematik und zu einer Überhöhung des Energieproblems in der Umweltdiskussion, was längerfristig Probleme ergeben kann. Wenn wir eine Aussage über die Autarkiebedingungen einer Region machen wollen, müssen wir also den Stoff- und Energieumsatz in einer Region mit den Raumstrukturen verknüpfen.

Bis jetzt habe ich mich vor allem mit der Geschichte und der Bedeutung des Autarkiebegriffs auseinandergesetzt und versucht, mögliche Verbindungen zur Umweltdiskussion aufzuzeigen. Im folgenden will ich den Blick nun wenden und ausgehend von einer empirisch-analytischen Betrachtung von Umweltproblemen nach dem Sinn von Autarkiekonzepten fragen.

8. Die natürliche Tragfähigkeit von Räumen

8.1. Grundlagen der Tragfähigkeitsdiskussion

Der Begriff der "Carrying Capacity" stammt aus der Populationsbiologie und wurde später mit den Menschen in Verbindung gebracht. Etwas salopp ausgedrückt: Gefragt wird, wieviele Menschen ein Raum langfristig ohne Schaden erträgt (Wirkung des Menschen auf den Raum). Diese Tragfähigkeit ist allerdings nicht nur von der Raumgröße abhängig, sondern auch von den natürlichen Rahmenbedingungen. Da diese Bedingungen Jahr für Jahr stark ändern können, wird eine exakte Beantwortung unserer Frage verunmöglicht. Man wird in der Planung dieses Problem meist so umgehen, daß man die durchschnittlichen Verhältnisse als Maßstab nimmt und sagt, daran habe sich eine Nutzung zu orientieren. Allerdings wird hier ein Schritt weg von der natürlich gegebenen Situation gemacht. Denn in den sich selbst regulierenden Ökosystemen sind nicht die Durchschnitte, sondern die Extremsituationen die Regler des Systems.[41] Die Orientierung am Durchschnitt erfordert bereits eine ausgefeilte Vorratsstrategie.

---

verstärkte Hochwasserspitzen mit entsprechend stärkerem Geschiebetransport und größeren Überschwemmungsschäden auf. Die mangelhafte Berücksichtigung der natürlichen Geländestrukturen kann auch verheerende Ausmaße annehmen, wie das Mississippi-Hochwasser von 1993 oder die Überflutung von Brig in der Schweiz im gleichen Jahr, die beide durch die starke Gewässerverbauung mitverursacht wurden. Ein weiterer Effekt der mangelnden Berücksichtigung von Raumstrukturen ist der Zusammenbruch von Ökosystemen und das Aussterben von Tier- und Pflanzenarten durch das unkontrollierte Öffnen und Schließen von Raumgrenzen (Artentransfer und Raumverinselung; vgl. LANDOLT 1995 und ZISWILER 1995, in diesem Buch).

41 Dies heißt nicht, daß in der Natur nur kurzfristige Extremereignisse prägend sind. Die typische Ausprägung der Naturformen und -prozesse basiert vielmehr auf der

Eine solche Strategie ließe sich im Rahmen einer Planung wohl entwickeln. Dabei stellt sich aber ein zweites großes Problem: Wenn wir herausfinden, was ein Raum unter welchen Bedingungen produzieren oder verarbeiten kann, ist noch nichts über die Anzahl Menschen gesagt, die in und von diesem Raum leben können, denn diese ist abhängig von ihren Bedürfnissen und Gewohnheiten. Um die Tragfähigkeit eines Raumes zu definieren, müßten also die zuläßigen Lebensgewohnheiten und die minimalen Lebensbedürfnisse festgesetzt werden. Dies ist zu einem guten Teil eine weltanschaulich gesteuerte Definition. Da die unterschiedlichen Weltanschauungen die Einigung auf eine allgemeinverbindliche Definition verunmöglichen, wird sich die Frage: "Wieviele Menschen erträgt ein Raum?" nicht allgemeingültig beantworten lassen. Auf diese Frage werden wir nur weltanschaulich vorgeprägte Ansichten und ideologisch beeinflusste Propaganda als Antwort erhalten.

Nun ist mit Recht einzuwenden, daß die Frage: "Wieviele Menschen erträgt ein Raum?" sehr einfach gestellt ist. Wir könnten ja unseren Verbrauch senken, dann könnten auch mehr Menschen versorgt werden. Wir müssen die Frage also ändern. Korrekt müßte sie so lauten: "Welche Güter stehen den Menschen in einer Region zur Verfügung und welche Mittel wären dafür aufzuwenden?" (Wirkung des Raumes auf den Menschen)

Die Tragfähigkeit eines Raumes bezieht sich dann primär auf die verfügbaren Güter, auf die Getreidemenge etwa, die auf einem Boden ohne Schädigung gewonnen werden kann, die Sonnenenergie, die in einem Raum zur Verfügung steht, oder auf die Abfallmenge, die ein Raum erträgt. Zur Beantwortung dieser Frage ließen sich naturwissenschaftliche Methoden einsetzen. Quantifizierbare und analytisch überprüfbare Resultate wären möglich. Allerdings werden dabei wieder die Lebensumstände der Bewohner ausgeblendet. Die Frage ist deshalb nochmals zu modifizieren, sie lautet dann: "Wieviel kann man aus einem Raumsystem herausholen und für wieviele Menschen würde dies im Rahmen der solcherart entstandenen Bedingungen bei einem bestimmten Lebensstandard reichen, wenn die Fortexistenz des Raumsystems und der menschlichen Lebensgrundlagen gewährleistet bleiben soll?" (Wirkung von Raum und Mensch aufeinander, zirkulär-kausale Geschlossenheit der Beeinflussung)

Da die Regionsfläche eine gegebene Größe ist, wird die Aufgabe also darin bestehen, die zirkulär-kausale Schließung so zu gestalten, daß die gegenseitige Beeinflussung der Raumelemente die lebensnotwendigen

---

Kombination von Ereignisintensität und Ereignishäufigkeit. Dabei wächst die Periodenlänge zwischen vergleichbaren Ereignissen mit zunehmender Intensität und die Kombination von Störung und Erholung läuft in zunehmend längeren Zeiträumen ab. Wenn wir die Intensität menschlicher Eingriffe mit Naturkatastrophen vergleichen, ist diese Kombination im Auge zu behalten. Nur wenn die Intensität eines Eingriffs mit der entsprechenden Erholungszeit verknüpft ist, ist sie auch umweltverträglich.

Prozesse nicht beeinträchtigt und eine optimale räumliche und proportionale Verteilung von Siedlungs-, Produktions- und Freiflächen zustande kommt. Gleichzeitig soll die Region ein solares System sein (kein Einsatz von nicht-erneuerbarer oder importierter Energie). Ein Ausscheiden von ökologischen Ausgleichsflächen führt so zu einer Verringerung der produktiven Flächen, verdichtetes Bauen zu einer Vergrößerung der übrigen Flächen. Die Tragfähigkeit läßt sich vergrößern, wenn Pflanzennahrung gegenüber Fleischprodukten bevorzugt wird, verkleinert sich dagegen, wenn viel Energie für Mobilität und Güterproduktion verbraucht wird.

8.2. Strategievorschläge für die Steigerung der Tragfähigkeit

Eine Tragfähigkeitsstudie[42] ermittelte für die Schweiz, unter Annahme des Lebensstandards von 1983, eine Tragfähigkeit von 900'000 Personen, was ca. 1/8 der gegenwärtigen Gesamtbevölkerung oder ca. 35 Ew/km^2 entspricht.[43] Das Problem ist allerdings qualitativ schon lange erkannt. Zur Verbesserung der Situation werden aus Umweltkreisen verschiedene Vorschläge gemacht:

- Freigabe von Flächen durch verdichtetes Bauen: Hier ist darauf hinzuweisen, daß der Siedlungsflächenbedarf allgemein überschätzt wird. Im dichtbesiedelten Schweizer Mittelland (ca. 375 Ew/km^2)[44] ist 14% der produktiven Fläche von Siedlungen und Verkehrswegen bedeckt. Eine verdichtete Bauweise bringt gegenüber heute einen effektiven Produktionsflächengewinn von höchstens 5-10%, was die Tragfähigkeit nicht wesentlich erhöht.

- Einsatz von Alternativenergien: Diese können, vor allem im Wärmebereich, einen Beitrag leisten. Verbunden damit wäre allerdings eine intensivere Nutzung der nachwachsenden Rohstoffe. Hier ist das Potential sehr beschränkt, abgesehen von der Tatsache, daß der Anbau von Energierohstoffen zu Lasten der Nahrungsmittelproduktion und der anderweitig

---

42 PILLET (1991). Sein Ansatz, Nahrungsmittelenergie und Nutzenergie gleichzusetzen und sich auf einen nationalen Raum zu beziehen, ist allerdings vom Standpunkt der Ökologie her problematisch (vgl. auch mein Abschnitt "Das Regio-Natio-Problem"). Für weitere Tragfähigkeitsstudien vgl auch SCHMIDT-BLEEK (1993), Kapitel 4, und die Diskussion bei BÜCHI/RELLER (1995).

43 Nur gut und mäßig produktive Flächen (ca. 25'000 km^2), ohne extensiv bewirtschaftete Alpflächen und unproduktive Flächen (Hochgebirge, Seen; ca. 15'000 km^2). Umrechnung von Pillets Daten auf die Fläche durch Büchi. Zur Diskussion der Tragfähigkeit vergleiche auch die detaillierteren Ausführungen bei BÜCHI/RELLER (1995, in diesem Buch).

44 CH-Mittelland: Fläche: 9'423 km^2, davon 25.7% Wald, 53.3% Landwirtschaftsfläche, 12.8% Siedlungsfläche, 8.1% unproduktive Flächen. Bevölkerung: ca. 3.5 Mio. (Daten nach Statist. Jahrbuch der Schweiz 1993; vgl. auch Tab. 2)

geforderten naturnahen Flächen gehen würde[45]. In Deutschland wird langfristig mit einem Einsatz von 25% erneuerbarer Energie gerechnet.[46]

- Umstellung der Ernährungsform: Eine Reduktion des Konsums tierischer Produkte würde eine Verringerung des Energieverbrauchs mit sich bringen. Allerdings dürfen wir nicht erwarten, daß wir damit einen "solaren" Zustand erreichen können, denn erstens werden die heutigen Fleisch- und Butterberge nicht nur unter großem Energieeinsatz, sondern auch mit Hilfe von aus Übersee importierten Futtermitteln produziert, und zweitens basiert die hohe Produktivität unserer Böden auf dem Einsatz von energieintensiv hergestellten Düngemitteln. Ein solares System müßte jedoch entweder düngerarm (und damit auch extensiver) produzieren, oder solare Energie aus dem Gesamtpool abzweigen, um damit Dünger herzustellen, was die Produktivität gegenüber heute senken würde.

- Reduktion der Mobilität und des Güterumsatzes: Diese Maßnahme brächte vermutlich den größten Gewinn. Eine Nullreduktion läßt sich jedoch nicht erreichen, darüber hinaus erfordert diese Maßnahme eine starke Änderung unserer Lebensgewohnheiten.

Über das Ganze gesehen brächten diese Reduktionen doch einiges. Allerdings führt die ökologisch verträgliche Raumbewirtschaftung auch zu einer Verringerung der Produktionskapazitäten und damit zu einer Verkleinerung der Tragfähigkeit:

- Eine langfristig funktionierende Raumstruktur erfordert intakte Ökosysteme und ein Mindestmaß an naturnahen, der Produktion weitgehend entzogenen Flächen. Dieser Flächenbedarf wird auf 10-15% der Produktionsfläche geschätzt[47].

- Die Gewinnung von erneuerbarer Energie findet ihre Grenzen an der Zerstörung von Raumstrukturen und Ökosystemen. Ein Ausbau der Wasserkraft oder flächenintensive grosse Solarkraftwerke stellen massive ökologische Eingriffe dar, die ab einer bestimmten Größe mehr Schäden anrichten als sie verhüten. Ökologisch ebenso sinnlos sind großflächige Monokulturen von Energiepflanzen.

Bei der Umrechnung der vorliegenden Daten auf die Fläche und bei Annahme einer vollständigen Selbstversorgung mit dem Verbrauchsstandard von 1950[48] dürfte die umwelt- und sozialverträgliche Tragfähigkeit für das Schweizer Mittelland einen Wert von 250 Ew/km^2 nicht übersteigen. Da die öko-

---

45 Vgl. hiezu die Diskussion in MÜLLER et al. (1995), S. 27ff., S. 57f.

46 WINTER (1994).

47 Vgl. BROGGI (1995, in diesem Buch).

48 Endenergieverbrauch pro Kopf in der Schweiz ca. 70% geringer als 1991 (umgerechnet nach Daten aus STATIST. JAHRBUCH DER SCHWEIZ 1993). Eine weitere Verringerung des Verbrauchsstandards bringt keine großen Änderungen mehr, da die Nahrungsmittelproduktion als limitierender Faktor wirkt.

Land/Region	Einwohner-zahl (Mio.)	Bevölkerungs-dichte (Ew/km2)	Bevölkerungs-wachstum (%, Ø1981-90)	Energiever-brauch (kom-merzielle E., x 10^9J/a)
Westeuropa *	238.1	181		
Deutschland	80.1	227	0.1	
alte Bundesländer	65.3	263	1.0	163.2
- Nordrhein-Westfalen	17.7	519		
neue Bundesländer	15.7	145		
Schweiz	6.8	167	0.6	114.5
Mittelland	ca. 3.5	ca. 360		
Österreich	7.8	94	0.2	119.0
Frankreich	57.0	106	0.5	116.2
Großbritannien	57.6	238	0.2	146.1
England	48.0	369		
Niederlande	15.1	443	0.6	k.A.
Belgien	10.0	328	0.1	k.A.
Italien	57.7	192	0.2	107.7
USA	252.7	27	0.9	291.7
Japan	123.9	328	0.5	121.5
China	1158.2	121	1.5	k.A.
Indien	865.0	263	2.1	k.A.
Nepal	18.5	125	2.6	0.6
Brasilien	146.1	17	2.0	22.4
Tschad	3.3	5	2.4	0.5
Tansania	25.3	27	3.0	k.A.
Madagaskar	12.0	20	3.0	1.2
Äthiopien+Eritrea	52.8	40	3.1	0.8

* Belgien, Deutschland, Frankreich, Großbritannien, Irland, Luxemburg, Niederlande, Österreich, Schweiz

Tabelle 2: Energieverbrauch und Bevölkerungsdichte verschiedener Länder.
Einwohnerzahlen 1991, Endenergieverbrauch pro Kopf (Stand 1990);
k.A.: keine Angabe.
Daten nach FISCHER WELTALMANACH 1994, Umrechnung in Joule durch Büchi.

logischen Rahmenbedingungen in dieser Region sich von den Rahmenbedingungen in anderen westeuropäischen Tieflandregionen kaum unterscheiden, dürfte die Tragfähigkeit in jenen Regionen etwa in der gleichen Grös-
senordnung liegen. Da viele westeuropäische Gebiete dichter besiedelt sind
(vgl. Tab. 2), wären nahrungsmittel- und energieautarke solare Regionalsysteme bei der gegenwärtigen Besiedlungsdichte höchstens teilweise funk-
tionsfähig.[49]

8.3. Der Sinn der Tragfähigkeitsdiskussion

Ich habe versucht darzustellen, was es heißt, nach der Tragfähigkeit von
Räumen zu fragen. Was ist aber der Sinn solcher Untersuchungen? Die
meisten Leute werden hier zur Antwort geben, daß damit die Grenzen der
Ressourcenverfügbarkeit eines Raumes aufgezeigt werden können. Für die
Schweiz und für Westeuropa scheint Autarkie also ein unbrauchbares
Planungsziel zu sein. Ich könnte jetzt den Artikel abschließen und die Titel-
frage mit einem "Nein" beantworten. Doch würde ich dem Begriff der
Autarkie damit nicht gerecht. Autarkie wäre dann gleichgesetzt mit regiona-
ler Unabhängigkeit Westeuropas. Doch weder sind die Schweiz und West-
europa repräsentativ für die Welt, noch beschränkt sich die Bedeutung von
"Autarkie" auf regionale Selbstversorgung.

Wenn wir die ganze Erde betrachten, wird die Frage nach der Tragfähigkeit interessanter. Denn die Erde ist ein materiell geschlossenes System. Was
eine Region überkonsumiert, muß also zwangsläufig zulasten einer anderen
Region oder von nicht-erneuerbaren Ressourcen gehen. Solange wir nur den
regionalen Blick beibehalten und solange wir genügend Geld- und Machtmittel haben, um uns die fehlenden Güter zu beschaffen, braucht uns die
Tragfähigkeit einer Region nicht zu kümmern. So können wir in der
Schweiz und in Deutschland relativ problemlos Naturschutz betreiben, indem
wir, anstelle eines forcierten Ausbaus der Wasserkraft oder einer Übernutzung unserer Wälder, Energie aus anderen Räumen importieren.[50]
Ähnliches gilt auch für Baustoffe (Kies) und landwirtschaftliche Güter. Der
Mitteltransfer in die Lieferantenregion mag sogar erwünscht sein. Letztlich
handelt es sich bei solchen Umlagerungsprozessen nur um eine Globalisierung der alten Stadt-Umland-Systeme[51]. Damit ist aber auch ein Problem

---

49 Für Deutschland vgl. auch SCHMIDT-BLEEK (1994), S. 147f. Vgl. auch die Diskussion in
    BÜCHI/RELLER (1995, in diesem Buch).

50 Unter diesem Aspekt wäre auch das von BROGGI in diesem Buch vorgestellte Umwelt-
    schutzkonzept kritisch zu hinterfragen.

51 Viele dieser Verbraucherregionen sind nicht nur von der Versorgungsstruktur her,
    sondern auch hinsichtlich ihrer regionalen Infrastruktur eigentlich den Städten
    zuzurechnen. Die Bewohner dieser urbanen Regionen (dazu gehören weite Teile

angesprochen: Die Städte waren immer gezwungen, sich die Unterstützung durch die Landbevölkerung zu sichern, sei es mit Gegenleistungen, sei es mit Gewalt. Dasselbe gilt natürlich auch für das Verhältnis zwischen Regionen, die ihre Tragfähigkeit überschritten haben, und ihren Lieferantenregionen. Ob eine solche Entwicklung gut oder schlecht sei, ist allerdings eine Frage der Politik und der Ethik. Die Naturwissenschaften können einzig feststellen, ob wir uns in einem solchen Zustand befinden.

Nun ist dies eine Betrachtung auf globaler Ebene. Damit ist noch nichts darüber ausgesagt, ob der Einbezug der Tragfähigkeit in eine Regionalplanung sinnvoll sei oder nicht. Dagegen spricht, daß die meisten Regionen ohnehin mehr oder weniger offene Grenzen haben und eine beschränkte Außenversorgung natürlich ist. Es gibt aber gewichtige Gründe, die eine Berücksichtigung der Raumtragfähigkeit in der regionalen Planung nahelegen. Wie vorher gesagt, ist ein regionaler Schaden gleichzeitig auch ein Schaden des Gesamtsystems. Ein solcher Schaden läßt sich aber höchstens dann rechtfertigen, wenn ihm ein größerer Vorteil für das Gesamtsystem entgegensteht, etwa, indem eine umgelagerte Ressource in einer anderen Region wesentlich wirkungsvoller eingesetzt werden kann und die langfristige Erhaltung unserer natürlichen Lebensgrundlagen dadurch eher gewährleistet ist. Um dies zu bestimmen, müßte aber die Tragfähigkeit der Verliererregion und die Tragfähigkeit der Gewinnerregion bekannt sein.

Ein zweiter, sozioökonomischer Grund ist die Frage nach der Verteilungstransparenz: Welche Lasten schiebt eine Region ab und welche Außenlasten muß sie tragen? Was ist der Preis für den eingeschlagenen Weg? Vielen Leuten mag es nur recht sein, wenn sie die gegenseitigen Abhängigkeiten nicht kennen. Sie müssen sich dann auch keine Gedanken darüber machen. Nur gilt hier, noch drastischer als in jedem Strafrecht, der Grundsatz, daß Unwissen vor Strafe (respektive vor Katastrophen) nicht schützt. In diesem Sinne ist die Frage nach der Tragfähigkeit bzw. der Autarkiefähigkeit einer Region wichtig.

Es ist klar, daß bei der Frage nach der Tragfähigkeit eines Raumes nicht die ganze Welt berücksichtigt werden kann, und daß solche Untersuchungen immer von privaten Wertungen der Beobachter beeinflußt sind. Ich kann daher niemals exakte Resultate als Antworten erwarten. Was ich jedoch machen kann, sind qualitative und vereinfachte quantitative Aussagen, wobei ich meine Grundannahmen offenlegen und den Gang meiner Argumentation erklären muß. Wenn eine Umweltplanung aufklären und nicht präjudi-

---

Westdeutschlands, das Schweizer Mittelland, die Niederlande, weite Teile Belgiens und Englands) haben im allgemeinen unabhängig von ihrem Standort innert weniger als einer Stunde Zugang zu praktisch allen wichtigen Dienstleistungsangeboten. Auch in scheinbar ländlichen Gebieten entwickeln die Bewohner eine typisch urbane Lebensweise, so daß wir diese Gebiete nicht mehr als Landregionen bezeichnen können.

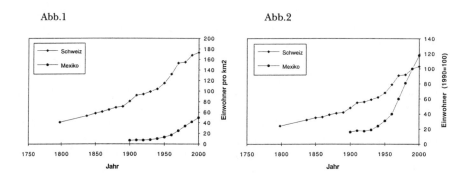

Abbildungen 1 und 2: Bevölkerungsdichte und Bevölkerungsentwicklung in einem westeuropäischen und einem Drittweltland am Beispiel Schweiz und Mexiko.

Abb. 1: Bevölkerung pro km^2; Umrechnung auf die Fläche durch Büchi.

Abb. 2: relative Bevölkerungsentwicklung (Index: 1990 = 100); Indexierung durch Büchi.

Daten nach STATIST. JAHRBUCH DER SCHWEIZ 1993, FISCHER WELTALMANACH 1995 und MEADOWS et al. (1993). Aufgrund des vergleichbaren Verhältnisses von fruchtbaren und unfruchtbaren Flächen (Wüsten, Gebirge) dürfte die durchschnittliche Tragfähigkeit pro km^2 in beiden Ländern auch in einer vergleichbaren Größenordnung liegen.

zieren will, muß sie diesen Weg gehen. Sie hat den Entscheidungsträgern die Optionen und ihren wahrscheinlichen Preis zu erläutern. Solange sie dies ehrlich tut, wird man ihr auch die Fehler nachsehen. Nicht nachsehen wird man ihr allerdings eine bewußte Verschleierung der Tatsachen und ein bewußtes Wegschauen da, wo die Resultate für Forscher und Auftraggeber nicht opportun sind.

9. Materielle Autarkie als Leitziel?

Ich fasse zusammen: Ich habe standortangepaßte, die Vielfalt erhaltende, sparsame und möglichst ressourcenneutrale Prozesse gefordert[52]. Dies verlangt dezentrale Strukturen, Erhaltung der natürlichen Offenheit der Räume und Anpassung der Stoff- und Energiekreisläufe an die unterschiedlichen regionalen Rahmenbedingungen, alles Eigenschaften einer offenen Autarkie.

Ist materielle Autarkie also ein sinnvolles Leitziel? Eigentlich nein. Das Ziel war die Erhaltung der natürlichen Lebensgrundlagen oder, um bei meinen eingeführten Begriffen zu bleiben, die Entwicklung von zirkulär-

---

52 Vgl. Abschnitt "offene und geschlossene Autarkie".

kausalen Strukturen, die die Selbsterhaltung der natürlichen und humanen Lebensgrundlagen und damit ihr eigenes Fortbestehen zum Ziel haben. Die Voraussetzungen zur Erreichung dieses Zieles waren Standortgerechtheit, Erhaltung der Artenvielfalt, Sparsamkeit und Ressourcenneutralität. Materielle Autarkie ist nur eine Folge. Denn Sparsamkeit und Ressourcenneutralität erfordern eine Einschränkung der Transportbewegungen und eine Verkürzung der Transportdistanzen, Erhaltung der Vielfalt erfordert eine Einschränkung des überregionalen Austausches von Lebensformen und Standortgerechtheit ist notwendigerweise standortorientiert. Dies hat zwangsläufig eine Entflechtung der Regionen zur Folge. Nichts hindert uns aber daran, einen Folgezustand zum Ziel zu machen, wenn mit dem Erreichen dieses Ziels automatisch unsere Forderungen erfüllt werden. Eine Ausrichtung der Planung auf regionale materielle Autarkie muß standortgerechte Produktion, die Sparsamkeit, die Ressourcenneutralität und die Vielfalt verstärkt berücksichtigen und erfüllt somit unsere Ausgangsforderungen. Wir dürfen aber nicht vergessen, daß diese Autarkie eigentlich eine Folge der Ausgangsforderungen ist. Eine solche Autarkie darf sich nie verselbständigen und zum Selbstzweck werden, sie hat immer ein Mittel zum Zweck zu bleiben.

10. Güterverbrauch und Bevölkerungsproblematik

In der Diskussion der globalen Autarkie spielen die Bevölkerungsentwicklung und die Verbrauchsproblematik eine wichtige Rolle. Die beiden Probleme sind eng miteinander gekoppelt und nicht voneinander trennbar. Wie ich gezeigt habe, ist die Erde ein materiell geschlossener Raum, und die Tragfähigkeit eines Raumes bestimmt sich über das, was man aus einem System herausholen kann, ohne das System zu schädigen, sowie über den angestrebten Lebensstandard.[53] Bei einem tiefen Lebensstandard reicht es für mehr Menschen, bei einem hohen für weniger, oder, andersherum, eine größere Population erzwingt einen tieferen Lebensstandard, eine kleinere Population erlaubt einen höheren Lebensstandard. Aber immer gibt es ein oberes Maximum, das ohne Schaden nicht überschritten werden kann.

---

[53] "Lebensstandard" ist nicht mit "Lebensqualität" zu verwechseln. Der Lebensstandard ist eine materielle Größe (Aussage über die Menge der zur Verfügung stehenden Waren und Dienstleistungen); Lebensqualität bezieht sich auf die Möglichkeit, sein Leben zur eigenen Zufriedenheit zu gestalten, und bezieht auch immaterielle Werte (z.B. Freiheit, Sicherheit, Teilhabe an einer sozialen Gemeinschaft, körperliche und seelische Gesundheit) mit ein. Eine Senkung des Lebensstandards kann durchaus mit einer Hebung der Lebensqualität einhergehen (z.B. Verbrauchssenkung kann durch Abnahme von Streß und Verminderung des Schadstoffausstoßes zur Verbesserung des allgemeinen Gesundheitszustandes führen) und ist nicht gleichzusetzen mit einer Rückkehr ins Mittelalter.

Bezogen auf die Erde als Ganzes sind beide Probleme aktuell, wenn auch mit regionalen Unterschieden. Auf der einen Seite stehen die hochindustrialisierten Regionen, die sich durch dichte Besiedelung, geringes Bevölkerungswachstum und hohen Güterverbrauch auszeichnen, auf der anderen Seite stehen die Drittweltländer, mit Ausnahme Süd- und Südostasiens im allgemeinen (noch) mäßig dicht bis sehr dünn besiedelt und mit einem geringen Güterverbrauch, dafür mit einem großen Bevölkerungswachstum (vgl. Tab. 2, Abb. 1-2). Im Hinblick auf die globale Autarkieproblematik ergeben sich daraus drei Folgerungen:

a) *Die Überbevölkerung ist zu einem guten Teil auch ein Problem der übersiedelten, hochindustrialisierten Länder, wobei dieses Problem in den Industrieländern nicht importiert, sondern weitgehend hausgemacht ist.*[54]

b) *Das Bevölkerungswachstum in den Entwicklungsländern führt im materiell geschlossenen solaren System "Erde" zwangsläufig zu einer Senkung des maximal möglichen Lebensstandards.*

c) *Der westliche Lebensstandard ist nicht globalisierbar.*

Die erste Folgerung wird bei uns meistens gar nicht wahrgenommen, die zwei anderen werden politisch gegeneinander ausgespielt. Dieser Kampf mit halben Wahrheiten führt jedoch nicht zu einer Lösung, sondern nur zu einer Blockierung der Situation. Erst, wenn wir an allen Fronten gleichzeitig aktiv werden (und dazu gehört sowohl eine konsequente Bevölkerungspolitik jenseits aller Nationalismen als auch eine gleichzeitige drastische Verbrauchssenkung in den industrialisierten Regionen), statt uns mit geistig

---

54 Die westeuropäischen Länder und Japan gehören punkto Bevölkerungsdichte zu den absoluten Spitzenreitern auf der Erde, der Anteil an Personen aussereuropäischer resp. ausserjapanischer Herkunft liegt jeweils unter 5%. Das im Gegensatz zu den Drittweltländern geringe Bevölkerungswachstum sollte nicht darüber hinwegtäuschen, daß Westeuropa vom ökologischen Standpunkt her überbevölkert ist, und zwar auch bei einer Senkung des Güter- und Energieverbrauchs auf das lebensnotwendige Minimum (vgl. die Ausführungen im Abschnitt "Die natürliche Tragfähigkeit von Räumen" und die Ausführungen in BÜCHI/RELLER 1995, in diesem Buch). Es genügt nicht, auf das gefährliche Bevölkerungswachstum in den armen Ländern hinzuweisen, solange wir nicht zurechtkommen mit den Resultaten unseres eigenen Bevölkerungswachstums im 19. und 20. Jahrhundert und die Folgen der Kombination von Überbevölkerung und übersteigertem Güterverbrauch einfach ins Ausland exportieren.
Als Beispiel: Im der Schweiz stieg die Bevölkerungsdichte von 41 Ew./km^2 im Jahre 1798 über 70 Ew./km^2 im Jahre 1896 auf 167 Ew./km^2 im Jahre 1992; die Bevölkerungsdichte in den tiefgelegenen außeralpinen Gebieten beträgt gegenwärtig über 350 Ew./km^2 und ist damit etwa gleich hoch wie in der Region Nordwestdeutschland/Belgien/Niederlande oder in England (vgl. auch Tab. 2 und Abb. 1-2). Parallel dazu findet zwischen 1900 und 1990 eine Verdreizehnfachung des Energieverbrauches statt, was, beim gleichzeitigen Anstieg der Bevölkerung auf mehr als das Doppelte, rund einer Versechsfachung des Pro-Kopf-Verbrauchs entspricht. (Bevölkerungsdaten nach STATIST. JAHRBUCH DER SCHWEIZ 1993, Energiedaten nach PFISTER 1994; vgl. auch BÜCHI/RELLER 1995, in diesem Buch)

leichtverdaulichen Schmalspurkonzepten gegenseitig zu neutralisieren, werden wir die Situation in den Griff bekommen.

Wenn wir uns vor Augen halten, daß dem Güter- und Energieverbrauch auf der Erde natürliche Grenzen gesetzt sind, und wenn wir bedenken, daß Westeuropa eine der überbevölkerten und stark auslandabhängigen Regionen der Erde ist, stellt sich das Autarkieproblem neu. Je mehr sich auch die anderen Räume auf der Erde füllen, desto weniger werden andere Regionen willens oder in der Lage sein, uns durchzufüttern. Damit läßt sich der gegenwärtige westliche Lebensstandard langfristig nur mit Gewalteinsatz halten.[55] Auf Gewalt gegründete Systeme sind jedoch nicht kritikfähig, so daß sich die Gewalt nicht nur gegen außen, sondern auch gegen innen richten wird. Gegen innen gerichtete Gewaltherrschaft führt in einen korrupten Überwachungsstaat, der die wirtschaftlichen und gesellschaftlichen Strukturen lahmlegt, umweltverträgliches Handeln der Machterhaltung unterordnet und längerfristig einen Zusammenbruch der Systeme zur Folge hat. Überbevölkerte Großregionen und Gebiete mit einem überrissenen Lebensstandard sind deshalb mittel- bis langfristig instabil, dies betrifft auch die dichtbesiedelten Länder in Westeuropa. Die wahrscheinlich wirkungsvollste Strategie zur Dämpfung dieser Instabilität ist eine Verbesserung der globalen Verteilungsgerechtigkeit, die über Lippenbekenntnisse hinausgeht, verbunden mit der gleichzeitigen Anpassung des Lebensstandards und der Bevölkerungsdichte an die natürlich gegebenen Rahmenbedingungen. Die häufig geäußerte Forderung, zur Erreichung dieses Ziels seien die Grenzen der "reichen Länder" für die Armen der Dritten Welt zu öffnen, halte ich allerdings für wenig sinnvoll, denn damit wird nicht die Verteilungsgerechtigkeit verbessert, sondern der Wasserkopf Europa weiter aufgebläht, was nur dazu führt, daß noch mehr Aussenregionen für Europa produzieren müssen.

So hart dies tönt, hat es doch auch seine positiven Seiten. Wir sind dem Problem nicht hilflos ausgeliefert, sondern können selbständig bei der Lösung mitwirken. Wir sind jederzeit frei, selbstgenügsamer zu werden und den Verbrauch zu senken. Es steht auch in unserer Macht, die Güter gerechter zu verteilen. So sind wir zum Schluß noch einmal bei der geistigen Autarkie des Individuums gelandet.

11. Die starken Güter und die Autarkie des Lassens

Unser angestrebtes Ziel ist die globale Erhaltung der natürlichen Lebensgrundlagen, notwendig hierzu sind mehr Unabhängigkeit, Verteilungs-

---

55 Wie dies ablaufen könnte, haben wir anlässlich des Golfkriegs gesehen, bei dem für die Amerikaner und Westeuropäer der freie Zugang zu den Erdölquellen Arabiens im Vordergrund stand. Dabei zeigte sich auch die Erpreßbarkeit des westlichen Konsumsystems.

gerechtigkeit und persönliche Einschränkung. Ich habe in meinen Ausführungen auch auf die Notwendigkeit einer Kulturdiversität hingewiesen. Die regionalen Gemeinschaften müssen also auch die Freiheit behalten, eine eigenständige Kultur zu bewahren oder aufzubauen, nicht nur Unabhängigkeit, sondern auch Handlungsfreiheit und Eigenständigkeit ist notwendig. Der Weg zum Ziel führt also über Freiheit und Gerechtigkeit.

Nun sind Freiheit und Gerechtigkeit seltsame Güter: Das Erzwingen von Gerechtigkeit führt in die Unfreiheit, das Erzwingen von Freiheit führt in die Ungerechtigkeit. Dies ist aber noch nicht alles, denn die Freiheit führt auch in die Unfreiheit und die Gerechtigkeit führt in die Ungerechtigkeit. Was versteckt sich hinter diesem Paradox? Damit ist die Tatsache angesprochen, daß eine umfassende Freiheit dem Stärkeren mehr Raum gewährt als dem Schwächeren. Der Stärkere kann also dem Schwächeren kraft der Freiheit die Freiheit wegnehmen. Umfassende Gerechtigkeit dagegen kann nicht gerecht sein, denn sie basiert auf einem umfassenden Ausgleich. Die Menschen werden nicht gleich geboren, sind nicht gleich und haben nicht die gleichen Fähigkeiten. Sollen diese Ungleichheiten ausgeglichen werden, können die Menschen nicht gleich behandelt werden, werden alle Menschen gleich behandelt, bleiben die Ungleichheiten bestehen. Zwang führt also nicht zum Ziel. Freiheit und Gerechtigkeit sind starke Güter, sie können nicht herbeigezwungen, sondern nur gegeben oder gelassen werden.

Damit rückt wieder die Autarkie ins Blickfeld. Allerdings handelt es sich nicht mehr um eine Autarkie des Tuns, wie sie das Faust-Zitat am Anfang des Textes beschreibt, sondern um eine Autarkie des Lassens. Wir können Freiheit zulassen, Gerechtigkeit gewähren, uns einschränken und unser Streben nach immer mehr Wohlstand aufgeben. Wir sind frei, uns in die natürlichen Kreisläufe einzupassen und nicht überall einzugreifen. Wir müssen nicht mit Vergeltung auf erlittenes Unrecht reagieren, wir sind frei, unsere Güter zu verschenken, Unrecht zu verzeihen, Altes sein zu lassen und neue Wege einzuschlagen. Vermutlich liegt darin die unverzichtbare Autarkie des Einzelnen: nicht auf jede Tat eine Gegentat setzen zu müssen, sondern innezuhalten, zur Ruhe zu kommen und dann neu anfangen zu können. Damit ist auch der Startpunkt unseres Weges aufgezeigt: er liegt in uns selbst.

Literaturverzeichnis

ARISTOTELES: Nikomachische Ethik. Übersetzt von E. Rolfes und hrsg. von G. Bien. Meiner, Hamburg, [4]1985.

- ders: Politik. Übersetzt von E. Rolfes und hrsg. von G. Bien. Meiner, Hamburg, [4]1981.

BROGGI, M. F. (1995): Von der Insel zur Fläche. Neue Strategien zur Umsetzung von großflächigen Naturschutzzielen in Kulturlandschaften. In: Hj. Büchi, M. Huppenbauer (Hrsg.): Autarkie und Anpassung. Westdeutscher Verlag, Wiesbaden (in diesem Buch).

BÜCHI, HJ.; RELLER, A. (1995): Regionalisierung der Stoff- und Energieflüsse – ein sinnvolles Ziel? In: Hj. Büchi, M. Huppenbauer (Hrsg.): Autarkie und Anpassung. Westdeutscher Verlag, Wiesbaden (in diesem Buch).

CICERO: Gespräche in Tusculum. Übersetzt von O. Gigon. dtv/Artemis, München, Zürich, 1991.

DIE VORSOKRATIKER: Übers. von J. Mansfeld. Reclam, Stuttgart, 1987.

ENCYCLOPAEDIA UNIVERSALIS, Vol. 2 ([4]1970). Encyclop. univers. France SA, Paris.

EXNER, H.; REITHMAYR, F. (1991): Anmerkungen zu Maturanas Versuch einer Ethik. In: H. Fischer (Hrsg.): Autopoiesis. Eine Theorie im Brennpunkt der Kritik. Zweite korrigierte Auflage; Carl-Auer, Heidelberg, [2]1993. S. 137-153.

FISCHER WELTALMANACH 93. Fischer, Frankfurt a.M. 1992.

FISCHER WELTALMANACH 94. Fischer, Frankfurt a.M. 1993.

FORSCHNER, M. (1993): Über das Glück des Menschen. Aristoteles, Epikur, Stoa, Thomas von Aquin, Kant. Wiss. Buchgesellschaft, Darmstadt. 156 S.

GEMOLL, W. ([9]1965): Griechisch-deutsches Schul- und Handwörterbuch. Neunte Auflage, durchgesehen und erweitert von K. Vretska; Hölder-Pichler-Tempsky, Wien.

GOETHE, J. W. (1832): Faust, Zweiter Teil. Ed. Insel, Frankfurt a.M., 1975.

GROSS, J. (ab 1960): Geschichte des Erbsündendogmas. Reinhard, München, 4 Bände.

HAKEN, H. (1981): Erfolgsgeheimnisse der Natur. Synergetik: die Lehre vom Zusammenwirken. Ullstein, Frankfurt a.M., [2]1991. 255 S.

HEISENBERG, W. (1973): Der Teil und das Ganze. dtv, München, 1991. 288 S.

HEUSER, M. L. (1990): Wissenschaft und Metaphysik. Überlegungen zu einer allgemeinen Selbstorganisationstheorie. In: W. Krohn, G. Küppers (Hrsg.): Selbstorganisation. Aspekte einer wissenschaftlichen Revolution. Vieweg, Braunschweig/Wiesbaden. S. 39-66.

HISTORISCHES WÖRTERBUCH DER PHILOSOPHIE (HWdPh); hrsg. von J. Ritter und K. Gründer. Schwobe, Basel/Stuttgart, diverse Bände ab 1971.

HOFSTADTER, D. ([2]1985): Gödel, Escher Bach. Ein endloses geflochtenes Band. Übersetzt von P. Wolff-Windegg und H. Feuersee. Zweite, verbesserte Auflage; Klett-Cotta, Stuttgart. 844 S.

HUPPENBAUER, M.; RUH, H. (1995): Ethik im Spannungsfeld von Autarkie, Autonomie und Verantwortung. In: Hj. Büchi, M. Huppenbauer (Hrsg.): Autarkie und Anpassung. Westdeutscher Verlag, Wiesbaden (in diesem Buch).

KF/GREENPEACE (1994): Haben Sie schon einmal Kilometer gegessen? Sonderheft des Konsumentinnenforums Schweiz, gemeinsam herausgegeben mit Greenpeace Schweiz, Zürich. 8 S.

LANDOLT, E. (1995): Pflanzen in der Stadt. Das Verhalten der Pflanzen gegenüber menschlichen Einwirkungen. In: Hj. Büchi, M. Huppenbauer (Hrsg.): Autarkie und Anpassung. Westdeutscher Verlag, Wiesbaden (in diesem Buch).

DE LAPLACE, P.S. (1814): Essai philosophique sur les probabilités. Paris.

MATURANA, H. (1987): Kognition. In: S.J. Schmidt (Hrsg.): Der Diskurs des radikalen Konstruktivismus. Suhrkamp, Frankfurt a.M. S. 89-118.

MEADOWS, D. H.; MEADOWS, D. L.; RANDERS, J. (1993): Die neuen Grenzen des Wachstums. Rowohlt, Hamburg. 319 S.

MORFILL, G.; SCHEINGRABER, H. (1991): Chaos ist überall ... und es funktioniert. Eine neue Weltsicht. Ullstein, Berlin, 301 S.

MÜLLER, D.; OEHLER, D.; BACCINI, P. (1995): Regionale Bewirtschaftung von Biomasse. Eine stoffliche und energetische Beurteilung der Nutzung von Agrarflächen mit Energiepflanzen. vdf, Zürich. 112 S.

PFISTER, C. (1994): Das 1950er Syndrom. Die Epochenschwelle der Mensch-Umwelt-Beziehung zwischen Industriegesellschaft und Konsumgesellschaft. GAIA 3, 71-90.

PILLET, G. (1991): Towards an inquiry into the carrying capacity of nations. Report to the coordinator for international refugee policy, Federal Dept. of Foreign Affairs, Switzerland. Ecosys SA, Carouge-Genève. 30 S.

PLATON: Politikos, Philebos, Timaios, Kritias. In: Sämtliche Werke. Übers. von F. Schleiermacher und H. Müller, hrsg. von E. Grassi. Rowohlt, Hamburg. Bd. 5, 1959.

REALLEXIKON FÜR ANTIKE UND CHRISTENTUM; hrsg. von T. Klauser. Häusermann, Stuttgart, diverse Bände ab 1950.

RUELLE, D. (1991): Zufall und Chaos. Übers. von W. Beiglböck. Springer, Berlin, 1992. 207 S.

SCHLÜCHTER, C. (1995): Die Offenheit der Räume in der Zeit. In: Hj. Büchi, M. Huppenbauer (Hrsg.): Autarkie und Anpassung. Westdeutscher Verlag, Wiesbaden (in diesem Buch).

SCHMIDT-BLEEK, F. (1993): Wieviel Umwelt braucht der Mensch? MIPS – das Maß für ökologisches Wirtschaften. Birkhäuser, Berlin, Basel, Boston. 302 S.

SCHWEGLER, H. (1992): Systemtheorie als Weg zur Vereinheitlichung der Wissenschaften? In: W. Krohn, G. Küppers (Hrsg.): Emergenz: Die Entstehung von Ordnung, Organisation und Bedeutung. Suhrkamp, Frankfurt a.m. S. 27-56.

STATISTISCHES JAHRBUCH DER SCHWEIZ 1993. Verlag Neue Zürcher Zeitung, Zürich.

STEINER, D. (1995): Umwelterhaltung durch Selbstbestimmung. Mit einem Kommentar von Rolf Weder. In: Hj. Büchi, M. Huppenbauer (Hrsg.): Autarkie und Anpassung. Westdeutscher Verlag, Wiesbaden (in diesem Buch).

STEWART, J. (1989): Spielt Gott Roulette? Chaos in der Mathematik. Übers. von G. Menzel. Birkhäuser, Basel, 1990. 325 S.

STICHER, H. (1995): Wieviel Erde braucht der Mensch? In: Hj. Büchi, M. Huppenbauer (Hrsg.): Autarkie und Anpassung. Westdeutscher Verlag, Wiesbaden (in diesem Buch).

VARELA, F. (1987): Autonomie und Autopoiese. In: S.J. Schmidt (Hrsg.): Der Diskurs des radikalen Konstruktivismus. Suhrkamp, Frankfurt a.M. S. 119-132.

WEDER, R. (1995): Wirtschaft in der Umweltkrise: Globalisierung als Chance zur Lösung von Umweltproblemen. Mit einem Kommentar von Dieter Steiner. In: Hj. Büchi, M. Huppenbauer (Hrsg.): Autarkie und Anpassung. Westdeutscher Verlag, Wiesbaden (in diesem Buch).

WEISSHAUPT, B. (1995): Identität und Selbstbestimmung: Überlegungen zum Begriff der Autarkie mit einem Ausblick in die feministische Philosophie. In: Hj. Büchi, M. Huppenbauer (Hrsg.): Autarkie und Anpassung. Westdeutscher Verlag, Wiesbaden (in diesem Buch).

WINTER, C.-J. (1994): "Technologie compete, not fuels". GAIA 3, 314-318.

ZISWILER, V. (1995): Lebensräume im Wandel. In: Hj. Büchi, M. Huppenbauer (Hrsg.): Autarkie und Anpassung. Westdeutscher Verlag, Wiesbaden (in diesem Buch).

Wieviel Erde braucht der Mensch?

Hans Sticher

Zusammenfassung

Der Boden hat im Kreislauf der terrestrischen Ökosphäre und im Dienste des Menschen neben der reinen Produktionsfunktion, welche sich am Ertrag messen läßt, eine Reihe weiterer ökologischer und sozioökonomischer Funktionen zu erfüllen. So ist er ein effizientes Filter-, Puffer- und Speichersystem, nach dessen Passage kontaminiertes Wasser in der Regel als genießbares Quell- oder Grundwasser zur Verfügung steht. Ebenso stellt er einen wirksamen biologisch-chemischen Reaktor dar, in welchem abgestorbene Lebewesen zersetzt und in die mineralischen Komponenten zerlegt werden. Durch anthropogene Einflüsse ist der Boden heute sowohl qualitativ als auch quantitativ bedroht. Durch Übernutzung, Überbauung, Erosion, Wüstenbildung und Versalzung gehen zurzeit weltweit pro Jahr an die 40'000 km² Nutzfläche verloren. In dicht besiedelten Regionen nimmt die Kontamination der Böden mit Schadstoffen aller Art in erheblichem Maße zu. Auf weiten Flächen ist dadurch die natürliche Multifunktionalität der Böden gestört. Bei der Frage nach der Tragfähigkeit des Planeten Erde ist diesen Aspekten gebührend Rechnung zu tragen.

Anderes schließlich fiel auf guten Boden:
und gab Früchte, einiges hundertfach, einiges
sechzigfach, einiges dreißigfach.

(Mt. 13, 8)

1. Einleitung

Die Überschrift zu diesem Beitrag klingt verbraucht. Seit sich infolge der jüngsten Bevölkerungsexplosion Engpässe in der globalen Ernährungssicherung abzuzeichnen begannen, wurde der 1886 von Leo Tolstoj einer Volkslegende vorangestellte Titel immer wieder hervorgeholt, um über die zukünftige globale Bevölkerungs- und Versorgungsentwicklung nachzudenken. Wenn ich es in diesem Artikel erneut tue, dann nicht, um neu angepaßte Zahlen zu präsentieren, sondern um auf bislang kaum oder nur unzureichend berücksichtigte Aspekte der Bodennutzung hinzuweisen. Bereits Tolstoi beantwortete die Frage mit dem überraschenden Schluß: "Pachoms Knecht nahm die Hacke und grub für ihn ein Grab. Es war drei

Ellen lang, gerade so groß, wie er selber vom Kopf bis zu den Füßen maß.
Soviel Land wurde ihm zuteil – als Grab".

Diese makabre Flächenzuteilung dürfte allerdings bei der Diskussion von
Raum- und Bevölkerungsproblemen als Lösungsansatz kaum viel hergeben,
sofern wir nicht an die unabwendbare Weltvernichtung glauben. Bleiben wir
also beim Bedarf für das Leben. Wieviel Erde braucht der Mensch? Die Frage
ist so einfach, wie sie gestellt ist, nicht zu beantworten. Möglicherweise ist sie,
aus heutiger Sicht, auch falsch gestellt. Wenn der Erdboden mit seiner
Fruchtbarkeit allein als Produktionskapital des Landwirts betrachtet wird
(MARX 1894), so ist seine Leistung das Hervorbringen von Nahrungs- und Futtermitteln, Genuß- und Heilmitteln, Fasern, Bau- und Brennmaterial, usw.
Doch schon das Abwägen, welcher Flächenanteil welchen Produktionszwei-
gen zugeordnet werden soll, führt zu Unsicherheiten und möglicherweise zu
Konflikten. Soll und kann die Viehhaltung zugunsten des Ackerbaus reduziert werden? Soll und kann der Tabakanbau zugunsten von Getreide- oder
Baumwollanbau aufgegeben werden? Neben klimatischen Gegebenheiten
spielen bei der Beantwortung solcher Fragen ökonomische Aspekte ebenso
eine Rolle wie tradierte Gewohnheiten und soziale Strukturen. Darüber hinaus wissen wir heute, daß der Boden neben der Produktionsfunktion – auch
im Dienste des Menschen – eine Reihe weiterer Funktionen wahrnehmen
muß, welche sich gegenseitig zum Teil überlagern, doch nicht ohne weiteres
kumulieren lassen. Ein Beispiel: Das Problem der Minderung der Grund-
wasserqualität unter landwirtschaftlich intensiv genutzten Flächen ist wohl
hinlänglich bekannt. Als Folge davon ist die Ausscheidung von Wasser-
schutzgebieten, auf welchen die Produktionsfunktion nur in reduziertem
Ausmaß genutzt werden darf, vielerorts unumgänglich geworden.

Bereits diese wenigen Hinweise zeigen, daß es nicht angeht, die von
einem einzelnen Menschen benötigte Kalorienzahl zu nehmen, die Zahl in
Nahrungsmitteläquivalente umzurechnen und daraus unter Berücksichtigung der Ertragsleistung des verfügbaren Bodens und der auf ihm angepflanzten Kulturen eine dem Menschen zustehende Fläche zu berechnen.
Gefährlich wird diese Rechnung vor allem dann, wenn allein aus dem Kalo-
rienbedarf und dem Produktionspotential der Böden, ohne Berücksichtigung
der weiteren Bodenfunktionen, die Tragfähigkeit des Planeten Erde abge-
schätzt wird.

Die nachfolgenden Ausführungen befassen sich mit den bodenseitigen
Aspekten der Tragfähigkeit (engl.: carrying capacity). Die ausreichende
Bereitstellung von Nahrungs- und Futtermitteln, Fasern, Bau- und Brennmaterial usw. hängt indes nicht nur vom verfügbaren Boden, sondern ebensosehr von den pflanzenbaulichen und züchterischen Maßnahmen ab. Deren
Erfolge haben in der Tat die in den vergangenen Jahrzehnten immer wieder
prognostizierte Ernährungskatastrophe verhindert, "nicht jedoch, weil die
Prognosen falsch gewesen wären, sondern weil Privatinitiative, politisches
und unternehmerisches Handeln, verbunden mit einer intensiven, auf Reis,

Weizen und Mais konzentrierten Agrarforschung, den großen Hunger abgewendet haben" (LAMPE 1994). Züchterische Ertragssteigerungen haben jedoch ihre natürlichen Grenzen. Lampe meint, daß diese Grenze, z.B. beim Reis, mit heute 10 Tonnen pro Hektar allmählich erreicht sei. Tatsächlich flachen die Ertragskurven in den wichtigsten Produzentenländern seit Mitte der achtziger Jahre deutlich ab, so daß die per capita verfügbare Nahrungsmittelmenge, welche bis zum selben Zeitpunkt stetig zunahm, heute wieder sinkt (BROWN 1994). Unter diesem Gesichtspunkt rückt der Boden und seine haushälterische Nutzung wieder vermehrt ins Zentrum des Interesses. Ziel der vorliegenden Ausführungen wird es deshalb sein, die verschiedenen Aspekte und Auswirkungen der Bodennutzung durch den Menschen aufzuzeigen und unter lokalen und globalen ökologischen Gesichtspunkten zu bewerten.

2. Der Boden und seine Funktionen

2.1. Was ist Boden?

Für das Wort "Erde" im Titel wurden bisher wahlweise die Begriffe Erdboden, Bodenfläche und Boden gewählt. Damit wurde bereits eine gewisse Zielrichtung vorgegeben, die nun nach einer sauberen Definition ruft. Als Boden oder Pedosphäre bezeichnen wir den schmalen Grenzbereich an der Erdoberfläche, in dem sich Lithosphäre, Atmosphäre, Hydrosphäre und Biosphäre überlagern. Der Boden stellt das mit Wasser, Luft und Lebewesen durchsetzte, unter dem Einfluß der Umweltfaktoren über lange Zeiträume entstandene Umwandlungsprodukt mineralischer und organischer Substanzen dar, welches in der Lage ist, höheren Pflanzen als Standort zu dienen. Der Boden bildet damit die Grundlage für das Leben von Mensch und Tier. Erde bedeutet in diesem Zusammenhang das Substrat, aus dem sich der Boden aufbaut. Erde kann sackweise gekauft oder lastwagenweise von A nach B transportiert werden. Boden als dreidimensionaler Naturkörper ist dagegen immobil, er besitzt eine charakteristische, über lange Zeiträume entstandene Struktur.

Die Umweltfaktoren, welche die Entwicklung des Bodens beeinflussen, bestimmen auch die standörtliche Ausbreitung von Flora und Fauna. Boden, Flora und Fauna stehen damit in einer engen Beziehung zueinander; sie bilden ein Ökosystem. Dieses strebt einem Klimaxstadium entgegen, in welchem die Kompartimente des Systems untereinander und das System mit den Umweltfaktoren in einem Quasi-Gleichgewicht stehen.

Im Kreislauf der Stoffe in der Ökosphäre stellt der terrestrische Boden nicht nur eine Senke (wie z.B. der Meeresboden), sondern ein äußerst reaktives Kompartiment dar. Abgestorbene Pflanzen und Tiere werden im und auf dem Boden zersetzt, abgebaut und mineralisiert. Das bei der Photosynthese gebundene und in organische Moleküle umgewandelte Kohlendioxid wird dabei wieder in die Atmosphäre zurückgeführt. Beim Abbau freigesetzte

Pflanzennährstoffe werden vom Boden aufgenommen und stehen sodann neuen Generationen von Pflanzen und Tieren wieder zur Verfügung. Als poröser Körper vermag der Boden beträchtliche Mengen an Wasser zu speichern. Toxische Stoffe und Schmutzstoffe werden gebunden, zum Teil ebenfalls zersetzt und damit dem Kreislauf entzogen.

Der Abbau von toten Lebewesen und Schadstoffen, die Speicherung von Wasser und Nährstoffen, die Ermöglichung des Pflanzenwachstums werden als ökologische Funktionen des Bodens bezeichnet. Ob und wie gut ein Boden diese Funktionen wahrzunehmen vermag, hängt von seinem physikalischen, chemischen und biologischen Zustand ab. Zentrale Größe für die integrale Beschreibung der Leistungsfähigkeit eines Bodens ist die Bodenfruchtbarkeit.

2.2. Der Begriff Bodenfruchtbarkeit

Bodenfruchtbarkeit ist das durch das Zusammenwirken chemischer, physikalischer und biologischer Eigenschaften begründete Vermögen des natürlichen, vom Menschen unbeeinflußten Bodens, unter den am Standort vorherrschenden Umweltbedingungen Früchte zu tragen. Die Bodenfruchtbarkeit wird dabei als der Wirkungsanteil des Bodens an der Ausbildung des Fruchtertrags verstanden und stellt damit die Basis für die Standortfruchtbarkeit dar (SCHEFFER/LIEBROTH 1957). Im Gegensatz dazu gibt der Begriff Ertragsfähigkeit, welcher oft fälschlicherweise als Synonym für die Fruchtbarkeit verwendet wird, eine Ertragsleistung an, die erwartet werden kann, wenn die ertragsbestimmenden Qualitäten des Bodens durch Kultur- und Pflegemaßnahmen wie Bearbeitung, Düngung, Bewässerung, Pflanzenschutz usw. ihrem Optimum entgegengeführt werden. Ein fruchtbarer Boden ist also ein Boden, welcher Früchte trägt; ein ertragsfähiger Boden ist ein Boden, welcher fähig ist, Früchte zu tragen, sofern die nötigen Umstände dafür gegeben sind. Verdeutlichen wir dies mit einem Beispiel: Ein Wüstensandboden ist per se nicht fruchtbar, er ist aber ertragsfähig und wird ertragreich, wenn er gedüngt und bewässert wird, wie Beispiele aus Israel, Libyen oder Arizona eindrücklich zeigen.

Sowohl die Fruchtbarkeit als auch die Ertragsfähigkeit (unter gegebenen Bedingungen) lassen sich am Ertrag messen. Ein einmaliger Ertrag von einer bestimmten Höhe ist aber noch kein adäquates Maß für die Fruchtbarkeit, wie sie oben umschrieben wurde. Erst die Ertragsleistung, welche sich aus dem Mittelwert langjähriger Erträge ergibt, kommt dem Begriff näher. Damit ergibt sich automatisch, daß Fruchtbarkeit nicht bloß einen momentanen Zustand beschreibt, sondern ebenso eine zeitliche Komponente, die Nachhaltigkeit, miteinschließt (KELLER 1973). Dem Prinzip der Nachhaltigkeit kommt angesichts der zum Teil irreversiblen anthropogenen Bodengefährdung im Hinblick auf eine globale Ernährungssicherung eine entscheidende Bedeutung zu. Bereits 1958 hat E. KLAPP in seinem Lehrbuch des Acker- und Pflanzenbaus auf diesen Punkt hingewiesen: "Das Wesentliche (der Bodenfruchtbarkeit) ist die Nachhaltigkeit, d.h. die Fähigkeit, auf lange Zeit alles zum Gedeihen der Pflanzen Erforderliche ohne Notwendigkeit des Ersatzes zu liefern, also nur sehr langsam nachlassende Erträge". In diesem Sinne relativiert sich die weiter oben als Beispiel aufgeführte beachtliche Ertragsfähigkeit des Wüstenbodens erheblich.

Die bisherige Umschreibung der Bodenfruchtbarkeit ging von der Zielvorstellung Ertrag aus. Geprägt durch Überschußproduktion und Umweltprobleme haben sich aber in den vergangenen Jahren die Erwartungen an die Leistungen des Bodens gewandelt. Die heutigen Zielvorstellungen schließen über die Ertragserwartung hinaus auch die Puffer-, Regelungs- und Filterfunktionen gegenüber mannigfaltigen stofflichen Immissionen mit ein (WERNER 1991). "Früchte tragen" wird damit über den wörtlichen Sinn hinaus auch im übertragenen Sinne verwendet. Ebenso soll der Boden nicht infolge unsachgemäßer Nutzung selber zum Emittenten werden. Zum entscheidenden Kriterium für die Bodenfruchtbarkeit wird damit die funktionale Qualität der Prozesse im biologischen Stoffkreislauf und nicht mehr allein die im Ertrag meßbare Produktivität des Standortes (BÄUMER 1991). Sichtbar wird diese neue Vorstellung von der Bodenfruchtbarkeit ansatzweise in der Umschreibung im Art. 2 der Eidgenössischen Verordnung über die Schadstoffe im Boden (VSBo 1986). Danach ist ein Boden fruchtbar, wenn er

a) eine artenreiche und biologisch aktive Tier- und Pflanzenwelt, eine für seinen Standort typische Struktur und eine ungestörte Abbaufähigkeit besitzt,

b) das ungestörte Wachstum und die Entwicklung natürlicher und vom Menschen beeinflußter Pflanzen und Pflanzengesellschaften ermöglicht und ihre charakteristischen Eigenschaften nicht beeinträchtigt, und

c) gewährleistet, daß pflanzliche Erzeugnisse eine gute Qualität aufweisen und für Menschen und Tiere gesundheitlich verträglich sind.

2.3. Andere Bodenfunktionen

So begrüßenswert die Ziele sind, die hinter der heute üblichen, erweiterten Umschreibung der Bodenfruchtbarkeit stecken, so bedauernswert ist es, daß damit ein begrifflicher Wirrwarr geschaffen wird, der letztlich wenig bringt. Besser wäre, man würde den Begriff Bodenfruchtbarkeit in seiner ursprünglichen Bedeutung belassen und die übrigen Funktionen des Bodens nicht untergeordnet, sondern auf der selben Ebene als solche benennen, also Abbaufähigkeit, Filterfähigkeit, Pufferfähigkeit, Speicherfähigkeit usw. Diese Funktionen würden damit in ihrer immer größeren Bedeutung richtig eingestuft und nicht verdeckt durch die Produktionsfunktion im Hintergrund bleiben. Die Multifunktionalität des Bodens würde damit auch begrifflich evident.

Die aufgeführten Funktionen sind integrale Eigenschaften des Bodens, welche durch das gesamte Wirkungsgefüge komplex ineinander greifender chemischer, physikalischer und biologischer Vorgänge gesteuert werden. Physisch sind die einzelnen Funktionen deshalb weder kausal noch final eindeutig voneinander zu trennen. Ein fruchtbarer Boden, der nachhaltig gute Erträge bringt, muß daher fast zwangsweise auch eine gute Abbaufähigkeit und eine hohe Speicherfähigkeit besitzen. In diesem Sinne ist der Trend, alles unter einem Begriff, eben der Fruchtbarkeit, zu subsummieren, verständlich.

In Tab. 1 sind die wichtigsten Funktionen des Bodens systematisch zusammengefaßt. In der ersten Kolonne (ökologische Funktionen) wird der Mensch als Lebewesen neben andern aufgeführt. In der zweiten Kolonne (sozio-ökonomische Funktionen) tritt er als Akteur auf. In der dritten Kolonne schließlich (immaterielle Funktionen) wird er selber zum Beeinflußten.

2.4. Bodenfunktionen und Bodennutzung

Die verschiedenen Funktionen des Bodens überlagern sich gegenseitig in unterschiedlichem Maße. So kann ein bestimmter Standort gleichzeitig alle ökologischen Funktionen wahrnehmen. Wird er jedoch überbaut, so werden diese Funktionen hinfällig, der Boden erfüllt aber weiterhin seine Funktion als Sachwert, wenn auch in geänderter Bewertung. Je nach räumlicher Lage und zeitbezogener Werthaltung der Gesellschaft tritt die eine oder andere Funktion in den Vordergrund und wird entsprechend höher geschätzt, es

Ökologische Funktionen	Sozioökonomische Funktionen	Immaterielle Funktionen
- Lebensraum für eine Vielzahl von Organismen - Lebensgrundlage für Pflanzen, Tiere und Menschen - effizientes Filter-, Puffer- und Speichersystem - biologisch-chemischer Reaktor	- Produktionsgrundlage für Nahrungs- und Futtermittel sowie pflanzliche Rohstoffe - Fläche für Siedlung, Produktion, Verkehr - Lagerstätte für Bodenschätze und Energiequellen - Lagerstätte für Abfälle - Sachwertanlage	- Prägendes Landschaftselement - Erlebnis- und Erholungswert - Archiv der Natur- und Kulturgeschichte

Tabelle 1: Funktionen des Bodens (STICHER 1991)

kommt zur Funktionsteilung: Es werden Landwirtschaftszonen, Bauzonen, Gewässerschutzzonen, Naturschutzzonen usw. ausgeschieden. Wenn sich der Mensch eine Funktion des Bodens dienstbar macht, spricht man von Bodennutzung. Steht genügend Fläche zur Verfügung, lassen sich die verschiedenen Nutzungsansprüche nebeneinander befriedigen. Wo jedoch der Boden knapp wird, kommt es zu Nutzungskonflikten und in der Folge zu partieller Übernutzung oder zum Ausweichen auf weniger genutzte oder bislang ungenutzte Gebiete.

3. Bodennutzung

3.1. Bodennutzung als Eingriff

Werfen wir zunächst einen Blick auf eine Urlandschaft und klammern den Menschen als agierenden Einflußfaktor aus. In einer solchen Landschaft kommen nur die ökologischen Bodenfunktionen zum Zuge, auch wenn eine Pflanze das Wasser und die Nährstoffe des Bodens und damit den Boden selber "nutzt". Selbst wenn der Mensch als Sammler und Jäger dazutritt, und damit sein Überleben dem Boden verdankt, sprechen wir noch nicht von eigentlicher Bodennutzung. Erst das aktive und bewußte Eingreifen in das ökologische System, so Roden, Pflügen, Säen, Jäten, Düngen, Bewässern, Entwässern, Ernten, aber auch Planieren, Terrassieren, Überbauen, usw. führt zur Bodennutzung. Bodennutzung ist damit ein anthropozentrisch geprägter Begriff. Er geht davon aus, daß es die Aufgabe des Bodens sei, dem Menschen zu dienen (HÄBERLI et al. 1992).

Wo der Mensch in das natürliche Ökosystem eingreift, erfolgt eine Störung des Gleichgewichtszustandes, wobei der Ausdruck "Störung" hier zunächst nicht in wertendem Sinne zu verstehen ist. Durch die Eingriffe werden neue, anthropogene Ökosysteme geschaffen, die mit den Umweltfaktoren nicht mehr im Gleichgewicht stehen (Kulturlandschaften mit Kulturböden). Zu deren Erhaltung ist eine ständige Pflege unter Einsatz von Energie und Hilfsstoffen notwendig. Der Aufwand ist umso größer, je weiter die naturgegebene Fruchtbarkeit und die Ertragserwartung auseinander klaffen. Umgekehrt ist das anthropogene System umso stabiler und robuster, je fruchtbarer der natürliche Ausgangsboden war.

3.2. Bodennutzung und Stoffkreisläufe

Im Hinblick auf eine nachhaltige Ertragsfähigkeit müssen dem Boden die mit der Ernte entzogenen Nährstoffe wieder zugeführt werden. Die Neubildung von frischem Boden durch die Verwitterung von Muttergestein und

die damit verbundene Freisetzung von neuen Nährstoffen reicht dafür
höchstens im Falle einer sehr extensiven Nutzung aus. Zur Erzielung der
heute angestrebten Erträge ist deshalb eine angemessene Düngung unabdingbar. Im Idealfall eines geschlossenen Kreislaufs müßten dazu sämtliche
Abfälle, welche alle exportierten Nährstoffe enthalten, wieder auf die Felder
zurückgeführt werden. Es finden sich aber überzeugende Hinweise dafür, daß
solche idealen Verhältnisse in der Praxis nur in seltenen Ausnahmefällen
möglich sind. Bei nicht geschlossenen Kreisläufen müssen die dem Boden
entzogenen Nährstoffe von außerhalb in den Kreislauf eingeschleust werden.
Beim Stickstoff ist dies durch Förderung der biologischen Stickstoff-Fixierung
oder, unter entsprechendem Energieaufwand, durch die industrielle Am-
moniaksynthese auf lange Zeit hinaus ohne Einschränkung möglich.
Kalium und Phosphor müssen aus entsprechenden Lagerstätten gewonnen
werden, welche in absehbarer Zeit zur Neige gehen dürften. So reichen die
heute bekannten Phosphatlagerstätten bei derzeitigem Verbrauch und unter
Einsatz von modernsten Abbaumethoden nur noch für knapp 200 Jahre aus
(LAMPE 1994). Unter diesem Gesichtspunkt erweist sich der haushälterische
Umgang mit den Ressourcen unter Einbezug einer weitestgehenden Recyc-
ling-Wirtschaft als lebensnotwendig.

Ein historisches Beispiel für einen nicht geschlossenen, entkoppelten
Nährstoffkreislauf liefert die sog. Plaggeneschkultur im Norden Deutschlands. Dort wurde als Einstreu in den Ställen während Jahrhunderten Bo-
denmaterial (Plaggen) von weiter vom Hof entfernten Flächen verwendet.
Das mit dem Urin und Kot der Tiere durchtränkte Material wurde jedoch
nicht mehr auf die entfernten Flächen zurückgebracht, sondern in der Nähe
des Hofes verstreut, so daß hier mit der Zeit mächtige, überdüngte Böden entstanden, während die Flächen abseits des Hofs an Nährstoffen verarmten und
mit der Zeit ihre Fruchtbarkeit einbüßten. Ähnlich entkoppelt sind heute die
Kreisläufe auf globaler Ebene. Mit den weltweiten Exporten und Importen von
Nahrungs- und Futtermitteln werden gewaltige Mengen an Pflanzennähr-
stoffen mittransportiert, welche in der Nähe der Konsumenten, d.h. fast ausschließlich in entwickelten Ländern, entsorgt oder im besten Falle auf die
ohnehin schon überdüngten Flächen ausgebracht werden, während sie in
den exportierenden Ländern anschließend fehlen. Da ein ausreichender
Ersatz durch eine kreislauffremde Düngung aus ökonomischen Gründen
vielfach nicht in Frage kommt, können sich für die betroffenen Regionen auf
lange Frist fatale Folgen ergeben.

3.3. Bodennutzung und Wasserkreislauf

Niederschlags- und Überflutungswasser wird im Boden während der Ver-
sickerung in den Untergrund gereinigt, so daß es nach der Passage durch
den Boden in der Regel als sauberes Grund- oder Quellwasser genutzt werden

kann. Im Wasser suspendierte Partikel von Ruß und Staub werden durch das Porensystem des Bodens filtriert; gelöste Schmutz- und Schadstoffe werden an Bodenbestandteilen adsorbiert; organische Moleküle werden durch eine Vielfalt von Bodenorganismen abgebaut und mineralisiert. Durch übermäßige Nutzung und unsachgemäße Düngung kann die Filter- und Reinigungsfunktion des Bodens jedoch gestört werden. So hat der Nitrat- und Pestizidgehalt im oberflächennahen Grundwasser in den vergangenen Jahrzehnten in vielen Regionen besorgniserregende Ausmaße erreicht. Die Rodung von riesigen Waldregionen und der nachfolgende Humusabbau haben die Speicher- und Pufferkapazität für Wasser reduziert. Bei Starkniederschlägen, wie sie etwa in Monsungebieten üblich sind, aber auch in den Alpen zuweilen vorkommen, vermag der Boden nurmehr einen Teil des Wassers aufzunehmen, der Rest fließt ungehindert oberflächlich ab und verursacht immer gravierendere Erosionsschäden. Die bald jährlich wiederkehrenden Hochwasserkatastrophen in Bangladesh gehen letztlich auf die Zerstörung der Waldgebiete in Nordindien zurück.

3.4. Nutzungskonflikte und Verdrängungseffekte

Wo, wie bereits angetönt wurde, genügend Land zur Verfügung steht, lassen sich die verschiedenen Nutzungsansprüche nebeneinander befriedigen. In einem solchen System vermag der Boden in der Regel alle Funktionen unbeeinträchtigt zu erfüllen. Wenn jedoch der Raum enger wird, beginnen ökonomisch gewichtigere Nutzungsarten ökonomisch schwächere zu verdrängen. Die Ausuferung der Siedlungen mit Erholungszonen und Sportanlagen geht auf Kosten des umliegenden Landwirtschafts- und Waldgebietes. Die Landwirtschaft weicht aus, indem sie sich bisher nicht oder nur wenig genutzter Zonen bemächtigt. Feuchtflächen werden trockengelegt, Trockenflächen werden bewässert, Wälder und Gebüsche werden gerodet, usw. Die Natur kann nicht ausweichen, sie zieht den kürzeren und verschwindet. Pflanzen und Tiere, welche an die erwähnten Standorte gebunden waren, kommen auf die Rote Liste oder sterben vollständig aus. Zur Erhaltung der biologischen Vielfalt sind daher Ausgleichsflächen zu schaffen, die aber bei hohem Bevölkerungsdruck kaum eine Chance haben werden.

3.5. Übernutzung

Ökonomische Sachzwänge haben in den vergangenen Jahrzehnten, vor allem in Mitteleuropa, zu der bekannten Überproduktion bestimmter Güter geführt. Butter- und Fleischberg, Milch- und Weinschwemme sind nur einige Stichworte, die davon Zeugnis geben. Möglich wurde eine solche über

die Nachfrage hinausgehende Produktion durch die Ausweitung der Nutz-
flächen, durch den intensiven Einsatz von landwirtschaftlichen Hilfsstoffen
wie Düngern und Pflanzenschutzmitteln, durch die verbesserte Bodenbearbeitung und nicht zuletzt durch die Verfügbarkeit von (zu) billiger Energie. Verbunden mit der Überproduktion ist – aus ökologischer Sicht – eine Verarmung der Böden und Bodenlandschaften sowie in zunehmendem Maße eine
Beeinträchtigung der über die Produktion hinausgehenden übrigen Bodenfunktionen (siehe unten).

Übernutzung mit all ihren Folgen ist jedoch nicht allein auf Flächen mit
hoher Produktivität in klimatisch begünstigten Zonen beschränkt. Gerade in
Grenzertragsregionen reagieren die Böden, welche oft mit hohem technischem Aufwand "ausgewunden" werden, besonders empfindlich auf die
übermäßige Nutzung. Weite Flächen in der Sahel-Zone wurden durch Überweidung zerstört und mußten schließlich der Wüste überlassen werden.
Während in Europa der ökonomische Druck zur Übernutzung geführt hat,
sind es in den Ländern der Dritten Welt oft soziale Strukturen und Unkennt-
nis der ökologischen Zusammenhänge, welche die Degradation herbei-
führen. So wurden (im Rahmen von Entwicklungsprojekten) in einer vieh-
wirtschaftlichen Region Kenias zur Verbesserung der Trinkwasserversor-
gung zahlreiche neue Brunnen gegraben. Das gewonnene Wasser, vor der
Erstellung der neuen Brunnen der limitierende Faktor der Viehwirtschaft,
ermöglichte eine intensivierte Tierhaltung, für die jedoch der verfügbare
Boden nicht ausreichte. Die nachfolgende Überweidung führte im Endeffekt
zu einer Verschlechterung der Situation (STÜHRENBERG 1993).

3.6. Bodennutzung und Umwelt

Die Nutzung des Bodens führt nicht nur zu drastischen Eingriffen ins natürliche Bodenökosystem, der genutzte Boden kann seinerseits die Umwelt beeinflussen, beispielsweise durch die Interaktion von Boden und Atmosphäre.
Ackerflächen weisen im allgemeinen geringere Humusgehalte auf als
Wald- oder Weideflächen. Mit der Ausdehnung der Ackerflächen wird
daher ein Teil des in den Böden gespeicherten Kohlenstoffs in die Atmosphäre zurückgeführt. Man schätzt, daß seit Beginn des 19. Jahrhunderts auf
diese Weise zwischen 10 und 40 Milliarden Tonnen Kohlendioxid in die Luft
gelangten. Mit der beschleunigten Zerstörung von tropischen Regenwäldern
dürfte sich diese Emission in den letzten Jahrzehnten beträchtlich beschleu-
nigt haben.

Mit der Ausdehnung der Reisanbauflächen in aller Welt ist eine Zunahme des Methangehaltes in der Atmosphäre verbunden. In den überfluteten Reisböden wird das abgestorbene organische Material wegen Sauer-
stoffmangels nicht mehr voll zu Kohlendioxid oxidiert, sondern teilweise zu
Methan fermentiert. Das apolare Gasmolekül, das im Wasser wenig löslich

ist, entweicht in die Luft und trägt als Treibhausgas ähnlich wie das Kohlendioxid zur Erwärmung der Erdatmosphäre bei. Wie hoch der Anteil der hier
erwähnten Emmissionen am Gesamteffekt ausfällt, ist allerdings noch
schwer zu beurteilen.

4. Bodengefährdung

Im Verlaufe ihrer Entwicklung sind Böden den unterschiedlichsten Natur-
gewalten ausgesetzt. Erosion, Versalzung, Versauerung, Verödung sind in
ihrer Art natürliche Prozesse, welche je nach Klimazone und Klimaentwicklung boden- und landschaftsprägend waren. Wenn heute von Bodengefährdung die Rede ist, so sind damit jene Gefahrenpotentiale gemeint, welche
infolge der menschlichen Aktivität die ökologischen Funktionen des Bodens
beeinträchtigen und seine Fruchtbarkeit und Regenerationsfähigkeit verringern.

    Überbauung und Versiegelung von Flächen führen zu quantitativen
Bodenverlusten, die nur mit unverhältnismäßigem Aufwand rückgängig
gemacht werden können. Da die meisten großen, schnell wachsenden Städte
und ihr durch Verkehrswege durchzogenes Umland in potentiell fruchtbaren
Regionen liegen, wiegt dieser Verlust besonders schwer. Quantitative Verluste ergeben sich daneben, wie oben bereits angetönt, durch Erosion, Versalzung, Verödung und Vordringen von Wüsten in Trockengebieten. Oft führen
gerade Maßnahmen, welche zur Verbesserung der Versorgungs- und Ernäh-
rungssituation ergriffen wurden, zu nicht mehr reparablen, sich letztlich auf
die Stabilität des gesamten Ökosystems verheerend auswirkenden Effekten. So
hat zwar die Kanalisierung des Indus in Pakistan entlang des Stromes einen
Gürtel gut bewässerten Landes geschaffen, entzog aber den benachbarten
Trockengebieten fruchtbares Schwemmland. Während das Kanalsystem
inzwischen versumpft und das Umland versalzt, beginnen die Trockengebiete
zu verstemppen (IMHASLY 1994). Genau so dramatisch entwickelt sich die Lage
in Ägypten. Während fünf Jahrtausenden beherbergte das Niltal zwischen
vier und sieben Millionen Bewohner. Ägypten lebte am Fluß, vom Fluß, im
Gleichgewicht mit dem Fluß. Die jährlich wiederkehrenden Überschwemmungen des Nils frischten die Böden auf, bewässerten sie und führten ihnen
in ausreichendem Maße Nährstoffe zu. "Sie brauchen sich nicht zu quälen,
Furchen mit dem Pfluge aufzubrechen, noch zu hacken, noch mit irgend
einer anderen Arbeit, mit der die Menschen sich auf dem Felde quälen,
sondern der Fluß kommt in freien Stücken auf ihre Äcker und bewässert sie,
und wenn er sie bewässert hat, verläßt er sie wieder, und dann besät ein jeder
seinen Acker, wartet die Erntezeit ab, drischt das Korn und bringt es ein"
(Herodot, um 450 v. Chr.). Heute zählt das Land 56 Millionen Einwohner mit
einer Wachstumsrate von nahezu einer Million pro Jahr. Mit dem Bau des
Assuan-Damms wurde eine intensivierte, ausgeweitete und kontrollierte

Bewässerung möglich, doch der vom Wasser transportierte Schlamm, der früher wesentlich zur Düngung der überfluteten Flächen beigetragen hatte, wird jetzt im Nasser-See zurückgehalten. Dafür ist der Bau von Düngemittelfabriken notwendig geworden, welche einen Teil der am Damm gewonnenen hydroelektrischen Energie verbrauchen. Langfristig schlimmer aber ist die um sich greifende Versalzung der bewässerten Böden. Da mit dem Bewässerungswasser sorgsam umgegangen werden muß und es zur jährlichen Durchwaschung der Böden (wie dies zu Zeiten der Nilüberschwemmungen der Fall war) nicht ausreicht, nimmt der Salzgehalt wegen der extremen klimatischen Bedingungen kontinuierlich zu, so daß neu gewonnene Flächen über kurz oder lang wieder aufgegeben werden müssen. Dieses Problem ist nicht allein auf Ägypten beschränkt. Die Versalzung der Böden stellt in allen bewässerten Gebieten trockener Klimazonen eine große Herausforderung an die Landwirtschaft dar. Ihr Ausmaß dürfte in Zukunft noch zunehmen, da immer weniger geeignetes Süßwasser zur Verfügung steht.

Qualitativ wird der Boden beeinträchtigt durch den Eintrag und die Anreicherung von toxischen Stoffen (Schwermetalle, Chlorkohlenwasserstoffe, Radionukleide, usw.) sowie durch die Veränderung biologischer, chemischer und physikalischer Eigenschaften (Verdichtung, Verschlämmung, Versauerung, Humusverlust, Strukturdegradation, Abnahme der biologischen Aktivität). Im Westen Deutschlands liegt der Cadmiumgehalt in 7 bis 10% der landwirtschaftlich genutzten Böden nahe oder über dem Grenzwert (SALZWEDEL 1985). Auf dem Gebiet der ehemaligen DDR ist rund die Hälfte der ackerbaulich genutzten Böden so stark verdichtet, daß die Wasserversickerung und Luftführung nicht mehr ganzjährig gewährleistet sind. Verschmutzung, Verdichtung und Versauerung beeinträchtigen nicht nur die Fruchtbarkeit als solche; auch die übrigen Funktionen des Bodens sind betroffen. Und selbst wenn der Ertrag nicht geschmälert wird, kann durch die Bodenverschmutzung die Qualität der erzeugten Produkte zu einem gesundheitlichen Risiko werden. Erneut sind, vor allem in bezug auf die Kontamination, die Gebiete mit einer hohen Bevölkerungsdichte und den damit verbundenen Industrie- und Verkehrsemissionen am stärksten betroffen.

Zusammengenommen wird der jährliche Verlust an ackerfähigem Land weltweit auf 20'000 bis 70'000 km^2 geschätzt (BROWN 1994; LAMPE 1994). Bei einer heute nutzbaren Gesamtfläche von rund 14 Millionen km^2 würde es demnach nur noch rund 200 Jahre dauern, bis der letzte Fleck entschwunden wäre. Die Rechnung kann aber so nicht gemacht werden. Zum einen kann für die nächsten 20 Jahre mit einer Gewinnung von 72'000 km^2 (+ 5%) neuem Ackerland und 40'000 km^2 (+ 17%) zusätzlich bewässerter Fläche gerechnet werden (POSTEL 1994). Zum anderen darf unter Einbezug aller klimatischen, pedologischen und wirtschaftlichen Gegebenheiten gehofft werden, daß sich der heutige Schwund mit der Zeit verlangsamt. Da der maximale Schwund aber gerade in den Gebieten mit der höchsten Bevölkerungszunahme eintritt, wird diese Hoffnung eher getrübt.

5. Bodenschutz

Die Antwort auf die dargestellten Probleme ist ein weltweiter umfassender Bodenschutz. Bereits in den sechziger Jahren haben die Vereinigten Staaten von Amerika eine Briefmarke mit dem Aufdruck *Save Our Soils* herausgegeben. Dieses S.O.S. sollte wie das *Save Our Souls* zum Allgemeingut und zur Antriebsfeder für jede Gesellschaft in allen Teilen der Erde werden.

Unter dem Begriff Bodenschutz fassen wir alle direkten und indirekten Maßnahmen zusammen, welche dazu beitragen, die Funktionen des Bodens in ihrer Gesamtheit und in ausgewogenem Verhältnis auf lange Frist nachhaltig zu bewahren.Voraussetzung dafür ist ein haushälterischer Umgang mit dem Boden. Im Sinne der Erhaltung des Bodens als Lebensraum und Lebensgrundlage für Menschen, Tiere und Pflanzen geht es also darum, ausreichende Flächen für die Primärproduktion freizuhalten, die Fruchtbarkeit und Regenerationsfähigkeit dieser Flächen langfristig sicherzustellen, ökologische Ausgleichsflächen auszuscheiden und den Landverbrauch so weit wie möglich zu begrenzen.

Der direkte Bodenschutz umfaßt Maßnahmen am Boden selbst. Darunter fallen bodenschonende Bearbeitung, angepaßte Düngung, standortgemäße Bewässerung, Erosionsschutz, usw. Der indirekte Bodenschutz umfaßt alle Maßnahmen, welche den Boden vor verschlechternden und zerstörenden Einflüssen von außen bewahren. Die Verminderung von Schadstoffemissionen aus Industrieanlagen und Verkehrsmitteln gehört ebenso dazu wie (auf immaterieller Ebene) die Aufklärung und Ausbildung der Bevölkerung.

Da der Boden im Kreislauf der Ökosphäre das trägste Kompartiment ist, das für viele Umweltgifte eine Senke darstellt, kommt dem Schutz der anderen Kompartimente (Wasser, Luft) im Hinblick auf einen umfassenden Bodenschutz eine mitentscheidende Bedeutung zu. Stoffe, die nicht in die Luft oder das Wasser gelangen, belasten letztlich auch den Boden nicht (GISI et al. 1990; STICHER 1991).

6. Zusammenfassung und Ausblick

Wieviel Erde braucht der Mensch? Die vorstehenden Ausführungen haben auf diese Frage keine direkte Antwort gegeben. Es wurde aber gezeigt, daß bei der Diskussion von Carrying Capacity und Autarkie alle für den Menschen und seine Umwelt relevanten Funktionen des Bodens einzubeziehen sind. Wir haben gesehen, daß der Boden im Prinzip alle ökologischen Funktionen gleichzeitig wahrnehmen kann, daß er aber bei hoher Beanspruchung überfordert und durch zahlreiche Aktivitäten des Menschen qualitativ und quantitativ gefährdet wird. Ein umfassender, auf ökologischen Prinzipien aufbauender Bodenschutz ist daher zu einer zentralen, für das Überleben unabdingbaren Aufgabe der Menschheit geworden. S.O.S. Save our Soils.

In der Einleitung wurde die These aufgestellt, daß die Titelfrage "Wieviel Erde braucht der Mensch?" heute möglicherweise falsch gestellt sei. Die Ausführungen in diesem Beitrag lassen vermuten, daß die Frage tatsächlich anders gestellt werden muß. Vielleicht sind auch mehrere Fragen zu stellen. Einige davon seien zum Schluß in den Raum gestellt:

Wieviel Erde *darf der Mensch brauchen?*
Wieviel Erde *bleibt* dem Menschen?
Wieviel Erde bleibt dem *Menschen?*
Was für Erde bleibt dem Menschen?

Und schließlich die zentrale Frage aus ökologischer Sicht:

Wieviel(e) Mensch(en) erträgt die Erde?

Literaturverzeichnis

BÄUMER, K. (1991): Bodenfruchtbarkeit als wissenschaftlicher Begriff: Kenngrößen und Prozesse im Zusammenhang mit der landwirtschaftlichen Produktion im Agrarökosystem. Berichte über Landwirtschaft, Neue Folge, Sonderheft 203, 29-45.

BROWN, L.R. (1994): Facing Food Insecurity. In: Brown (ed., 1994), State of the World 1994. A Worldwatch Institute Report on Progress toward a Sustainable Society. W.W. Norton Company, New York and London; S. 177-197.

BUWAL / FAC (1991): Wegleitung zur Beurteilung der Bodenfruchtbarkeit. Eidg. Forschungsanstalt für Agrikulturchemie und Umwelthygiene, Liebefeld-Bern. 89 S.

GISI, U.; SCHENKER, R.; SCHULIN, R., STADELMANN, F.X.; STICHER, H. (1990): Bodenökologie. Georg Thieme Verlag, Stuttgart.

HÄBERLI, R.; LÜSCHER, C.; PRAPLAN, C.B.; WYSS, C. (1992): Bodenkultur. Vorschläge für eine haushälterische Nutzung des Bodens in der Schweiz. vdf – Verlag der Fachvereine, Zürich, ²1992.

HERODOT (um 450 v. Chr.): Geschichten. Übersetzt von F. Lange. Leipzig, o.J., 2 Bände. Bd. 2, S. 14.

IMHASLY, B. (1994): Vordringen der Dürregebiete in Pakistan. Neue Zürcher Zeitung Nr. 149, 28. Juni 1994.

KELLER, E.R. (1973): Erhaltung der Ertragsfähigkeit des Bodens auf lange Sicht – Überblick. Schweiz. Landw. Monatshefte 51, 253-263.

KLAPP, E. (1958): Lehrbuch des Acker- und Pflanzenbaus. Verlag Paul Parey, Berlin – Hamburg, zit. aus Körschens und Müller (1994).

KÖRSCHENS, M.; MÜLLER, A. (1994): Nachweis nachhaltiger Bodennutzung. Mitt. Deutsch. Bodenkundl. Gesellsch. 73, 75-78.

LAMPE, K. (1994): "Unser täglich Brot..." – morgen?. Ernährungssicherheit vor dem Hintergrund der ökologischen und entwicklungspolitischen Herausforderung. Neue Zürcher Zeitung Nr. 146, 25. Juni 1994

MARX, K. (1894): Das Kapital; Bd. 3. In: Gesamtausgabe. Dietz Verlag, Berlin, 29 Bände. Bd. 25 (1964), S. 627f.

POSTEL, S. (1994): Carrying Capacity: Earth's Bottom Line. In: Brown (ed., 1994), State of the World 1994. A Worldwatch Institute Report on Progress toward a Sustainable Society. W.W. Norton Company, New York and London; S. 3-21.

SALZWEDEL, J. (Vorsitzender, Rat von Sachverständigen für Umweltfragen, 1985): Umweltprobleme in der Landwirtschaft. Sondergutachten. Verlag W. Kohlhammer GmbH, Stuttgart und Mainz.

SCHEFFER, F.; LIEBEROTH, I. (1957): Bodenfruchtbarkeit und Bodenertragsfähigkeit. Landw. Forschung, Sonderheft 10, 1-7.

STICHER, H. (1991): Schutz der natürlichen Ressourcen – Das Beispiel Boden. Vierteljahresschrift Natf. Ges. Zürich 136, 137-149.

STÜHRENBERG, M. (1993): Hoffnung schöpfen – Brunnen in Kenya. GEO 6/93, S. 60-74.

TOLSTOI, L.: Wieviel Erde der Mensch braucht. In: Volkserzählungen. Winkler-Verlag München, o.J., Übersetzt von M. Kegel.

VSBo (1986): Verordnung über die Schadstoffe im Boden. Schweiz. Bundesrat, 9. Juni 1986.

WERNER, W. (1991): Forschungsbedarf im Zusammenhang mit den Zielvorstellungen, der Meß- und Voraussagbarkeit von Elementen und Prozessen der Bodenfruchtbarkeit: Bodenchemische Prozesse. Berichte über Landwirtschaft, Neue Folge, Sonderheft 203, 110-133.

Regionalisierung der Stoff- und Energieflüsse – ein sinnvolles Ziel?

Hansjürg Büchi und Armin Reller

Zusammenfassung

Eine Bestandesaufnahme der Produktionsweisen sowie der Produkte, welche als die materiellen Grundlagen für wirtschaftliches und soziales Wohlergehen gelten, zeigt eine noch schlecht faßbare, aber problematische Situation auf: Wir bedienen uns natürlicher Rohstoffe, wo immer sie zu finden sind, bringen sie an Orte, wo immer sie gebraucht werden, wandeln sie mit beliebigem Aufwand zu jenen Handelswaren um, die uns im Moment gerade attraktiv und handelbar erscheinen. Dieses "Wirtschaften" ist weltumspannend geworden und vernachläßigt die realen Lebensbedingungen, d.h. die regional sehr unterschiedlichen ökologischen Rahmenstrukturen, welche die Grundlagen für die längerfristige Lebens- und Entwicklungsfähigkeit bedeuten. Am deutlichsten zeigt sich dieser Kontrast im Umgang mit Rohstoffen, die direkt oder indirekt als Energieträger eingesetzt werden. Die menschlichen Lebens- und Produktionsweisen orientieren sich an einem Kurzzeitdenken und sind zeitlich und räumlich den natürlichen Gegebenheiten entrückt. Die mittel- und langfristige Entwicklungs- und Lebensfähigkeit zahlreicher Regionen ist gegenwärtig gefährdet wie wohl nie zuvor.
Anhand von qualitativen und quantitativen Betrachtungen von Stoff- und Energieflüssen, exemplarisch gezeigt am Beispiel des Kartoffelanbaus und verglichen mit anderen landwirtschaftlichen Produkten, und anhand einer regionalen Energieflussbetrachtung, durchgeführt am Beispiel der Schweiz, soll deutlich gemacht werden, daß der Umgang der westlichen Welt mit ihren Lebensgrundlagen nicht auf die ganze Welt ausdehnbar und langfristig nicht haltbar ist. Welche Möglichkeiten zu einer Änderung dieser Entwicklungen sinnvoll erscheinen, läßt sich nur punktuell skizzieren.

1. Einleitung

Wenn der Begriff Autarkie aufgefaßt werden kann als (insbesondere materielle) Selbstgenügsamkeit mit dem Ziel, die Selbsterhaltung zu gewährleisten, so stellt sich heute die Frage, inwiefern die menschlichen Aktivitäten ebendieser Selbstgenügsamkeit entsprechen. Wir sind also gefordert, in Anbetracht der gegenwärtigen sozioökonomischen und ökologischen Situation zu beurteilen, wo und wie wir auf der Erde lebten, leben wollen, leben können, vielleicht auch leben werden. Diese Frage läßt sich auf vielfältigste Weisen diskutieren. Wir wollen nachfolgend die energetische und, damit verbunden, die stoffliche Seite des Problems betrachten.

Menschliche Lebens- und Produktionsweisen basieren ursprünglich auf stofflichen und energetischen Umwandlungen, die sich weitgehend nach den natürlichen Gegebenheiten richteten. Zivilisationsgeschichtlich bedeutet dies, daß die Menschen mit den vorerst regional verfügbaren Rohstoffen ihre energetischen und materiellen Bedürfnisse abdecken mußten. Naturbeobachtung und Lebenserfahrung erlaubten es den frühzeitlichen Menschen nach und nach, sich aus dieser Anpassung und Abhängigkeit zu befreien.

Die soziale Entwicklung sowie die Verteidigung von autarken sozialen Gebilden – ländliche, dörfliche Gemeinschaften, Stadtstaaten, Flächenstaaten, usw. – bringt neben den das Leben garantierenden Grundnahrungsmitteln die Errichtung von Symbolen der Kultur und der Macht mit sich: Insignien, Schmuck, Waffen. Stofflich gesehen handelt es sich dabei sehr oft um über große Distanzen transportierte, in natürlichen Nischen vorkommende Stoffe wie Gold oder Edelsteine. Die Rede ist hier von natürlichen Nischen in einem ganz bestimmten Sinne: auf dieser Erde sind die Rohstoffe, organische und anorganische, nicht gleichmäßig verteilt. Mit dieser Grundbedingung mußten und müssen wir Menschen auch heute leben.

In vielen Gebieten dieser Erde stellte sich den Bewohnern das Problem, über unwirtliche Zeiten mit Hilfe von energetischen und materiellen Vorräten hinwegzukommen. Gerade in diesen Regionen wurde ein bestimmtes Wissen über die natürlichen Vorgänge von vitaler Bedeutung: wann kommt der Winter oder die Trockenzeit, wann muß gepflanzt werden, wieviel Nahrung, wieviel Brennstoff braucht der Mensch für die Überbrückung der unwirtlichen Zeit? Welche Nahrungsmittel lassen sich konservieren, welche in ökonomisch günstiger Weise produzieren? Mit anderen Worten: Wann steht Materie und Energie in geeigneter Form zur Verfügung, wann nicht, und wie lassen sich Versorgungsengpässe überbrücken?

Vor vielleicht dreihundert Jahren hat in Europa eine folgenreiche Entwicklung eingesetzt: Ihr Ausgangspunkt ist die Etablierung der naturwissenschaftlichen Denkkonzepte, konsequent weitergeführt in der technischen Umsetzung der neuen Erkenntnisse in Form von industriellen Prozessen und Maschinen, insbesondere der Dampfmaschine. Dazu gehörte auch die ortsunabhängige Verfügbarmachung der dazu notwendigen Energieträger Kohle, Gas und Öl. Nun finden wir uns hier und jetzt in der teils einmalig günstigen, teils mißlichen Lage wieder, daß wir eine große Unabhängigkeit von den natürlichen Rahmenbedingungen erreicht haben, daß aber unsere Lebens- und Produktionsweisen nicht nur positiv sind. Wir merken – das mag ein Hauptgrund für die Entstehung dieses Beitrags für dieses Buch sein – daß unser Umgang mit den natürlichen Vorräten bedenkliche Folgen zeigt und daß wir nach all den langen Entwicklungen recht wenige Rezepte für eine Verbesserung unserer Lage kennen. An die

Stelle der Selbsterhaltung ist die Übersteigerung der individuellen Freiheit getreten, Autarkie äußert sich jetzt eher im Sinne einer lebensbedrohenden Selbstvermessenheit denn im Sinne einer den Rahmenbedingungen angepaßten Selbstgenügsamkeit.

2. Der Energieverbrauch im Wandel der Zeit

Wie sieht die heutige Situation in bezug auf ihren Werdegang sowie in bezug auf den Verbrauch von Energie aus? Die Erde kann in guter Näherung als ein stofflich geschlossenes, energetisch aber offenes System beschrieben werden. Mit dieser Situation haben sich zivilisationsgeschichtlich folgende Energienutzungssysteme bzw. Gesellschaftsformen auseinandergesetzt:[1]

1) das unmodellierte Solarenergiesystem der Jäger und Sammler
2) das modellierte Solarenergiesystem der vorindustriellen Agrargesellschaften
3) das fossile Energiesystem der Industrie- und Dienstleistungsgesellschaften.

Die Übergänge zwischen diesen drei aufeinanderfolgenden Energienutzungssystemen sind durch zwei zivilisationsgeschichtlich bedeutsame Umbrüche gekennzeichnet: Die neolithische Revolution, d.h. der Übergang von einer Jäger-und-Sammler-Kultur zum Ackerbau, kennzeichnet den Übergang vom unmodellierten zum modellierten Solarenergiesystem, die Industrielle Revolution denjenigen vom Solarenergiesystem zum fossilen Energiesystem. Das Neue an der Ackerbaukultur war die gezielte Beeinflussung des Akkumulationsprozesses von Sonnenenergie durch den Einsatz von geeigneten Energiesammlern (Pflanzen, Tiere) an geeigneten Orten und zu geeigneten Zeiten. Dieses "geplante Sammeln" von Sonnenenergie wurde in den Industriegesellschaften ergänzt und als tragende Säule der Energieversorgung zunehmend verdrängt durch den Einsatz von Energieformen, die vom Sonnenenergiekreislauf abgekoppelt sind. Diese fossile Energie ist immer an einen energetisch aufkonzentrierten Träger (Erdöl, Erdgas, Kohle) gebunden, der nicht direkt durch die Umwandlung von Sonnenenergie entstehen kann, sondern in einem langsamen Prozeß aus bereits in organischem Material akkumulierter Sonnenenergie aufgebaut werden muß. Noch einen Schritt weiter geht die Kernenergienutzung: Hier wird ein Energieträger (Uran) genutzt, der von der Sonne unabhängig entstanden ist und demzufolge im Rahmen des solaren Systems auch nicht mehr neu entstehen kann.

Wofür wird die gewonnene Energie eingesetzt? Für Grundbedürfnisse wie Nahrungsmittel und Kleidung wird ein bestimmter Betrag verwendet. Während in wenig technisierten Gesellschaften der Hauptanteil an Energie

---

1   SIEFERLE (1982); DEBEIR et al. (1989)

in Form von Nahrung, Tierfutter und Haushaltenergie (Kochen, Heizen) verbraucht wird, veränderte sich der Energieeinsatz in der westlichen Welt im Zusammenhang mit der industriellen Revolution massiv: Der Mensch des ausgehenden 20. Jahrhunderts braucht die Hälfte seines Energiebedarfs für Mobilität und industrielle Produktion[2]. Nur noch etwa 9% des Energiebedarfs wird für die Nahrung gebraucht.[3] Tatsache ist, daß in den Industriegesellschaften heute ein Großteil der genutzten Energie für den Transport von Gütern sowie für die individuelle Mobilität verbraucht wird. Dies bedeutet aber auch, daß der Anspruch auf die persönliche Freiheit, die individuelle Autarkie im Sinne von Selbständigkeit und Selbstbestimmung, einhergeht mit einer zunehmenden Abhängigkeit von nicht erneuerbaren, fossilen Energieformen. Der Doppelcharakter des Begriffs "Autarkie" könnte sich kaum klarer äußern. Beispiel: Die Schweiz kann gegenwärtig knapp einen Fünftel ihres Energiebedarfs aus "eigenen" Quellen decken.[4] Dabei sind die in den Gütern steckenden Importe an Grauer Energie nicht berücksichtigt. Für Deutschland und den Rest Westeuropas sind die Verhältnisse nicht viel besser. Diese Problematik wird in der Tagespresse, aber auch in der Fachliteratur zunehmend thematisiert und in ihrer Tragweite bis hin zu politischen Konsequenzen aufgearbeitet.[5]

Bis jetzt wurde von Energie eigentlich nur als abstrakte Rechengröße, als physikalische Größe in naturwissenschaftlich korrekter, quantifizierender Weise gesprochen. Wir haben noch nichts über den Zusammenhang zwischen Energie und Stoff ausgesagt, sei dies aus physikalischer, sei dies aus chemischer Sichtweise. Im Zusammenhang mit unserer Fragestellung – *Regionalisierung der Stoff- und Energieflüsse – ein sinnvolles Ziel?* – bedeutet das, daß wir nun ein beträchtliches Stück uns alltäglich erscheinender, wahrnehmbarer und erfahrbarer Realität in die Diskussion einbringen müssen, also die Welt der Stoffe, Materialien und Güter. An dieser Stelle muß auch klargestellt werden, daß der irdische Energietransport und die Energienutzung – abgesehen von unbedeutenden Ausnahmen – immer an chemische Energieträger, d.h. an Materie gebunden sind, dies im Gegensatz zur "trägerfreien" Sonnenenergie. Nutzbare Energieformen sind im wesentlichen an Materie (chemi-

2   Endenergieverbrauch in der Schweiz 1991: 31% Verkehr, 31% Haushalt, 20% Gewerbe, Dienstleistungen, Landwirtschaft, 18% Industrie (Statist. Jahrbuch der Schweiz 1993, S. 214). Verbrauch an Haushaltenergie in Westdeutschland (alte Bundesländer): 24% Raumheizung, 23% Kühlschrank/Gefriergerät, 13% Warmwasser, 9% Elektroherd, 7% Waschmaschine/Wäschetrockner, 6% Beleuchtung, 5% Fernseher/Radio, 2% Geschirrspüler, 11% Sonstiges (Fischer Weltalmanach 1995, Sp. 1007).

3   DAVIS (1990). Die Angabe bezieht sich auf den technischen Energieeinsatz. Der Umsatz von direkt eingestrahlter Sonnenenergie ist nicht berücksichtigt.

4   UMWELT SCHWEIZ: Wege in die Zukunft (1988); PILLET (1991) beziffert den materiellenergetischen Eigendeckungsgrad mit 14%. Vgl. Diskussion Abschnitt 4.

5   Vgl. etwa BOVAY et al. (1989).

sche Energiepotentiale, chemische Stoffe) oder aber an Materiebewegungen (mechanische Energie) gebunden. Auch die Gewinnung von "materiefreier" elektrischer Energie erfolgt zum größten Teil durch die Umwandlung von chemischen (Verbrennungsprozesse, Batterien) oder mechanischen Energieformen (Wasserkraft, Wind).

Durch die heutigen Produktions- und Energienutzungsweisen werden den natürlichen regionalen und globalen Stoffflüssen anthropogene Stoffströme überlagert, die je länger, je schlechter mit der Erhaltung regionaler stofflicher oder energetischer, aber auch kultureller Autarkie zu vereinbaren sind. Heile Welten, autarke Inseln des Glücks existieren auf diesem Planeten wohl schon lange nicht mehr, haben vermutlich gar nie oder nur als sehr beschränkte Nischen existiert. Es bleibt der Eindruck, daß der forcierte Ausbruch aus den "natürlichen" Energie- und Stoffkreisläufen des Systems Erde-Sonne, geplant als Weg zur Unabhängigkeit von der Natur, in eine immer stärkere Abhängigkeit geführt hat. Denn die Industriegesellschaft hat Unabhängigkeit in den letzten 150 Jahren weitgehend mit Mobilität gleichgesetzt und diese Mobilität auf dem Einsatz nicht erneuerbarer natürlicher Energieressourcen aufgebaut. Dabei wurde in keiner Weise darauf geachtet, den an sich vertretbaren Ausbruch aus dem Energiesystem der Erdoberfläche – d.h. Energieproduktion an einem begünstigten Ort und Energienutzung an einem benachteiligten Ort – so zu gestalten, daß das Erde-Sonne-System die Bedürfnisse abdecken würde.

Als Folge des konzentrierten Einsatzes von fossilen Energieträgern werden heute neben der Bildung von Schwefel- und Stickoxiden vor allem CO_2-Immissionen festgestellt, d.h. die chemische, stoffliche Zusammensetzung der Erdatmosphäre wird durch uns verändert. Was ist die Reaktion? Wir befassen uns allenthalben mit Schadenerhebungen und Schadstoffanalysen, wir diskutieren die Folgen für unser Klima. Viel ändert vorerst nicht, denn die nun einmal erkämpfte materielle Autarkie und die für die Menschen doch erfolgreiche Beherrschung der Natur läßt man sich nicht gleich streitig machen. Die Vermutung liegt allerdings nahe, daß die auf der technischen Naturbeherrschung aufgebaute Handlungsautarkie in naher Zukunft in materiellen und energetischen Sachzwängen ein Ende finden wird. Gründe dafür gibt es viele.

Aus der Sicht der angewandten Naturwissenschaften, die sich mit den in der realen Welt ablaufenden Stoffflüssen auseinanderzusetzen haben, ist es jedenfalls notwendig, daß, wer von Energie und Energieumwandlung spricht, immer auch die entsprechenden stofflichen Umwandlungen miteinbeziehen muß. Denn der irdische Energieumsatz und seine Optimierung im Dienste des Menschen sind, wie schon gesagt, weitestgehend an den Umsatz von Materieformen gebunden. Und letztendlich ist es nicht der Energieumsatz, sondern der Materieumsatz, der schädliche Auswirkungen zur Folge hat, sei dies in Form von CO_2, Schwefeldioxid oder Ozon in der Atmosphäre, von Schwermetallen im Boden, von Nitraten und Phosphaten im Wasser oder von Pflanzenschutz- und Konservierungsmitteln in den Nahrungsmitteln, sei dies in Form von Verlusten an nur unter großem Aufwand wiederherstellbaren Rohstoffen wie Erdöl oder von Trägersubstraten wie die produktiven Böden[6]. Wer das Verbrauchsproblem nur über die Energie abhandelt und den Miteinbezug der stofflichen Problematik unterläßt, führt sich und die Mitmenschen hinters Licht.

3. Das Beispiel Landwirtschaft

3.1. Vorbemerkungen

Zur besseren Verdeutlichung des Zusammenhanges Stoff–Energie–Kultur sollen die Entwicklung der Landwirtschaft und als exemplarisches Beispiel für diese Entwicklung die Geschichte der Kartoffel beleuchtet und anschließend Quervergleiche zu anderen landwirtschaftlichen Produkten gemacht werden. Warum landwirtschaftliche Produkte, warum nicht ein Automobil oder ein Computer? Der Hauptgrund für unsere Wahl ist, daß die Landwirtschaft zusammen mit der Forstwirtschaft das einzige wichtige und weltweit existierende Gewerbe war und ist, welches direkt Sonnenenergie sammelt.

Die "alte" Landwirtschaft war dadurch geprägt, daß ein Großteil der während einer gegebenen Vegetationszeit in der Pflanze gesammelten Energie dazu verwendet wurde, die Bauernfamilie zu ernähren. Umgekehrt setzte der Bauer einen großen Teil der geernteten Energie wieder in Form von Arbeit dafür ein, das Feld für die nächste Vegetationsperiode zu bestellen und die Ernte einzubringen (Abb. 1). In der modernen Landwirtschaft wird die in den Kulturpflanzen gebundene Energie dagegen nicht in den Acker "reinvestiert". Die gesammelte Energie – auch wenn sie betragsmäßig größer ist als die technisch investierte – wird dem lokalen System entzogen und muß durch Kunstdünger und "künstliche", technische Energie ersetzt werden. Dabei werden mit steigendem Technisierungsgrad zunehmend fossile Energieformen eingesetzt .

Im Landwirtschaftsbereich kann der Übergang von einer solaren zu einer fossilen Energiebasis gut aufgezeigt werden. Darüber hinaus ist die Komplexität der stofflichen Zusammenhänge schon für die Kartoffel derart groß, daß sich ein rein synthetisches Produkt erst recht nur noch andeutungsweise

---

6   Zur Bodenproblematik vgl. STICHER (1995, in diesem Buch). Interessant ist in diesem Zusammenhang, dass der Anteil des im Boden gebundenen Kohlenstoffs im allgemeinen weit unterschätzt wird. In der Schweiz beträgt er rund zwei Drittel (!) des gesamten biologisch gebundenen Kohlenstoffs (PAULSEN 1995). Bei einer Bodenzerstörung wird ein Grossteil dieses gebundenen Kohlenstoffs als CO_2 freigesetzt.

beschreiben läßt.[7] Bereits für die Herstellung und den Vertrieb spezieller Produkte wie tiefgefrorene Gemüse oder Konserven läßt sich der Energieaufwand aufgrund der äußerst komplexen Zusammenhänge nur noch beschränkt quantifizieren.[8]

Wir werden in der Folge die Kartoffel aus chemischer, energetischer und kultureller Sicht betrachten. Damit soll ein Bezug zu den obengenannten Kriterien des verantwortbaren Ausbruchs aus dem Erde-Sonne-Energiesystem und somit ein Bezug zur ökologischen Verantwortbarkeit des Kartoffelanbaus an sich und der Produktionsweisen im allgemeinen geschaffen werden. Der gesamte Fragenkomplex läßt sich im Rahmen dieses Artikels aus Platzgründen nicht abhandeln.

3.2. Die Geschichte der Kartoffel (zusammengefaßt nach Makowski/Buderath[9])

Die Kartoffel gehört wie der Mais oder die Tomate zu jenen Nutzpflanzen, die die spanischen Eroberer im 16. Jahrhundert mit ihren Schatzschiffen nach Europa zurückbrachten. Es handelte sich um eine Pflanze, die bereits zur Zeit der Inkas gezüchtet und veredelt wurde. In Spanien verbreitete sich der Kartoffelanbau schnell, währenddem das übrige Europa die neue Pflanze eher mit Mißtrauen betrachtete. So stellte etwa der Direktor des Wiener Botanischen Gartens schon 1601 fest, die Kartoffel gehöre zu den Nachtschattengewächsen und sei deshalb giftig, wobei er nicht beachtete, daß die Wurzelknollen, und nicht die oberirdisch wachsenden Früchte der Kartoffel gegessen werden sollten. Diese und andere Fehlinformationen (angeblich sollte der Genuß der Kartoffel Lepra hervorrufen) hatten zur Folge, daß sich die Kartoffel erst gegen Ende des 18. Jahrhunderts bei uns als Volksnahrungsmittel durchsetzen konnte.

In den folgenden Jahrzehnten eroberte die Kartoffel die Felder im Herzen Europas. Sie begann in einigen Gegenden das Bild der Landschaft zu bestimmen und veränderte den Jahresrhythmus in der Landwirtschaft. Während die Landarbeit bisher weitgehend im Stehen verrichtet werden konnte, zwang die Kartoffel die Menschen in jedem Herbst in die Knie. Die in Frühjahr und Sommer sorgfältig gehäufelte Kartoffelfurche, die Furche, auf deren Kamm das Kartoffelkraut stand, wurde bei der Ernte auseinandergepflügt. Auf den Knien rutschend, mit den Händen das von der Pflugschar gelockerte Erdreich nach den Knollen durchwühlend, so wurden über ein Jahrhundert lang auf großen Feldschlägen die Kartoffeln am rationellsten geerntet.

---

7   Zur "Komplexität des Automobils" vgl. WEDER (1995, in diesem Buch), Abb. 3.

8   HOFSTETTER/BRAUNSCHWEIG (1994).

9   Die historische Betrachtung ist eine Zusammenfassung von MAKOWSKI/BUDERATH (1985), S. 86-92.

Lange waren Menschen und Pferde oder Kühe die einzigen "Land-maschinen" in dieser extensiv betriebenen Landwirtschaft. Erst am Ende des 19. Jahrhunderts kam es zur ersten großen Technisierungswelle. Das belegen die Zahlen einer sächsischen Landmaschinenfabrik: Bis 1883 wurden 100'000 Pflüge verkauft. Im Jahre 1904 waren es bereits 1 Million.

Um die gleiche Zeit vollzog sich ein weiterer Strukturwandel in der Landwirtschaft. Zum ersten Mal stellten die Statistiker mehr industrielle als landwirtschaftliche Beschäftigte fest. Die schnell wachsenden Industrie-zentren wirkten wie ein Menschensog. Die Landreformen hatten in der Landwirtschaft zwar neue Besitzverhältnisse geschaffen, doch waren die Belastungen der Grundstücke zu groß und diese selbst oft zu klein, um einen wirtschaftlichen Erfolg zu garantieren. Kleinbauern und Landarbeiter wan-derten in die Industriegebiete ab.

Diese Entwicklung führte zu überregionalen Migrationserscheinungen und bedingte eine Umkrempelung der Produktionsweisen. Da die indu-strielle Lohnarbeit indirekt auch die menschlichen Arbeitskräfte in der Landwirtschaft verteuerte, mußte für eine kostendeckende Produktion auf Maschinen umgestellt und die Bewirtschaftung intensiviert werden. Dies führte zu einem zunehmenden Einsatz von fossiler Energie als Maschinen-treibstoff.

Da die neuen Maschinen die Bewirtschaftung großer Flächen erlaubten, auf kleinen Flächen dagegen nicht effizient eingesetzt werden konnten, ver-änderte sich allmählich auch die Anbauform. Kleinräumige Landschafts-strukturen wurden zunehmend wegmelioriert, neue Pflanzensorten, maschi-nentaugliche Felderzeugnisse, angebaut auf großer Fläche, veränderten das Bild alter, vertrauter Kulturlandschaft. Die Landwirte spezialisierten sich auf wenige und möglichst mechanisierbare Betriebszweige, die Arbeits- und Bodenproduktivität stieg um ein Vielfaches.

Um 1800 wurden pro Hektar acht Tonnen Kartoffeln geerntet, 1950 waren es 24.3 Tonnen, gegenwärtig sind es durchschnittlich ca. 31.5 Tonnen. An Mineraldüngern verbraucht die bundesdeutsche Landwirtschaft zur Zeit pro Jahr etwa 1.3 Millionen Tonnen Stickstoff, 870'000 Tonnen Phosphat, 1.2 Mil-lionen Tonnen Kali und 1 Million Tonnen Kalk. Eine Umrechnung all dieser Mengenangaben in Energiewerte ist schwierig, da der Aufwand für die Produktion der jeweiligen "Stoffe", also auch der Kartoffel, von den Produk-tionsweisen, Produktionsorten und Wirkungsgraden abhängt. (Ende der Zusammenfassung)

Der Hunger ist in unseren Breiten der Fülle gewichen. Doch mit der Fülle kamen neue Probleme. Eines dieser angesprochenen Probleme besteht darin, daß die europäische Landwirtschaft seit dem Einsatz von mittels fossiler Energieträger betriebenen Maschinen und dem forcierten Einsatz von Dün-gemitteln in vielen Bereichen mehr Energie verbraucht, als sie per Photo-synthese zu akkumulieren vermag. Inwiefern trifft diese Feststellung für den gegenwärtigen Kartoffelanbau zu?

Abbildung 1: Kartoffelsetzer in der Ostschweiz, um 1939.
(Foto: Paul Senn / Stiftung FFV Kunstmuseum Bern)

3.3. Zur Chemie der Kartoffel[10]

Was ist eigentlich eine Kartoffel chemisch gesehen? Eine quantitative Angabe über die Anzahl und die Mengenverhältnisse der in einer mittelgroßen Kartoffel angesammelten Elemente ließe sich mit der folgenden chemischen Formel beschreiben:

$$1\ große\ Kartoffel\ =\ 200\ Gramm\ (CH_2O)_{1000}N_{45}K_8Ca_8Mg_3P_2S$$

Dies ist allerdings eine wenig aussagekräftige Beschreibung der stofflichen Qualitäten einer Kartoffel. Denn wenn man die in einer Kartoffelknolle identifizierbaren chemischen Verbindungen auflistet, fällt auf, daß hier ein äußerst kompliziertes System von unterschiedlichsten Bausteinen in dynamischer Weise zusammenwirkt. Aufgrund von Literaturdaten lassen sich zumindest 70-80 chemisch unterschiedliche, zum Teil komplizierte Inhaltsstoffe nachweisen[11]. Diese Substanzen werden alle durch den pflanzeninternen Einsatz der über die Photosynthese eingefangenen Sonnenenergie gebildet. Natürlich haben die moderne Chemie, Biochemie, Molekularbiologie und Gentechnologie detaillierte Kenntnisse der Mechanismen, die den Werdegang aller Inhaltsstoffe beschreiben.

Wir wissen auch, daß das Kartoffelwachstum – salopp gesprochen die Akkumulation von solarer Strahlungsenergie in Form einer Kartoffel – ein äußerst komplizierter Vorgang ist: der Boden, in dem die Kartoffel wächst, und die Behandlung dieses Bodens durch chemische Einträge, also durch synthetische Dünger, verändern den Wachstumsprozeß ganz beträchtlich. Im weiteren lassen sich Kartoffeln in vielen Varianten an extrem unterschiedlichen Standorten züchten. In Südamerika existierten schon vor der Züchtung neuer Kartoffelsorten in Europa und Nordamerika weit über 1'000 verschiedene Sorten und viele von ihnen wurden auch als Kulturpflanzen genutzt.

Heute werden außerhalb von Südamerika vor allem einige wenige hochgezüchtete Sorten angebaut, wobei im Vergleich zu früher durch den Einsatz von synthetischen Düngemitteln und durch den Anbau Riesenerträge erzielt werden: Während 1925 ein Durchschnittsertrag von etwa 15 Tonnen pro Hektar erzielt wurde, kann man heute mit Erträgen von maximal 40 Tonnen pro Hektar rechnen. Der Boden wird dabei mit chemischen Substanzen so verändert, daß vor allem das Wachstum gefördert wird. Wie steht es aber mit der Qualität des Produkts? Wie steht es mit der Lebensfähigkeit des Bodens? Hier kann aufgrund der existierenden Datenerhebungen folgender Kommentar abgegeben werden: Durch den Einsatz von Dünger, Pestiziden und Herbiziden wird wohl der Ertrag größer, von einem bestimmten Maße an nimmt

---

10 Vgl. HILBIG (1994).
11 SOUCI et al. (1986/87).

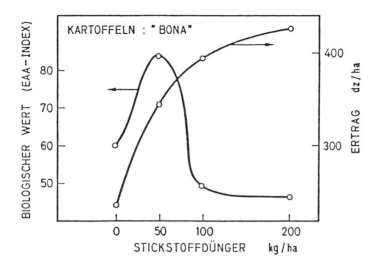

Abbildung 2: Ernteertrag und Gehalt an essentiellen Aminosäuren bei der Kartoffel "Bona" in Abhängigkeit vom Stickstoffdüngereinsatz (Quelle: FAO 1972).

aber die Vielfalt der gebildeten Stoffe ab (vgl. Abb. 2). Mit anderen Worten: Es wird zwar mehr Energie gesammelt, aber in einem Substrat von minderer Qualität. Darüber hinaus nimmt der Boden Schaden durch den Einsatz der Dünge- und Pflanzenschutzmittel und durch die maschinellen Bearbeitungsweisen.[12]

3.4. Energiebilanz von Kartoffeln und Tomaten

Zurück zur eingangs gestellten Frage: Brauchen wir beim Kartoffelanbau mehr Energie, als wir per Wachstum, also mittels photosynthetischer Umwandlung von Sonnenenergie in chemisches Potential sammeln? Heute ist es so, daß unter konservativen Annahmen beim Kartoffelanbau Sonnenenergie gesammelt wird, und zwar sowohl bei biologischer Anbauweise (geringer Eintrag von chemischer und maschineller Energie, "geringer" Ertrag) als auch bei intensiver Anbauweise (hoher Eintrag von maschineller und chemischer Energie, "hoher" Ertrag). Mit anderen Worten: Die in der Kartoffel gebundene Energie ist auch bei intensiver Anbauweise größer als die über die technischen und chemischen Einträge verbrauchte Energie.

---

12 Zur Bodenproblematik vgl. STICHER (1995, in diesem Buch).

In Zahlen ausgedrückt bedeutet das: Die Kartoffelknollen haben einen Brennwert von 3.5-3.8 Megajoule pro Kilogramm. Bei einer Ernte von 40 Tonnen pro Hektar mit den heutigen Anbauweisen ergibt das 120-150 Gigajoule pro Hektar Anbaufläche und Jahr. Diese Energiemenge kann also technisch eingesetzt werden, um in bezug auf das Erde-Sonne-System energieneutral zu bleiben. Wird weniger technische Energie eingesetzt, so wird Sonnenenergie gesammelt. Das Verhältnis Energieinput : Energieoutput ist in unseren eigenen Studien, wie auch in allen Vergleichsstudien so, daß im Endeffekt Energie gesammelt wird, und zwar je nach landwirtschaftlicher Anbaumethode und verwendeter Berechnungsweise in einem Verhältnis 1 : 1.07 bis 1 : 5.7.[13] Vom materiell-energetischen Standpunkt her ist der Anbau von Kartoffeln also vertretbar. Ein Vorteil der Kartoffel ist auch darin zu sehen, daß die Kartoffeln gut lager- und transportfähig sind und deshalb nicht mit großem technischem und energetischem Aufwand in Kundennähe produziert werden müssen.

Dies trifft nicht für alle landwirtschaftlichen Erzeugnisse zu. Als vielleicht extremer Vergleich sollen hier einige Daten aus der Produktion von Tomaten mittels unterschiedlicher Anbauweisen dargelegt werden[14]: Tomaten sind ein ausgesprochenes Saisongemüse, sie sind schlecht transportfähig und aufgrund ihres hohen Wassergehaltes fäulnisanfällig. Tomaten müssen deshalb entweder in Kundennähe produziert oder unter relativ großem Aufwand transportiert werden. Um die Belieferung der Kunden auch außerhalb der Spitzensaison sicherzustellen, werden die Tomaten deshalb zu einem großen Teil aus südlichen Ländern importiert oder in Gewächshäusern gezüchtet. Dies schlägt sich auch in der Energiebilanz nieder. Während für den Freiland-Anbau in der Schweiz pro Kilogramm Tomaten 0.05 Liter Heizöl (2.1 MJ) aufgebracht werden müssen, verschlingt der Hors-sol-Anbau etwa 1.2 Liter (50 MJ), der Frühjahrs-Anbau im beheizten Tunnel bereits 2.5 Liter (105 MJ). Werden die Tomaten per Flugzeug von den Kanarischen Inseln (Hors-sol-Anbau) in die Schweiz transportiert, so werden pro Kilogramm insgesamt beinahe 5 Liter Heizöl gebraucht. Bei einem Energieinhalt von ca. 1.25 MJ pro Kilogramm Tomaten heißt dies, daß im ungünstigsten Fall für Herstellung und Transport über hundertmal mehr Energie gebraucht wird, als durch den Nährwert der Tomate genutzt werden kann; Hors-sol- und Tunnelanbau brauchen 40-80 mal mehr Energie als gewonnen werden kann.[15] Vom materiell-energetischen Standpunkt her ist die Produktion von Tomaten mit Ausnahme des saisongerechten Freilandanbaus sinnlos.

Neben diesen energetischen Betrachtungen muß – wieder auf stofflich-biologischer Ebene – eine durch die technische Produktionsweise bedingte, gefährliche Reduktion der "biologischen Stoffdiversität" (vgl. Abb. 2), aber

---

13 Vgl. HILBIG (1994).
14 HEINLOTH (1993); MÜLLER/HANSELMANN (1993).
15 BILLEN-GIRMSCHEID/SCHMITZ (1986).

auch der Biodiversität berücksichtigt werden. Die Globalisierung der landwirtschaftlichen Produktion führt unter anderem dazu, daß die lokalen Rahmenbedingungen durch Düngung, Bodenbearbeitung, Bewässerung, etc. "globalisiert" werden. Damit wird es zwar möglich, Güter herzustellen, die im internationalen Handel gefragt sind, gleichzeitig werden aber die regionalen Systeme beeinträchtigt oder ganz zerstört. Auf eine zeitlich-ökologische Perspektive bezogen bedeutet dies, daß global die Energieträger-Vorräte des Planeten geplündert und gleichzeitig regional die ökologischen Basisstrukturen irreparabel gestört werden[16], was dazu führt, daß zur Erhaltung der Ertragsfähigkeit noch mehr Energie in die Produktion gesteckt werden muß.

3.5. Vergleichende Betrachtungen

Wenn bis anhin vor allem die Kartoffel bzw. Stoff- und Energieflüsse des Kartoffelanbaus in Mitteleuropa betrachtet wurden, so sind einige Vergleiche mit anderen Kulturpflanzen sowie mit unterschiedlichen Anbauweisen notwendig, um im Zusammenhang einer Autarkiediskussion relevantere Aussagen machen zu können. Direkte Vergleiche sind allerdings relativ schwierig, da große methodische Schwankungen insbesondere in den Energiebilanzen festzustellen sind. Gründe dafür sind einerseits die unterschiedlichen Berechnungsgrundlagen, anderseits aber vor allem die Wahl bzw. Abgrenzung des jeweils analysierten Systems. Trotzdem möchten wir – im Hinblick auf unsere Frage: Sammeln oder brauchen wir beim Anbau von Kulturpflanzen Energie? – an dieser Stelle einige vergleichende Betrachtungen anstellen.

Wie hat sich das Verhältnis von Energieausbeute (d.h. Sammlung und Umwandlung von Solarstrahlung mittels Photosynthese) zu Energieaufwand (d.h. Einsatz von fossiler, gespeicherter Sonnenenergie) im Laufe der Zeit verändert? Für die Produktion von Mais in den USA existieren folgende Daten:[17]

	1945	1970
Totaler Energieaufwand	$9,7 \times 10^6$ kJ/ha	$30,2 \times 10^6$ kJ/ha
Körnerertrag (Brennwert)	$35,7 \times 10^6$ kJ/ha	$84,4 \times 10^6$ kJ/ha
Ausbeute / Aufwand	3,7	2,8

Zwei gegenläufige Tendenzen werden ersichtlich: Der Ertrag wird durch den Einsatz von Maschinen, Dünger etc. stark erhöht, die effektive, ökologisch relevante Energieausbeute – ein "Energieerntefaktor" – sinkt jedoch beträcht-

16 HUSTON (1993).
17 BOSSEL (1994).

lich, weil für die Anbau- und Verarbeitungsweisen sehr viel mehr Energie eingesetzt werden muß. Trotzdem ergibt sich für beide Zeitperioden eine positive Bilanz. Dies ist unter anderem darauf zurückzuführen, daß der Mais, wie die ausführlich diskutierte Kartoffel, ein Produkt ist, das nicht viel Pflege erfordert und relativ einfach mit großen Maschinen geerntet werden kann. Andere Literaturstellen weisen jedoch darauf hin, daß in der mechanisierten und mit synthetischen Düngern unterstützten Landwirtschaft seit geraumer Zeit sehr viel mehr Energie eingesetzt als mittels Photosynthese gesammelt wird.[18] Insbesondere Gemüse und Fleisch ergeben viel schlechtere Energieausbeuten. Wie wir am Beispiel der Tomate gesehen haben, kann der Energieaufwand dabei auf das Hundertfache der in der Biomasse gespeicherten Energie anwachsen. Ähnlich liegt die Situation bei der Fleischproduktion: In den USA werden pro Kilogramm Schweinefleisch (Energieinhalt: 11.5 MJ) sieben Kilogramm Getreide (110 MJ) plus vier Liter Erdöl (168 MJ) eingesetzt. Das Verhältnis Aufwand zu Ertrag liegt also bei 24:1.[19] Als weitere Beispiele sind in Tab. 1 einige Daten aus einer neuen Ökobilanz-Studie aufgelistet.[20]

Ein weiteres Vergleichsdatum stammt aus dem Gartenbau: Dabei wurde untersucht, wieviel Energie zur Produktion eines Straußes, bestehend aus sieben Rosen, aufgewendet werden muß.[21] Der Energieaufwand liegt bei den untersuchten Gärtnereien zwischen 56.8 MJ und 93.8 MJ (vorwiegend Heizenergie im Treibhaus), was dem Energieinhalt von 15-27 kg Kartoffeln entspricht. Hier nehmen die Verhältnisse zwischen Aufwand und Ertrag allmählich groteske Formen an.

In bezug auf unsere Fragestellung ist auch der Vergleich zwischen unterschiedlichen Anbauweisen von Bedeutung. Neuere vergleichende Untersuchungen über konventionelle und alternative (biologisch-organische und biologisch-dynamische) Produktionsweisen[22] lassen eine mehr oder weniger genaue Bezifferung der Unterschiede zu, erfordern aber teilweise noch über längere Zeitperioden laufende Versuchsreihen oder standortabhängige Vergleichsdaten. Insgesamt belegen die vorliegenden Arbeiten, daß der Energieeintrag bei nicht-konventionellen Methoden geringer ist, der Nettogewinn an Nahrungsmittelenergie durch konventionelle Methoden jedoch gesteigert wird (vgl. Tab. 2). Allerdings werden bei unserer energetischen Betrachtung wichtige Problemaspekte wie die Fragen nach der Produktequalität, der Bodenqualität, den Folgen für das Grundwasser oder für die Artenvielfalt etc. ausgeblendet.

Interessant ist aber doch, daß beim Anbau der traditionellen Grundnahrungsmittel unserer Vorfahren (Getreide, Kartoffeln, Kohl) auch in der

---

18 Vgl. auch VESTER (1983).
19 Daten nach Statist. Jahrbuch d. Schweiz 1993, S. 195; Energieumrechnung durch Büchi.
20 ZAMBONI (1994).
21 UTZINGER/SOMMER (1991).
22 HAAS/KÖPKE (1994); ALFÖLDI /NIGGLI (1994); ALFÖLDI et al. (1995).

Produkt	Energie-inhalt (MJ/kg)	Energie-aufwand (MJ/kg)[24]	Verhältnis Aufwand : Inhalt
Bohnen frisch, einheimisch	1.7	3.6	2.1
" " Ägypten	1.7	45.3	26.6
Grünspargeln frisch, Frankreich	0.6	12.6	21.0
" " Kalifornien	0.6	149.6	249.3
Äpfel, einheimisch	1.0	4.7	4.7
" Südafrika	1.0	21.4	21.4
Lammfleisch frisch, einheimisch	7.5	63.8	8.5
" gefroren, Neuseeland	7.5	101.1	13.5
Pouletbrust, gefroren, Brasilien	4.2	91.5	21.8

Tabelle 1: Energieinhalt und Energieaufwand (inkl. Aufwand für Produktion, Verarbeitung und Transport) einiger in der Schweiz erhältlicher Lebensmittel (Quelle: ZAMBONI 1994).

heutigen mechanisierten Landwirtschaft nach wie vor Sonnenenergie gesammelt wird (Sonnenenergie-Ausbeutungsfaktor[23]: 0.05-0.2%; vgl. Tab. 2). Dabei zeigt sich der gleiche Trend wie in unseren bisherigen Beispielen: Knollenfrüchte (Kartoffeln, Randen) sind gute, Getreide ziemlich gute Energiesammler, Weißkohl ist ein mäßiger Energiesammler, und je intensiver die Kulturen bearbeitet werden müssen (traditionelle Gartenpflanzen wie Bohnen, Tomaten etc.; vgl. Tab. 1), desto schlechter wird die Situation. Im Gegensatz zu Frischgemüse sind Kartoffeln und Getreide auch gut lager- und transportierbar. Es ist deshalb nicht erstaunlich, daß der Anbau von Bohnen, Tomaten, Gurken etc., deren Wert eher in der Lieferung von Vitaminen und Mineralstoffen liegt als in der Bereitstellung von Nahrungsmittelenergie (Gurken etwa verbrauchen bei der Verdauung mehr Energie, als sie dem Körper liefern), in früherer Zeit auf die Hausgärten beschränkt blieb und sich als Feldfrüchte nur die "Energiesammler" durchsetzen konnten.

Neben dieser klassischen Form der landwirtschaftlichen Sonnenenergiespeicherung wird seit geraumer Zeit auch der Anbau von sogenannten Energiepflanzen diskutiert. Die so bereitgestellten Energieträger sollen dann direkt

---

23 Sonnenenergie-Ausbeutungsfaktor: Verhältnis zwischen der verfügbaren Endenergie und der auf den Boden eingestrahlten Sonnenenergie (nur kurzwellige Strahlung, da nur diese in der Photosynthese genutzt werden kann).

24 ZAMBONI (1994).

verbrannt oder zwecks Biogasgewinnung vergoren werden. Diese Aktivitäten können durchaus als Versuch zur Erlangung regionaler Energieautarkie betrachtet werden. Führt man jedoch Bilanzierungen durch, so verliert dieser Ansatz sehr viel an Attraktivität. Frühe Versuche in Brasilien ("Bioalkohol") scheiterten in den achtziger Jahren.

Die mitteleuropäischen Versuche werden zur Zeit bezüglich Stoff- und Energieflüssen beurteilt. Die bisher vorliegenden Resultate relativieren aber die Möglichkeiten einer teilweise auf Biomasse basierenden Energiewirtschaft. Der Sonnenenergie-Ausbeutungsfaktor von Raps-Methyl-Ester (aus dem Raps gewonnener Bio-Treibstoff) liegt bei 0.04%[25]. Etwas besser schneidet Chinaschilf ab, sein Ausbeutungsfaktor liegt bei 0.5%. Für eine positive Energiebilanz des Chinaschilf-Anbaues gegenüber anderen Nutzungsarten müßte über 10% der landwirtschaftlichen Produktionsfläche dem Nahrungsmittelanbau entzogen und für den Anbau von Energiepflanzen freigestellt werden.[26] Der Anbau von sogenannten Energiepflanzen wird jedoch als wenig sinnvoll erachtet. Effizienter wäre, wenn schon Energie gewonnen werden muß, der gezielte Einsatz der ohnehin anfallenden landwirtschaftlichen Reststoffe (Stroh, Mist, Kartoffelkraut etc.) und des bisher nur teilweise verwerteten Holzes für die Energiegewinnung.[27] Allerdings ist auch diese Möglichkeit mengenmäßig limitiert.

Wir schließen uns dieser kritischen Beurteilung an. Der Versuch, aus Biomasse Kraftstoffe herzustellen, ist aufgrund rein energetischer Betrachtungsweisen grundsätzlich ein diskutabler Ansatz. Unter Einbezug ökologischer Kriterien (Einsatz standortfremder Arten, die nicht an die lokalen Ökosysteme angepaßt sind, weitere Monokulturalisierung der Landwirtschaftsproduktion) ist er allerdings kaum tauglich zur Lösung diesbezüglicher regionaler, oder gar globaler Probleme. Wesentlich sinnvoller als Energiepflanzen-Monokulturen dürfte für die Energiegewinnung der Einsatz der Photovoltaik sein, deren Sonnenenergie-Ausbeutungsfaktor mehr als das Vierfache desjenigen von Energiepflanzen beträgt (vgl. Tab. 2). Überdies entsteht dabei direkt hochwertige elektrische Energie, während die Energie von Energiepflanzen nur durch Verbrennen gewonnen werden kann, wodurch sich ihr Nutzenergiegewinn zusätzlich massiv verringert.

Umstritten ist allerdings zur Zeit noch, wie hoch bei der Photovoltaik der Anteil an Grauer Energie zu veranschlagen ist, die den Ausbeutungsfaktor wieder etwas senken würde. Neben der Photovoltaik wäre auch eine verstärkte Nutzung der Sonnenwärme sinnvoll, die insbesondere bei der Gebäudeheizung ertragreich eingesetzt werden kann.

---

25 ELEKTROWATT/NOVAMONT (1992).

26 MÜLLER et al. (1994). Beim Anbau von Energiegras steigt dieser Flächenbedarf gar auf >50%. (a.a.O., S. 57). Vgl. auch die Diskussion in PAULSEN (1995), S. 113.

27 MÜLLER et al. (1994), S. 57f.

Wir fassen nochmals zusammen:

1.) Bei der Produktion von wenig arbeitsaufwendigen und gut lagerbaren landwirtschaftlichen Erzeugnissen wie Kartoffeln, Getreide oder Mais kann mit einem Energiegewinn gerechnet werden. Allerdings nimmt die relative Gewinnmenge mit zunehmender Intensivierung der Produktionsweise ab, der notwendige Energieaufwand steigt proportional stärker an als der Ertrag.

2.) Bei Gemüse und Fleischprodukten ist der Energieaufwand dagegen viel größer als der Ertrag. Anstatt daß Energie in Nahrungsmittelform gesammelt wird, geht unter dem Strich Energie verloren.

3.) Der Einsatz von nachwachsenden Rohstoffen einzig zur Energiegewinnung ist wenig erfolgversprechend, außer da, wo die Rohstoffe ohnehin anfallen (landwirtschaftliche Reststoffe, Holz).

Allgemein wird bei einer rein energiebezogenen Betrachtung des Problems der wichtige Raumaspekt ausgeblendet, und qualitative Dimensionen (Güterqualität, Bodenqualität etc.) werden gar nicht wahrgenommen. Die negativen Folgen unserer landwirtschaftlichen Produktionsweisen für die regionale Ökologie und die Qualität der produzierten Güter werden in die Betrachtung kaum miteinbezogen. Doch schon bei einer rein energiebezogenen Betrachtung müssen wir uns fragen, wie sinnvoll eine Landwirtschaft und ein Agrarhandel sind, in deren Rahmen ein Vielfaches der rückgewinnbaren Energie benötigt wird, und wie sinnvoll es ist, die Energievorräte unseres Planeten zu plündern, nur um das ganze Jahr über im Supermarkt Salat, Bohnen, Tomaten und Erdbeeren kaufen zu können.

4. Energiebedarf und erneuerbare Energie

Wir haben im vorangehenden Abschnitt Untersuchungen und Daten diskutiert, die Aussagen darüber machen, wieviel Energie für die Produktion bestimmter Nahrungsmittel aufgewendet wird und wieviel Energie in diesen Nahrungsmitteln gespeichert ist. Dies erlaubte uns die Aussage, daß unsere Nahrungsmittelbereitstellung unter dem Strich häufig mehr Energie verbraucht, als in den Nahrungsmitteln gesammelt wird. Dabei wird der Mehrverbrauch meist durch den Einsatz von nicht-erneuerbarer Energie gedeckt. Unsere "Energiegewinnung" ist also energetisch mindestens teilweise ein Verlustgeschäft. Es fragt sich nun, ob eine solche Bewirtschaftungsart auch im Rahmen eines solaren Systems (d.h. nur unter Einsatz kurz- und mittelfristig erneuerbarer Energiequellen) möglich wäre, oder ob zwingend auf den Einsatz nicht-erneuerbarer Energiequellen zurückgegriffen werden muß.

Kultur	Ertrag pro Hektare (t/ha*a)	Energieinhalt pro Hektare (10^{10} J/ha*a)	Aufwand + Verluste[1] (10^{10} J/ha*a)	Endenergie (10^{10} J/ha*a)	Verhältnis Endenergie: Einstrahlung[2]
Weizen konventionell[3]	4.45[4]	7.21	1.67	5.54	1:750
-"- bioorganisch[3]	3.75[4]	6.08	1.05	5.03	1:850
-"- biodynamisch[3]	3.60[4]	5.83	1.08	4.75	1:900
Gerste konventionell[3]	4.45[4]	7.21	1.45	5.76	1:750
-"- bioorganisch[3]	3.40[4]	5.51	0.97	4.54	1:950
-"- biodynamisch[3]	3.60[4]	5.83	0.89	4.94	1:850
Kartoffeln konventionell[3]	49.35	12.84	3.51	9.33	1:450
-"- bioorganisch[3]	33.20	8.63	2.66	5.97	1:700
-"- biodynamisch[3]	27.35	7.11	2.29	4.82	1:850
Weißkohl konventionell[3]	50.95	5.10	2.42	2.68	1:1'550
-"- bioorganisch[3]	40.25	4.03	1.51	2.52	1:1'650
-"- biodynamisch[3]	43.45	4.35	1.47	2.88	1:1'450
Randen konventionell[3]	71.30	12.13	2.54	9.59	1:450
-"- bioorganisch[3]	56.30	9.57	1.48	8.09	1:500
-"- biodynamisch[3]	55.70	9.47	1.51	7.96	1:550
Kunstwiese konvent.[3]	14.20[4]	8.52	0.62	7.90	1:550
-"- bioorganisch[3]	12.85[4]	7.71	0.47	7.24	1:600
-"- biodynamisch[3]	12.80[4]	7.68	0.40	7.28	1:600
Raps-Methylester[5]		4.46	3.10	1.36	1:3'100
Energiegras[6]		8.57	1.43	7.14	1:600
Chinaschilf[6]		27.10	4.28	22.82	1:175
Holz[6]		9.29	0.57	8.72	1:500
Ernteabfälle[6,7]				1.1-1.6	ca. 1:3'000

Photovoltaik Kraftwerk Mont Soleil[8]	Leistung[9] (W/m^2)	Energieprod. pro Hektare[9] (10^{10}J/ha*a)	Nutzfläche[10] (m^2)	Modulfläche[10] (m^2)	Verhältnis Endenergie: Einstrahlg.[11]
	3.1	98	20'000	4'500	1:45

Sonneneinstrahlung[12] Schweiz-Mittelland	Einstrahlung (W/m^2)[13]	Energie ganzes Jahr (10^{10} J/ha*a)	Energie Apr.-Sept. (10^{10} J/ha*a)	Energie Okt.-März (10^{10} J/ha*a)	Energie Dez.-Feb. (10^{10} J/ha*a)
Zürich Reckenholz[14]	127	3'996	3'076	920	312
Payerne[15]	139	4'403	3'365	1'038	372

Tabelle 2: Natürliche Sonneneinstrahlung und Energiebindungsvermögen pro Hektar von fünf Nahrungsmitteln bei verschiedenen Anbaumethoden, von nachwachsenden Energierohstoffen und eines photovoltaischen Kraftwerks in der Schweiz (empirische Daten).

Anmerkungen zu Tabelle 2:

1 Energieaufwand für Maschineneinsatz, Düngung, Pflanzenschutzmittel etc., ohne Energieaufwand für Nahrungsmitteltransporte, Lagerung und Weiterverarbeitung.

2 Verhältnis zwischen thermisch nutzbarer Endenergie und eingestrahlter kurzwelliger Energie (4200 x 10^{10} J/ha*a, Mittelwert von Zürich und Payerne) unter der Annahme, daß die Fläche zwischen den Vegetationsperioden nicht genutzt wird (Werte gerundet). Die Energiedifferenz entsteht durch direkte Rückstrahlung, Luftkonvektion, Wasserverdunstung, pflanzliche Atmung, und Energiespeicherung in nicht nutzbaren Pflanzenteilen (Wurzeln, etc.), sowie durch den relativ schlechten Wirkungsgrad der Photosynthese. Das Verhältnis kann durch die Nutzung der Ernteabfälle noch etwas verbessert werden (vgl. Tabelle).

3 Daten nach ALFÖLDI et al. (1995)

4 Körnerertrag (Getreide) bzw. Trockenmasse (Gras)

5 Daten nach ELEKTROWATT/NOVAMONT (1992). Zusätzlich zum Raps-Ester fallen bei der Verarbeitung noch Ölkuchen (Pressrückstände) an, die als Tierfutter Verwendung finden, sowie Ernterückstände (Stroh). Bei Mitberücksichtigung dieser Produkte verbessert sich das Verhältnis zwischen Einstrahlung und Ertrag auf ca. 1:1'500

6 Daten nach MÜLLER/OEHLER/BACCINI (1995), Umrechnung der Energiedaten auf die Fläche durch Büchi. Eine deutsche Studie nennt vergleichbare Energieinhalte: Chinaschilf 22 x 10^{10} J/ha*a, Schilfrohr 20 x 10^{10} J/ha*a (KALTSCHMITT/BECHER 1994)

7 Stroh, Kartoffelkraut, etc., Energiegewinnung durch Vergärung und Verbrennen des Biogases.

8 Photovoltaik-Versuchskraftwerk im Schweizer Jura, Anlage auf offenem Land.

9 Mittel der Jahre 1993 und 1994 545 MWh/a (MINDER 1995), Umrechnung auf die Fläche durch Büchi.

10 Nutzfläche = Grundfläche des Anlagenareals, Modulfläche = Fläche der aufgestellten Solarzellen (MINDER 1995). Aus technischen Gründen (Schattenwurf der Solarzellen, etc.) können die Module nicht mehr Nutzfläche belegen.

11 Verhältnis zwischen elektrischer Endenergie und eingestrahlter kurzwelliger Energie (4200 x 10^{10} J/ha*a, Mittelwert von Zürich und Payerne; die Abweichung für den Standort Mt. Soleil von diesem Wert dürfte ±10% nicht überschreiten). Der Wirkungsgrad der Photozellen liegt bei optimaler Einstrahlung (senkrechte Bestrahlung) bei 10-20% der eintreffenden Energie und sinkt bei einem schiefen Einfallswinkel des Sonnenlichtes.

12 Nur kurzwellige Strahlung, da nur die kurzwellige Energie photosynthetisch umgewandelt werden kann; Basisdaten nach OHMURA et al. (1990) und MÜLLER/OHMURA (1993), Mittelwertberechnung und Umrechnung auf die Fläche durch Büchi.

13 Jahresdurchschnitt

14 Mittelwerte der Meßperiode 1989-91

15 Mittelwerte der Meßperiode 1988-91

4.1. Globale Situation

Die Erde wird an sich noch über einige Milliarden Jahre von der Sonne mit genügend Energie beliefert, um den Lebensprozeß weiterhin am Laufen zu halten. Dabei liegt die (durch uns unbeeinflußbare) Energieproduktionsstätte in der Sonne, währenddem die Erde sich energetisch in einem Fließgleichgewicht befindet und lediglich als Energiewandler und in speziellen Fällen als Energiespeicher in Erscheinung tritt. Der Energieumsatz in diesem Fließgleichgewicht steuert die den globalen Lebensprozessen zur Verfügung stehende Energie. Deshalb ist die Energieproduktion im System Sonne/Erde für unsere gegenwärtige Situation nur im Hinblick auf die energetische Basisversorgung relevant. Zentral ist dagegen die Energieautarkie des globalen Systems und der regionalen Systeme (d.h. die Fähigkeit der Systeme, ein Gleichgewicht zwischen "Energie sammeln" und "Energie verbrauchen" aufrecht zu erhalten), sowie die Art und Weise, wie mit der auf der Erde zur Verfügung stehenden Energie umgegangen wird.

Aufgrund von globalen Berechnungen sieht die heutige Energieproduktion bzw. Energienutzung folgendermaßen aus: Der Weltenergieverbrauch im Jahre 1993 betrug ca. 4-4.4 x 10^{20} J, aufgeteilt auf die Energieträger Erdöl (40%), Kohle (27%), Erdgas (23%), Kernenergie (7%) und Wasserkraft (3%).[28] Bei gegenwärtig weiterhin steigendem Verbrauch werden die geschätzten Reserven an nichterneuerbaren Energieträgern (ca. 3.5 x 10^{22} J)[29] innert rund hundert Jahren aufgebraucht sein (vgl. Abb. 4-6). Mit der Nutzung der fossilen Energie einher geht die Freisetzung von etwa 22-24 Milliarden Tonnen Kohlendioxid pro Jahr.[30]

Dem steht ein solarer Strahlungsenergie-Eintrag von etwa 5.4 x 10^{24} J pro Jahr gegenüber. Fazit: Für die Erde ist die jährliche solare Energiezufuhr gegenwärtig rund 10'000 mal größer als der anthropogene Gesamtenergieverbrauch. Dabei wird ein großer Teil der zugeführten Energie direkt zurückgestrahlt oder in der Atmosphäre und auf dem Erdboden in Wärme umgewandelt und wieder abgestrahlt. Neben der photovoltaisch nutzbaren direkt eingestrahlten Sonnenenergie stellt diese Wärme im Prinzip ein großes nutzbares Energiepotential dar. Ihr Einsatz beschränkt sich allerdings weitgehend auf Gebäudeheizungen und andere Prozesse, die keine hohen Temperaturen benötigen. Die an sich imposante Menge an theoretisch photovoltaisch nutzbarer Energie anderseits ist nur beschränkt nutzbar: rund drei Viertel der Strahlung treffen auf die Meeresoberfläche auf, und die auf die Landoberflä-

---

28 Quelle: BP; publiziert in *Die Zeit*, Nr. 36, 2.9.1994.

29 Fischer Weltalmanach 1995; Annahme: keine Kernenergiegewinnung in Brutreaktoren.

30 vgl. HEINLOTH (1993) sowie den Artikel "Der Preis der Natur", Panda Magazin 2/1994.

che auftreffende Energie kann nur auf anderweitig schlecht bis nicht nutzbaren Flächen (Steppen- und Wüstengebiete, Gebäudedächer) gewonnen werden, ohne mit anderen, vor allem landwirtschaftlichen Nutzungsformen in Konflikt zu geraten. Darüber hinaus muß die photovoltaische Energie in eine speicher- und transportierbare Form übergeführt werden, um sinnvoll nutzbar zu sein. Längerfristig dürfte hier aber doch ein relativ großes Entwicklungspotential liegen. Andere erneuerbare Energieformen (Windenergie, Wasserernergie, Erdwärme) sind stark abhängig von den regionalen Gegebenheiten und nur beschränkt ausbaufähig.

Der jährliche Umsatz durch photosynthetische Bindung von solarer Strahlungsenergie in Biomasse, das heißt, die Speicherung der Energie als chemisches Potential ist rund zehnmal größer als der anthropogene Gesamtenergieverbrauch. Diese Energie wird allerdings im offenen globalen System nur zu einem sehr kleinen Teil längerfristig gespeichert. Der größte Teil dient als Energiegrundlage für das Leben auf der Erde, wird laufend wieder veratmet oder vergärt und entweicht als Wärmestrahlung in den Weltraum. Aus diesem Grund ist die Energie in der Biomasse von den Menschen nur beschränkt nutzbar, sie müssen sich in der Nutzung mit allen anderen Lebewesen auf der Erde teilen. Die Tendenz geht allerdings dahin, daß der Mensch immer mehr Biomasse zu seinem Nutzen aus dem System abzweigt und den anderen Lebewesen, sofern sie sich nicht in seinen Dienst stellen lassen, immer weniger übrig läßt. Dieser Nutzungskonflikt nimmt, wie die roten Listen der bedrohten Tier- und Pflanzenarten zeigen, für die Umwelt allmählich bedrohliche Formen an.

Im Gegensatz zur Biomasse stellen fossile Energieträger über Jahrmillionen fixierte (d.h. an bestimmte Materieformen und -kombinationen gebundene) Sonnenenergie dar. Diese Energielager werden nun mit einer zunehmend wachsenden Geschwindigkeit geleert. Gegenwärtig werden die fossilen Energieträger 100'000 mal schneller verbraucht, als sich die Lager in der Vergangenheit aufbauten.[31] Obwohl die Sonne das globale System an sich mit genügend Energie versorgt, um die Lebensprozesse aufrecht zu erhalten, laufen wir mit unserem Verbrauchsverhalten mittelfristig Gefahr, einen Energieversorgungskollaps zu erleiden, wenn wir den Einsatz der nicht-erneuerbaren Energieträger nicht dazu nutzen, eine Technologie und eine Kultur zu entwickeln, die uns dereinst erlauben, auf diese Energieträger zu verzichten und uns wieder in das natürliche energetische Fließgleichgewicht einzupassen.

Heute sind nur noch sehr wenige Kulturen in der Lage, ihre Energieversorgung über das Sammeln von regenerativen Energieformen zu sichern. Dabei ist der Einsatz von nicht-erneuerbaren Energieformen proportional zum Gesamtenergieverbrauch. Dieser Umstand läßt sich recht genau mit dem regionalen Kohlendioxid-Ausstoß belegen: In hochindustrialisierten Gesell-

---

31 DAVIS (1990).

schaften ist die Pro-Kopf-Kohlendioxidproduktion bis zu fünfhundertmal höher als in vielen Gesellschaften Afrikas, Südamerikas, Südostasiens oder – ganz allgemein – der sogenannt "unterentwickelten Regionen" dieses Planeten. Entsprechend ist der Pro-Kopf-Energieverbrauch verteilt.[32] Wir bauen unsere hochindustrialisierte Kultur auf Überresten vergangener Zeiten auf (und in den letzten Jahrzehnten zunehmend auf Kernbrennstoffen, die nicht Produkte des irdischen Lebensprozesses sind und deshalb auch langfristig nicht neu gebildet werden können) und leben auf Kredit, der innert nützlicher Frist nicht zurückgezahlt werden kann. Fazit: In denjenigen Zivilisationsräumen, in denen das naturwissenschaftliche Denkkonzept in seiner technisch-industriellen bzw. materiellen Realisierung am weitesten fortgeschritten ist und die Menschen gegenüber den natürlichen Rahmenbedingungen größtmögliche Autarkie im materiellen, vielleicht auch im geistigen Sinne erlangt haben, ist die Abhängigkeit von in fossilen und nuklearen Energieträgern gespeicherter Energie am größten.

Damit sind auch die Grenzen der heutigen Entwicklung angesprochen: Die Globalisierung der Verhaltensweisen und die damit verbundenen globalisierten Stoff- und Energieflüsse sind nur solange haltbar, als genügend Energieträger zur Verfügung stehen. Je nach Prognose werden die nicht-erneuerbaren Energieträger im Laufe des nächsten bis übernächsten Jahrhunderts aufgebraucht sein (vgl. Abb. 4-6). Ein technisch einsetzbarer Ersatz für die fossilen und nuklearen Energieträger, der einen gleichbleibenden oder gar weiter steigenden Energieverbrauch zulassen würde, ist nicht in Sicht. Mit dem Verlust der nicht-erneuerbaren Energieträger wird eine Senkung des Energieverbrauchs und eine zunehmende Anpassung der Stoff- und Energieflüsse an die regionalen Gegebenheiten unumgänglich sein.

---

32 Vgl. DAVIS (1990), HEINLOTH (1993), Fischer Weltalmanach 95, Sp. 1011 (siehe BÜCHI 1995, in diesem Buch, Tab. 2), sowie den Artikel "Der Preis der Natur", Panda Magazin 2/1994.

Abb. 3: nicht-erneuerbare Energie: Pro-Kopf-Bruttoverbrauch in der Schweiz 1850–1990.

Abb. 4: Verringerung der Weltreserven an nichterneuerbaren Energieträgern. Basis: derzeit bekannte Reserven (Fischer Weltalmanach 1995, Sp.1012).

Abb. 5: Gesamtenergieverbrauch und Anteil der Industrieländer (Europa inkl. ehem UdSSR, USA, Kanada, Japan). Annahme: Verdoppelung der Reserven gegenüber heute durch Exploration neuer Lagerstätten.

Abb. 6: Entwicklung der Weltbevölkerung, des Verbrauchs an nichterneuerbarer Energie und des Verbrauchs an erneuerbarer Energie (inkl. Nahrungsmittelenergie). Annahme: Verdoppelung der Reserven gegenüber heute durch Exploration neuer Lagerstätten und Stabilisierung der Weltbevölkerung auf 10 Mia. Menschen.

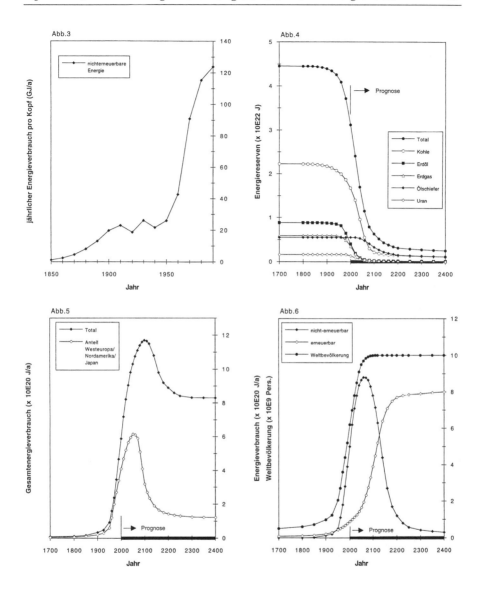

Abbildungen 3-6: Entwicklung des Energieverbrauchs, der Weltbevölkerung, Verringerung der Energiereserven und prognostizierte Entwicklung für die Zukunft.

Berechnung aufgrund von Basisdaten aus STATIST. JAHRBUCH DER SCHWEIZ 1993, FISCHER WELTALMANACH 1995, LEISINGER (1994), MEADOWS et al. (1993), PFISTER (1994), sowie der in Tab. 2 angegebenen Quellen. Annahme: Keine Gewinnung von Kernenergie in Brutreaktoren.

4.2. Das Beispiel Schweiz

Der globale Energieverbrauch hat in den vergangenen hundert Jahren um mindestens eine Größenordnung zugenommen, wobei die Zunahme in den industrialisierten Ländern ungleich viel größer ist. Als Beispiel für die Verhältnisse in Westeuropa soll im folgenden die Situation in der Schweiz diskutiert werden.[33]

Wie gesagt liegt die Zunahme des Energieverbrauchs im vergangenen Jahrhundert in den Industrienationen weit über dem globalen Durchschnitt. So wuchs der Bruttoenergieverbrauch[34] in der Schweiz zwischen 1850 und 1990 auf das Vierzigfache (pro Kopf um das Fünfzehnfache), zwischen 1900 und 1990 um das Dreizehnfache (pro Kopf um das Sechsfache). Der prozentuale Anteil der nicht-erneuerbaren Energieträger am Bruttoverbrauch hat ebenfalls ständig zugenommen, in der Schweiz von rund 20% im Jahre 1850 auf rund 85% im Jahre 1990. Dies entspricht ungefähr einer Verzweihundertfachung des Verbrauchs oder einer Verachtzigfachung des Pro-Kopf-Verbrauchs an nicht-erneuerbarer Energie (vgl. Abb. 3).[35] Der Bruttoenergieverbrauch im Jahre 1991 lag in der Schweiz bei 1.08×10^{18} J, der Pro-Kopf-Verbrauch (Bruttoenergie) bei 1.55×10^{11} J. Davon stammten 16% aus erneuerbaren Energiequellen (ca. 85% Wasserkraft, ca. 15% Holz) und 84% aus fossilen und nuklearen Energieträgern.[36] Der Eigenversorgungsgrad entspricht

---

33 Die Schweiz ist insofern ein gutes Beispiel, als hier seit 150 Jahren statistische Daten für ein unverändertes Staatsgebiet erhoben werden. Darüber hinaus erleichtert die relativ kleine Staatsfläche und die enge Vernetzung von lokalen und staatlichen Verwaltungsstrukturen das Zusammenbringen repräsentativer Datensätze. Für die Gewinnung von Daten, die auch für das übrige westeuropäische Gebiet repräsentativ sind, ist allerdings der relativ große Anteil von wenig, bzw. unproduktiver Landesfläche (Alpengebiet) zu berücksichtigen.

34 Bei der Angabe des Energieverbrauchs wird unterschieden zwischen Bruttoverbrauch (= gesamte jährlich im Land verbrauchte Energie), Endverbrauch (= dem Verbraucher zur Verfügung stehende Energie; Bruttoenergie minus Energieverluste durch Umwandlung in den Kraftwerken oder Raffinerien und Transport zum Verbraucher) und Nutzenergie (= vom Verbraucher umgesetzte Energie minus Verluste durch Reibung, Abwärme etc.). Im Jahr 1993 wurden in der Schweiz verbraucht: Bruttoenergie: $1'080 \times 10^{15}$ J (=100%); Endenergie: 811×10^{15} J (=76%); Nutzenergie: 460×10^{15} J (=43%). Daten nach Statist. Jahrbuch der Schweiz 1995, S. 195f.

35 Für die Zunahme des Energieverbrauchs in der Schweiz vgl. die umfassende Problemdarlegung bei PFISTER (1994); Pro-Kopf-Verbrauch nach eigener Umrechnung. Für Deutschland sind die Verhältnisse ähnlich, wobei eine beschränkte Nutzung fossiler Energieträger (Braun- und Steinkohle) regional schon viel früher einsetzte. Für den gegenwärtigen Pro-Kopf-Verbrauch in anderen Ländern vgl. BÜCHI (1995, in diesem Buch), Tab. 2.

36 Daten nach Statist. Jahrbuch der Schweiz 1995, S. 195. Für Westdeutschland lag der Anteil an nicht-erneuerbaren Energieträgern 1993 bei 97.7%, in den neuen Bundesländern betrug er gar 99.6% (Fischer Weltalmanach 1995, Sp. 1013f.).

(aufgrund des Fehlens eigener fossiler und nuklearer Ressourcen) dem Anteil der erneuerbaren Energie, liegt also bei 16%.

Wie sieht es mit der in den Nahrungsmitteln gespeicherten Energie aus? Hier betrug der Eigenversorgungsgrad im Jahre 1990 bei der pflanzlichen Nahrungsmittelenergie 43%, bei der tierischen Nahrungsmittelenergie 97%, wobei allerdings die Erzeugung der tierischen Produkte "teilweise nur mit importiertem Kraftfutter möglich war".[37] Zusammengenommen entspricht dies einem Eigenversorgungsgrad von rund 60%. Wie bereits bei der Nutzenergie baut die Schweiz auch hier ihren hohen Verbrauchsstandard auf dem Güterimport auf. Die produzierten Butter-, Fleisch- und Milchberge haben also keine naturgegebene Basis, sondern sind in erster Linie Folge einer rein ökonomisch gesteuerten Landwirtschaftspolitik. Interessant ist nun die Frage, ob eine Versorgung der Schweiz mit eigenen Mitteln möglich wäre und, wenn ja, zu welchem Preis.

4.2.1. Flächenverteilung

Die Landesfläche der Schweiz (41'284 km²) ist aufgeteilt in 38% Landwirtschaftsgebiet (wovon ein Drittel Alpweiden), 30% Wald, 6% Siedlungsgebiet und 26% unproduktive Fläche (Hochgebirgsregionen, Gewässer). Die unproduktive Fläche ist nur als Wasserlieferant nutzbar, eine allfällige Nutzung der Sonnenenergie ist trotz an sich günstigen Strahlungsverhältnissen kaum möglich (riesiger Aufwand für die Errichtung und Wartung der Anlagen im Hochgebirge).

Die Waldfläche ist im Prinzip als Energielieferant nutzbar, wobei hier Nutzungskonflikte zu erwarten sind (Erholungsgebiet, Schutzwälder, Wasserspeicherung etc.). Darüber hinaus befindet sich ein Großteil der Waldfläche im Gebirge und weist aus klimatischen Gründen einen relativ geringen Holzertrag auf. Im Flachland, wo die Wälder relativ ertragsstark sind, ist der Nutzungsdruck am größten. Aus ökologischen Gründen (Biotopschutz, Rückzugsgebiete für bedrohte Arten) wird hier eine extensive Nutzung auf ca. 25% der heutigen Waldfläche gefordert.[38] Die Waldfläche läßt sich kaum verringern, um allfälligen effizienteren Energienutzungsformen Platz zu machen, da der Wald auch im Mittelland wichtige Funktionen erfüllt (Wasserrückhaltung, Hangstabilisierung, Luftfilterung, CO_2-Senke).

Die Siedlungsfläche kann durch verdichtetes Bauen zwar verkleinert werden, was jedoch bei einem Anteil von 6% an der Gesamtfläche keinen entscheidenden Flächengewinn zur Folge hat. Damit läßt sich auch die

---

37 Statist. Jahrbuch der Schweiz 1993, S. 194f. Anteil der tierischen Energie am Total: 36%, Eigendeckungsgrad beim Kraftfutter: 92%, Eigendeckungsgrad für tierische Nahrungsmittelenergie durch die reine Inlandproduktion: 90%.

38 BROGGI/SCHLEGEL (1989); vgl. auch die Diskussion bei BROGGI (1995, in diesem Buch).

Landwirtschaftsfläche kaum vergrößern, zumal auch hier aus ökologischen Gründen (vgl. Wald) auf ca. 10% der ertragsstarken Flachlandgebiete eine Extensivierung der Produktion gefordert wird.[39]

Soviel zur Flächenverteilung. Was heißt das nun für die Nahrungsmittel- und Energieproduktion?

4.2.2. Nahrungsmittelproduktion

Pro Jahr werden in der Schweiz 3.8×10^{16} J an Nahrungsmittelenergie umgesetzt. Unter Berücksichtigung der oben gemachten Einschränkungen (ökologische Ausgleichsflächen) müßten pro Hektar Hochertragsfläche (Landwirtschaftsgebiet im Mittelland) rund 5×10^{10} J an Nahrungsmittelenergie gewonnen werden. Nach den Daten in Tabelle 2 ist ein solcher Ertrag möglich, allerdings unter der Voraussetzung, daß die Flächen permanent intensiv bewirtschaftet werden, ausschließlich Kartoffeln, Getreide und andere effiziente "Energiesammler" angebaut werden und auf eine Produktion von tierischen Nahrungsmitteln außerhalb der nur über Graswirtschaft nutzbaren Gebiete (Alpen und Winterweiden im Alpengebiet) verzichtet wird. Allerdungs sind diese Annahmen eher zu optimistisch, darüber hinaus müßte zur Erreichung einer vollständigen Selbstversorgung auf eine ziemlich einseitige und weitgehend vegetarische Ernährung umgestellt und die Produktion permanent hochgehalten werden. Ein Anbau von Obst und Gemüsen zur Sicherung einer ausgewogenen Ernährung würde die Ertragssituation verschlechtern, wobei der Eigenversorgungsgrad auch im optimalen Fall auf unter 100% sinkt. Bei der Beibehaltung der heutigen Ernährungsgewohnheiten sänke der Eigenversorgungsgrad unter Berücksichtigung der ökologischen Probleme auf gegen 50% ab.

4.2.3. Energieproduktion

Pro Jahr werden in der Schweiz 1.07×10^{18} J an kommerzieller Energie umgesetzt (rund das Fünfzigfache der umgesetzten Nahrungsmittelenergie). Hier ginge es vor allem darum, noch nicht nutzbar gemachte Energiequellen in die Versorgung zu integrieren. Ein wirkungsvoller Ausbau der Wasserkraft ist aus ökologischen und technischen Gründen kaum mehr möglich, was sich effizient fassen läßt, ist weitgehend gefaßt. Damit beschränkt sich die Ausbaumöglichkeit auf Biomassebewirtschaftung und andere Alternativenergien.

Eine verstärkte Energiegewinnung mit landwirtschaftlichen Mitteln ist – abgesehen von der Verwertung der Ernteabfälle – ohne Reduktion der Nahrungsmittelproduktion und, damit verbunden, ohne eine Senkung des landwirtschaftlichen Eigenversorgungsgrades nicht zu erreichen. Überdies ist sie

---

39 a.a.O.

aus Effizienzgründen wenig sinnvoll.[40] Hingegen ist eine vermehrte Nutzung der Siedlungsflächen für Photovoltaik möglich. Arbeiten in Deutschland gehen davon aus, daß 5% der Gebäudefläche von ihrer Lage und Ausrichtung her für die Produktion von photovoltaischer Energie geeignet wären.[41] Auf die Schweiz übertragen würde dies bei einer Gebäudefläche von 1'333 km² einer Produktionsfläche von 67 km² entsprechen. Darauf ließen sich bei einem Ertrag von 435 GJ pro m² Modulfläche und Jahr (vgl. Tab. 2) 2.9×10^{16} J/a photovoltaische Energie produzieren.

Eine Ausdehnung von Photovoltaik-Anlagen auf das Landwirtschaftsgebiet brächte zwar vordergründig einen Energiegewinn, allerdings bei einer gleichzeitigen Verschlechterung der Versorgungssituation im Ernährungsbereich. Der für die Energiegewinnung ausgeschiedene Raum müßte anderswo wieder für die Nahrungsmittelproduktion zur Verfügung gestellt werden. Da in der Schweiz jedoch praktisch keine ungenutzten Flächen mehr vorhanden sind, wäre dies nur auf Kosten anderer Nutzungen möglich. Eine Ausnahme bilden einzig extensiv genutzte Flächen, bei denen eine Parallelnutzung möglich ist[42], wobei die auf solchen Flächen gewonnene Nahrungsmittelenergie praktisch vernachläßigt werden kann. Eine Ausdehnung der Photovoltaik-Anlagen auf solche Gebiete unter Berücksichtigung ökologischer, technischer und ästhetischer Probleme würde eine Steigerung der photovoltaischen Energieproduktion auf ca. 6×10^{16} J/a erlauben.

Eine Reduktion der Waldfläche für die Sonnenenergieproduktion wäre ebenfalls wenig sinnvoll, da der Wald, wie vorgängig dargestellt, neben der Bereitstellung von Holzenergie noch weitere wichtige Funktionen erfüllt. Auf der Waldfläche ließen sich aber – unter Berücksichtigung der Mindererträge im Berggebiet und der Teil-Extensivierung der Bewirtschaftung aus ökologischen Gründen – ca. 3.5×10^{16} J/a[43] (heutige Produktion: 1.3×10^{16} J/a[44]) und auf der Landwirtschaftsfläche bei einer konsequenten Verwertung der Ernteabfälle nochmals ca. 1.4×10^{16} J/a produzieren. Gemeinsam mit den Erträgen aus den Wasserkraftwerken (ca. 13×10^{16} J/a) ergibt dies ein Total von rund 24×10^{16} J/a, was einem möglichen Eigendeckungsgrad von ca. 25% des Bruttoenergieverbrauchs von 1993 oder, umgerechnet auf den Pro-Kopf-Verbrauch, dem Verbrauch von 1950 entspricht. Da dieser Wert von einer Optimalnutzung ausgeht, die in der Realität nicht zu erreichen sein wird, dürfte er eher

---

40 vgl. Abschnitt 3.5.

41 SCHMIDT-BLEEK, (1994), S. 146.

42 Auf dem Gelände des in Tab. 2 erwähnten Solarkraftwerkes werden zwischen den Sonnenkollektoren Schafe geweidet, wobei der landwirtschaftliche Ertrag sich nicht wesentlich von demjenigen einer vergleichbaren offenen Weide unterscheidet.

43 Eigene Berechnung. Aus den Dater der Schw. Vereinigung für Holzenergie lässt sich ein Energiepotential von rund 4.2×10^{16} J/a errechnen (ohne Berücksichtigung ökologischer Ausgleichsflächen). Ausgangspunkt: nutzbare Holzmasse: ca. 5 Mio. m³, 1 t = ca. 1.8 m³ (RUTSCHMANN 1994); 1 t = ca. 15 GJ (HOLENSTEIN 1989).

44 Statist. Jahrbuch der Schweiz 1995, S. 199.

zu hoch liegen. Darüber hinaus bleiben der Energieaufwand (Graue Energie) und die allgemeine ökologische Rahmenbelastung bei der Solarzellen-Produktion unberücksichtigt[45]. Unberücksichtigt bleiben bei dieser Betrachtung jedoch auch das Sparpotential durch bessere Gebäudeisolationen und die Energiegewinnung durch andere alternative Energiequellen (Wind, Sonnenwärmenutzung etc.), so daß ein möglicher Eigendeckungsgrad von 20-25% in der heutigen Verbrauchssituation einen einigermaßen realistischen Wert darstellt.

4.2.4. Fazit

Bezogen auf die Nahrungsmittelproduktion und die Nutzenergie wäre eine Selbstversorgung rein theoretisch möglich, vorausgesetzt, die Schweizerinnen und Schweizer ernährten sich weitestgehend von Kartoffeln, Kohl und Getreide, verzichteten auf Fleisch, Obst und Gemüse und senkten ihren Energiebedarf auf das Niveau von 1950.

Allerdings wurde bei dieser Betrachtung vernachlässigt, daß die Schweiz als rohstoffarmes Land auf eine Außenversorgung mit Gütern angewiesen ist. Metalle, Kunststoffe etc. müssen importiert werden, die Produktions- und Transportenergie für diese Güter taucht nirgendwo in unseren Statistiken auf. Müßten wir auch für diese Energie aufkommen, wäre eine energetische Selbstversorgung auch bei den optimistischsten Annahmen nicht mehr möglich, es sei denn, die Schweizer Bevölkerung verzichtete auf die Importgüter. Dann ließen sich aber auch keine Solarzellen und Biogasverwertungsmaschinen mehr herstellen, die Landwirtschaft müßte extensiviert werden und der Eigenversorgungsgrad sänke weiter ab.

Kurzfristig wäre eine solche Selbstversorgungswirtschaft vielleicht existenzfähig, aber nur unter Inkaufnahme von massiven ökologischen Schäden durch die Ressourcenübernutzung, was längerfristig zu einem drastischen Abfall der Selbstversorgungsfähigkeit führen würde.[46] Bei Gewährleistung einer ausgewogenen Ernährung, bei einer massiven Senkung des Rohstoff- und Energieverbrauchs (und damit des Lebensstandards) und unter Berücksichtigung der langfristigen Erhaltung der regionalen Lebensgrundlagen dürfte die Tragfähigkeit des Schweizer Mittellandes nach unseren Abschätzungen 250 Ew/km^2 – d.h. 2/3 der heutigen Bevölkerungsdichte – nicht über-

---

45   Unter der Annahme, dass Solarenergie zur Substitution von ölthermisch gewonnener Energie verwendet wird, liegen die ökologischen Rückzahldauern bei einer Lebensdauer der Solarzellen von ca. 30 Jahren zwischen ca. 4-8 Jahren (vgl. FRISCHKNECHT, 1994).

46   Müßte beispielsweise der gesamte Energiebedarf durch die Verbrennung von Waldholz gedeckt werden, wäre der ganze schweizerische Waldbestand in 9 1/2 Jahren vernichtet. (PAULSEN 1995, S. 112)

schreiten. Die Tragfähigkeitsschwelle in den übrigen Gebieten liegt aufgrund der ungünstigen Rahmenbedingungen um einen Faktor 5-10 tiefer.[47] Eine andauernde Autarkie der Schweiz ist also ein Ding der Unmöglichkeit. Umso seltsamer mutet deshalb die Beschwörung von Selbständigkeit und Unabhängigkeit an, wie sie in weiten Bevölkerungskreisen gepflegt wird.[48] Wie allerdings damit umzugehen ist, daß eine für die Region ökologisch verträgliche Landnutzung nur über aufgebrochene Stoff- und Energiekreisläufe, d.h. über Importe und Rückgriffe auf nicht-erneuerbare Ressourcen zu erreichen ist, bleibt eine offene Frage. Doch steht hier die Schweiz als Region nicht allein. Zum einen unterscheiden sich die Verhältnisse im Schweizer Mittelland nicht wesentlich von Nordwestdeutschland oder den Niederlanden und zum anderen ist kein westeuropäisches Land in der Lage, seinen gegenwärtigen Verbrauchsstandard auf umwelt- und sozialverträgliche Art aus eigenen erneuerbaren Ressourcen zu decken.

5. Schlußbemerkungen

Die eingangs gestellte Frage *Regionalisierung der Stoff- und Energieflüsse – ein sinnvolles Ziel?* wird durch unsere Ausführungen nur fragmentarisch beantwortet, und zwar vorerst in bezug auf den ersten Teil:

5.1. Regionalisierung der Stoff- und Energieflüsse

Im "fossilen Zeitalter" wurden und werden ständig Stoffkreisläufe geöffnet. Aufgrund der dadurch erreichten Energieverfügbarkeit lassen sich Produkte herstellen, transportieren und nutzen. In der Folge wuchs eine noch nie dagewesene "Stoffmobilität" heran, die praktisch alle ursprünglich regional geschlossenen Stoffsysteme entweder durch Stoffaustrag (Rohstoffexport, Wegführung der landwirtschaftlichen Güter etc.) oder durch Stoffeintrag (technische Rohstoffe, Energieträger, Dünger, Schadstoffeintrag etc.) massiv veränderte. Dies führt häufig zu einer Störung der regionalen Systeme, zu einer Verarmung der Stoffdiversität und der Biodiversität und zu einem Verlust der natürlichen Energieautarkie der regionalen Systeme.

---

47 Zur Tragfähigkeit von Räumen vgl. BÜCHI (1995, in diesem Buch).

48 In des Schweiz dient diese (durchaus nicht nur hierzulande anzutreffende) Mystifizierung der Unabhängigkeit unter anderem der Legitimierung einer Landwirtschaftspolitik, die in ihrer Verregulierung und in ihrer Ineffizienz den ehemaligen sozialistischen Planwirtschaften kaum nachsteht und in der die Nutznießer dieses Kartells mit der Forderung nach einer nationalen Unabhängigkeit ihre Pfründe zu wahren suchen. Insbesondere verkennt diese Bewegung, daß die Schweiz aufgrund ihrer Versorgungslage zwingend auf den Rest der Welt angewiesen ist, während der Rest der Welt auf die Schweiz weitgehend verzichten kann. In diesem Zusammenhang eine Unabhängigkeit als politisches Ziel zu fordern ist irreführende Propaganda.

Die in der Landwirtschaft herrschende Tendenz hin zu hochtechnisierten, die regionalen Unterschiede ausgleichenden Anbau- und Produktionsweisen bewirkt, daß die an die jeweiligen Klimata, Topographien, Bodenbeschaffenheiten und Habitate angepaßten und mit ihnen wechselwirkenden Organismen und Ökosysteme ihre Entwicklungs- und Existenzfähigkeit einbüßen. Diese regional ausdifferenzierten "Stoff- und Organismengemeinschaften" stellen aber ein unermeßliches Potential an im Verlauf der Evolution gesammelter "Lebenserfahrung" dar. Sie haben sich in ihrem natürlichen Umfeld bewährt und einen hohen stofflichen und energetischen Autarkiegrad erreicht, also auch einen zeitlich angepaßten, im Rahmen der natürlichen Schwankungen veränderbaren Rhythmus zwischen Energie- und Stoffumwandlungen gefunden. Eine Vernichtung dieser Systeme ist gleichbedeutend mit dem Rückgängigmachen ihrer über Jahrtausende dauernden Entwicklungsprozesse und dem Verlust der dabei entstandenen Vielfalt an Lebensformen und Anpassungsstrategien.

Energieaufkommen und Stoffmobilität, hochtechnisierte Zivilisation und Verlust regional angepaßter Stoff- und Energiesysteme hängen also ursächlich zusammen. Folgen dieser Entwicklung sind der Verlust von Regenerations- und Entwicklungsfähigkeit, im Extremfall der Verlust der Lebensfähigkeit regionaler Systeme. Die stetig fortschreitende Verstädterung – innerhalb der nächsten Dekade wird die Hälfte der Weltbevölkerung in Ballungszentren leben – wird zu einer starken Beschleunigung der genannten Phänomene führen. Schlüssige Methoden zur Erfassung von Daten, die Aussagen über Belastung und Belastbarkeit (Tragfähigkeit) von regionalen Ökosystemen zulassen, können hilfreiche Instrumente zur Verbesserung der Kenntnisse stofflich-energetischer Zusammenhänge und entsprechend Grundlagen für die Entwicklung von Lenkungsmaßnahmen sein. Ihre Wirkung wird allerdings gering bleiben, wenn die derzeitigen wirtschaftlichen Wertmaßstäbe angesetzt werden. Da die fossile Energie derart billig ist und die ökologisch relevanten Folgen ihres Einsatzes kaum berücksichtigt werden, andererseits aber die produzierten und mobilisierten Güter den Konsumenten offenbar erstrebenswert erscheinen, existieren auch ethisch-moralisch vorerst wenige Triebkräfte zu einer aktiven Veränderung der Sachlage. Auf politischer Ebene scheinen Ansätze Richtung Energiesteuer oder "CO_2-Abgabe" in einigen Ländern vorsichtig Fuß zu fassen. Wichtig wird sein, daß das Wissen um die stofflichen und energetischen Wechselwirkungen zwischen unterschiedlichen Räumen neu überdacht werden muß. Der Gedanke einer "Stoffpolitik"[49] oder einer "Weltinnenpolitik"[50] wird in diesem Zusammenhang diskutiert. Diese Ansätze sind für die Verbesserung der globalen und regionalen Stoff-/Energie-Problematik unabdingbar, aber nicht ausreichend. Damit kommen wir zum zweiten Teil des Titels:

---

49 BRINGEZU (1994).
50 E.U.V.WEIZSÄCKER (1992).

5.2. Ein sinnvolles Ziel?

Die Naturwissenschaft in Form ihrer technisch realisierten Ausprägung hat für den Zeitraum der vergangenen zwei- bis dreihundert Jahre in einigen Regionen der Erde den dort lebenden Menschen materielle Sicherheit und einen zumindest energetisch-stofflich hochentwickelten Lebensstandard beschert. Insofern ist in diesen Gesellschaften eine scheinbare materielle Autarkie von Individuen entstanden. Scheinbar deshalb, weil sich der schon sicher geglaubte Sieg dieser Kultur über die bedrohliche Natur[51] als Pyrrhus-Sieg entpuppt. Die Erkenntnis, daß es nicht möglich sein wird, allen Menschen Zugang zu der in der westlichen Zivilisation erreichten Energie- und Güterverfügbarkeit zu verschaffen, fordert tiefgreifende Umstrukturierungen, nicht   nur   auf   technisch-industrieller   Ebene,   s   Ebene.   Die überhandnehmende, alle anderen Kulturen infiltrierende Hochenergie-Kultur ist auf dem Sprung, zu einer Weltkultur zu werden, die ihren Rahmenbedingungen nicht Rechnung tragen will. Das dann zur Vorherrschaft gelangende technisch-ökonomische Denkkonzept und seine praktischen Realisierungen erreichten dann in gewisser Weise eine – zeitlich limitierte – Monopolstellung. Die Tatsache, daß der übersteigerte Güter- und Energieverbrauch natürliche Grenzen hat, die auch mit dem größten technischen Aufwand nicht überwunden werden können (vgl. Abb. 4-6), wird dabei weitgehend verdrängt.

Eine eingehendere Betrachtung der Funktionsfähigkeit dieser Kultur zeigt, daß sie nur insofern zur Lösung ökologischer Probleme beigezogen werden kann, als die Beschränkungen und der theoretische Charakter des ihr zugrunde liegenden Denkens berücksichtigt werden und sie als Basis der Entwicklung hin zu einer den natürlichen Rahmenbedingungen besser angepaßten Kultur dient. Denn wenn in hundert bis zweihundert Jahren die nicht-erneuerbaren Energiereserven aufgebraucht sein werden, stehen nur noch die Sonnenenergie und die daraus gebildeten Energieformen zur Verfügung. In den heutigen Industrieländern werden dannzumal eine Senkung des Energieverbrauchs auf rund 25% des heutigen Verbrauchs und eine im regionalen Rahmen organisierte Energiegewinnung unumgänglich sein. Die bis jetzt kaum berücksichtigte Bedeutung der Aufrechterhaltung regionaler stofflich-energetischer Autarkie als Basis für eine den regionalen Rahmenbedingungen angepaßte Kultur sowie die Aufrechterhaltung der Autarkie einzelner Kulturen – Kulturdiversität und Selbsteinschränkung – werden immer noch vom verheißenen Traum einer mittels globaler Hochenergie-Kultur und schrankenloser Mobilität erreichbaren individuellen Autarkie überdeckt.

---

51 vgl. PRIMAS (1993) und BRÜGGEMEIER/ROMMELSPACHER (1989).

Schrumpfung oder Bescheidung in der Hochenergie-Kultur[52], Akzeptanz der regionalen Unterschiede und der kulturellen Vielfalt und Lernwilligkeit gegenüber anderen Kulturen mit besseren Lösungsansätzen finden so kaum Gehör. Autarkie als Synonym für Selbstgenügsamkeit oder den Umständen angemessene Selbständigkeit verkommt so rasch zum Synonym für Egoismus und die vorgegebenen Rahmenbedingungen negierende Selbstvermessenheit. Die gesellschaftspolitischen Folgen – Polarisierung, Migration, Eskalation der Gewalt, Friedensbedrohung[53] seien hier als Stichworte genannt – sind nicht absehbar, aber vielerorts schon Wirklichkeit.

Literaturverzeichnis

ALFÖLDI, T. (1994): Input and output of energy for different crops in biodynamic, bio-organic and conventional production systems in a long-term field trial in Switzerland. Proc. 3rd ESA Congress, Abano-Padova, Italy.

ALFÖLDI, T.; SPIESS, E.; NIGGLI, U.; BESSON, J. M. (1995): DOK-Versuch: vergleichende Langzeit-Untersuchungen in den drei Anbausystemen biologisch-dynamisch, organisch-biologisch und konventionell. IV.: Aufwand und Ertrag. Schweiz. Landw. Fo., Sonderheft DOK, Nr. 2.

BASTIAN, T. (1993): The Crisis of the Environment – A Crucial Question for the Prevention of War. Publikation der International Physicians for the Prevention of Nuclear War.

- ders. (1993/94): Schrumpfung – das rettende Prinzip. Scheidewege, Jahresschrift für skeptisches Denken, Sonderdruck Jahrgang 23.

BILLEN-GIRMSCHEID, G. (1986): Das Öko-Lexikon unserer Ernährung. Fischer, Frankfurt.

BOSSEL, H. ([2]1994): Umweltwissen. Springer, Berlin/Heidelberg/New York.

BOVAY, C.; CAMPICHE, R. J.; GERMANN, H. U.; HAINARD, F.; KAISER, H.; PEDRAZZINI, Y.; RUH, H.; SPESCHA, P. (1989): Energie im Alltag: soziologische und ethische Aspekte des Energieverbrauchs (NFP 44). Gesellschaft und Ethik, Bd. 11, Theologischer Verlag Zürich.

BRINGEZU, S. (1994): Strategien einer Stoffpolitik. Wuppertaler Papers 14, 1-33.

BROGGI, M. F. (1995): Von der Insel zur Fläche. Neue Strategien zur Umsetzung von großflächigen Naturschutzzielen in Kulturlandschaften. In:

---

52 BASTIAN (1993/94).

53 BASTIAN (1993).

Hj. Büchi, M. Huppenbauer (Hrsg.): Autarkie und Anpassung. Westdeutscher Verlag, Wiesbaden (in diesem Buch).

BROGGI, M. F. ; SCHLEGEL, H. (1989): Mindestbedarf an naturnahen Flächen in der Kulturlandschaft – dargestellt am Beispiel des schweizerischen Mittellandes. Bericht 31 des NFP 22 "Boden", Liebefeld-Bern.

BRÜGGEMEIER, F.-J.; ROMMELSPACHER, T. (1989): Besiegte Natur. Beck'sche Reihe 345, C.H. Beck, München.

BÜCHI, HJ. (1995): Autarkie: Selbstgenügsamkeit, Selbständigkeit und Selbsterhaltung als ökologisches Leitziel? In: Hj. Büchi, M. Huppenbauer (Hrsg.): Autarkie und Anpassung. Westdeutscher Verlag, Wiesbaden (in diesem Buch).

DAVIS, G. (1990): Energy for Planet Earth. Scientific American, Special Issue, 263/3, S. 20 ff.

DEBEIR, J.-C., DELÉAGE, J.-P., HÉMERY, D. (1989): Prometheus auf der Titanic – Geschichte der Energiesysteme. Campus, Frankfurt/New York.

ELEKTROWATT/NOVAMONT (1992): Produktion von Raps-Methyl-Ester in der Schweiz – Vorstudie. Bericht im Auftrag des Schweiz. Bundesamtes für Energiewirtschaft und des Schweiz. Bundesamtes für Landwirtschaft. Elektrowatt Ing. AG, Zürich, und Novamont SpA, Milano.

FISCHER WELTALMANACH 95. Fischer, Frankfurt (1994).

FRISCHKNECHT, R. (1994): Ökologische Bewertung von Systemen der solaren Wassererwärmung und Stromerzeugung sowie der Wärme-Kraftkopplung. Preprint. Laboratorium für Energiesysteme, ETH Zürich.

HAAS, G.; KÖPKE, U. (1994): Vergleich der Klimarelevanz ökologischer und konventioneller Landbewirtschaftung. Studie im Auftrag der Enquetekommission des Deutschen Bundestags.

HEINLOTH, K. (1993): Energie und Umwelt. Teubner, Stuttgart und vdf, Zürich.

HILBIG, B. (1994): Stoff- und Energieflüsse am Beispiel des Kartoffelanbaus. Diplomarbeit, IAACh, Universität Hamburg (unpubl.).

HOFSTETTER, P.; BRAUNSCHWEIG, A. (1994): Bewertungsmethoden in Ökobilanzen – ein Überblick. GAIA 3, 227.

HOLENSTEIN, B. ([3]1989): Vademecum Holzenergie. Schweizerische Vereinigung für Holzenergie, Zürich. 3. überarbeitete Auflage.

HUSTON, M. (1993): Biological Diversity, Soils and Economics. Science 262, 1676.

KALTSCHMITT, M.; BECHER, S. (1994): Biomassenutzung in Deutschland – Stand der Perspektiven. In: Thermische Nutzung von Biomasse – Technik, Probleme und Lösungsansätze (Tagungsband). Schriftenreihe "Nachwachsende Rohstoffe", Bd. 2. Fachagentur Nachwachsende Rohstoffe e.V. und Bundesministerium für Ernährung, Landwirtschaft und Forsten.

LEISINGER, K. M. (1994): Bevölkerungsdruck in Entwicklungsländern und Umweltverschleiss in Industrieländern als Haupthindernisse für eine zukunftsfähige globale Entwicklung. GAIA 3, 131-143.

MAKOWSKI, H.; BUDERATH, B. (1985): Die Natur dem Menschen untertan. Ex Libris, Zürich.

MEADOWS, D. H.; MEADOWS, D. L.; RANDERS, J. (1993): Die neuen Grenzen des Wachstums. Rowohlt, Hamburg. 319 S.

MINDER, R. (1995): Erfahrungen und Betriebsauswertungen des Solarkraftwerkes PHALK Mont-Soleil. Photovoltaik-Seminar 4./5. April 1995, Universität Fribourg.

MÜLLER, B.; HANSELMANN, M. (1993): Produktelinienanalyse der Tomate. Diplomarbeit ETH Zürich (unpubl.).

MÜLLER, D.; OEHLER, D.; BACCINI, P. (1995): Regionale Bewirtschaftung von Biomasse. Eine stoffliche und energetische Beurteilung der Nutzung von Agrarflächen mit Energiepflanzen. vdf, Zürich. 112 S.

MÜLLER, GU.; OHMURA, A. (1993): Radiation Annual Report ETH No. 2, 1990 and 1991. Zürcher Geographische Schriften 52. vdf, Zürich. 422 S.

OHMURA, A.; MÜLLER, GU.; SCHROFF, K.; KONZELMANN, T (1990): Radiation Annual Report ETH No. 1, 1987-1989. Zürcher Geographische Schriften 39. vdf, Zürich. 305 S.

PAULSEN, J. (1995): Der biologische Kohlenstoffvorrat der Schweiz. Rüegger, Chur.

PILLET, G. (1991): Towards an inquiry into the carrying capacity of nations. Report to the coordinator for international refugee policy, Federal Dept. of Foreign Affairs, Switzerland. Ecosys SA, Carouge-Genève. 30 S.

PFISTER, C. (1994): Das 1950er Syndrom. Die Epochenschwelle der Mensch-Umwelt-Beziehung zwischen Industriegesellschaft und Konsumgesellschaft. GAIA 3, 71-90.

PRIMAS, M. (1993): Vom Gleichklang zur Dissonanz mit der Natur. unizürich 1, 16-19.

RUTSCHMANN, Ch. (1994): Energieholz – Verbrauch, Potential und energiepolitischer Stellenwert in der Schweiz. Internes Arbeitspapier der Schweizerische Vereinigung für Holzenergie, Zürich.

SCHMIDT-BLEEK, F. (1993): Wieviel Umwelt braucht der Mensch? MIPS – das Maß für ökologisches Wirtschaften. Birkhäuser, Berlin, Basel, Boston. 302 S.

SIEFERLE, R. P. (1982): Der unterirdische Wald – Energiekrise und industrielle Revolution. Beck, München.

SOUCI, S. W.; FACHMANN, W.; KRAUT, H. (1986/87): Die Zusammensetzung der Lebensmittel. Nährwert-Tabellen. Wiss. Verlagsgesellschaft, Stuttgart.

STATISTISCHES JAHRBUCH DER SCHWEIZ 1993. Verlag Neue Zürcher Zeitung, Zürich.

STATISTISCHES JAHRBUCH DER SCHWEIZ 1995. Verlag Neue Zürcher Zeitung, Zürich.

STICHER, H. (1995): Wieviel Erde braucht der Mensch? In: Hj. Büchi, M. Huppenbauer, (Hrsg.): Autarkie und Anpassung. Westdeutscher Verlag, Wiesbaden (in diesem Buch).

UMWELT SCHWEIZ: Wege in die Zukunft (1988). Eine gemeinsame Publikation der Organisationen VCS, SVS, SBN, Rheinaubund, SGU und WWF Schweiz. Georg Editeur SA, Genève.

UTZINGER, J.; SOMMER, M. (1991): Stoffflußanalyse der Schnittblume Rose. ETH Zürich.

VESTER, F. (1983): Unsere Welt – ein vernetztes System. dtv, München.

WEDER, R. (1995): Wirtschaft in der Umweltkrise: Globalisierung als Chance zur Lösung von Umweltproblemen. In: Hj. Büchi, M. Huppenbauer, (Hrsg.): Autarkie und Anpassung. Westdeutscher Verlag, Wiesbaden (in diesem Buch).

VON WEIZSÄCKER, E. U. (^{3}1992): Erdpolitik. Wiss. Buchgesellschaft, Darmstadt.

ZAMBONI, M. (1994): Essen und Energie. Grobabschätzung des Energieaufwandes für die Bereitstellung von ausgewählten Getränken und Nahrungsmitteln. Bericht im Auftrag von Greenpeace Schweiz und des Konsumentinnenforums Schweiz. Carbotech, Zürich.

Fotografie:

SENN, P. (um 1939): Kartoffelsetzer in der Ostschweiz. Paul Senn-Archiv /Bernische Stiftung für Fotografie, Film und Video /Kunstmuseum Bern.

Die Offenheit der Räume in der Zeit

Christian Schlüchter

Zusammenfassung

Die Erdgeschichte kennt das Öffnen und Schließen von Räumen, in allen Größenordnungen und durch verschiedene Vorgänge hervorgerufen, als natürliche Bestandteile der Entwicklung unserer Erdoberfläche. Anhand von drei Beispielen werden für eine biologische Besetzung im Prinzip offene ("leere und für eine Neubesiedelung freie") Naturräume skizziert: 1) die antarktischen Trockentäler, seit Jahrmillionen offen; 2) das ägyptische Niltal in einem jahreszeitlich gesteuerten Zyklus von Öffnen (Überschwemmen) und Schließen (Neubewuchs des Schwemmlandes); 3) die eiszeitlichen Vergletscherungen von Alpen und Alpenvorland, insbesondere mit dem plötzlichen Öffnen der vorher durch die Gletscher geschlossenen Räume am Ende der letzten Eiszeit. Der Schluß aus einer erdgeschichtlichen Betrachtungsweise ist zwingend: Die Naturdynamik kann groß sein; starke und schnelle Veränderungen gibt es auch ohne das Zutun des Menschen. Bei allen Versuchen zur Stabilisierung unserer räumlichen und klimatischen Rahmenbedingungen werden wir immer gezwungen sein, flexibel zu bleiben und uns den Änderungen der natürlichen Rahmenbedingungen anzupassen.

1. Einführung

Wenn im Rahmen dieses Buches der Geologe oder Erdgeschichtler zu Worte kommen darf, dann heißt das, daß wir die unser Handeln und Planen dominierenden und häufig durch politische Wahltaktiken diktierten kurzen Zeiträume des Alltags verlassen. Und daß wir für einmal einen Blick hinaus aus der Gegenwart – ich sage absichtlich weder zurück in die Vergangenheit noch voraus in die Zukunft – in Jahrhunderte, Jahrtausende und Jahrmillionen wagen, als eine Grundvoraussetzung für das Verständnis jener Zusammenhänge, die im folgenden kurz beleuchtet werden.

Gewissermaßen mein persönliches Anliegen, in diese Diskussion einzusteigen, ist die Beobachtung, daß unser Umgang mit der natürlichen Umgebung und den nicht-menschengesteuerten Abläufen – also unserem Lebensraum, unserer Landschaft in Wind und Wetter – in einer sich an den gegenwärtigen Verhältnissen orientierenden, statischen Betrachtung erstarrt ist. Ein schneearmer Winter ist "Beweis" für den Treibhauseffekt, ein nasser Frühling ist an sich eine "Katastrophe", die Überschwemmungen von Brig (Herbst

1993) und am Rhein (Winter 1993/94) sind bereits Beweise für die klimatische Instabilität des Alpenraumes mit sich entsprechend verstärkenden Amplituden der geologischen Vorgänge, auch wenn der Mensch die Auswirkungen mit früheren Baueingriffen zumindest mitverursacht hat. Die Medien sind jeweils glücklich über Katastrophennachschub für neue Schlagzeilen, ganz abgesehen von der Nützlichkeit der daraus abgeleiteten Katastrophenszenarien für im Grunde genommen belanglose politische Demonstrationen mit Stimmenfängerpotential (Klimakonferenz Berlin 1995). Dies mag jetzt zynisch klingen, aber leider ist aus der Sicht der angewandten Naturwissenschaften immer wieder festzustellen, daß die – an sich berechtigten – Sorgen der Bevölkerung um eine intakte Umwelt auf bestimmte Gebiete kanalisiert, umgelenkt und letztendlich für rein machtpolitische Zwecke mißbraucht werden.

Dabei müssten wir doch – gerade in der Klimadebatte – unsere räumliche und klimatische Umgebung von einer anderen Warte aus betrachten: Während sich unsere Vorfahren natürlichen Änderungen anpassen mußten und weitgehend mit einer dynamischen Umwelt leben konnten, erträgt unsere heutige Infrastruktur, wie Verkehr, Versorgung und technische Kommunikationssysteme, kaum noch Schwankungen im natürlichen Umfeld. Man erwartet überall und jederzeit die Verfügbarkeit von Gütern und die Gewährleistung von Dienstleistungen. Alles soll jederzeit und überall umwelt- und standortunabhängig zugänglich sein. Und wenn die Bandbreiten natürlicher Schwankungen zu groß werden und dieses "alles und jederzeit" bedrohen sollten, dann wird eben technisch eingegriffen und die Umwelt zurück in den "richtigen Zustand" gebracht, in den geordneten, praktikablen, verständlichen statischen Rahmen. Diese Aktivität ist unter dem Namen "environmental engineering" ein neues Betätigungsfeld geworden.

Unsere Beziehung zur natürlichen Umweltdynamik ist heute weitgehend in einer statischen Phantasielosigkeit, teilweise in einem Beharrungswahn, erstarrt. – Man investiert ja schließlich in Kontinuität, nicht in Wandel. – Eine solche Situation ist für einen Geologen eine verlockende Angelegenheit, hier gedanklich einiges in Bewegung zu bringen, an der Zeitachse zu rütteln und zu zeigen, daß es eine natürliche Dynamik gibt, die wir allenfalls positiv oder negativ beeinflussen, aber nicht steuern können, der wir uns also anpassen müssen und die wir in unserer Planung als Unsicherheitsfaktor wieder vermehrt berücksichtigen sollten.

Diese Dynamik läuft in ganz unterschiedlichen Dimensionen ab, von denen längst nicht alle in unsere Planung miteinbezogen werden müssen. Dazu gehört sicher im größtmöglichen geologischen Maßstab die globale Krustendynamik, welche die Kontinentalplatten auf der Erdoberfläche gleiten läßt und sie im Laufe der Jahrmillionen immer zu neuen Gebilden zusammenbaut. Ich will im folgenden jedoch nicht in die großen geologischen Räume einsteigen, keine Ozeane öffnen und schließen, keine Gebirge emporheben und in ihrem Erosionsschutt ertrinken lassen. Auch sollen keine

Saurier umherwandern und am Ende im Flammeninferno eines Meteoriteneinschlages umkommen. All dies führt auch zu einer Öffnung (und Schließung) von Räumen in der Zeit. Die Änderung dieser Strukturen ist zwar für die Gestalt unserer Erde entscheidend. Aber die Hebung eines Gebirges um einen Millimeter pro Jahr oder die Verschiebung einer Kontinentalplatte im Zentimeterbereich wird auch eine langfristige, für eine menschliche Generationenfolge relevante Planung nicht beeinflussen. Großereignisse in der Art von katastrophalen Meteoriteneinschlägen sind andererseits zu selten und ihre Folgen zu wenig absehbar, als daß sie in unserer Planung Eingang finden könnten. Ich will deshalb bei den nachfolgenden Ausführungen in unserer bescheideneren Alltagsumgebung bleiben und dabei aufzeigen, wie im Wechselspiel der Umwelteinflüsse Erdräume für eine biologische Besiedlung geöffnet und wieder geschlossen werden und was dies für menschliches Handeln heißen kann.

2. Definition des "offenen Raumes"

Dieser Text ist übertitelt mit "Die Offenheit der Räume in der Zeit". Damit dieser Titel und die nachfolgenden Ausführungen verständlich sind, soll hier kurz erläutert werden, was unter der "Offenheit eines Raumes" verstanden wird.[1] Unter einem Raum verstehe ich ein geographisch definiertes Flächenstück auf der Erdoberfläche; zu seinen Randbedingungen gehören die geologisch-morphologischen, bodenkundlichen und klimatologischen Elemente. In einem solchen Raum laufen zahlreiche natürliche Prozesse ab, wobei diese allerdings auch durch menschliche Eingriffe in Gang oder zum Stillstand gebracht bzw. verändert worden sein können; die Verhältnisse im Raum sind gegeben durch die inneren und äußeren Rahmenbedingungen. Bleiben diese Rahmenbedingungen über längere Zeit konstant, wird sich eine für diesen Raum typische Pflanzen- und Tiergesellschaft entwickeln. Alle ökologischen Nischen werden besetzt, es entwickelt sich eine ökologische Klimaxgesellschaft, und neue Lebensformen setzen sich nur dann durch, wenn sie in diese Kreisläufe einbrechen und alte Lebensformen verdrängen können. Solche Räume, wie sie für den aus unserer heutigen Sicht "natürlichen" Zustand in weiten Teilen der westeuropäischen Tiefländer und Mittelgebirge typisch sind, will ich im folgenden als geschlossene Räume bezeichnen.

Wo nun die innere Dynamik groß genug ist (wie z.B. im Hochgebirge, in Schwemmebenen oder Flußauen) oder wo die äußeren Bedingungen sich

---

1   Die nachfolgende Definition ist in einer intensiven Diskussion mit Hansjürg Büchi, dem Herausgeber dieses Buches, entstanden. Ich möchte ihm für seine Anregungen an dieser Stelle herzlich danken. Im weiteren verweise ich auf seinen Kommentar im Anschluß an diesen Artikel.

ändern (z.B. Klimawechsel), kann der Pflanzenbewuchs stellenweise oder auch großflächig beeinträchtigt, möglicherweise gar vollständig zerstört werden, sei es durch Erosion oder Überschüttung, sei es durch Dürre- oder Kälteperioden. Dabei entstehen unbesiedelte Flächen, offene Räume, die frei sind für neu einwandernde Lebewesen. Ein auch für Europa wirksames Beispiel für das Öffnen und Schließen von Räumen sind die Klimazyklen der Eiszeit: Jeder Gletschervorstoß zerstörte die Pflanzenwelt in den betroffenen Räumen, die Räume wurden geleert, um nach dem Eisrückzug wieder für eine Neubesiedlung offen dazuliegen.

Die nacheiszeitlichen Einwanderungen verliefen wahrscheinlich immer nach einem ähnlichen Grundmuster. Die Artenzusammensetzung der jeweils maximal besetzten Räume war aber von Warmzeit zu Warmzeit verschieden. Daraus kann geschlossen werden, daß die jeweilige Einwanderung, also die Wiederbesetzung der offenen Räume Variationen aufweist (die Buche z.B. war im Schweizer Mittelland in der letzten Warmzeit nur ganz vereinzelt vorhanden), die sich sogar von älteren zu jüngeren Abschnitten des Eiszeitalters in charakteristischer Art und Weise entwickelten (SCHNEIDER 1978, WEGMÜLLER 1966).

3. Der Mensch und die Offenheit des Raumes

Zu Beginn der sachlichen Auseinandersetzung sei eine Grundbeobachtung festgehalten: Die zwei letzten, wesentlichen Schritte in der Entwicklung zum Menschen vor ca. 6.5 und vor 2.4 Millionen Jahren waren beide mit bedeutenden Klimaschwankungen, in diesen Fällen Abkühlungen, verbunden. Diese globalen Umweltveränderungen brachten im tropischen Afrika eine Zerstörung der bisherigen Urwaldvegetation, wodurch der evolutive Sprung unserer Vorfahren von Baumbewohnern zu Wesen der Grassteppen provoziert wurde. Zur Bewahrung des Überblicks war nun nicht mehr das Erklettern des nächsten Baumes, sondern der aufrechte Gang wesentlich. Die beiden letzten großen Schübe in der Menschwerdung sind also an Anpassungen an eine veränderte Umwelt gebunden, oder etwas extrem formuliert: Ohne mittelmiozäne und plio-/pleistozäne Klimakatastrophen keine (vorläufig endgültige) Hominisation (PRENTICE/DENTON 1988).

Die Öffnung von Räumen übt also einen wichtigen, wenn nicht sogar den entscheidenden Einfluß auf die Entwicklung des Lebens auf der Erde aus. Hier sei auch der Hinweis auf einen der tiefsten Faunenschnitte angebracht: Das Aussterben der Saurier und der Beginn des Aufstiegs der Säugetiere scheinen mit einer vermutlich auf einen Meteoriteneinschlag zurückgehenden Raumöffnung zusammenzufallen. Dieser Meteoriteneinschlag zerstörte weltweit große Anteile der vorhandenen Arten und machte dadurch die Räume für neue Evolutionsschübe frei.

Wir wollen diese weit zurückliegenden Ereignisse einmal zur Kenntnis nehmen und für die folgenden Überlegungen in Erinnerung behalten. Eine Lehre daraus ist, daß Veränderungen in der Landschaft offenbar notwendig waren, um durch Neubesetzung oder vorläufige Schließung eines Gebietes etwas Neues entstehen zu lassen.

Für einen Augenblick will ich nun zurückblenden an das Gegenwarts-Ende der Zeitachse. Ein Lieblingsbegriff gegenwärtiger Politik und der politisch gefärbten Wissenschaft ist die "nachhaltige Entwicklung"; ein anderer Begriff dieser Kategorie, der aus dem angelsächsischen Sprachraum von uns übernommen worden ist, ist die "carrying capacity" oder die "Tragfähigkeit" von Räumen im Zusammenhang mit Diskussionen um Bevölkerungsexplosion und Übernutzung von Naturräumen. All dies ist ein Hinweis darauf, daß die Menschen sowohl durch ihre Zahl als auch durch ihre Verbrauchsgewohnheiten heute die Räume nicht nur besetzt haben, sondern Gefahr laufen, einerseits die Räume zu überfüllen und sich selber aufzuessen (NZZ vom 20.4.94), andererseits der Offenheit der Räume eine neue Dimension hinzuzufügen: die der großflächigen Öffnung durch Raubbau und Zerstörung ("kurzfristige Überlebensstrategie"). Vielleicht müßte man diese Entwicklung auch positiv sehen: Ich habe vorgängig darauf hingewiesen, daß die Öffnung von Räumen notwendig ist, um Evolutionsschübe auszulösen. Möglicherweise entsteht ja auf einer kahlgefressenen und zu Tode mobilisierten Erde neues, besseres Leben. Das ist ein Hoffnungsschimmer mit geologischem Langzeitcharakter.

Ich bin vielleicht mit der vorangehenden Bemerkung nicht mehr nur fachbezogen geblieben, und man mag mir Zynismus vorwerfen. Es dürfte aber klar sein, daß die geschilderte Perspektive für die Menschen kaum eine Handlungsorientierung sein kann. Auch ist nicht jede von den Menschen bewirkte Raumöffnung schlecht, das Öffnen der (Natur-)Räume ist ja schon seit langer Zeit kein ausschliesslich naturgegebener Vorgang mehr: Ursprünglich waren es ja gerade die Rodung des Waldes und das Aufbrechen des Bodens, also die Technik der kontrollierten und zugleich gezielten Öffnung kleiner Räume, die es den Menschen erlaubte, Ackerbau zu betreiben und seßhaft zu werden. Dieser Vorgang eines aktiven Eingriffes hatte jedoch gegenüber den Naturprozessen eine neue Qualität: wohl war er noch räumlich begrenzt, aber er war zeitlich steuerbar entsprechend den vorhandenen technischen Möglichkeiten. Durch die Zunahme der technischen Möglichkeiten und der Erdbevölkerung werden diese Grenzen allerdings zunehmend gesprengt, nachdem die künstliche Öffnung kleiner Räume über Jahrtausende hinweg in einem vertretbaren Rahmen und in einer Art Gleichgewicht funktioniert hat. Häufig wird dieses lange "natürliche Funktionieren" als stabiler Zustand wahrgenommen, dem die aus den Fugen geratene, moderne anthropogene Zerstörung mit all ihren unkontrollierbaren Folgen nun in unserer Wahrnehmung "plötzlich" entgegenzustehen scheint. Gemäß dieser Stabilitätsvorstellung ginge es dann nur darum, die Umweltzerstörung zu reduzieren und die Klimaentwicklung nicht zu beeinflussen, und so wieder in den "stabilen" Zustand zurückzufinden. Dem früheren, aus heutiger Sicht scheinbar stabilen Zustand lag aber eine beständige Anpassung unserer Vorfahren an die sich immer wieder ändernden Rahmenbedingungen zugrunde. Das Klima etwa war nie stabil, und auch in sog. stabilen Perioden traten immer wieder "Jahrhundertdürren", "Jahrhundertregen" und "Jahrhundertfröste" auf (PFISTER 1984). Diese Anpassungsfähigkeit, die langfristig das Überleben erst möglich machte, ist den heutigen Systemen jedoch weitgehend abhanden gekommen.

Nach diesem kurzen Exkurs kehre ich wieder zurück zu den natürlichen Prozessen, ihrer Art und ihrer Dynamik. Wie schnell können Räume natürlich geöffnet werden? – Die paläoklimatische Interpretation der Eisbohrkerne in Grönland zeigt, daß sich in der globalen Temperatur immer wieder drastische Wechsel von mehreren Grad Celsius innerhalb weniger Jahrzehnte vollzogen haben, wobei die Schwankungsamplitude in einer "stabilen Phase" einen relativ konstanten Wert zu haben scheint (Abb.1). Die gleichen Hinweise auf rasche Klimawechsel finden wir auch in den nacheiszeitlichen Ablagerungen in unseren Seen (LOTTER et al., 1992, HAJDAS, 1993). Man müßte im Klimabereich Stabilität sinnvollerweise definieren als – regelmäßiges und unregelmäßiges – Hin- und Herpendeln innerhalb einer ungefähr gleichbleibenden Bandbreite. Die zentrale Frage in der Klimadiskussion ist also nicht, ob sich das Klima ändert oder nicht (dies tut es ohnehin), sondern, wie groß die "normale" Schwankungsbreite ist und ob sich die festgestellte Klimaänderung innerhalb dieses Bereiches befindet.

Wie sieht nun die Dynamik des Öffnens und Schließens von Räumen im konkreten Einzelfall aus? Ich werde im nächsten Abschnitt den zeitlichen Aspekt der Offenheit von Räumen an drei Beispielen illustrieren.

4. Die unterschiedlichen geologischen Zeithorizonte der Offenheit

4.1. Antarktis

Der antarktische Kontinent besteht nicht einfach aus einem ungegliederten, riesigen Eisschild. Da sind auch Bergzüge, darunter das Transantarktische Gebirge mit Erhebungen bis über 4'000 m, das den Kontinent vom Roßmeer (auf der pazifischen Seite) zum Weddellmeer (auf der atlantischen Seite) durchzieht. Neben den eisbedeckten Gebieten finden sich auch eisfreie "Oasen" in gewissen Gebirgsabschnitten und seltener entlang der Küste. Diese eisfreien Regionen sind ganz besondere Gebiete: sie sind die "offensten" geologischen Räume auf unserer Erde schlechthin. Es sind Räume in extremsten

Klimasituationen mit einer durchschnittlichen relativen Luftfeuchtigkeit von nur 15%, kurzfristig auftretenden Fallwinden bis >300 km/h und Temperaturen weit unter dem Gefrierpunkt. Das größte zusammenhängende eisfreie Gebiet in Südviktorialand nennt man nur "die Trockentäler". Die einzigen Spuren von höheren Lebewesen, denen man hier begegnet, sind vereinzelte Seehundmumien, die alle vor rund 2'000 Jahren hier in den tiefsten Talböden verdurstet und erfroren (gefriergetrocknet) sind.

Die Frage stellt sich natürlich, ob man mit erdwissenschaftlichen Methoden feststellen kann, wie lange diese Trockentäler offene, d.h. eisfreie Räume darstellen. In den letzten Jahren ist eine Methode entwickelt worden, welche eine Oberflächenaltersbestimmung erlaubt: im Oberflächenbereich von Gesteinen werden durch die kosmische Strahlung ganz bestimmte Isotope gebildet (^{3}He, ^{21}Ne, ^{10}Be, ^{26}Al, ^{36}Cl), die dann in dichten Mineralien wie Quarz oder Pyroxen gemessen werden können (IVY-OCHS et al., eingereicht).

Altersbestimmungen an Gesteinsoberflächen in den Trockentälern haben nun Werte von Millionen von Jahren ergeben. Man kann dann aus den Verhältnissen der gemessenen Isotope auch Rückschlüsse ziehen auf die Erosion im Verlauf dieser Zeit: Diese beträgt nicht mehr als 30 bis 50 cm in 5 Millionen Jahren!

Solche Oberflächenaltersbestimmungen ergeben nur minimale Alterswerte, das heisst sie geben die untere Grenze der Zeitspanne an, während der die untersuchten Gesteine an der Erdoberfläche gelegen haben. Diese Zusammenhänge werden in den antarktischen Trockentälern auch noch mit anderen Methoden gezeigt: Man findet in Sublimationsrissen (eine Art Trockenrisse) im sonst gefrorenen Untergrund eingewehte vulkanische Aschen, die absolut frisch aussehen und die nach der K-Ar-Altersbestimmung zwischen 6 und 14 Millionen Jahre alt sind. Das heißt nun, daß diese Landschaft nicht bloß 5 Millionen Jahre alt ist, wie die minimalen Oberflächenalter ergeben, sondern bis 14 Millionen Jahre! Eine der besten Aschenproben stammt aus einem Trockenriß im Moränenschutt auf dem ältesten Eis der Erdoberfläche (MARCHANT et al. 1993): Seit 14 Millionen Jahren sublimiert dort Gletschereis in kleinsten Raten, ist diese Landschaft der Trockentäler in ihrer damaligen Erscheinung einfach eingefroren und ausgetrocknet.

Seit dieser Zeit auch sind diese Räume lebensfrei, also offen. Aber: Offenheit heißt eben nicht in jedem Fall auch Freisein für eine Besiedelung oder Besitznahme. Kein Forscher überlebt in dieser Gegend ohne eine funktionierende Versorgungslogistik, ohne diese berühmte Nabelschnur zur belebten Welt.

Man muß sich vorstellen, was sich im gleichen Zeitraum im Alpenraum geologisch abgespielt hat: zuerst die letzte Heraushebung der Alpen mit der Ablagerung der jüngsten Molasse, dann die gesamte Hebung des Alpenvorlandes mit einer intensiven Durchtalung, über ein Dutzend Gletschervorstöße aus den Alpen durch diese Täler, Seen blieben offen, wurden verfüllt, Täler erneut ausgeräumt und verfüllt. So stieg etwa die Sedimentationsrate im

Walensee-Gebiet (Kt. St. Gallen, Schweiz) in den 2'000 Jahren nach dem letzten Gletscherrückzug auf durchschnittlich 20 cm/Jahr (MÜLLER 1993; heutige Sedimentationsrate um 0.5 mm/Jahr), ein Bild unerhörter Dynamik der naturräumlichen Kulissenwechsel. Im Gegensatz dazu die kalten, trockenen, stillen, aber offenen Räume der eisfreien Oasen in der Antarktis, in denen sich praktisch nichts ereignet und die erst jetzt nach Jahrmillionen durch Polarforscher kurzfristig besiedelt werden. Geologische Räume können offenbar kurzfristig geöffnet und geschlossen werden, aber auch über sehr lange Zeit offen bleiben.

4.2. Ägypten

Die Wüste ist ein Grundtypus des offenen Raumes. Ich will deshalb mit meinen Ausführungen vorläufig in der Wüste bleiben, aber nicht auf einem Jahrmillionen alten Gletscher, sondern in Ägypten, einem geologischen Raum, der seit Jahrhunderttausenden auch von Menschen besetzt ist und dessen intensivste naturräumliche Gegensätze in der kulturellen Entwicklung der Menschheit eine zentrale Rolle gespielt haben. Der offene Raum wird hier dank einer zusätzlichen Randbedingung, dem Vorhandensein von Wasser, belebt, geschlossen und mit Biomasse "verfüllt". Heute kann aus klimatischen Gründen nur ein schmaler Streifen im tiefsten Niltal besetzt werden; während der Klimaschwankungen des Eiszeitalters haben aber regenreiche Perioden auch heutige Wüstengebiete besetzbar gemacht. Entsprechende Dokumente findet der kartierende Geologe im oberägyptischen Wüstengebiet häufig, es handelt sich dabei um Felszeichnungen von Steppen- und Haustieren, um Knochen- und Holzfunde sowie um langsam zerfallende Weidemäuerchen, die sich durch die heutige Wüste hinziehen (SAID 1993, WÜST 1995). Man kann auch zeigen, daß dort über Jahrhunderttausende der Mensch in Abhängigkeit klimatischer Wechsel Räume besetzt, wieder verläßt, zurückkommt und zuletzt – in historischer Zeit – auf das enge Niltal beschränkt bleibt.

Heute sind die geologischen Vorgänge im Niltal zivilisiert; die vor dem Bau des Assuan-Staudammes jährlich wiederkehrende Überflutung ist durch ein konstantes Niedrigwasserangebot ersetzt worden. Die Überflutung des Niltales führte jeweils zu einer teilweisen Öffnung des Talraumes und ergab optimale Bedingungen für eine Landwirtschaft, der ein Wachstumszyklus genügte. Die vom Hochwasser freigegebene Fläche konnte praktisch ohne Bearbeitung angesät werden. Die Konstanz, mit der dieser Raum alljährlich mit großer Naturgewalt geflutet und für eine erneute landwirtschaftliche Besitznahme geöffnet wurde, hat offenbar die Rahmenbedingungen für die Entwicklung der bereits im Altertum hochentwickelten Landwirtschaft vorgegeben. Und die natürliche Wiederkehr – der alles dominierende Rhythmus der Hochwasser – hat denn auch für diesen Raum über Jahrtausende eine stabile Ackerbaukultur erhalten, die zusätzlich in der Lage war, sich mit Hilfe einer durchdachten Vorratswirtschaft den Amplitudenänderungen im Witterungszyklus (vgl. die Geschichte von den sieben fetten und sieben mageren Jahren) anzupassen.

Die einerseits einmalige, andererseits extreme Qualität des Naturraumes Niltal, wo lebensstützende und lebensfeindliche Bereiche so direkt aufeinanderstoßen, war offenbar Grundlage der großen ägyptischen Zivilisation – als Kulmination einer Besiedlung, die über mindestens eine Million Jahre, seit der Altsteinzeit, nachgewiesen ist (SAID 1993, WÜST 1995). Andererseits scheint sich die Verhinderung dieses alljährlichen Öffnungsprozesses durch den Assuan-Damm entgegen den ursprünglichen Vorstellungen nicht als die erhoffte Befreiung aus den Zwängen der Natur zu erweisen. Anstelle der alljährlichen Bodenreinigung während der Flutzeit führt die technische Bewässerung zur Versalzung der Böden, und der energetische und finanzielle Aufwand für die Produktion von Dünger als Ersatz für den ausbleibenden fruchtbaren Nilschlamm sind enorm.

4.3. Alpen

Mit dem dritten Beispiel komme ich zurück nach Europa. Die Vorgeschichte zur letzten großen Öffnung unseres Raumes ist die Geschichte des Eiszeitalters mit mindestens 15 Gletschervorstößen aus dem Alpenraum hinaus in das Vorland. Die Größe dieser Pendelbewegungen betrug Dutzende bis Hunderte von Kilometern, dabei wurden mit einer radikalen Dynamik Räume für Lebewesen geschlossen bzw. auf Kleinrefugien reduziert, wieder geöffnet und wieder geschlossen. Uns interessieren hier vor allem das letzte solche Ereignis und jüngere Entwicklungen bis in die Gegenwart.

Der steinzeitliche Mensch hat im Alpenraum die letzte Überdeckung des Raumes durch die vorstoßenden Gletscher miterlebt. Er hat aber auch in jener Periode weiterhin die für ihn offenen Kleinräume in den Alpen genutzt und in der Schweiz beispielsweise im Simmental und im Säntisgebiet seine Ferien- oder Jagdhöhlen ("Zweitwohnungen") für die sommerliche Hochwildjagd aufgesucht. Das heißt, daß eine Anpassung an offenere bzw. geschlossenere Räume vor Jahrtausenden möglich war und auch stattfand. Der Mensch, der den Alpenraum also während der letzten Eiszeit besiedelte und nutzte, soweit dies möglich war, hat dann erlebt, wie vor ca. 14'500 Jahren riesige, vorher durch Eismassen bedeckte (gefüllte) Räume geöffnet wurden. Die Eismassen schmolzen schubweise, zum Teil kollapsartig aus dem Vorland und den alpinen Tälern ab (SCHLÜCHTER 1988) bei einem gleichzeitigen Anstieg der Jahresmitteltemperatur um mindestens 6–8°C innerhalb von Jahrzehnten (Abb.1). Die Räume waren erneut für eine Besiedlung offen, die gegenwärtig andauernde Warmzeit begann, und die charakteristische nach-eiszeitliche Pflanzensukzession entwickelte sich.

Was in diesem Zusammenhang vor dem Hintergrund der heutigen Klimadiskussion in erster Linie interessiert, sind die natürlich möglichen Klimaschwankungen während der gegenwärtigen Warmzeit. Interessant sind dabei vor allem die Fragen, wie schnell sich denn überhaupt die Kleine Eiszeit mit ihrem Maximum zwischen 1850 und 1860 aufbaute, sowie ob und wann die Gletscher tatsächlich kleiner waren als heute. Der Gletscher-hochstand vom letzten Jahrhundert ist für die nacheiszeitliche Warmzeit ja auch ein besonderes Bezugsereignis: Damit ist das größte Vergletscherungs-volumen seit der letzten Eiszeit erreicht worden (FURRER 1991). Natürlich interessiert dann vor allem auch das Minimum – oder waren die Gletscher während der letzten ca. 13'000 Jahre immer ungefähr in einer Position wie in der Mitte des letzten Jahrhunderts?

Zufallsfunde halfen hier weiter: im Sommer 1990 haben wir in der un-mittelbaren Umgebung von drei Alpengletschern (Steingletscher und Stein-limmi im Sustengebiet, Kt. Bern, und Ghaspoccio im südlichen Bernina-gebiet, Val Malenco, Italien) Hölzer bzw. organische Sedimente gefunden, welche verglichen mit heute auf wesentlich kleinere Gletscherausdehnun-gen in den Alpen schließen lassen (SCHLÜCHTER 1991, vgl. auch Abb. 2). Die Datierung dieser Funde zeigt uns, daß diese minimalen Gletscherstände in zwei Zeitintervallen auftreten: um 4'000 und um 2'000 Jahre vor heute. Neueste Holzfunde aus anderen Gebieten lassen auch einen dritten Höchststand um 6000 Jahre vor heute vermuten. Man kann für das Sustengebiet auch die Position der damaligen Zungenenden abschätzen: Nach den bisherigen Datie-rungen lag die Gletscherzunge um 2'080 +/- 105 Jahre vor heute (Probe Nr. UZ-1'390) rund 300 Höhenmeter höher als heute, was einer Erhöhung der Schneegrenze (Gleichgewichtslinie zwischen Zuwachs und Abschmelzen) um ≥150 m oder einer Temperaturerhöhung um ≥1°C gegenüber den heuti-gen Werten entspricht. Eine Temperaturerhöhung in der gleichen Größen-ordnung, hier allerdings aus der höhergelegenen Waldgrenze abgeleitet, muß um 4'340 +/- 100 Jahre vor heute (Probe Nr. ETH-10'866) geherrscht haben.

Nach der Zeitenwende trat wieder eine Abkühlung ein, der erst im Mit-telalter eine mäßige Wiedererwärmung folgte. Auf dieses "mittelalterliche Klimaoptimum" folgte wieder eine Abkühlung, die im 17. Jahrhundert zu großen Hungersnöten in Mitteleuropa führte und bis ins 19. Jahrhundert hinein andauerte. Mitte des letzten Jahrhunderts erreichte die Klimaentwick-lung einen letzten Tiefpunkt, die Schneegrenze lag um 1850 in den Alpen rund 200 m und die Temperatur ca. 1°C tiefer als heute.

In der historischen Zeitperiode lassen sich also ein steter Klimawechsel und natürliche Klimaschwankungen von minimal 2°C nachweisen (Abb. 2). Die grünen Alpen der "Ötzi"- und der Römerzeiten sowie des Hochmittelalters ermöglichten ein zeitweiliges Besetzen der durch den Gletscherrückzug ge-

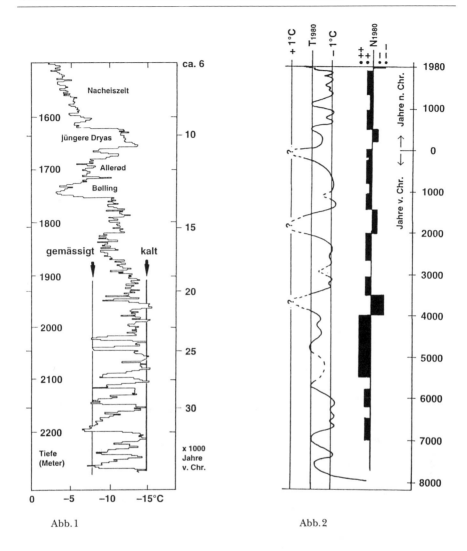

Abb. 1

Abb. 2

Abbildungen 1 und 2: Eiszeitliche und nacheiszeitliche Temperaturentwicklung.

Abb. 1: Temperaturentwicklung auf dem grönländischen Eisschild zwischen ca. 35'000 und 6'000 v. Chr. (Daten aus Eisbohrkernen). Die Temperaturschwankungen laufen in Westeuropa und im Nordatlantik weitgehend synchron ab mit vergleichbaren Amplituden, so daß die Temperaturentwicklung in Grönland unter Berücksichtigung der höheren Mitteltemperatur auch für die westeuropäische Klimageschichte relevant ist. (Graphik aus der Dokumentation "DAS GRÖNLAND-EIS ERZÄHLT", 1995)

Abb. 2: Nacheiszeitliche Temperatur- und Niederschlagsentwicklung im Alpenraum (ergänzt nach PATZELT 1991).

öffneten Räume, die später durch den erneuten Gletschervorstoß wieder geschlossen wurden und möglicherweise erst jetzt wieder (durch den Menschen verursacht?) geöffnet werden (MAISCH 1992). Zurzeit liegt die festgestellte Klimaschwankung noch im Bereich der natürlichen Schwankungen in der Nacheiszeit, damit ist nicht entscheidbar, wie weit der Einfluss des Menschen für die gegenwärtige Erwärmung verantwortlich ist.

Dieser kurze Exkurs in die natürliche, geologisch junge Klimadynamik der Alpen zeigt uns, daß wirkliche Prognosen über die zukünftige Klimaentwicklung sowohl als natürliches aber auch als vom Menschen beeinflußtes Szenarium eine große Forschungsverantwortung und -vorsicht bedingen. Die Grundfrage im Zusammenhang mit der heutigen Klimadebatte: "Weshalb kommt es zum Rückschmelzen der Gletscher vom Hochstand im letzten Jahrhundert, bevor der vom Menschen produzierte Treibhausgaseffekt wirksam wird?" harrt immer noch einer Antwort, was umgekehrt allerdings nicht heißen soll, daß der bis heute nicht mögliche "sichere" Nachweis einer anthropogenen Klimabeeinflussung eine Fortführung des übersteigerten Ressourcenverbrauchs rechtfertigen würde. Was jedoch bleiben muß, ist das Bewußtsein, daß mit Klimaänderungen auch bei der weitestgehenden Einschränkung des menschlichen Einflusses immer zu rechnen ist.

Abbildung 3: Wieder-Öffnung von geologischen Räumen in einer vom Menschen besetzten Umgebung. Ein Beispiel aus der Stadt Zürich, Frühjahr 1995
(Foto H.W. Thelen)

Wir sollten anderseits neben der Klimadiskussion im Alpenraum nicht hinwegsehen über andere, zum Teil kleinräumige, höchstdynamische und nicht zeitlich anhaltende geologische Raumöffnungsmechanismen, wie Materialumlagerungen durch Bergstürze, Steinschlag, Lawinen und Hochwasser. Abgesehen davon, daß auch hier ursächliche Zusammenhänge zwischen klimatischer und naturräumlicher Stabilität herrschen, sind solche Öffnungsmechanismen häufig wichtige Prozesse für zahlreiche auf diese Dynamik angewiesene Tiere und Pflanzen, die mehr oder weniger bewuchsfreie Standorte brauchen und die durch die Eingriffe der Menschen zunehmend verdrängt werden. Dies soll nun umgekehrt nicht heißen, daß die menschlichen Eingriffe zur Bremsung dynamischer Prozesse prinzipiell schlecht wären. Auch der Mensch hat das Recht auf ein Mindestmaß von Sicherheit. Das für viele bedrohte Lebensformen unentbehrliche geologische Öffnen von Räumen setzt aber in jedem Fall Dynamik, also Wandel voraus. Neben die Forderung nach Stabilisierung der Situation tritt also die konträre Forderung nach einer Re-Dynamisierung. BROGGI (1995, in diesem Buch) spricht in diesem Zusammenhang von einer "Wildnis-Debatte". Eine umweltverträgliche Planung hat diesem Umstand Rechnung zu tragen und ein Mindestmaß an natürlicher "zerstörerischer" Raumdynamik zuzulassen. Was heißt das?

5. Menschliche Eingriffe und natürliche Dynamik

Wie schon weiter vorne dargestellt, ist der "Mensch als geologischer Faktor" durchaus fähig, durch direkte Eingriffe in der Geosphäre natürlich offene Räume künstlich zu schließen (Begradigung von Flußläufen, Eindeichung von Marschland) oder selber offene Räume zu schaffen (Landwirtschaftsflächen, Kies-, Erz- und Kohletagebau, Baugruben, Halden und Schuttdeponien). Aber im Gegensatz zu einer natürlichen geologischen Dynamik, wo offene Räume je nach Vorgang der Öffnung über eine gewisse Zeit offen bleiben, bis sie von einer natürlichen Sukzession besetzt werden (Klimawechsel, Überschwemmungen, Bergstürze), oder einem steten Wechsel von Öffnung und Schließung unterworfen sind (saisonale Hochwasser), bleiben die künstlichen Öffnungen, z.T. von Gesetzes wegen, nur so kurze Zeit als möglich offen (Abb. 3). Aushubstellen für Bauten werden in der Regel nicht nur sofort wieder geschlossen, sondern für längere Zeit versiegelt, und eine Wiederbesetzung in einem natürlichen Prozeß ist, falls überhaupt, nur noch in Kleinnischen möglich: Städte, Parkplätze und Autobahnen zerfallen (außer bei kriegerischen Einwirkungen) wegen eines zum Teil in Normen festgelegten Unterhalts nur langsam. Dabei bestände durchaus die Möglichkeit, hier mehr Dynamik zuzulassen (LANDOLT 1995, in diesem Buch). Auch wenn hier einiges in Bewegung zu kommen scheint, wird eine weiter verstärkte Re-Dynamisierung der Landnutzungs- und Umweltschutzkonzepte unumgänglich sein.

Offene geologische Räume, die in Westeuropa intensive Diskussionen auslösen, sind Materialentnahmestellen für Baurohstoffe ("Kiesgruben", Abb. 4) oder für die Kohlegewinnung im Tagebau. Solche Räume dürfen nur noch geöffnet werden, wenn ein Konzept der späteren (d.h. unmittelbaren) landschaftlichen Wiederherstellung vorliegt. Das heißt, daß eine Raumöffnung während einiger Monate bzw. Jahre nur geduldet wird, wenn die nachfolgende "Besetzung" in einem Modell, bzw. auf Plänen dargestellt und teilweise sogar über finanzielle Garantien sichergestellt ist. Geologische offene Räume, die eine dynamische Wiederbesiedlung in einem natürlichen Sukzessionsprozess erlaubten, sind – da der landwirtschaftlichen (Fehl-)Produktion entzogen – schlechte, unerwünschte und störende Elemente. Damit wird auch häufig die Chance vertan, zahlreichen bedrohten Tier- und Pflanzenarten einen Ersatzstandort zu überlassen für Gebiete, in denen eine natürliche Öffnung durch technische Eingriffe unterbunden wird (beispielsweise kanalisierte Gewässer und trockengelegte Schwemmebenen). Damit will ich nicht sagen, daß das Tagebauverfahren aus Umweltschutzgründen zu fördern sei, weil dabei ökologisch wertvolle Ersatzstandorte entstehen können. Aber wenn schon so massive Eingriffe in die Landschaft gemacht werden, sollte die dadurch ausgelöste natürliche Dynamik auch spielen können und nicht durch einen zweiten massiven Eingriff, der meist nur eine Pseudo-Renaturierung ist, gleich wieder abgewürgt werden.

Diese letzten Ausführungen dürfen allerdings nicht als Freipaß für eine Laissez-faire-Politik verstanden werden. Zum einen können künstlich geöffnete Räume die Verhältnisse in ihrer Umgebung in einer unerwünschten Art beeinflussen (z.B. Absenkung des Grundwasserspiegels), zum andern können die ökologischen Verhältnisse in den geöffneten Räumen derart schlecht sein, daß eine natürliche Schließung nicht mehr möglich ist. So sind die riesigen Braunkohlegruben in der ostdeutschen Lausitz nach dem Abbau "stark mit Schwefel und Eisen durchsetzt, ein Cocktail, der ein Pflanzenwachstum auf Jahrhunderte hinaus verwehrt. Und wie in jedem Grubengebiet füllen sich die Restlöcher schließlich mit Wasser." Diese Tümpel, in abgebauten Kiesgruben als Lebensräume für Amphibien und Insekten geschätzt, sind "im Gegensatz zu den üblichen Baggerseen ... aber mit aggressiver Kohlensäure und Schwefelsäure bis zu einem für Pflanze und Tier tödlichen Säurewert von pH 2.0 befrachtet" (NZZ vom 12.7.95). Hier mit dem Hinweis auf das Spielen-Lassen der natürlichen Dynamik auf eine Sanierung der Abbaugebiete zu verzichten, wäre blanker Zynismus. Allerdings ist es wenig sinnvoll, für die Renaturierung mit bis ins letzte Detail ausgearbeiteten Gestaltungsplänen zu operieren. Auch hier sollte der Natur ein gewisses Maß an Mitgestaltung möglich sein.

Abbildung 4: Kiesgewinnung bei Jaberg/BE im Schweizer Mittelland: Öffnung geologischer Räume als neu besetzbare Lebensräume auf Zeit bis zu ihrer künstlichen Schließung durch die in der regionalen Planung geforderten Maßnahmen.

Es muß in diesem Zusammenhang allerdings auf eine historische Dimension des Umganges mit offenen Räumen hingewiesen werden: Ist es nicht erst mit dem Import billiger Energieträger und der Bewältigung der Überproduktion bestimmter landwirtschaftlicher Güter bzw. dem zunehmenden Export der landwirtschaftlichen Produktion an "billigere" Standorte (z.B. nach Nordamerika) möglich geworden, über das Offenlassen von Räumen nachzudenken? Ist nicht die Geschichte der Menschheit durch einen Kampf (unter Einsatz technischer Mittel) um eine Nutzung, bzw. geplante Besetzung, sonst offener, dynamischer Räume gekennzeichnet? Überlebensstrategie heißt offenbar auf allen Ebenen Besetzung offener oder sich durch natürliche (und heute auch künstliche) Eingriffe öffnende Räume. Allerdings, und das sind die Lehren aus den Entwicklungen in der jüngsten Gegenwart, scheint es auch ein notwendiges Minimum an natürlicher Dynamik zu geben, ohne das sich die Überlebenssituation nicht verbessert, sondern verschlechtert. Dieses Minimum wieder zu gewährleisten, ist eine Herausforderung an die Umweltplanung der Zukunft.

6. Zusammenfassung und Fazit

Das Öffnen und Schließen von geologischen Räumen in allen möglichen Größenordnungen sind Teile der natürlichen Dynamik. Für die Entwicklung der heutigen Lebensformen waren Öffnungsprozesse entscheidende Voraussetzungen und Steuermechanismen. Einmal geöffnete Räume können nicht in jedem Fall von der Biosphäre gleichartig wieder besetzt und damit für die Konkurrenz geschlossen werden. Zum Beispiel waren für die Einwanderung der Bäume nach den verschiedenen Eiszeiten die Rahmenbedingungen wie Entfernung der Refugien, Entwicklung von Feuchtigkeits- und Temperaturgradienten offenbar unterschiedlich. Das Studium der jungen geologischen Vergangenheit demonstriert uns eine beträchtliche natürliche Dynamik, die zur Folge hatte, daß sich Lebewesen entweder anpassen konnten, auswanderten oder aber ausstarben.

"Natürliche Klimastabilität" ist ein Schlagwort ohne Inhalt. Es geschah und geschieht auch etwas ohne unser Zutun. Natürliche Änderungen können sich schnell ereignen und Größenordnungen erreichen, die denen der erwarteten menschenverursachten Klimaänderungen gleichkommen oder sie gar übertreffen. Das heißt für die Praxis: Auch wenn wir technisch und politisch in der Lage sind, die Konzentration der Treibhausgase auf den "natürlichen Stand" zu reduzieren, müssen wir mit stärkeren Klimaschwankungen rechnen, als wir sie selbst bisher erlebt haben. Wir werden auch nie Gewißheit haben – bei unserem jetzigen Forschungsverständnis – ob eine allfällige Klimaschwankung tatsächlich anthropogenen Ursprungs ist oder nicht. Es ist auch ein natürliches Ereignis möglich.

Das heißt nun aber ganz und gar nicht, daß die Bemühungen zur Einschränkung der Treibhausgasemissionen sinnlos sind. Ganz im Gegenteil, denn es kommen noch andere Aspekte hinzu: Der beschleunigte Verbrauch nichterneuerbarer Rohstoffe, zu denen auch die CO_2-produzierenden Erdölprodukte gehören, und die darauf aufgebaute übersteigerte Mobilität zerstören physische und ästhetische Räume und verursachen durch die landwirtschaftliche Übernutzung und durch die bedeutende Abfallproduktion geochemische Umweltveränderungen zum Nachteil unserer Gesundheit und unserer Nachkommen.

Es gehört zum (geologischen) Kreislauf der Natur, daß Räume geöffnet und wieder besetzt werden. Das heißt, daß wir mit Veränderungen rechnen und somit eine "Kultur der Flexibilität" entwickeln müssen. Die einzige Konstante in der Entwicklung von Naturräumen ist jene des Wandels. Die Vorstellung von der Gleichförmigkeit natürlicher Abläufe existiert nur in den Köpfen der in einer Konsumwelt eingesperrten Menschen (zum Beispiel ein alljährliches Einschneien der alpinen Wintersportanlagen auf den Beginn der Wintersaison, nicht aber der Zubringerverkehrswege...).

Oder, um auf den Obertitel des Buches zurückzukommen: Wir können die Randbedingungen unseres Lebensraumes und das dort herrschende Klima nicht selbst bestimmen; wir sind in diesem Bereich nicht autark. Auch wenn wir uns ökologisch und technisch noch so korrekt verhalten – wovon ich ausgehe – , müssen wir erkennen, daß wir von der Natur immer noch fremdbestimmt werden.

Literaturverzeichnis

BROGGI, M.F. (1995): Von der Insel zur Fläche. Neue Strategien zur Umsetzung von großflächigen Naturschutzzielen in Kulturlandschaften. In: Hj. Büchi, M. Huppenbauer (Hrsg.): Autarkie und Anpassung. Westdeutscher Verlag, Wiesbaden (in diesem Buch).

"DAS GRÖNLANDEIS ERZÄHLT". Dokumentation zur gleichnamigen Ausstellung vom 16.3.-28.5.1995. Schweiz. Alpines Museum, Bern.

FURRER, G. (1991): 25'000 Jahre Gletschergeschichte. – Neujahrsblatt Naturforschende Gesellschaft Zürich 193, 52 S.

HAJDAS, I. (1993): Extension of the radiocarbon calibration curve by AMS dating of laminated sediments of Lake Soppensee and Lake Holzmaar. – Diss. ETH-Nr. 10'157, (ETH Zürich), 147 S.

IVY-OCHS, S.; SCHLÜCHTER, C.; KUBIK, P.W.; DITTRICH-HANNEN, B.; BEER, J. (accepted): 10Be exposure ages of greater than ca. 5 Ma for the plateau surface at Table Mountain and the Sirius Group at Mt. Fleming, Antarctica. – Eingereicht bei Geology.

LANDOLT, E. (1995): Pflanzen in der Stadt. Das Verhalten der Pflanzen gegenüber menschlichen Einwirkungen. In: Hj. Büchi, M. Huppenbauer (Hrsg.): Autarkie und Anpassung. Westdeutscher Verlag, Wiesbaden (in diesem Band).

LOTTER, A.F.; EICHER, U.; SIEGENTHALER, U .; BIRKS, H.J.B. (1992): Late-glacial climatic oszillations as recorded in Swiss lake sediments. – J. of Quaternary Science 7:187-204.

MAISCH, M. (1992): Die Gletscher Graubündens. Teile A und B. – Geogr. Inst. der Univ. Zürich. 232 S. mit Anhang.

MARCHANT, D.R.; DENTON, G.H.; SWISHER III, C.C. (1993): Miocene-Pliocene-Pleistocene glacial history of Arena Valley, Quatermain Mountains, Antarctica. – Geografiska Annaler, Series A, Phys. Geogr., Vol. 75A, 4:269-302.

MÜLLER, B.U. (1993): Zur Quartärgeschichte des Seeztals (Kanton St. Gallen, Schweiz). – Diss. ETH-Nr. 10'184, (ETH-Zürich), 249 S. mit Anhang.

NEUE ZÜRCHER ZEITUNG (NZZ): Zwei Berichte über Kannibalismus. – Nr. 91, Mittwoch, den 20. April 1994, S. 13.

NEUE ZÜRCHER ZEITUNG (NZZ): Schwieriger Neuanfang im Lausitzer Kohlerevier. Teure Sanierung und Rekultivierung der Abbauflächen. – Nr. 159, Mittwoch, den 12. Juli 1995, S. 7.

PAZELT, G. (1991): Exkursionsunterlagen. Innsbruck, Sept. 1991 (unpubl.).

PFISTER, C. (1984): Das Klima der Schweiz von 1525-1863 und seine Bedeutung in der Geschichte von Bevölkerung und Landwirtschaft, 2 Bde., Haupt (Bern).

PRENTICE, M.L.; DENTON, G.H. (1988): The deep-sea oxygen isotope record, the global ice-sheet system and hominid evolution. – In: F. Grine (Ed.): Evolutionary History of the Robust Australopithecines. Aldine de Gruyter (New York); S. 383-403.

SAID, R. (1993): The River Nile; Geology, Hydrology and Utilization. – Pergamon Press (Oxford), 320 S.

SCHLÜCHTER, C. (1988): The deglaciation of the Swiss Alps: a paleoclimatic event with chronological problems. – Bulletin de l'Association Française pour l'Etude du Quaternaire 2/3:141-145.

- ders. (1991): The Alps with little Ice. – XIIIth INQUA-Congress, Abstracts volume, Beijing.

SCHNEIDER, R. (1978): Pollenanalytische Untersuchungen zur Kenntnis der spät- und post-glazialen Vegetationsgeschichte am Südrand der Alpen zwischen Turin und Varese (Italien). – Bot. Jb. Syst. 100:26-109.

WEGMÜLLER, S. (1966): Über die spät- und postglaziale Vegetationsgeschichte des südwestlichen Jura. – Beitr. geobot. Landesaufnahme der Schweiz, 48, 142 S.

WÜST, R.A.J. (1995): Geologisch-geotechnische Untersuchungen im Thebanischen Gebirge, Teil Süd, Luxor, Ägypten. – Diplomarbeit, Geol. Inst. Univ. Bern, 251 S., mit einer geologischen Karte.

Ergänzungen zu den Texten von Ch. Schlüchter und V. Ziswiler[1]

Hansjürg Büchi

Es gibt zwei Arten der Öffnung von Ökosystemen:

1) **Öffnung der <u>Räume</u>** durch eine ganze oder teilweise Vernichtung der Ökosysteme infolge Katastrophen oder endogenem Aussterben.
Folge: *Neue Ausdifferenzierung* von Arten, *Neuschaffung* von Ökosystemen.

2) **Öffnung der <u>Grenzen</u>** und Verdrängung/Vernichtung rauminterner Arten durch zuwandernde Arten.
Folge: *Neue Kombination* der schon existierenden Elemente, *Umwandlung* von Ökosystemen.

Bemerkungen

1) und 2) können nicht vollständig getrennt werden. Eine Schließung der Grenzen z.B. kann eine Öffnung der Räume durch Verinselung und Aussterben von zu kleinen Populationen zur Folge haben.

Zum sprachlichen Gebrauch: Das Gegenteil von offenen Grenzen sind geschlossene Grenzen, das Gegenteil von offenen Räumen sind besetzte Räume. Offene Räume können auch als freie Räume bezeichnet werden. Wo jedoch der *Prozeß* des Öffnens und Neubesetzens wichtig ist, ist aber der Begriff "offener Raum" vorzuziehen, denn es ist angebrachter, von der Öffnung eines Raumes zu sprechen, als von der Befreiung oder Freilegung. Besetzte Räume werden durch eine (Teil-)Zerstörung ökologischer (Teil-) Systeme geöffnet, sie sind anschließend offen und frei für eine Neubesetzung.

---

1 Beim Workshop "Natur im Ghetto" (Ergänzungsveranstaltung zur Vorlesungsreihe; vgl. Tagungsbericht in diesem Buch) lagen die Beiträge von CH. SCHLÜCHTER und V. ZISWILER nur in schriftlicher Form vor. Um Verständnisschwierigkeiten zu klären, habe ich im Rahmen des Workshops zu den schriftlich vorliegenden Beiträgen einige ergänzende Bemerkungen gemacht, die ich hier den Texten beifüge.

Die verschiedenen Änderungszeiten

(Zeitdauer, bis die Änderungen ökologisch prägend werden)

Kontinentalplatten verschieben sich sehr langsam
(10 bis 100 Millionen Jahre).

Topographische Großformen entwickeln sich sehr langsam
(mehrere Millionen Jahre bis Jahrzehntausende).

Großflächig geschädigte Ökosystemverbände regenerieren sich langsam
(mehrere Millionen Jahre bis Jahrtausende).

Der durchschnittliche Meeresspiegel schwankt ziemlich langsam
(Jahrzehntausende bis Jahrhunderte).

Wachstum und Abschmelzen großer Eisschilde geschehen eher langsam
(Jahrtausende bis Jahrhunderte).

Große Klimawechsel entwickeln sich eher schnell
(Jahrtausende bis Jahrzehnte).

Kleinflächig zerstörte Ökosysteme regenerieren sich ziemlich schnell
(Jahrhunderte bis Jahrzehnte).

Topographische Kleinformen bilden sich eher schnell bis extrem schnell
(Jahrtausende bis Minuten).

Menschliche Eingriffe wirken ziemlich schnell bis sehr schnell
(Jahrhunderte bis Stunden).

Natürliche Klimainstabilitäten entstehen und wirken schnell
(Jahrzehnte bis Jahre).

Meeresströmungen können ihren Lauf sehr schnell ändern
(Monate).

Naturkatastrophen wirken sehr schnell bis extrem schnell
(Tage bis Sekunden).

Erläuterungen zu den Änderungszeiten

- *Kontinentalplattenverschiebung:* Die Zeitangabe bezieht sich auf die großflächige Bildung neuer Formen und Plattenkombinationen und nicht auf die relative Verschiebung (einige Millimeter bis Zentimeter pro Jahr).
- *topographische Großformen:* Bezieht sich auf Gebirgsbildung und -erosion (Alpenhebung heute: ca. 1 mm/J), Grabenbrüche, maritime Inselbögen etc.

- *großflächig geschädigte Ökosystemverbände:* Regeneration oder Neubildung von Lebensgemeinschaften bis hin zu einem Klimaxstadium nach großflächig wirkenden Katastrophen, die zahlreiche Arten ausrotten und nicht durch eine einfache Zuwanderung aus der nächsten Umgebung regeneriert werden können (Regeneration durch Evolution und nicht durch Zuwanderung). Die Regenerationszeit ist abhängig vom Umfang der Artenvernichtung und kann bei global wirkenden Großkatastrophen mehrere Millionen Jahre betragen (Bsp.: Katastrophe am Ende des Erdaltertums, Aussterben von 95% der im Meer lebenden Arten, Regenerationszeit ca. 15 Mio. Jahre).

- *Meeresspiegelschwankung:* Die Meeresspiegelschwankungen sind nicht direkt korreliert mit den Klimaschwankungen. Der allmähliche Rückhalt und die verzögerte Freisetzung von Wasser in den Eisschilden bewirkt eine Dämpfung der Dynamik, das freigesetzte (bzw. der Verlust des im Eis gebundenen) Wasser verteilt sich zudem auf die gesamte Meeresfläche. Die Zeitangabe bezieht sich auf die morphologisch prägende Wirkung von Meeresspiegelschwankungen. Problematisch ist allerdings, daß bereits eine geringe Schwankung von einem Meter (die ökologisch keinen über die engeren Küstengebiete hinausreichenden Einfluß hätte) vielerorts von den Menschen und ihrer Infrastruktur nicht verkraftet werden kann.

- *Eisschilde:* Der Auf- und Abbau von flächendeckenden Eiskörpern erfolgt eher langsam (Jahrtausende bis Jahrzehntausende), er kann aber relativ schnell großräumig prägende Auswirkungen haben (flächenhafter Auf- und Abbau führen in relativ kurzer Zeit zur Bedeckung und Freigabe großer Areale bei vergleichbar geringer Änderung des Eisvolumens).

- *Große Klimaänderungen:* Diese können, müssen aber nicht "langsam" erfolgen. So scheint das Ende der letzten Eiszeit in Mitteleuropa durch einen Temperatursprung von mehreren Grad Celsius innert einiger Jahrzehnte herbeigeführt worden zu sein.

- *Kleinflächig zerstörte Ökosysteme:* Gemeint ist die lokale oder kleinregionale Zerstörung von Ökosystemen im Klimaxstadium, die durch Einwanderung aus der intakten Umgebung regeneriert werden können (Dauer bis zum Abschluß der Sukzession).

- *topographische Kleinformen:* Gemeint sind Oberflächenformen wie Umlegung von Flußläufen in Schwemmebenen, Herausmodellierung von Hügelchen und Tälchen durch kleinere Bäche, kleine Seen und ihr Verlanden etc. In Katastrophen können sich neue Formen auch innert Minuten oder Stunden bilden (Bergsturzkegel, Oberflächenveränderungen durch Flutkatastrophen).

- *Wirkung menschlicher Eingriffe:* Kurzfristig wirkende Eingriffe wären etwa Erdumlagerungen beim Erstellen von Bauwerken, der Ackerbau oder die Zufuhr giftiger Chemikalien in Gewässer, eher langfristig wirkende Eingriffe sind z.B. allmähliche Veränderungen der Topographie durch die landwirtschaftliche Bewirtschaftung, sekundäre Änderungen im Wassersystem durch menschliche Eingriffe oder allmähliche Änderungen von Ökosystemen durch die Waldbewirtschaftung.

- *natürliche Klimainstabilitäten:* Gemeint sind kurzfristige Klimaänderungen während an sich "stabiler" Klimaperioden, wie mehrjährige Dürren, Kälteperioden etc. Solche Perioden haben eine starke Auswirkung auf ökologische Prozesse, da alle den Extremverhältnissen nicht angepaßten Lebewesen verdrängt oder vernichtet werden. Sie stellen auch für die Menschen eine massive Gefährdung dar.

- *Meeresströmungen:* Ein Beispiel für eine schnell ändernde Strömungskonstellation ist das El Niño-Phänomen zwischen Australien und Südamerika. Das Umkippen der Meeresströmungen innert weniger Wochen führt zu starken Niederschlägen in der Wüstenregion der Anden und zu Dürrekatastrophen in Australien.

- *Naturkatastrophen:* Darunter wären alle Ereignisse zu rechnen, die schnell und massiv wirken, wie extreme Wetterereignisse, Überschwemmungen, Waldbrände, Bergstürze, Erdbeben, Vulkanausbrüche, Meteoriteinschläge etc.

– – –

---

permanenter Wandel ≠ gleichmäßiger Wandel

Kommentar

Nachdem der Mensch mit technischen Hilfsmitteln viele schnell ablaufende Naturprozesse gezähmt und gebremst hatte, entwickelte sich die Vorstellung, Natur sei an sich statisch und Änderungen im Natursystem seien Ursachen menschlicher Eingriffe. Dies hat sich als falsche Vorstellung erwiesen, die Natur wandelt sich permanent. Um unsere Vorstellung von Naturprozessen zu retten, verschieben wir nun unsere Idee von der "stabilen Natur" auf eine "nachhaltige Natur", die sich langsam und gleichmäßig wandelt. Diese Fixierung auf einen statischen Wandel verführt uns dazu, alle schnellen Änderungen dem menschlichen Wirken zuzuschreiben und nach wie vor an die Macht von Eingriffen zu glauben.

Große Änderungen sind aber dynamisch. Sie laufen keineswegs immer langsam und nur selten gleichmäßig ab, sie sind schlecht vorhersehbar und technisch höchstens beschränkt beeinflußbar. Wichtig wäre es daher, den dynamischen Wandel dynamisch sein zu lassen und uns zu fragen, wie wir große Umbrüche abfedern können, statt uns so lange auf die wenig erfolgversprechende Verhinderung von Umbrüchen zu konzentrieren, bis es zu spät ist.

Entropie und Nachhaltigkeit

"Entropie" und "nachhaltige Entwicklung" sind neue Bezeichnungen für die Angst des (Kultur-)Menschen vor dem zerstörerischen Chaos und die Sehnsucht nach dem Paradies. Eine vom Menschen losgelöste Verwendung der Begriffe in der ökologischen Debatte ist sinnlos.

Kommentar

"Entropie" war ursprünglich eine Hilfsgröße, die zur Beschreibung physikalischer Systeme eingeführt wurde, und mit deren Hilfe man die Irreversibilität thermodynamischer Prozesse darstellen konnte. Der Physiker Boltzmann stellte später einen Zusammenhang her zwischen der Entropie und der thermodynamischen Wahrscheinlichkeit eines Systemzustandes. Diese Definition der Entropie als Zustandswahrscheinlichkeit setzte sich nicht durch Beweise, sondern mangels besserer Alternativen durch.

Wenn man nun davon ausgeht, daß niedrig geordnete Zustände wahrscheinlicher sind als hoch geordnete, kann ein Zusammenhang zwischen Entropie und Unordnung hergestellt werden. So wird die Entropie zum Bild für eine (natürlich) wachsende Unordnung, die langsam, aber stetig, alle Ordnung vernichtet. Die Definition "Entropie = Unordnung" ist aber eine von der physikalischen Grundlage losgelöste Folgedefinition und entspricht der ursprünglichen Interpretation "Entropie = (thermodynamische) Zustandswahrscheinlichkeit" nicht mehr. Abgesehen davon ist die Verwendung des Begriffs bezogen auf das energetisch offene Ökosystem "Erde" sinnlos, da die Entropiezunahme in den Weltraum exportiert und durch neue Sonnenenergie ersetzt wird, wobei sich die Natur in diesen Strom mit all seinen Schwankungen einpaßt. Das Bild von der natürlicherweise wachsenden Unordnung bietet aber den wissenschaftsgläubigen Menschen einen Ersatz für die als überholt geltenden religiösen Bilder des chaotischen Naturzustandes.

Der durchschlagende Erfolg des Begriffs "nachhaltige Entwicklung" liegt (abgesehen vom gegenwärtig hohen Vermarktungswert in Wirtschafts- und Politikerkreisen) zu einem guten Teil darin begründet, daß er ein Gegenbild zur Entropie aufbaut. Wo die Entropie eine Bezeichnung für die Vergänglichkeit, die Veränderung, die Unordnung und die Zerstörung ist, da nimmt die Nachhaltigkeit die Dauerhaftigkeit, die Stabilität, die Ordnung und die Bewahrung in den Blick. In der vom Menschen unabhängigen Natur herrscht allerdings ein permanenter Wandel. Von einer nachhaltigen Natur zu sprechen ist daher sinnlos, abgesehen davon, daß die Berufung auf Nachhaltigkeit immer schon eine historisch-reflexive Betrachtung voraussetzt, wie sie nur der Mensch zu leisten imstande ist. Nachhaltigkeit als Worthülse für den Traum von der stabilen Ordnung wird so zum wissenschaftlichen Ersatzbegriff für die alte religiöse Paradiesvorstellung. Es ist in diesem Zusammenhang nicht untypisch, daß der Leiter einer größeren Forschungsanstalt "Nachhaltigkeit" einmal mit "Seelenfrieden" gleichsetzte.

– – –

Die Gefahr der heutigen Klimadiskussion

Das Klima wandelt sich immer und wir können nie beurteilen, ob und in welchem Grad Klimaänderungen natürlich oder anthropogen sind. Darüber hinaus sind die Auswirkungen einer Klimaänderung nicht überall schlecht. Neben den Verliererregionen wird es auch Gewinnerregionen geben. Das In-den-Vordergrund-Stellen dieses ambivalenten Problems führt zur Verdrängung *eindeutig* negativer Auswirkungen menschlichen Handelns aus der Diskussion. Dazu gehört die ganze Rohstoffdiskussion, die hinter der Energiediskussion verschwindet, dazu gehören auch die ganze Raumproblematik und die Biodiversitätsdiskussion.

Kommentar

Die Klimaentwicklung wird durch menschliche Einwirkungen mit größter Wahrscheinlichkeit in irgendeiner Weise beeinflußt. Die anthropogenen Einflüsse auf die Atmosphäre entsprechen aber einem Experiment in einem offenen System, das einen offenen Ausgang hat und das nicht wiederholbar ist (Stichprobe "1 aus 1"); ungewiß bleibt deshalb immer die Art und die Stärke der Beeinflussung. Dies erlaubt zwar das Aufstellen von und das Glauben an, aber nicht das sichere Überprüfen von Theorien. Als Folge dieser Ungewißheit ist es unmöglich, die Klimaentwicklung technisch-planerisch gezielt zu beeinflussen und das Klima durch künstliche Eingriffe stabil zu halten.

Zusätzlich zu dieser prinzipiellen Unvorhersagbarkeit ist eine Klimaänderung kein umfassend negatives Ereignis. Die Verschiebung der Klimagürtel bei einer globalen Erwärmung wird immer auch positive Auswirkungen haben (vermehrte Beregnung von Trockengebieten, Erwärmung von Regionen, die für die landwirtschaftliche Produktion bis anhin zu kalt waren). Wenn also niemand wissen kann, ob die Folgen des Treibhausgas-Ausstoßes jetzt eigentlich positiv oder negativ ausfallen werden, sollten wir die Monopolstellung der Klimaproblematik durchbrechen und uns wieder vermehrt auf jene Probleme konzentrieren, die in ihren Auswirkungen ökologisch eindeutig negativ sind (im Gegensatz zum Klimawandel, dessen ökologisch negative Auswirkungen sich nicht sicher belegen lassen und im Expertenstreit sogar mit dem Hinweis auf potentiell positive Auswirkungen bekämpft werden können). Solche eindeutig negativen Auswirkungen sind die Zerstörung von Raumstrukturen, die Artenvernichtung, die Bodenzerstörung durch falsche Bewirtschaftung, die Beeinträchtigung des Wohlbefindens von Mensch und Tier oder der Verlust nicht nachwachsender Rohstoffe (nicht nur, aber auch Energieträger!) – alles Probleme, die in der *ökonomischen* Diskussion wegen ihrer schlechten Kapitalisierbarkeit unbeliebt sind (Wieviel kostet eine ausgestorbene Tierart oder eine kaputte Landschaft? Wieviel kostet Tschernobyl oder die durch unangepaßte Landwirtschaftstechnologien verursachte Zerstörung des Aralsees?).

Es kann hier nicht darum gehen, die bei einem Klimawechsel auftretenden Probleme zu verharmlosen oder den ungebremsten Einsatz fossiler Brennstoffe zu propagieren. Nicht die konkreten ökologischen Forderungen, sondern ihre Begründungen über die Klimaproblematik sind fragwürdig. Wir können die Forderung nach einer Reduktion des unverantwortlichen Güter- und Energieverbrauches besser mit dem Hinweis auf die eindeutig negativen Auswirkungen unseres Tuns begründen. Denn während es bei Klimaänderungen immer auch Gewinner gibt, sind verbrauchte Rohstoffe für alle Beteiligten verbraucht, ist eine vernichtete Artenvielfalt nicht wiederherstellbar und ist zubetoniertes, fortgeschwemmtes, versalztes, vergiftetes oder vom Winde verwehtes Ackerland für niemanden mehr fruchtbar. Die Klimadiskussion ist weitgehend zu einem Propagandamittel verkommen, das dazu dienen soll, den Leuten Angst einzujagen. Wer das Klimaspiel mitspielt, kriegt heute Geld und Macht. Auf dieses Machtmittel wollen weder Wirtschaftskreise noch Hochschule und "Umweltschützer" gern verzichten, letztendlich zulasten der Umwelt...

Lebensräume im Wandel

Vincent Ziswiler

Zusammenfassung

Das Bild, das sich heute von der Evolution der Organismen in Raum und Zeit ergibt, zeigt, daß es den absolut autarken Raum mit vollständig stabilen Lebensgemeinschaften nie gab, da unser Planet, seine Atmosphäre und die Welt der Organismen stetigen Zustandsveränderungen unterworfen sind. Als besonders labile Lebensräume erwiesen sich dabei die tropischen Regenwälder, die Flachmeere und Küstengürtel mit ihren hochspezialisierten Lebensgemeinschaften sowie Inseln.

Alteingesessene Lebensgemeinschaften können existentiell durch Invasoren gefährdet werden, die über neue Landverbindungen eindringen und mit der alteingesessenen Fauna in Konkurrenz treten. Gefährlichster Eindringling war und ist der Mensch mit seiner Begleitfauna, der Wanderratte und den domestizierten Tieren.

Ins Ghetto – gemeint sind damit Kleinrefugien – abgedrängte Lebensgemeinschaften können langfristig nur überleben, wenn sich ihnen rechtzeitig die Chance bietet, ihren Lebensraum wieder über die Grenzen des Refugiums hinaus vergrößern zu können. Konservierende Artenschutzmaßnahmen müssen deshalb zwingend von restituierenden gefolgt sein.

1. Der Traum vom stabilen Lebensraum

Träume und Visionen von paradiesischen Idyllen beeinflussen menschliches Handeln und Denken so nachhaltig, daß sie sich bis in die Formulierung wissenschaftlicher Prämissen hinein verfolgen lassen. Für die Biologie wären derartige Paradiese geschlossene Räume mit Lebensgemeinschaften in stabilem Gleichgewicht und von hoher, konstanter Diversität seit Urzeiten. Diese fast axiomatische und von vielen als gottgewollt betrachtete Konstanz zu erhalten oder nötigenfalls wiederherzustellen, betrachten viele als vordringlichste Aufgabe unserer Zeit. Das Bild, das sich uns heute von der Evolution der Organismen in Raum und Zeit ergibt, zeigt jedoch, daß es den absolut autarken Raum mit vollständig stabilen Lebensgemeinschaften nie gab.

Stetige Zustandsveränderungen sind unserem Planeten, seiner Atmosphäre und der Welt der Organismen immanent. Unausgesetzte biochemische und mechanische Aktivität, verbunden mit dauerndem Energiefluß, hält einen Organismus im dynamischen Gleichgewicht und damit am Leben und schützt ihn vor dem drohenden Zerfall. Diese Tendenz aller geordneten

Strukturen, sich in ein Chaos kleinster Teilchen aufzulösen, bezeichnet man als Entropie, ein Begriff, der ursprünglich aus der Thermodynamik stammt. Biologische und ökologische Aktivität ist letzten Endes immer ein Kampf gegen die Entropie. Stillstand bedeutet hier nicht nur Rückstand, sondern den Anfang vom Ende. Da die belebte und die unbelebte Umwelt der Organismen seit eh und je teils kontinuierlichen, teils abrupten Änderungen unterworfen sind, wirkt die Dynamik der Lebensgemeinschaften nicht nur systemerhaltend, sondern sie muß diesen Veränderungen mit Wachstum, adaptiver Differenzierung und Weiterentwicklung begegnen.

Tierische Lebensgemeinschaften sind oft schicksalshaft an spezifische Lebensräume gebunden; ändern sich deren Qualität und Größe oder sind sie von Invasoren bedroht, müssen sich ihre Bewohner anpassen, auswandern, oder sie gehen zugrunde. Solche Veränderungen natürlicher Lebensräume unter dem direkten oder indirekten Einfluß des Menschen mit schwer voraussehbaren Folgen sind heute aktualistisch und drastisch erlebbar. Ähnliche Ereignisse, die zu den bekannten Massenaussterben der Erdgeschichte führten und deren Ursachen und Wirkungen man heute ausreichend kennt, erlauben dabei Verallgemeinerungen und Prognosen über den Verlauf der sich im Gang befindenden "Holozänkatastrophe".

Massenaussterben sind die spektakulärste Form der Entvölkerung großer Lebensräume. Das Studium dieser Ereignisse, während welcher oft mehr als die Hälfte aller Tierarten verschwand, und die Erforschung ihrer Ursachen sind in den letzten Jahren **das** Thema der Paläobiologie. Seit langem bekannt ist jenes Ereignis am Ende der Kreidezeit vor 70 Millionen Jahren, welchem unter anderem alle Dinosaurier zum Opfer fielen. Mit zunehmender Verfeinerung der Methoden ließen sich weitere Massenaussterben in der Erdgeschichte ausmachen und erfassen. Das früheste fand im Erdaltertum an der Grenze vom Kambrium zum Ordovicium vor rund 500 Millionen Jahren statt; ihm fielen über 70% der marinen Wirbellosen zum Opfer, und einen vergleichbaren Aderlaß erlebte die Fauna des Oberdevon. Der größte Einbruch in der Artenvielfalt markiert das Ende des Erdaltertums, aus welchem höchstens 10% der Tierformen in das Erdmittelalter hinüberwechselten. Andere markante Faunenzusammenbrüche ereigneten sich am Ende der Triaszeit, zwischen Jura und Kreide und dreimal in der Erdneuzeit.

Schwieriger als der Nachweis der Massenaussterben gestaltet sich deren kausale Erklärung. Als sich gegen Ende des 17. Jahrhunderts die Erkenntnis durchsetzte, Fossilien seien Überreste von Lebewesen, deutete man sie als Opfer der Sündflut. Erst die in der zweiten Hälfte des 18. Jahrhunderts eingeführte relative geologische Schichtdatierung ließ Zweifel an dieser Deutung entstehen.

Später versuchte man, biologische Ursachen für das Verschwinden ganzer Tiergruppen heranzuziehen. Für das Aussterben der Dinosaurier machte man generelle Degenerationserscheinungen – was immer man darunter ver-

stehen mochte – extreme Sackgassenentwicklung und vor allem das Auftreten flinker, gleichwarmer Säugetiere verantwortlich, die sich über die Eier
der schwerfälligen Saurier hergemacht hätten.

2. Lebensräume im klimatischen Wechselbad

Keine dieser Thesen konnte einer seriöseren Prüfung standhalten, so daß
man sich wieder vermehrt möglichen Einflüssen von außen zuwandte. Den
Eiszeitforschern gelang es nicht nur, für das letzte große Eiszeitalter, das Plei-
stozän, zu den altbekannten vier letzten Vereisungsperioden zahlreiche weitere nachzuweisen, sondern man erkannte auch, daß es in viel länger zurückliegenden Epochen mehrmals Eiszeitalter, verbunden mit allgemeiner Klimaverschlechterung, gab. Solche Perioden lassen sich datieren und können
teilweise mit den bekannten Massenaussterben in Deckung gebracht werden.

Die Geologen, die lange Zeit der 1912 von Alfred Wegener aufgestellten
Kontinentalverschiebungstheorie skeptisch gegenüberstanden, erlebten mit
der Plattentektonik eine Revolution ihres Gebietes. Sie erkannten, daß die
Erdkruste sich in große Platten gliedert, die über die Erdkugel gleiten und
sich dauernd aufeinander zu oder voneinander weg bewegen. Die den Platten
aufsitzenden Kontinente änderten im Verlaufe der Erdgeschichte nicht nur
laufend ihre Position und Verbindungen zueinander, sondern sie glitten
zeitweilig durch die ausgedehnten polaren Vereisungszonen, wie dies zurzeit
für die Antarktis der Fall ist. Dabei stellt sich die Frage, inwiefern auch derartige Klimaverschlechterungen als Ursache für eine globale Artenver-
armung verantwortlich gemacht werden können.

Erfahrungen mit der letzten Eiszeit, die erst vor 10'000 Jahren zu Ende
ging, und Untersuchungen an alten Meeresablagerungen zeigen, daß Kälteperioden, die sich in polarnahen und gemäßigten Zonen mit ausgedehnten
Vereisungen manifestieren, stets weltweite Auswirkungen haben. Da sich
Eiszeiten während Jahrtausenden entwickeln, bleibt Tieren und Pflanzen
zwar ausreichend Zeit, den sich äquatorwärts verschiebenden Klimagürteln zu
folgen. Da diese sich jedoch nicht über den Äquator hinaus verschieben können, müssen sie sich zwangsläufig verengen, was einen verstärkten Konkur-
renzkampf unter ihren Bewohnern zur Folge hat und zum Aussterben der
unterliegenden Arten führt. Am einschneidendsten wirkt sich Klimaverschlechterung auf den Tropengürtel aus, der sich nicht verschieben kann und
von Norden und Süden her drastisch verengt wird. Da in den Regenwäldern
dieser Zone über 80% aller Tierarten vorkommen, nimmt hier der Artentod
epidemische Ausmaße an.

Nicht minder drastisch wirkt sich Klimaverschlechterung auf das Leben
im Meer aus. Da die Wassertemperatur einzelner Meereszonen – verglichen
mit den Lufttemperaturen – viel weniger schwankt, reagieren Meeresorga-
nismen empfindlicher auf Temperaturveränderungen. So können Riffkoral-

len nur in Gebieten existieren, in welchen die Wassertemperatur konstant über 20° liegt. Klimaverschlechterungen haben eine generelle Abkühlung der Meere zur Folge, was dazu führen kann, daß die etablierten Meeresströmungen ihre Richtung ändern. Wenn heute der warme Golfstrom, der sich bis weit ins Nordmeer hinauf bemerkbar macht, seine Richtung ändern würde, hätte dies nicht nur für die betroffene Meeresfauna, sondern auch für das angrenzende Festland verheerende Auswirkungen. In Mitteleuropa würden dann Klimabedingungen vergleichbar mit jenen von Labrador herrschen.

Den artenreichsten und am dichtesten bewohnten marinen Lebensbereich bilden die Flachmeere und Küstengürtel. Ihnen droht während einer Eiszeit weltweit die Trockenlegung. Da in den Vereisungszonen ungeheure Wassermengen als Eis gebunden werden, sind Absenkungen des Meeresspiegels von bis zu 300 Metern die Folge. Dadurch kann der Flachmeerbereich nahezu total verschwinden. Aus dieser Sicht wird verständlich, weshalb nur höchstens 1% der Korallen- und Seelilienarten die schwere Perm-Trias-Krise vor 250 Millionen Jahren überlebten (STANLEY 1988).

Neben Klimaverschlechterungen werden immer wieder außerirdische Einflüsse als Ursache für Krisen in der Biosphäre vermutet, z.B. Phasen intensivierter kosmischer Einstrahlung, oder Meteoriteinschläge, in deren Folge Staubwolken große Teile der Erde wesentlich abgedunkelt hätten. Für diese sogenannten Impakthypothesen gibt es deutliche Hinweise für die Kreide-Tertiär-Krise. Triftige Argumente können auch die Vulkanologen beibringen, welche zeigen, daß in Zeiten erhöhter vulkanischer Aktivität Partikel in die Atmosphäre gelangen können, welche zeitweilig und großflächig die Sonneneinstrahlung auf die Erdoberfläche verringern können.

Versucht man die verschiedenen Kausalhypothesen für das Auftreten von Massenaussterben zu sichten und zu werten, so spricht sehr vieles für die Klimaverschlechterungsthese. Nicht auszuschließen, ja sogar wahrscheinlich ist jedoch ein Zusammenwirken verschiedener Umstände beim Zustandekommen einer lebensgeschichtlichen Zäsur. Gerade im Fall der sogenannten Oberkreidekrise spricht vieles dafür, daß die Grundkrise der Klimaverschlechterung durch die Folgen von Meteoriteinschlägen und erhöhter vulkanischer Aktivität verstärkt wurde.

3. Wiederbesiedlung, die Stunde der Generalisten

Massenaussterben, welchen Hunderttausende von Arten und ganze Großgruppen zum Opfer fallen konnten, forderten zwar stets enorme Verluste an Vielfalt, schufen aber gleichzeitig die Voraussetzung für die Entstehung neuen Formenreichtums. Betrachtet man große Tiergruppen über die erdgeschichtlichen Epochen hinweg, so springt ins Auge, mit welchem Entfaltungspotential viele von ihnen gravierendste Verluste wieder zu kompensieren vermochten. So überstanden die Ammoniten, deren Gastspiel auf der Erde mehr als 400 Millionen Jahre dauerte, vier verheerende Katastrophen, wovon nur zwei bis drei Gattungen die schlimmste, das Trias-Jura-Ereignis, überlebten. Aus diesen entfaltete sich jedoch in erstaunlich kurzer Zeit der enorme Formenreichtum der Jura- und Kreidezeitammoniten.

Es scheint, daß die durch die Katastrophen frei gewordenen ökologischen Nischen mit ihrer Attraktivität bei den überlebenden Formen eigentliche Evolutionsschübe auslösten. Die Pionierrolle in veränderten, ausgedünnten Lebensräumen übernehmen die Generalisten, die sehr schnell alle freien Nischen besiedeln und alsdann in den alten Zyklus einschwenken: konkurrieren, spezialisieren und etablieren.

Ohne sie hätte sich die Biosphäre in den letzten 600 Millionen Jahren völlig anders entwickelt. Möglicherweise hätte auf der Stufe der Trilobiten, Seelilien und Tintenfische eine kontinuierliche Feindifferenzierung in die Breite stattgefunden. Unter den anzunehmenden stabilen Umweltbedingungen hätte sich ein ebenso stabiles Gefüge bestens aufeinander abgestimmter Lebewesen eingestellt, von welchen jedes durch die Konstanz der Selektionsbedingungen dermaßen optimiert gewesen wäre, daß die Evolution längst zum Stillstand gekommen wäre, ein schönes, aber unendlich langweiliges Paradies!

4. Erneute Etablierung

Auch wenn es die eingangs erwähnten stabilen Idyllen mit einer Millionen von Jahren im Gleichgewicht befindlichen Vielfalt von Lebewesen nicht geben kann, so gab es – wenigstens bis zum Auftreten des Menschen – zeitweilig isolierte Lebensräume mit relativ konstanten Lebensbedingungen, z.B. Inseln bis zur Größe ganzer Kontinente oder isolierte Gewässer. In solch abgeschirmten Räumen pflegt man sich vorerst zu konkurrieren, dann zu spezialisieren und schließlich zu etablieren, d.h. es entstehen hochkomplexe Lebensgemeinschaften, die ein biologisches Gleichgewicht anstreben (ZISWILER 1993).

Wem es z.B. gelingt, mittels differenzierter Freßwerkzeuge oder physiologischer Tricks Nahrung zu erschließen, welche für andere unzugänglich ist, der erlangt einen entscheidenden Vorteil gegenüber der Konkurrenz. Die extremste Form der Spezialisierung ist dabei die Einwegspezialisation: Eine Art optimiert Strukturen und Funktionen ausschließlich auf ein einziges Ziel, z.B. Nahrung, hin und hält sich damit die Konkurrenz vom Leibe. Sie handelt sich damit aber auch einen entscheidenden Nachteil ein, indem sie sich in absolute Abhängigkeit vom Ziel, z.B. einer bestimmten Nahrung, begibt. Verschwinden beispielsweise bestimmte Eukalyptusarten, deren Blätter die ausschließliche Nahrung des Koala bilden, ist dieses Beuteltier unrettbar zum Aussterben verurteilt.

Statt sich durch Spezialisierung in eine Sackgasse zu manövrieren, betreiben andere Arten Diversifikation. Sie spezialisieren sich, z.b. in Abhängigkeit vom saisonalen Nahrungsangebot, auf verschiedene Nahrung und halten sich damit verschiedene Optionen offen, wie etwa die Schwanzmeise, die im Sommer ausschließlich Insekten frißt und im Winter und Frühling auf Schilfsamen umstellt. Wer Diversifikation betreibt, kann nicht nur saisonal bedingt, sondern generell bei ändernden Umweltbedingungen das Standbein wechseln und hat damit mehr Überlebenschancen.

Unter besonders optimalen Lebensbedingungen wie im tropischen Regenwald oder in warmen Lagunen macht sich der Schlaraffenlandeffekt bemerkbar: Hochgetrimmte Nahrungsspezialisten finden stets einen gedeckten Tisch vor, und die Nahrungssuche beansprucht nicht mehr den größten Teil ihrer Aktivitäten. Viele von ihnen investieren dabei die freigewordenen Kapazitäten in ein exaltiertes, luxurierendes Fortpflanzungsverhalten, wie z.b. die Paradiesvögel von Neuguinea.

5. Isolation und Eigenständigkeit

Die evolutive Aufsplitterung isolierter Lebensgemeinschaften äußert sich um so ausgeprägter, je länger die Isolation dauerte. So unterscheidet sich die Fauna der Britischen Inseln, die noch vor 12'000 Jahren Landverbindung mit dem Kontinent hatten, kaum von jener Westeuropas. Madagaskar hingegen, das mindestens 40 Millionen Jahre ohne Verbindung zu einer größeren Landmasse war, könnte den Rang einer eigenen zoogeographischen Region beanspruchen, entsprechend der Definition, daß in einer solchen mindestens 50% aller Tiergattungen endemisch sein müssen. Noch eindrücklicher manifestiert sich die Korrelation zwischen der Isolationsdauer und dem Eigenständigkeitsgrad der Fauna beim Vergleich ganzer zoogeographischer Regionen. So besteht zwischen den Säugetierfaunen der Nearktis (Nordamerika) und der Palearktis (Eurasien ohne Südostasien) eine auffällige Ähnlichkeit mit vielen sich entsprechenden Partnerformen wie Bison/Wisent, Wapiti/Rothirsch, Mink/Nerz, die sich nur auf Artniveau unterscheiden, oder Braunbär und Wolf, die sich nur in Unterarten aufsplitterten. Der Grund für diese große faunistische Affinität der beiden Regionen liegt in der Tatsache, daß während der verschiedenen Eiszeiten das Flachmeer der Beringstraße zufolge der Meeresspiegelabsenkungen trockengelegt wurde und mehrmals unvereiste Landverbindungen entstanden, über die ein reger Faunenaustausch stattfand. Über diese Landverbindung erreichten vor 15'000 Jahren auch die ersten Menschen Amerika.

Vergleicht man andererseits die Orientalis (Südostasien, Sunda-Inseln) mit der Australis (Australien, Neuguinea und umliegende Inseln), so könnten die faunistischen Gegensätze nicht augenfälliger sein, vor allem beim Vergleich der Säugetiere. In Australien hatte sich während der mindestens

60 Millionen Jahre dauernden Isolation die große Vielfalt der Beuteltiere entwickelt, während die Orientalis ausschließlich plazentale Säugetiere enthält. Interessant ist dabei, daß sich die beiden Regionen in der mehr als 300 Meter tiefen Meeresstraße zwischen den Kleinen Sundainseln Bali und Lombok bis auf einen Steinwurf annähern. Während zwischen diesen Inseln während der Eiszeiten keine Landverbindung zustande kam, wurden große Teile der Javasee und des Südchinesischen Meeres trockengelegt und integrierten die Großen Sundainseln Sumatra, Borneo und Java mit dem asiatischen Hinterland. Diesem Umstand ist es zu verdanken, daß beispielsweise der Tiger, von Südostasien kommend, sich bis Bali ausbreiten konnte (ZISWILER 1981).

6. Invasionen

Die "heilen Welten" eigenständiger Faunen wurden und werden durch Eindringlinge wie konkurrierende Tierarten und Krankheitserreger und vor allem den Menschen gefährdet. Eine solche Invasion größten Ausmaßes, die nicht dem Menschen angelastet werden kann, löste die Anhebung der zentralamerikanischen Landbrücke vor ca. 2 Millionen Jahren aus, welche die mindestens 50 Millionen Jahre dauernde Isolation Südamerikas beendigte.

Auf diesem Südkontinent hatte sich – ähnlich wie in Australien – eine sehr eigenständige Säugetierwelt herausdifferenziert, unter anderem eine Vielfalt von Beuteltieren, daneben aber auch plazentale Säugetiere wie die Urhuftiere (Notungulata), Edentaten (Ameisenbären, Faultiere, Gürteltiere), platyrhine Affen, Neuweltnagetiere und mehrere eigenständige Gruppen von Insektenfressern. Im nah gelegenen Nordamerika hingegen stand eine Vielfalt "moderner" plazentaler Säugetiere aus den Ordnungen der Raubtiere, Paarhufer, Unpaarhufer und Elefanten für die Invasion bereit.

Diese Invasion hatte für die südamerikanische Fauna katastrophale Auswirkungen. Die Eindringlinge aus dem Norden vernichteten einen großen Teil der angestammten Säugetierfauna Südamerikas. Einigen südamerikanischen Formen gelang allerdings auch die Gegeninvasion in den nordamerikanischen Kontinent hinein, so den Gürteltieren, dem Riesenfaultier und der Beutelratte (Opossum). Letztere, ein zäher, anpassungsfähiger Generalist, unserer Wanderratte vergleichbar, konnte ihr Verbreitungsgebiet bis nach Kanada ausdehnen.

So plausibel das massenhafte Verschwinden von Tier- und Pflanzenarten in vielen Fällen erklärt werden kann, bleibt einiges doch noch immer rätselhaft. So wanderten in Südamerika mindestens drei Gattungen von Pferdeverwandten und Elefanten ein und breiteten sich rasch aus. Dennoch verschwanden sie am Ende des Pleistozäns, zusammen mit ihren zahlreichen Vettern aus Nordamerika, wo sich zuvor alle entscheidenden Phasen der Pferdeentwicklung abgespielt hatten. Eine parallele Entwicklung erlebten die Kamele, die ihre Evolution zur Hauptsache ebenfalls in Nordamerika durchmachten und von dort aus Eurasien und Südamerika besiedelten. Von ihnen erreichten nur das südamerikanische Guanako und das Vikunja sowie das altweltliche Kamel die Gegenwart.

7. Ein neuer Invasor?

Rätselhaft oder mindestens nicht vollständig geklärt ist die markante Verarmung der Großsäugetierfauna während der auslaufenden letzten Eiszeit und des ersten Jahrtausends der Nacheiszeit. Vor rund 40'000 Jahren, als die letzte Eiszeit ihren Höhepunkt bereits überschritten hatte, gab es weltweit eine wesentlich größere Vielfalt von Tieren, besonders von großen Säugetieren. Zu ihnen gehörten nicht nur die bekannten Eiszeittiere wie Mammut, Wollnashorn, Riesenhirsch und Höhlenbär, sondern erstaunlich viele Riesenformen australischer Beuteltiere und vor allem eine Menge südamerikanischer Großtiere wie Riesenfaultiere, Riesengürteltiere und überdimensionierte Nagetiere sowie viele angestammte Nordamerikaner wie Elefanten, Kamele, Huftiere und Raubtiere. Ein Großteil dieser Tiere ist heute verschwunden (vgl. Tab. 1). Besonders in Südamerika fällt die heutige Armut an Großtieren auf, wenn man die Fauna dieses Tropenkontinents etwa mit der von Afrika vergleicht.

Das Irritierende am Verschwinden dieser großen Säugetiere ist die Feststellung, daß die meisten von ihnen die letzte Eiszeit problemlos überstanden hatten und erst nach ihrem Abklingen verschwanden. Bei den amerikanischen und – weit weniger ausgeprägt – den eurasiatischen Formen geschah dies vor 12'000-10'000 Jahren, bei den australischen Riesenbeuteltieren vor 30'000 Jahren. So sehr man sich bemühte, für dieses letzte "natürliche" Aussterben klimatische Ursachen, etwa kurzfristige Kälterückfälle, verantwortlich zu machen, überzeugen diese Deutungsversuche wenig.

Ausgehend von der auffälligen Koinzidenz des Verschwindens der Großtiere in Amerika und Australien mit dem ersten Auftreten des Menschen in diesen Regionen entwickelte Paul Martin von der University of Arizona seine Overkill-Hypothese. Diese Hypothese beruht auf der seit einiger Zeit erhärteten Tatsache, daß steinzeitliche Jäger durchaus in der Lage waren, Großtiere zu fangen und zu erlegen, und daß diese ihre bevorzugte Beute waren. Daß dabei nicht selten viel mehr Tiere umgebracht wurden, als für den unmittelbaren Bedarf notwendig war, zeigen Massenfunde von Knochen wie jene am Fuße des Felsens von Solutré bei Mâcon, über welchen Jäger der jüngern Altsteinzeit Zehntausende von Wildpferden in den Tod getrieben haben. Martin versucht nun zu zeigen, daß Großtierbestände bei einem unvorbereiteten Zusammentreffen mit einwandernden menschlichen Jägern rasch – Martin bezeichnete dies etwas martialisch als "Blitzkrieg" (MARTIN et al. 1984) – zusammenbrechen. Als Gegenbeispiele werden Afrika und Eurasien angeführt, wo die Faunenverarmung gegen Ende der letzten Eiszeit viel weniger

deutlich ausfiel. Hier konnte sich zwischen dem schon viel länger an-
wesenden und zum Teil seßhaften Menschen und der Großtierfauna ein
Modus vivendi (z.B. durch Domestikation der Wildtiere) etablieren.

Wenn man von einigen Schwachstellen der Overkill-These absieht – so
fehlen noch ausreichende archäologische Belege –, birgt diese von allen Versuchen, das letzte große Tier-Verschwinden vor Einbruch der Zivilisation zu
deuten, die wenigsten Widersprüche. Falls die Theorie stimmt, sind dem
Overkill durch steinzeitliche Jäger in Nordamerika 73%, in Südamerika 80%
und in Australien 86% aller Säugetiere mit einem Durchschnittsgewicht von
mehr als 44 kg zum Opfer gefallen (vgl. Tab. 1), ein ungeheurer Tribut in
Anbetracht der primitiven Mittel und eher bescheidenen Anzahl der menschlichen Einwanderer. Verglichen mit diesen 105 Gattungen (eine Gattung
umfaßt in der Regel mehrere Arten) nehmen sich die sechs Arten von Groß-
säugetieren, die in den letzten 200 Jahren ausgerottet wurden (Auerochse,
Stellersche Seekuh, Karibische Mönchsrobbe, Schomburgk's Hirsch, Blau-
bock, Quassa) fast bescheiden aus.

Weniger günstig sieht dieser Vergleich allerdings aus, wenn man ihn
auch auf kleinere Tiere ausdehnt. Für diese ist kein steinzeitlicher Overkill
belegbar, dagegen sind in den letzten 200 Jahren 82 Vogelarten und 48 Säugetierarten direkt oder indirekt das Opfer menschlicher Aktivitäten geworden.
Als Paradebeispiel eines modernen Overkill bietet sich die Wandertaube an.
Dieser Vogel brütete in den einst riesigen Waldgebieten der nordöstlichen
Vereinigten Staaten, mit Zentrum rund um die Großen Seen. Nach überein-
stimmendem Urteil von Naturbeobachtern des frühen 19. Jahrhunderts galt
sie als die individuenreichste Vogelart schlechthin. Ihren Bestand schätzte
man auf drei bis fünf Milliarden Vögel, die auf den jährlichen Wanderzügen
in ihre südlichen Winterquartiere stundenlang den Himmel verdunkelten.

Anfänglich nur für die Selbstversorgung der Siedler genutzt, wurden die
Tauben gegen Mitte des Jahrhunderts zunehmend kommerziell verwertet,
was vor allem durch die aufkommende Dampfschiffahrt auf den Großen Seen

	Ausgestorben (letzte 100'000 Jahre)	Lebend	Total	% Ausgestorben
Afrika	7	42	49	14,3
Nordamerika	33	12	45	73,3
Südamerika	46	12	58	79,6
Australien	19	3	22	86,4

*Tabelle 1: Ausgestorbene und überlebende Gattungen der spätpleistozänen
Säugetier-Megafauna (Tiere mit mehr als 44 kg Körpergewicht)
(Quelle: MARTIN et al. 1984)*

und den Ausbau der Eisenbahnverbindungen gefördert wurde. Um jene Zeit waren mehrere zehntausend Personen ausschließlich im Wandertaubengeschäft tätig. Das Ausmaß dieser Übernutzung illustrieren Zahlenbeispiele. 1855 setzte ein Händler in New York täglich 18'000 Tauben um. 1869 wurden in einem einzigen Waldgebiet in Michigan 7.5 Millionen Vögel gefangen. 1879 wurde im gleichen Staat von der Wandertaube ein Tribut von einer Milliarde(!) Vögeln gefordert. Der Zusammenbruch der gesamten Wandertaubenpopulation erfolgte abrupt. Ab 1880 gab es keine größeren Brutkolonien mehr, 1894 beobachtete man das letzte Nest und 1899 den letzten Vogel in Freiheit. 1914 starb "Martha", die letzte Wandertaube, im zoologischen Garten von Cincinnati. Beispiele neuzeitlichen Overkills ließen sich beliebig vermehren bis zum Fall des Zaunkönigs Xenicus lyalli vom nur zweieinhalb Quadratkilometer großen Stephen-Inselchen vor Neuseeland. Diese Art wurde um 1890 herum von der Katze des Leuchtturmwärters entdeckt, welche die kleinen Vögel fing und nach Hause brachte, und zugleich von ihr ausgerottet.

8. Verlorene Paradiese

Von allen Zonen der Biosphäre sind isolierte Räume am meisten gefährdet (vgl. Tab. 2). Dabei handelt es sich nicht nur um eigentliche Inseln, sondern ebenso um isolierte Binnengewässer, Höhlensysteme oder Vegetationsinseln wie Oasen und Nebelwaldgürtel .

Solche Inselfaunen sind nicht nur ihrer limitierten Größe, sondern vor allem ihrer Exklusivität, des hohen Nischeneinfügungsgrades und oft des Reliktcharakters einzelner Formen und Gruppen wegen gefährdet. Klassische Beispiele für adaptive Radiation sind die Darwinfinken von Galapagos und die Kleidervögel von Hawaii. Inselrelikte altertümlicher Formen sind beispielsweise die Brückenechse *Sphenodon punctatus* von Neuseeland, Vertreter einer erdmittelalterlichen Reptilienordnung, die madagassische Frettkatze *Cryptoprocta ferox,* ein ursprüngliches Raubtier, sowie der Schlitzrüssler *Solenodon* von Kuba und Santo Domingo, Abkömmling einer Insectivorengruppe aus dem Alttertiär. Daß auch altertümliche Tiergruppen im Schutz der Isolation sich zu bedeutender Vielfalt entwickeln können, zeigen die Borstenigel Tenrecidae und die Lemuren Madagaskars, die mit ihren 51 Arten und den drei Schleichkatzen – abgesehen von den Fledertieren – die ganze madagassische Säugetierfauna ausmachen und sämtliche für Säugetiere zugänglichen Nischen besetzen.

Gefährlichster Eindringling in Inselwelten ist der Mensch mit seinen Begleitern. Als polynesische Stämme vor 1'100 Jahren Neuseeland zu besiedeln begannen, fanden sie an größerem Wild nur die Moas (Dinornithes) vor, eine Gruppe straußenähnlicher Rennvögel, deren größte Art drei Meter hoch wurde, während die kleinsten kaum größer als Hühner waren. Durch Overkill und ausgedehnte Brandrodung wurden alle Moas ausgerottet; die letzten dürfte kurz vor Cooks erstem Besuch auf Neuseeland im Jahre 1769 ihr Schicksal erreicht haben. Ein ähnliches Los traf die Elefantenvögel Aepyornithes von Madagaskar, die auch kurz vor dem Eintreffen der Europäer verschwanden. Noch weit drastischer als in Neuseeland wirkte sich als Sekundärfolge menschlicher Invasion die Waldzerstörung aus. Nachdem die Insel einst nahezu total mit Regenwald und Trockenwald bedeckt war, wurden durch Brandrodung, Wanderfeldbau und später Brandweidewirtschaft 90% der ursprünglichen Vegetation zerstört.

Treuester Begleiter des explorierenden Menschen war die Wanderratte *Rattus norvegicus*. Wo immer Schiffe anlegten, trat über kurz oder lang die Ratte auf und begann ihr zerstörerisches Werk. In erster Linie fielen ihr die Eier und Jungen bodenbrütender Vögel, Kleinsäugetiere, Reptilien und Lurche zum Opfer, unter anderem neun inselbewohnende Rallenarten.

Verwilderte Haustiere sind nicht minder gefährlich als Ratten. So bedrohen verwilderte Hausschweine die Bodenfauna mancher Tropeninsel. Der Kagu *Rhinochetos jubatus,* ein flugunfähiger Verwandter der Kraniche auf Neukaledonien, existiert heute infolge Bedrohung seiner Bodengelege durch verwilderte Hausschweine und Haushunde nur noch in wenigen Exemplaren.

Womöglich noch gefährlicher als die Schweine sind verwilderte Hunde und Katzen. Wo sie ihr Unwesen treiben, sind ganze Faunen bedroht, so auf den Auckland-Inseln und auf Hawaii.

Die schlimmsten verwilderten Haustiere aber sind meines Erachtens die Ziegen. Diese gefräßigen Tiere sind die ärgsten Vegetationszerstörer. Mit ihrer Vorliebe für junge Pflanzenschosse verhindern sie die natürliche Verjüngung des Waldes und können im Laufe der Zeit eine Waldvegetation in eine Steppe verwandeln. So haben Ziegen den Vegetationscharakter großer Landschaften zerstört und ihre Fauna indirekt vernichtet. Ganzen Inseln droht heute dieses Schicksal, so den Galapagosinseln mit ihrer bemerkenswerten Fauna, der Kusaie-Insel und Tristan da Cunha im südlichen Atlantik.

Zahllos sind die Fälle, wo der Mensch absichtlich Tiere in ein neu entdecktes Gebiet einführte. Fast immer endeten solche Versuche mit einer Katastrophe für die ursprüngliche Fauna, oder sie mißlangen.

1820 wurden in Australien Kaninchen ausgesetzt. Da diese Tiere im Land der Beuteltiere keine natürlichen Feinde vorfanden, vermehrten sie sich bald millionenfach und wurden zu einer wahren Landplage. Um sie zu bekämpfen, setzte man später Füchse aus Europa aus. Die Füchse hielten sich aber nicht, wie vorgesehen, an die flinken Kaninchen, sondern sie stellten den wehrlosen Beuteltieren nach. Der Fuchs hat zusammen mit verwilderten Hauskatzen und Hunden bereits neun Beuteltierformen Australiens ausgerottet, und vierzehn weitere sind unmittelbar bedroht.

Auf mehreren westindischen Inseln setzte man zur Bekämpfung der Ratten und Schlangen Mungos und Mangusten aus. Diese kleinen Schleichkatzen vernichteten innert kurzer Zeit die ganze Bodenfauna, so auf Jamaica.

Die anpassungsfähigen Ratten aber, um deretwillen man die Räuber eingeführt hatte, entzogen sich der Gefahr, indem sie sich auf das Baumleben
spezialisierten und ihrerseits die baumbrütenden Vogelarten verfolgten.
Nachdem die Mungos die natürliche Bodentierwelt ihres neuen Lebensraumes vernichtet hatten, begannen sie, den Haushühnern der Eingeborenen
nachzustellen. Sie sind heute zur Landplage geworden.

Auf der St.-Christopher-Insel wurde eine kleine Finkenart sogar durch
eine eingeführte Affenform *Cercopithecus äthiops* ausgerottet.

Das klassische Land der Faunenfälschungen aber ist Neuseeland. Die in
einer gemäßigten Klimazone liegenden Inseln wurden intensiv von Europä-
ern kolonisiert, und im Laufe der Zeit wurden alle denkbaren Arten von
Tieren eingeführt, teilweise als Jagdwild, teilweise aus unüberlegter Spielerei.
Zehn verschiedene Hirscharten, Lamas, Zebras, Gnus, Blauschafe, Gemsen,
Steinböcke, Nilgauantilopen, Känguruhs, Waschbären, Wiesel, Feldhasen,
Kaninchen und Igel, aber auch zahlreiche Vögel wie Kanadagänse, Schwar-
zer und Weißer Schwan, Stockenten, Steinkauz, Jagdfasan, Virginiawachtel,
Zwergwachtel, Schopfwachtel, Steinhuhn, Pfau, Perlhuhn, Truthuhn, Felsen-
tauben, Lachtauben und zahlreiche Singvögel wurden eingebürgert. Daß eine
derartige Faunenfälschung verheerende Folgen für die einheimische Vegetation, aber auch für die ursprüngliche Tierwelt Neuseelands haben mußte, ist
klar. So sind denn in diesem Inselgebiet seit seiner Besiedlung durch die
Weißen mindestens zwei Dutzend Vogelformen ausgerottet worden. Andere,
wie das gänsegroße Riesenbläßhuhn *Notornis,* überleben nur noch in win-
zigen Reliktbeständen.

Stellvertretend für das Schicksal vieler anderer Inselwelten sei hier die
Entdeckung und Besiedlung der Maskareneninseln Mauritius, Réunion und
Rodriguez im Indischen Ozean angeführt. Die Zivilisationsgeschichte dieser
Inseln stellt keinen Einzelfall dar; zahlreiche andere Inseln, etwa die Antil-
len, erlebten ähnliche Schicksale. Vor ihrer Entdeckung waren die Maskareneninseln weder von Menschen noch von Säugetieren bewohnt. Die dicht-
bewaldeten Inseln beherbergten eine vielfältige Vogelwelt. Im Jahre 1505
werden die Inseln von einem portugiesischen Seefahrer entdeckt. Mit den
ersten Seeleuten gehen ihre treuesten Begleiter, die Schiffsratten, an Land. Da
Raubtiere fehlen, vermehren sich die Ratten enorm und bedrohen die
ursprüngliche Inselfauna.

Der eigenartigste Bewohner der Maskareneninsel Mauritius ist der Dodo
Rhaphus cucullatus, eine truthahngroße Taube. Er kennt keine Scheu vor dem
Menschen. Seine Flügel sind zu bedeutungslosen Stummeln zurückgebildet.
Um die Mitte des 16. Jahrhunderts legen an den Inseln regelmäßig Ost-
indienfahrer an, um sich zu verproviantieren. Für sie bildet der Dodo eine
willkommene Bereicherung des Speisezettels. In großer Zahl werden die
"lebenden Fleischtöpfe" mit auf die Schiffe genommen und dort verspeist. Im
Jahre 1598 werden die Inseln holländische Strafkolonie. Die ausgesetzten
Sträflinge bringen Schweine mit, die zum Teil verwildern. Zusammen mit

	Säugetiere	Vögel
Kontinente		
• Afrika	11 (10/1)	0
• Asien	11 (9/2)	6
• Australien	22 (0/22)	0
• Europa	7 (6/1)	0
• Nordamerika	22 (17/5)	8
• Südamerika	0	2
• Total	73 (42/31)	16
• *Pelagisch*	1 (1/0)	0
• *Inseln*		
• Kontinental		
• Afrika	0	2
• Asien	4 (4/0)	0
• Australien	0	2
• Nordamerika	4 (3/1)	3
• Ozeanisch		
• Pazifik		
• Galapagos	4 (0/4)	0
• Baja California Inseln	0	8
• Hawaii	0	24
• Neuseeland	0	16
• Chatham	nicht vorhanden	5
• Lord Howe	0	8
• Norfolk	nicht vorhanden	6
• Cebu (Philippinen)	0	11
• Bonin Ryukyu	0	10
• Andere	0	21
• Indischer Ozean		
• Madagaskar	1 (0/1)	2
• Weihnachts	3 (0/3)	0
• Maskarenen	0	14
• Seychellen	0	2
• Atlantik		
• West Indies	22 (0/22)	15
• Andere	1 (0/1)	5
• Mittelmeer	2 (0/2)	1
• Total sämtliche Inseln	41 (7/34)	155
• Total sämtliche Orte	115 (50/65)	171

Tabelle 2: Arten und Unterarten von Säugetieren und Vögeln, ausgestorben seit 1600.
() = Anzahl großer Säugetiere bis 44 kg; / Anzahl kleiner als 44 kg
(Quelle: MARTIN et al. 1984)

den Ratten vernichten die Schweine die Gelege des bodenbrütenden Dodo.
20 Jahre später ist der Dodo bereits eine zoologische Seltenheit, um 1681 ist die
Art ausgerottet. Wir besitzen nicht einmal einen Balg dieses Vogels. Nur
anhand einiger Knochen und zeitgenössischer Abbildungen auf niederländi-
schen Stilleben können wir uns heute ein Bild vom Dodo machen.

Doch die Leidensgeschichte der Maskarenen geht weiter. Im 18. Jahrhundert werden die Wälder systematisch gerodet. Zahlreiche Waldvögel
verlieren ihren Lebensraum, unter ihnen der weiße Star *Fregilupus varius*. Im
19. Jahrhundert sind die Inseln total mit Zucker- und Teepflanzungen bedeckt.
1835 wird der letzte Fregilupus beobachtet; nur zwei Museumspräparate existieren von ihm. Mensch, Ratte und Schwein hatten ganze Arbeit geleistet. Von
45 ursprünglichen Vogelarten der Maskarenen sind 24 ausgerottet.

Daß dem modernen Menschen bis jetzt **nur** 130 Vogel- und Säugetierarten
zum Opfer fielen, mag erstaunen, gibt aber ein falsches Bild von der tatsäch-
lichen Situation. Erst die Durchsicht der sich laufend vergrößernden Listen
stark bedrohter Arten, die heute über 1000 Vogelarten und etwas mehr Säugetierarten enthalten, macht die Dramatik und die Ausweglosigkeit unserer
Situation bewußt. Von vielen dieser Formen läßt sich der heutige Bestand nur
noch in Promillen der früheren Population angeben, und ihr Lebensraum ist
auf Prozente seiner einstigen Ausdehnung zusammengeschrumpft. Daß
Arten mit derart reduzierten Restbeständen trotzdem noch nicht verschwunden sind, beruht darauf, daß oft in letzter Minute verzweifelte Versuche zu
ihrem Schutz unternommen werden. Die Chancen, daß aus solchen Rest-
populationen je wieder überlebensfähige Artbestände werden könnten, sind
minim, da die von diesen Arten benötigten Lebensräume oft gar nicht mehr
vorhanden sind.

9. Die Tierwelt im aktuellen Szenenwechsel

Die jüngere Faunengeschichte der Schweiz ist gekennzeichnet durch teils
kontinuierliche, teils abrupte Wechsel der Umweltszene von einer einst vom
Wald dominierten Naturlandschaft über eine integrierte Kulturlandschaft zu
einem Produktions-, Aktivitäts- und Wohnsubstrat des Menschen. Nimmt
man die Artenvielfalt zum Kriterium biologischer Qualität, so bedeutet diese
Entwicklung zwar nicht stetig fortschreitende Verarmung. Verglichen mit
dem "Urzustand", der nahezu totalen Waldbedeckung, zeigte wahrscheinlich
die Kulturlandschaft der ersten Hälfte des 19. Jahrhunderts mit extensiv genutzten Weideflächen, ausgedehnten Brachen, verbreiteten Feldgehölzen, zur
Streuegewinnung genutzten Riedwiesen, Tümpeln und Stauteichen und erst
mäßig korrigierten Gewässern die größte Biodiversität in unserem Land seit
dem ausgehenden Pliozän.

Nicht nur über die Kulturlandschaft hat der Mensch eine große Zahl
neuer Nischen geschaffen, sondern auch mit dem Siedlungsbau, und da zeigt

sich ein wesentlicher Unterschied zu der im Beitrag von E. Landolt (in diesem Buch) geschilderten Situation der Pflanzen. Eine sessile Pflanze übt alle ihre Lebensfunktionen an einem Ort aus, während bei Tieren in der Regel Nahrungssuche, Schlafen und Fortpflanzung an verschiedenen Örtlichkeiten stattfinden. Für viele Tiere, vor allem solche mit Brutpflege, ist deshalb ein spezifisch strukturierter "Wohnraum" mindestens so wichtig wie ein ausreichendes Nahrungsangebot, das auch über größere Distanz aufgesucht werden kann.

So ist es nicht verwunderlich, daß menschliche Siedlungen für viele Tiere ein sehr attraktives Wohnangebot darstellen, nicht nur für extreme Kommensalisten wie Ratte und Hausmaus. So haben bei uns Alpensegler, Mauersegler und Turmdohle ihre Brutstandorte im natürlichen Fels fast total zugunsten von "Kunstfelsen", dem Gemäuer von Türmen und Häusern, aufgegeben und zwar so gründlich, daß sie bei Wegfall dieser Nistgelegenheiten nicht mehr zu den natürlichen Brutplätzen in den Bergen ausweichen.

Intensiv von Tieren genutzt sind Dachböden, Estriche, Schöpfe und Zwischenräume hinter Holzverkleidungen z.B. vom Steinmarder, Siebenschläfer, von zahlreichen Fledermäusen, der Schleiereule und vom Hausrotschwanz. Daß auch bestimmte Pflanzungen wie Obstbau mit Hochstammbäumen, Friedhöfe und Parks, oft mit fremdländischen Bäumen und Heckenpflanzen, vor allem wegen ihres Angebots an Nistgelegenheiten Vögel bis tief in den Siedlungsbereich hinein anziehen können, ist bekannt.

Die Wende zum Schlimmen, der Umbau der fein gegliederten, etablierten Kulturlandschaft mit ihrer reichen Fauna, setzte im letzten Jahrhundert ein mit der Verdrängung der naturnahen Waldgesellschaften durch gezielte Förderung der im Mittelland standortfremden Fichte, mit den großen Gewässerkorrekturen und Uferverbauungen, gefolgt vom Meliorationsfieber in diesem Jahrhundert, dem ausgedehnte Riedlandschaften sowie ungezählte Feuchtstandorte und Feldgehölze zum Opfer fielen. In der Nachkriegszeit schließlich führte die Umstellung der Landwirtschaft auf Intensivproduktion zu einer Umwandlung des größten Teils des Offenlandes in biologisch wertlose Produktionsflächen, verbunden mit der Ghettoisierung der verbleibenden natürlichen Lebensgemeinschaften.

Was das Überleben im Ghetto betrifft, so verhalten sich nicht nur Pflanzen und Tiere verschieden, sondern im Grunde genommen bringt jede Art unterschiedliche Voraussetzungen für eine Existenz im miniaturisierten Lebensraum mit sich. Sessile Pflanzen und wenig mobile Tiere wie kleine Landschnecken können gut in Kleinstrefugien überdauern. Gute Chancen haben auf der andern Seite Tiere, die in der Lage sind, ihre Nahrung auch weitab von ihrem Neststandort zu suchen wie Segler, die während einer Schlechtwetterperiode kurzfristig auf die Alpensüdseite ausweichen können, oder Fledermäuse, deren Jagdgründe kilometerweit von der Schlafstelle oder der Wochenstube entfernt liegen können. Am schwierigsten stellt sich die Ghettosituation für Tiere, bei welchen z.B. das Fortpflanzungsgebiet und das

Ernährungsgebiet möglichst aneinandergrenzen sollten, z.B. für Amphibien. Was nützt dem Grasfrosch ein noch so liebevoll hergerichteter Laichtümpel, wenn dieser inmitten von Kunstwiesen und Maisfeldern liegt, die ihm keinerlei Nahrung bieten, oder wie kann eine Erdkrötenpopulation überleben, wenn sie durch dicht befahrene Straßen von ihrem Laichgebiet getrennt lebt. Hohe Ansprüche stellen auch Reptilien an ein Ghetto, da dieses ihnen genügend Verstecke, Besonnungsfläche und ein ausreichendes Nahrungsangebot bieten muß.

Langzeitprognosen für das Überleben von Lebensgemeinschaften in Klein- und Kleinstrefugien zu stellen ist müßig, denn ein Refugium bietet Zuflucht auf Zeit; irgendwann müssen seine Bewohner sich wieder über seine Grenzen hinaus verbreiten können, und dafür gibt es in unserem Land einige hoffnungsvolle Ansätze wie das Umdenken über die Bedeutung des Waldes und der immer deutlicher vernehmbare Ruf nach einer Re-Extensivierung der Landwirtschaft.

Neben dem Überleben im Refugium, das einem Lebewesen das Überleben unter den angestammten Bedingungen ermöglicht, sichern sich andere Arten ihre Existenz durch Anpassung an neue Gegebenheiten. Auf geradezu phänomenale Art zeigt uns dies der Fuchs, der innert einem Jahrzehnt unsere Städte erobert hat, oder die verwilderten Haustauben, Abkömmlinge der Felsentaube, die sich im Zürcher S-Bahnhof angesiedelt haben und ein Leben vollständig unter Tag fristen.

Schwer zu deuten ist die Tatsache, daß heute nicht nur in einem erschreckenden Ausmaß Tierarten selten werden und verschwinden, sondern daß andererseits selten gewordene Formen wieder häufiger werden und sogar neue Arten bei uns auftauchen. So sind Habicht und Sperber, vor einigen Jahren noch Ausnahmeerscheinungen, in den letzten Jahren recht häufig geworden, und der Rote Milan, den zu sehen man früher größere Reisen unternahm, ist vielerorts eine alltägliche Erscheinung geworden. Noch nicht ausgedeutet ist das Massenauftreten des Kormorans bei uns, während man das regelmäßige Auftreten früher sehr seltener Entenarten als Wintergäste auf unseren Seen mit der bei uns eingeschleppten Wandermuschel *Dreissena* in Zusammenhang bringen kann. Die Frage, ob wir solche faunistische Turbulenz als gutes Omen oder als Menetekel deuten sollen, wird die nähere Zukunft entscheiden müssen.

10. Ausblick

Wer sich mit der Biologie oder besser Antibiologie des oft tabuisierten und immer wieder verdrängten Grundproblems unserer Zeit, der jeden Rahmen sprengenden Massenvermehrung der Art Homo sapiens, beschäftigt, kann die Zeichen an der Wand nicht mehr übersehen. Wir und die nächsten zwei bis drei Generationen werden Zeugen eines der großen Massenaussterben sein, wie sie aus der Erdgeschichte bekannt sind, allerdings in tausendfacher Zeitraffung, aber auf ähnlichen Kausalitäten beruhend: Globalen Klimaveränderungen, starker Vergrößerung der unbewohnbaren und unbelebbaren Land- und Meereszonen, fortgesetzter Zerstörung zahlreicher feinstens eingespielter Lebensgemeinschaften sowie andauerndem Overkill.

Bald einmal dürfte sich zeigen, ob sich der Mensch tatsächlich durch die Fähigkeiten der Einsicht und einer auf dieser beruhenden Konsequenz des Handelns von der übrigen Welt der Organismen abhebt, oder ob seine abschließende Exklusivität in seiner Selbstzerstörung liegen wird.

Literaturverzeichnis

DARLINGTON, P.I. (1957): Zoogeography. John Wiley, New York. 375 S.

LANDOLT, E. (1995): Pflanzen in der Stadt. Das Verhalten der Pflanzen gegenüber menschlichen Einwirkungen. In: Hj. Büchi, M. Huppenbauer (Hrsg.): Autarkie und Anpassung. Westdeutscher Verlag, Wiesbaden (in diesem Buch).

MARTIN, P.S.; KLEIN, R.G. (1984): Quarternary Extinctions, a Prehistoric Revolution. The University of Arizona Press, Tucson. 892 S.

STANLEY, M. (1988): Krisen der Evolution. Spektrum der Wissenschaft, Heidelberg. 246 S.

ZISWILER, V. (1965): Bedrohte und ausgerottete Tiere. Springer, Heidelberg. 134 S.

- ders. (1967): Extinct and Vanishing Animals. A biology of extinction and survival, The Heidelberg Science Library 2, 1-133. Springer, New York.

- ders. (1981): Kapitel Tiergeographie in "Biologie", 2.-5. Aufl., Springer Heidelberg, New York, 829-854.

- ders. (1993): Die Biologie des Verschwindens. Universitas 48, 575-588.

Pflanzen in der Stadt

Das Verhalten der Pflanzen gegenüber menschlichen Einwirkungen

Elias Landolt

Zusammenfassung

Die menschlichen Einwirkungen auf Pflanzen sind quantitativ und qualitativ sehr unterschiedlich. Menschliche Eingriffe verändern die Lebensräume sehr stark und können für die Pflanzen gefährlich werden. Auf der anderen Seite sind die Pflanzenarten anpassungsfähig gegenüber Umweltänderungen und können neuartige Lebensräume nach kurzer Zeit besiedeln. Dabei reagieren sie auf starke Eingriffe oft mit der Bildung von neuen Rassen oder Arten. Einige der Aspekte der menschlichen Einwirkungen auf die Pflanzen werden am Beispiel der Flora der Stadt Zürich erläutert:
1. In einer Stadt erhöht der Mensch unbeabsichtigt die Zahl der ökologischen Nischen. Dies erlaubt Arten, die im Landwirtschaftsgebiet keine Möglichkeit mehr haben, günstige Standorte vorzufinden, obwohl die Bedingungen in der Stadt oft schwierig sind.
2. Die ökologischen Nischen in der Stadt sind meist klein und isoliert. Viele spezialisierte Arten sind deshalb in zahlreiche kleine Populationen aufgeteilt, die nur wenig Überlebenschancen haben.
3. Durch Gartenbepflanzungen und weltweite Handelsbeziehungen haben Tausende von exotischen Arten die Stadt erreicht. Einige davon fanden günstige Bedingungen und konnten sich nach dem Aufbau genügend großer Populationen ausbreiten und ökologische Nischen besiedeln, die bisher von einheimischen Arten nicht völlig besetzt waren. Die oftmals starke Isolation vieler Nischen hält die Konkurrenz einheimischer Arten in Grenzen und erhöht die Überlebenschancen. Auf der anderen Seite können wenig konkurrenzfähige einheimische Arten durch Neuankömmlinge verdrängt werden.
Durch wenige, finanziell nicht aufwendige Maßnahmen und durch vermehrte Toleranz gegenüber der Natur kann die Lebensmöglichkeit für viele Arten weiter erhöht werden.

1. Einleitung

Die Technisierung der menschlichen Tätigkeit, die maßlos gesteigerten Ansprüche der Individuen und der Industriegesellschaft der Umwelt gegenüber und das exponentielle Wachstum der Bevölkerung auf der ganzen Erde haben die Natur in den letzten Jahren zunehmend eingeschränkt. Wir stellen Veränderungen der Ökosysteme auf der ganzen Welt fest, die bis zur völligen

Zerstörung führen. Die Stabilität des gesamten Systems ist in Gefahr, und wir bekämpfen zwar vielerorts die Symptome unserer Eingriffe, unternehmen aber fast nichts, um die Situation in den Griff zu bekommen und die Ursachen der verhängnisvollen Entwicklung auszuschalten.

In diesem Text interessieren uns besonders das Verhalten und die Reaktionen der Pflanzen auf die zunehmend intensiveren Eingriffe. Dabei sehen wir von der weltweiten und folgenschweren direkten und indirekten Bedrohung durch den Menschen wie großmaßstäblichen Zerstörung der Wälder und Böden, Luftverschmutzung und langfristigen Klimaänderungen ab, weil der Einzelne direkt wenig zur Lösung dieser Probleme beitragen kann. Nur über die Wahl der geeigneten Politiker und durch den Verzicht auf einen Teil unserer Ansprüche an die Umwelt besteht die Möglichkeit eines persönlichen Beitrages zur Besserung der Situation. Die langfristige Entwicklung der Lebewelt und die schwerwiegenden Eingriffe des Menschen auf die biologische Vielfalt werden von ZISWILER (1995, in diesem Buch) anhand der Fauna aufgezeigt. Seine Ausführungen können, abgesehen vom Fehlen eines prähistorischen Overkill-Effektes im Bereich der Pflanzen, weitgehend für die Flora übernommen werden.

Die Verhältnisse im Kleinen unterscheiden sich wesentlich von den großflächigen Einwirkungen. In unserer Umgebung ist die Welt noch einigermaßen übersichtlich; mit einigem Wissen können wir die Wirkung unserer Eingriffe abschätzen und sie allenfalls mildern oder in andere Richtungen lenken. In unserer Umgebung fühlen wir uns auch direkt für unser Tun verantwortlich (oder sollten es zumindest).

Die Stadt ist ein hervorragendes Beispiel, um den vielfältigen und intensiven Einfluß des Menschen in seiner engsten Umgebung und das Verhalten der Pflanzen aufzuzeigen. Der Mensch will in erster Linie seine Lebensabläufe erleichtern. Die Stadt soll ihm die dazu nötige Infrastruktur für ein bequemes soziales und individuelles Leben geben. Sie dient zum Wohnen, zum Arbeiten, zur Freizeitverbringung. Gegenüber der ländlichen Umgebung soll sie sich bewußt abheben; die Natur wird gezielt auf ganz wenige, dafür vorgesehene Orte beschränkt: gepflegte Gärten und Parks, Friedhöfe, Baumalleen, Balkonschmuck etc. Spontane Natur ist oder war früher unerwünscht; sie gilt als unordentlich und wurde bis vor kurzer Zeit rigoros bekämpft. Heute, wo sie selbst in der Landschaft durch die Intensivierung von Land- und Forstwirtschaft bedrängt wird, kommt auch in der Stadt dafür mehr Verständnis auf. Die Spannung zwischen Ordnungsliebe und frei sich entfaltender Natur, zwischen pflegeleichter, eintöniger Gartenvegetation und bunter Blumenwiese, zwischen sauberen, asphaltierten Hinterhöfen und verunkrauteten Spielplätzen spürt man überall. Sie zeigt unsere zwiespältige Einstellung gegenüber der Natur und gegenüber den Pflanzen, die uns zwar nützen sollen, deren rasche Ausbreitung und Wucherung uns aber lästig erscheinen.

Wie reagieren nun die Pflanzen auf die vielfältigen Einflüsse der Stadt, wie auf die Bedrängung durch den Menschen? Was können wir zur Erhaltung und Förderung einer lebendigen artenreichen Stadt beitragen? Bevor wir uns diesen Fragen zuwenden, soll das Verhalten der Pflanzen im allgemeinen etwas näher beleuchtet werden.

2. Die Pflanzen und ihre Umgebung

2.1. Stellung im Ökosystem

Die Pflanzen nehmen als *Produzenten* im Ökosystem eine zentrale Rolle ein. Ihr Verhalten gegenüber ändernden Umweltfaktoren ist deshalb entscheidend für die Stabilität des Ökosystems. Umgekehrt kann ihr Verhalten nicht unabhängig von den anderen Bestandteilen des Ökosystems betrachtet werden. Eine Änderung beispielsweise des Klimas hat zwar einen Einfluß auf das Gedeihen, das Wachstum und die Fortpflanzung der Pflanzen, wirkt aber auch auf die anderen Lebewesen und damit auf die Konkurrenzbedingungen und auf die Bodenentwicklung im Ökosystem. Welche Organismen schlußendlich überleben, ist oft schwer vorauszusagen, wenn die Änderungen nicht so groß sind, daß sie die physiologische Amplitude der Pflanzen sprengen.

Für das Überleben und optimale Gedeihen der Pflanze ist weniger die Einzelpflanze als die *Population* wichtig. Die Population ist die Summe aller an einem Ort miteinander vorkommenden und Gene austauschenden Individuen. Eine Population ist im allgemeinen variabel in bezug auf ökologisch wichtige Eigenschaften. Falls eine Änderung der Bedingungen eintritt, werden einzelne Individuen zwar verschwinden, andere, die ökologisch den neuen Begebenheiten angepaßt sind, aber bevorzugt. Jede über längere Zeiträume überlebende Population muß in bezug auf ökologische Eigenschaften genetisch variabel sein, um sich auf die stets wechselnden abiotischen und biotischen Bedingungen einzustellen. Sie muß also eine Mindestgröße haben.

2.2. Besiedlung von offenen Räumen; Sukzession

Offener Raum im Sinne von SCHLÜCHTER (1995, in diesem Buch) ist zumindest teilweise frei von Lebewesen und wird zuerst von Pionierpflanzen besiedelt. Er entsteht natürlicherweise durch starke Einwirkung bestimmter Faktoren wie Brand, Erdrutsch, Lawine, Vulkanausbruch usw. auf das bereits bestehende Ökosystem. Die meisten Arten werden mitsamt ihrer biotischen Umgebung und dem entstandenen Boden durch diese Einwirkungen zerstört.

Pionierpflanzen sind sehr anpassungsfähig und stellen wenig Ansprüche an ihre Umgebung. Sie weisen eine sogenannte r-Strategie auf: rasche Ausbreitungsmöglichkeit über größere Distanzen, rasches Wachstum, hohe Fortpflanzungsrate, aber geringe Lebensdauer, geringe Höhe, hoher Lichtbedarf. Jede Art, die unter den neuen Bedingungen wachsen kann und imstande ist, den offenen Raum rasch zu besiedeln, ist erfolgreich. Pioniergesellschaften sind deshalb in Gebieten, wo sie häufig auftreten, artenreich. Sie sind einfach aufgebaut. Werden sie durch äußere Einwirkungen zerstört, können sie sich relativ rasch wieder regenerieren. Die einzelnen auftretenden Arten bilden in kurzer Zeit neue Populationen auf mit einer relativ großen ökologischen Variationsbreite. Der rasche Wechsel von großen und kleinen Populationen ist charakteristisch für Pionierarten.

Durch Überwachsen des Bodens und Bildung von Humusstoffen verändern Pionierarten die Lebensbedingungen am Ort, wo sie leben, in Richtung von ausgeglichenerem Temperatur-, Wasser- und Nährstoffhaushalt. Sie erlauben damit auch Pflanzen Fuß zu fassen, die größere Ansprüche an ihre Umgebung stellen und keine oder nur wenige Pioniereigenschaften aufweisen. Solche Arten operieren vermehrt mit einer k-Strategie, d.h. sie wachsen langsam, haben im allgemeinen wenig Nachkommen und sind langlebig, können aber die Pionierpflanzen überwachsen und mit der Zeit verdrängen, da sie mit wenig Licht auskommen. Nur wenige Arten besitzen ausschließlich Eigenschaften der r- oder der k-Strategie. Die meisten kombinieren beide Strategien in unterschiedlichster Weise.

Pflanzengesellschaften, die unter den gegebenen großklimatischen Bedingungen auf einer bestimmten Gesteinsunterlage am Schluß entstehen, bezeichnen wir als Klimaxgesellschaften, ihre Arten (mit k-Strategie) als *Klimaxarten*. Klimaxökosysteme sind großflächig relativ stabil und entwickeln sich unter den gegebenen großklimatischen Bedingungen nicht mehr weiter. Kleinflächig ist allerdings eine zyklische Entwicklung oft zu beobachten. Die Klimaxsysteme können im allgemeinen auf ungewöhnliche äußere Eingriffe elastisch reagieren bzw. diese abpuffern. Die Konkurrenz- und gegenseitigen Lebensbeziehungen innerhalb dieser Ökosysteme sind aber sehr intensiv. Außer einigen dominanten Arten nehmen die einzelnen Taxa relativ enge ökologische Nischen ein, in denen sie erfolgreich konkurrieren und überleben können.

Wird ein Klimaxökosystem aber einmal durch größere äußere Einwirkungen zerstört, so geht es meist Jahrhunderte, bis es wieder neu aufgebaut ist. Im allgemeinen entsteht zuerst wieder ein Pionierökosystem. Populationen von Arten der Klimaxgesellschaften können zwar in ihrer Größe auch variieren, aber meist bedeutend weniger oder dann mit einer regelmäßigen Periodizität. Die Entwicklung von der Pioniergesellschaft bis zur Schlußgesellschaft, die sich unter den bestehenden Bedingungen nicht mehr weiter entwickelt, bezeichnet man als *Sukzession*.

2.3. Änderungen der Umweltbedingungen und Evolution

Umweltbedingungen sind seit jeher zum Teil recht massiven Änderungen unterworfen. Gerade solche *Änderungen sind für die Evolution der Organismen sehr wesentlich.* Wird eine Art an verschiedenen Orten ihres Areals verschiedenen Bedingungen unterworfen oder ändern sich an einem Ort die Bedingungen, so findet innerhalb der Populationen an den einzelnen Orten eine Auslese statt; die Population wird optimal an die anderen oder neuen Bedingungen angepaßt. Auf diese Weise entstehen Populationen mit unterschiedlichen Eigenschaften, die sich bei genügender gegenseitiger Isolierung zu selbständigen taxonomischen Einheiten entwickeln können.

Bei kleinen Änderungen findet die Anpassung nur in wenigen Eigenschaften statt, die Selektion wirkt langsam, und die neuen Einheiten sind oft schwierig zu erkennen. Anders ist es bei plötzlichen Änderungen, sogenannten Katastrophen. Die Einwirkungen, z.B. ein Meteoriteneinschlag, ein Vulkanausbruch, eine Überschwemmung oder eine deutliche und rasche Klimaänderung, zerstören die bisherige Lebewelt zum größten Teil. Es ensteht ein offener Raum, der von einzelnen Überlebenden neu besiedelt wird. Da die Konkurrenz klein ist, sind neu ankommende Arten imstande, ihre Individuenzahl sehr rasch zu vergrößern und große genetische Variationsbreiten ihrer Merkmale aufzubauen, die dann in den verschiedenen neuen ökologischen Nischen unterschiedlichen Selektionen unterliegen. Auf diese Weise können sehr rasch und gut erkennbar neue Einheiten entstehen.

Die auch ohne menschliches Zutun stets ändernden Bedingungen haben dazu geführt, daß Arten langfristig nur überleben, wenn sie in ihren ökologischen Eigenschaften genügend variabel sind und sich durch die Selektion rasch anpassen lassen.

2.4. Wanderungsmöglichkeiten und Isolation

Für die Biodiversität an einem Ort spielt einerseits die Vielfalt der vorhandenen ökologischen Nischen eine Rolle, andererseits aber auch das genetische Potential der vorhandenen Lebewesen und die Zugänglichkeit des Ortes. Je länger ein Ort mit seinen Nischen besteht und je besser zugänglich er ist, desto vielfältiger wird seine Lebewelt sein. Zugänglichkeit für einen Ort, d.h. die Einwanderungsmöglichkeit von umliegenden Gebieten, ist dann gegeben, wenn die Abstände zwischen den besiedelbaren Biotopen nicht größer sind als die weitest mögliche Ausbreitungsdistanz für Diasporen (Ausbreitungseinheiten) der entsprechenden Art. Bei Inseln im Meer oder bei voneinander durch Tiefländer getrennten Gebirgen kann die Distanz zum nächsten möglichen Lebensraum von den meisten der dort vorkommenden Arten nicht übersprungen werden. Wir sprechen dann von *geographischer*

Isolation. Diese Isolation ist für verschiedene Arten ganz unterschiedlich ausgeprägt. Arten mit großer ökologischer Amplitude und mit weiten Ausbrei-
tungsdistanzen kennen keine großen geographischen Barrieren; sie kommen
über weite Gebiete vor, und ihre Populationen stehen miteinander in Kontakt.
Dazu gehören Arten, die durch den Wind verbreitet werden und entweder
sehr kleine Samen haben (z.B. Orchideen) oder gute Einrichtungen für die
Windverbreitung besitzen (z.B. Haare bei den Samen der Weiden) oder aber
durch Vögel herumgetragen werden (entweder im Gefieder klebend oder im
Darmtrakt transportiert). Areale von Arten mit enger ökologischer Amplitude,
deren Ausbreitungseinheiten keine großen Distanzen überwinden können,
sind entweder klein oder sehr stark aufgesplittert. Die Populationen dieser
Arten sind oft individuenarm und stark isoliert. Mangels Genaustausch entstehen morphologische und ökologische Unterschiede in den verschiedenen
Teilarealen. Für zu kleine Populationen besteht auch latente Aussterbegefahr.

Die geographische Isolation gibt also einerseits die Möglichkeit der lokalen oder regionalen Rassen- und Artbildung; andererseits fördert sie das
lokale Verschwinden von Arten wegen der zu kleinen und genetisch zu
wenig variablen Populationen, die zufällig ausgerottet werden oder keine
Möglichkeiten mehr haben, sich allfälligen Veränderungen der Umweltbedingungen anzupassen. Die geographische Isolation ist allerdings nicht die
einzige Art, wie der Austausch von Genen zwischen den Populationen verhindert werden kann. Neben Isolationen geographischer und ökologischer
Art kann dieser auch durch andere Barrieren verunmöglicht werden, wie
verschiedene Blütezeiten, verschiedene Bestäuber, Sterilitätsgene, herabge-
setzte Lebenstauglichkeit der Kreuzungsprodukte usw.

Die Überwindung der geographischen Barrieren durch Ferntransport
oder als Folge von Klimaänderungen bringt divergierende Populationen
wieder zusammen und erlaubt eine Vermischung und Angleichung der
beiden Populationen. Möglicherweise können sich bei der Zusammenführung von verwandten Taxa und nachfolgender Bastardierung aber auch
erfolgreiche Neukombinationen bilden, die bei gleichzeitiger Entstehung von
Barrieren (zur Verhinderung der Rückkreuzung und genetischer Durch-
ischung) neue ökologische Nischen besiedeln und zur Entstehung von neuen
Rassen oder Arten führen. Eine Zusammenführung getrennter Populationen
führt aber in jedem Fall zu mehr oder minder starken Strukturanpassungen
in den Ökosystemen. Die katastrophalen Folgen für bestehende Arten und
Ökosysteme durch die Überwindung dieser Barrieren im Gefolge des
Menschen werden von Ziswiler (in diesem Band) eindrücklich dargestellt.

2.5. Einwirkungen des Menschen in Mitteleuropa

Ursprünglich übte der Mensch mit damals relativ geringer Besiedlungsdichte
nur wenig Einfluß auf die Pflanzen aus. Das Sammeln von Wurzeln, Blättern

und Früchten für Nahrungszwecke hat sich vielleicht auf die Individuenhäufigkeit, nicht aber auf das Vorkommen oder Verschwinden von Arten ausgewirkt. Sein Einfluß auf die Umgebung unterschied sich nicht wesentlich von jenem anderer Säugetiere.

Erst die Zähmung von Tieren und der damit verbundene Weidebetrieb und der Anbau von Kulturpflanzen haben zu starken Veränderungen von Flora und Vegetationen geführt. Lichtbedürftige Pflanzen konnten sich ausbreiten oder wurden neu eingeschleppt. Den Kulturpflanzen folgten sogenannte Unkräuter, die auf den bebauten Feldern günstige Wachstumsbedingungen fanden und sich in ihrem Lebensrhythmus den Kulturen anpassten.

Charakteristisch für die Bauerntätigkeit des Menschen war die Schaffung vieler neuer ökologischer Nischen und damit Lebensmöglichkeiten wie Trocken- und Naßwiesen, Äcker, Getreidefelder, Rebberge, Hecken, Waldränder, Wegränder, Steinhaufen, Kiesgruben, Brachen, Dorfplätze, Hausumgebungen, Mauern. Da in der Natur oftmals ähnliche Bedingungen herrschten, konnten die Arten sich von dort her einfinden. Sehr oft gab es aber ähnliche Lebensmöglichkeiten nur in anderen (z.B. trockeneren) Gebieten. So wanderten Arten aus weit entfernten Gebieten wie etwa den süd- und osteuropäischen Steppengebieten ein. Wo weder einheimische noch fremde Arten die Nische besetzen konnten, entwickelten sich mit der Zeit neue Einheiten, sehr oft als Folge von Kreuzungen nah verwandter Sippen.

Die Artenzunahme dauerte in der Landschaft bis ins letzte Jahrhundert an. Einer Vielfalt an neuen ökologischen Nischen stand eine Reduktion von natürlicher Vegetation gegenüber, die zuletzt bis auf wenige Urwaldreste in abgelegenen Gegenden und unzugänglichen Berggebieten verdrängt wurde. Durch Drainage, Seenregulierung, Flußverbauungen, Korrektionen, Hangverbau usw. wurden Überschwemmungen, Rutschungen, Erosionen und Lawinen unterbunden und Kulturland gewonnen. Damit verschwand aber jede Dynamik in der Vegetation, die immer wieder offene Räume geschaffen und Sukzessionen eingeleitet hatte. Viele Arten wurden auf diese Weise aus Mitteleuropa verdrängt. Andere fanden Ersatzstandorte in Kiesgruben, auf Schuttplätzen und in Bahnanlagen.

Seit etwa Beginn dieses Jahrhunderts hat die Landwirtschaft die Möglichkeit, Kunstdünger einzusetzen und das Saatgut zu reinigen, was zu großräumig einheitlicheren Verhältnissen und zum Rückgang von spezialisierten Unkräutern und Arten magerer Standorte führte. Mit der Erfindung von Pestiziden wurden viele weitere Arten ausgemerzt und die für die Kulturpflanzen unerwünschte Konkurrenz beseitigt. Damit konnte der Ertrag stark gesteigert werden. Die Nährstoffe im Boden waren nun nicht mehr der wachstumsbegrenzende Faktor. Die Äcker wurden nahtlos aneinandergereiht, bis hart an die Straße oder den Wald gelegt und Hindernisse für die mechanische Bewirtschaftung wie Bäume, Hecken, Bäche, Unebenheiten im Gelände ausgeräumt, was zu einheitlichen und monotonen Landschaften führte. Zum

Zweck einer kurzfristigen Ertragssteigerung wurde auch das Erbgut der Kulturpflanzen genetisch vereinheitlicht. Die Reduktion der Arten- und Genvielfalt beraubte die Ökosysteme weitgehend ihrer Selbstregulation. Die Aufrechterhaltung einer Ertragsfähigkeit auf höchster Stufe verlangt vom Menschen stets intensivere Eingriffe und Stützen.

Aber auch die Forstwirtschaft setzte lange einseitig auf eine Erhöhung des Ertrages und minderte dadurch die natürliche und die durch die bisherige Bewirtschaftung des Menschen bedingte Biodiversität.

Ein dichtes Straßensystem hat der Natur zusätzlichen Raum weggenommen und die einzelnen Lebensgemeinschaften zerstückelt und gegeneinander isoliert. Im Bereich außerhalb von Land- und Forstwirtschaft wurde der Boden flächenhaft versiegelt und die Natur dadurch auf wenige Restflächen zurückgedrängt. Unsere Haltung gegenüber der Natur ist vorwiegend geprägt durch den Grundsatz: "Was uns nützt, wird gefördert, was keinen direkten Nutzen zeigt, ist unnütz oder störend und muß verschwinden".

Die Eingriffe des Menschen auf die Pflanzen sind oft grundsätzlich nicht verschieden von der Wirkung natürlicher Faktoren. Sie sind aber oftmals so rasch, daß sich die Populationen nicht mehr anpassen können und die Arten verschwinden. Die Ausrottung der Arten durch den Menschen geht heute weltweit 3'000 bis 10'000 mal rascher vor sich als das natürliche Aussterben bzw. die Neubildung von Arten (BUWAL 1991).

Das Resultat der menschlichen Eingriffe bei uns ist, daß im östlichen Schweizer Mittelland 5% (das sind 87 Arten) der Pflanzen ausgestorben und fast die Hälfte gefährdet sind (LANDOLT 1991b). Um wenigstens einen großen Teil dieser Arten bei uns zu erhalten, werden, über das ganze Gebiet verteilt, uns geeignet erscheinende Lebensräume, sogenannte Naturschutzgebiete, ausgeschieden. Sie werden nicht nur ausgesondert, sondern auch entsprechend gepflegt und überwacht, sind also Ghetto, Pflegeheim und Museum zugleich.

3. Die Stadt: Ghetto oder Paradies für die Pflanzen ?

3.1. Lebensbedingungen in der Stadt

Die Stadt weist gegenüber umliegenden land- und forstwirtschaftlich genutzten Flächen eine Reihe von Besonderheiten auf. Charakteristisch sind die sehr intensiven menschlichen Eingriffe, die fast alle Lebensfunktionen der Pflanzen beeinflussen. Einige der für die Pflanzen wichtigen städtischen Gegebenheiten sollen im Folgenden erwähnt werden. Eingehendere Beschreibungen der in der Stadt wirkenden Faktoren sind in Lehrbüchern zur Stadtökologie nachzuschlagen (beispielsweise REICHHOLF 1989 oder SUKOPP/WITTIG 1993).

3.1.1. Temperaturhaushalt

Die vielen Bauten und Versiegelungen in der Stadt mit Beton und Asphalt
erwärmen sich an der Sonne und strahlen die Wärme wieder in der Umgebung ab, so daß die Temperaturen an Strahlungstagen im Inneren der Stadt
Zürich um bis über 5 Grad wärmer sind als in der nicht überbauten Umgebung (SCHLATTER 1975; vgl. Abb. 3). Umgekehrt ist an solchen Tagen auch
die Abkühlung in der Nacht geringer, weil die tagsüber durch die Stein-
massen aufgenommene Wärme wieder abgegeben wird und die Abstrah-
lung wegen der ständigen Smogwolke über der Stadt trotz der trockeneren Luft
kleiner ist. Im Winter vermag die aufgeheizte Stadtmasse die tiefen Tem-
peraturextreme zu mildern. Höhere Winter- und Sommertemperaturen sind
an und für sich in unserem Klima für die Pflanzenwelt günstig. Zwar können
einzelne Spezialisten nicht mehr gedeihen. Dem stehen aber eine ganze
Reihe von Einwanderern aus sommerwärmeren und wintermilderen
Gegenden entgegen, die aus Gebieten stammen, wo der Mensch seit
Jahrtausenden intensiv auf die Natur einwirkt, und die deshalb für städtische
Verhältnisse besonders geeignet sind.

3.1.2. Wasser- und Nährstoffhaushalt

Die städtischen Böden sind mehrheitlich aus Aufschüttungen entstanden und
nicht natürlich gewachsen. Sie sind meist flachgründiger und deshalb trok-
kener als natürliche Böden und bis an die Oberfläche mit Basen und Nährstoffen gut versorgt, während unsere Waldböden in der Regel oberflächlich
entbast und deshalb schwach sauer sind. Typisch für städtische Böden ist der
hohe Nährstoffgehalt, der sich über die Jahre durch Abfälle und Luftverschmutzung ansammelt. An bestimmten Orten wie Wegrändern, Kompost-
haufen kann es zu starker Überdüngung kommen. Umgekehrt sind flach-
gründige Böden (z.B. Pflästerungen, Flachdächer, Hinterhöfe) häufig. Da die
Durchwurzelungstiefe dieser Böden gering ist, haben die Pflanzen
manchmal Schwierigkeiten, genügend Nährstoffe und Wasser zu erhalten,
obwohl der Nährstoff- und Wassergehalt pro Bodenvolumen hoch sein kann.
Auf besonderen Böden wie Kiesflächen, Bahnarealen, Flachdächern entwickeln sich trockenheitsertragende Vegetationen mit saisonalem Wachstum oder mit Wasservorratsorganen wie Zwiebeln oder sukkulenten Blättern.

3.1.3. Lichtverhältnisse, offene Räume

Im allgemeinen werden in der Stadt, abgesehen von älteren Gärten, einzelnen Parks und Friedhöfen, die Flächen zwischen den Häusern offen gehalten, so daß genügend Licht auch für lichtbedürftige Pflanzen vorhanden ist.
Charakteristisch für die Stadt ist nun, daß nur wenige Ökosysteme vorhanden
sind, in denen der menschliche Einfluß über längere Zeit gleich bleibt. Ein

Großteil der Ökosysteme wird in unregelmäßigen Abständen verändert oder zerstört oder entsteht kurzfristig neu. Es herrscht an vielen Stellen eine stete Dynamik. Durch Abbruch oder Umnutzungen entstehen kurzzeitig offene Räume, die besiedelt werden und zu einer Sukzession führen. In den verschiedensten Stadien kann diese aber wieder unterbrochen werden. Der große Anteil an Pionierpflanzen in der Stadt ist charakteristisch. Gerade Pionierarten sind sonst in der landwirtschaftlich genutzten Umgebung äußerst selten geworden.

3.1.4. Ökologische Nischen

Im Gegensatz zu landwirtschaftlich genutzten Gebieten, wo heute kaum mehr eine ökologische Vielfalt geduldet wird, weist die Stadt eine große Zahl von ganz unterschiedlichen Lebensräumen auf. Selbst in vornehmen Geschäftsvierteln der Innenstadt, wo die Straßen mit polierten Granitplatten bedeckt und die Hinterhöfe nahtlos für Parkplätze asphaltiert sind, gibt es noch zahlreiche Lebensmöglichkeiten: Baumscheiben, die heute teilweise grün gelassen werden, Ritzen im Asphalt oder im Pflaster, Mauerlücken, Blumentröge usw. Vielfältiger sind die Nischen an Orten, wo Prestigedenken und Perfektion nicht im Vordergrund stehen, in Industrie- und Bahnrandarealen, in etwas vernachläßigten Wohngebieten, wo Schuttplätze bis zur Weiterverwendung als Bauland nicht gleich eingeebnet und für Parkplätze asphaltiert werden, wo mit Herbiziden und Dünger sparsam umgegangen wird. Vorgärten, Hinterhöfe, nur kurzfristig genutzte Parkplätze, Wegborde, Kieswege, Steinhaufen, Lagerplätze, Spielplätze, alte Gärten, Rasen, Gebüsche, Bachränder, Flachdächer, gepflasterte Plätze sind Beispiele solcher Biotope. Sonnenexponierte und schattige Stellen, überdüngte und karge Plätze, vernäßte und sehr trockene Orte bilden ein vielfältiges Mosaik. Weil keine ökonomische Notwendigkeit vorliegt, aus den einzelnen freien Flächen einen möglichst hohen Ertrag herauszuholen, wechseln intensive Blumen- und Gemüsekulturen mit liebevoll gepflegten Kleinräumen, aber auch mit vernachläßigten Stellen ab, wo die Natur sich frei entwickeln kann. Sowohl Gebüsche und Waldfragmente wie Brachen und Trittgesellschaften sind in der Stadt verbreitet. Die Vielfalt der ökologischen Nischen ist direkt proportional der Vielfalt der Lebewesen. Die Einsicht, daß verschiedenartige ökologische Nischen zu fördern sind, hat sich seit einigen Jahren in der Stadtverwaltung durchgesetzt und äussert sich heute etwa in Bachöffnungen und Baumscheibenbepflanzungen oder der Pflege von extensiven Wiesen und Ruderalflächen.

3.1.5. Isolationsmechanismen

Die zahlreichen ökologischen Nischen in der Stadt sind in der Regel nur sehr kleinflächig ausgebildet und gegeneinander isoliert. Mauern zwischen Gärten, Gebäude, Straßen, aber auch andere Lebensräume können die einzelnen Biotope gegeneinander um einige Meter, mehrere hundert Meter oder sogar einige Kilometer trennen. Die Populationen einer ökologischen Nische sind oft sehr klein und genetisch verarmt. Sogar wenn der Lebensraum über längere Zeit erhalten bleibt, kann eine Art nach einiger Zeit aus einer Nische wieder verschwinden, und eine Neubesiedlung ist wegen der Isolation wenig wahrscheinlich. Viele Arten sind deshalb in einer Stadt infolge der starken Aufsplitterung der Areale gefährdet. Auf der anderen Seite fördert die Isolation lokal das Aufkommen von Arten, die bei freier Zugänglichkeit der Lebensräume von anderen Arten verdrängt würden.

3.1.6. Artreservoir

Das Artreservoir in einer Stadt ist meist bedeutend größer, als es der Artenvielfalt der umliegenden Landschaft entspricht. In den Gärten werden Tausende von verschiedenen Arten angepflanzt. In Deutschland rechnet man nach SUKOPP (1994) mit 12'000 eingeführten Gartenarten, in England gar mit 32'000. Von diesen sind nur wenige befähigt, sich in unserem Klima selbständig zu vermehren und Lebensräume außerhalb der gepflegten Gärten einzunehmen. Je häufiger eine Art angepflanzt wird, desto größer ist die ökologische Variationsbreite ihrer Populationen und desto eher wird sie sich selbständig auch außerhalb der gepflanzten Orte ausbreiten können. Einzelne Bodendecker erreichen etwa in Zürich Individuenzahlen von mehreren Millionen (z.B. das Kriech-Geißblatt, *Lonicera pileata*). Daß immer wieder Pflanzen dieser Art auch außerhalb der Gärten aufkommen, ist deshalb nicht verwunderlich.

In Deutschland zählt man immerhin 385 Arten von Gartenpflanzen, die sich eingebürgert haben. In Zürich dürfte die Anzahl der angepflanzten Arten in Gärten bedeutend mehr als 5'000 ausmachen, von denen vielleicht etwa 300 verwildern können. Dazu kommen Arten, die immer wieder unabsichtlich eingeschleppt werden: Unkräuter von Kulturpflanzen, Wolladventivpflanzen, Getreide-, Südfrucht- und andere Transportbegleiter, Grassamenankömmlinge, Vogelfutterpflanzen usw., insgesamt nochmals etwa 2'000 Arten. Von diesen können sich heute in Zürich etwa 100 halten und selbständig vermehren. Insgesamt sind es also etwa 400 mehr oder weniger beständige Neuankömmlinge.

3.2. Pflanzen in der Stadt

3.2.1. Verteilung der Pflanzen in der Stadt

Etwa die Hälfte der auf dem Gebiet der politischen Gemeinde Zürich einheimischen oder eingebürgerten 1'200 Pflanzenarten wächst nicht oder kaum im überbauten Gebiet, diese Arten meiden also die eigentliche Stadt (urbanophob = "stadtmeidend"). Etwa 1/4 ist für ihr Vorkommen auf städtische Verhältnisse angewiesen (urbanophil = "stadtliebend"), die übrigen 1/4 wachsen in der Stadt ebenso gut wie außerhalb der Stadt (urbanoneutral). Typische Stadtpflanzen sind im allgemeinen wärme- und lichtbedürftig, trockenheitsresistent und nicht zu empfindlich gegenüber Luft- und Bodenverschmutzungen. Es gibt sehr viele Pionierarten darunter. Urbanoneutrale Arten sind oft auf feuchtere und teilweise schattige Plätze in der Stadt angewiesen, oder es sind Spezialisten, die in der Stadt auf Ersatzstandorten wachsen (z.B. Felspflanzen an Mauern). Urbanophobe Pflanzen belegen entweder ganz besondere ökologische Nischen, die in der Stadt nicht vorkommen wie Magerwiesen, Sumpfgebiete, luftfeuchte Wälder oder sie sind auf die typischen städtischen Faktoren wie Luftverschmutzung, Lufttrockenheit, hohen Bodennährstoffgehalt, intensiven Tritt empfindlich. Auch eine in städtischen Verhältnissen nicht funktionierende Samenausbreitung (z.B. durch Waldameisen) mag eine Rolle für das Fehlen von Arten in der Stadt spielen.

Betrachten wir die Verbreitungsareale der Arten in der Stadt Zürich, so stellen wir fest, daß etwa 20% der Arten in mehr als 80% der Flächen vorkommen. Diese Arten haben ein sehr weites ökologisches Spektrum, sind also Generalisten, und lassen sich durch Isolationsbarrieren in der Stadt kaum hemmen. Auf der anderen Seite sind etwa 60% der Arten in weniger als 20% der Flächen verbreitet. Das sind z.T. Arten, die nur an wenigen Stellen auf Stadtgebiet zusagende Bedingungen vorfinden (ausgeprägte Spezialisten), vor allem aber sind es Arten, die die oben erwähnten menschlich bedingten Barrieren nicht überwinden können.

3.2.2. Verbreitungsmuster von Pflanzenarten in der Stadt

Wie vorgängig gezeigt, unterscheiden sich die öklolgischen Rahmenbedingungen der Städte in charakteristischen Punkten von ihrem Umland. Anhand von einigen typischen Pflanzenverbreitungsmustern in der Stadt Zürich soll nun auf das besondere Verhalten von Pflanzenarten in der Stadt hingewiesen werden.

Die Agglomeration Zürich liegt in einer hügeligen Gegend des Schweizer Mittellandes. Das Gebiet der politischen Gemeinde Zürich (Abb. 1) wird im Südwesten durch den Hügelzug des Albis begrenzt, der sich bis 500 Meter über die tiefsten Lagen der Stadt erhebt und zum Teil recht steile Flanken aufweist; höchster Punkt dieser Hügelkette auf Stadtgebiet ist der Üetliberg (871 m.ü.M.). Im Nordosten durchzieht ein zweiter, sanft modellierter Hügelzug (Zürichbergkette) das Stadtgebiet. Dazwischen liegt das Südost-Nordwest verlaufende Tal des Zürichsees und der Limmat. Nordöstlich der Zürichbergkette dehnt sich die Stadt noch ins flache Glattal aus. Die Höhen der Hügel und die steilen Hänge sind mit Wald bedeckt, die Täler sind dicht besiedelt, wobei der Anteil an unversiegelten Flächen im Siedlungsgebiet unterschied-

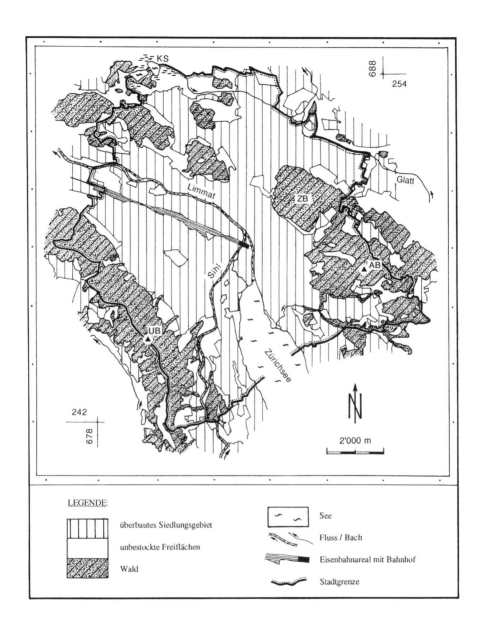

Abbildung 1: Stadt Zürich: Übersichtsplan mit Flächenaufteilung. AB: Adlisberg (701 m.ü.M.), KS: Katzensee, UB: Üetliberg (871 m.ü.M.), ZB: Zürichberg; Zürichsee: 406 m.ü.M. (Darstellung: Hj. Büchi)

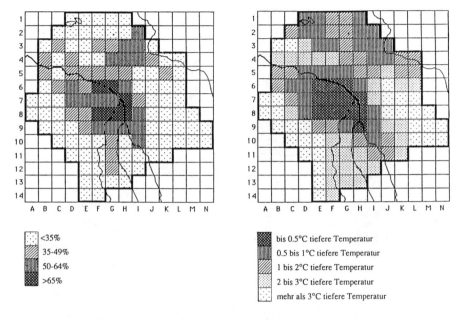

<35%
35-49%
50-64%
>65%

bis 0.5°C tiefere Temperatur
0.5 bis 1°C tiefere Temperatur
1 bis 2°C tiefere Temperatur
2 bis 3°C tiefere Temperatur
mehr als 3°C tiefere Temperatur

Abbildung 2: Grad der Versiegelung in der Stadt Zürich.

Abbildung 3: Temperaturdifferenzen gegenüber den wärmsten Stellen in der Stadt Zürich, gemessen an einem klaren Sommerabend (nach Schlatter, verändert aus LANDOLT 1991a).

lich groß ist (Abb. 2). Der Grad der Versiegelung widerspiegelt sich in der Temperaturverteilung an Strahlungstagen: zwischen dicht und weniger dicht überbauten Siedlungsflächen wurden Temperaturdifferenzen von bis zu 3°C gemessen (in höher gelegenen Waldgebieten steigt die Abweichung auf über 3°C; Abb. 3). Im Glattal sind zwischen den Siedlungsgebieten noch Reste einer glazial geprägten Landschaft mit Feuchtgebieten und einem kleinen See (Katzensee) erhalten geblieben.

a) Generalisten und Spezialisten

Der schwarze Holunder (*Sambucus nigra*, Abb. 4) ist eine verbreitete Pflanze auf mäßig feuchten, stickstoffreichen Böden und kommt auch mit wenig Licht aus. Seine relative Anspruchslosigkeit außer für Stickstoff, der aber heute infolge des hohen Luftstickstoffeintrages in der Stadt überall in genügenden Mengen vorhanden ist, sowie die erfolgreiche Ausbreitungsmöglichkeit durch Vögel geben der Art die besten Voraussetzungen für ein zusammen-hängendes großes Verbreitungsareal. Das Blaugras (*Sesleria coerulea*, Abb. 5) dagegen ist eine lichtbedürftige Gebirgspflanze auf basenreichen, nährstoffarmen und trockenen Böden. Diese Verhältnisse sind großflächig in der Stadt nicht gegeben. Einzig an felsigen Steilhängen der Üetlibergkette, wo der Wald sich nicht schließen kann, hat die Art überlebt. Ihre Früchte werden durch den Wind verbreitet, aber kaum weiter als einige Dutzend Meter. Selbst wenn in der Stadt kleinflächig besiedelbare Orte vorkommen (etwa im Bahnareal), ist eine Besiedlung wenig wahrscheinlich (ein einziges Vorkommen in der Stadtmitte).

b) Urbanophile und urbanophobe Arten

Der Gehörnte Sauerklee (*Oxalis corniculata*, Abb. 6) ist ein typisches Beispiel für eine an städtische Verhältnisse gebundene Pflanze. Sie stammt aus dem Mittelmeergebiet und ist wärmebedürftig. Sie war anfangs dieses Jahrhunderts in Zürich noch nicht vorhanden und hat sich erst seither, vor allem in den letzten 20 Jahren ausgebreitet. Die wärmeren Verhältnisse in der Stadt und die durchgehend wärmeren Sommer während der letzten Jahre haben ihr die Ausbreitung ermöglicht. Sie ist auf mehrfach geschnittene Rasen oder Gartenbeete und deshalb auf menschliche Wohngebiete angewiesen. Sie wird durch Ameisen verbreitet. Die Fernverbreitung wird allerdings durch den Menschen besorgt; die Samen werden im Humus durch Gärtnereien verschleppt. Eine heute streng urbanophobe Art ist die Herbstzeitlose (*Colchicum autumnale*, Abb. 7). Sie wächst in feuchten, eher mageren Wiesen und lichten Wäldern. Durch die intensivere Bewirtschaftung der Wiesen ist sie heute auf Waldränder und lichte Wälder sowie einige Naturschutzgebiete in der Umgebung der Stadt beschränkt.

c) Wärmebedürftige und wärmemeidende Arten

Die wärmebedürftigen Arten sind heute besonders im Inneren der Stadt verbreitet. Das Weiße Veilchen (*Viola alba*, Abb. 8) ist vor allem auf gute Sonneneinstrahlung angewiesen und kam früher an Südhängen in lichten Wäldern vor. Diese Standorte sind heute sehr selten geworden. Es hat sich aber an die städtischen Verhältnisse angepaßt, indem es in Mährasen vorkommt und heute an sonnigen Hängen auch im Inneren der Stadt verbreitet ist. Infolge der klimatischen Erwärmung der letzten Jahre kann es bereits in flachere Gebiete vordringen. Demgegenüber ist das Alpen-Geißblatt (*Lonicera alpigena*, Abb. 9) auf kühle Orte angewiesen und innerhalb des Stadtgebietes auf die Nordhänge des Üetliberges und die steilen Flanken des Sagentobels am Adlisberg beschränkt.

d) Reliktartig aufgesplitterte, bedrohte Arten

Die Frühlings-Segge (*Carex verna*, Abb. 10), eine früher über das ganze Stadtgebiet auf mäßig mageren Wiesen häufige Art, ist heute sehr stark zurückgegangen, weil günstige Standorte nur noch kleinflächig vorhanden sind.

Das ursprünglich zusammenhängende Areal wurde zersplittert . Das Resultat sind viele kleine Populationen, deren Überleben nicht mehr gesichert ist. Noch drastischer ist der Rückgang des Frühling- Enzians (*Gentiana verna*, Abb. 11), der früher auf Riedwiesen ziemlich verbreitet war und heute wegen deren großflächigen Zerstörung nur noch in einer kleinen Population auf dem Üetliberg vorkommt. Selbst wenn im Stadtgebiet wieder kleine Riedwiesen neu angelegt würden, könnte eine selbständige Wiederbesiedlung nicht mehr stattfinden. Die verbliebene Population ist zu klein geworden und langfristig kaum überlebensfähig, und ein Verbund zwischen den Riedwiesen in der Stadt ist heute nicht mehr möglich. Gesamthaft sind in der Stadt Zürich in den letzten 150 Jahren bereits über hundert Pflanzenarten ausgestorben.

e) Arten mit Ersatzstandorten in der Stadt

Der Gelbe Lerchensporn (*Corydalis lutea*, Abb. 12), ursprünglich eine Felsschuttpflanze der Südalpen, wird gelegentlich in Gärten angepflanzt. An den Mauern der Innenstadt fand sie einen Ersatzstandort. In ähnlicher Weise hat die Ackerröte (*Sherardia arvensis*, Abb. 13), ein früher in Äckern verbreitetes, aber heute dort weitgehend verschwundenes Unkraut in Rasen der Stadt eine neue Lebensmöglichkeit erhalten.

f) Schlecht ausbreitbare Arten

Ob sich eine neu eingeschleppte oder als Gartenpflanze eingeführte Art in der Stadt ausbreiten kann, hängt nicht nur von ihrer klimatischen Eignung und von der Konkurrenzkraft ab, sondern auch von ihrer Ausbreitungsmöglichkeit. Der Sonderbare Lauch (*Allium paradoxum*, Abb. 14), eine Gartenpflanze aus dem Kaukasus, pflanzt sich durch Bulbillen fort, die von allfälligen Tierverbreitern (z.B. Ameisen) nicht über kleine Mauern oder Straßen getragen

---

Abbildungen 4-15: Verbreitungskarten von Pflanzenarten in Zürich.

4. Schwarzer Holunder (*Sambucus nigra*)	5. Blaugras (*Sesleria coerulea*)
6. Gehörnter Sauerklee (*Oxalis corniculata*)	7. Herbstzeitlose (*Colchicum autumnale*)
8. Weißes Veilchen (*Viola alba*)	9. Alpen-Geißblatt (*Lonicera alpigena*)
10. Frühlings-Segge (*Carex verna*)	11. Frühlings-Enzian (*Gentiana verna*)
12. Gelber Lerchensporn (*Corydalis lutea*)	13. Ackerröte (*Sherardia arvensis*)
14. Sonderbarer Lauch (*Allium paradoxum*)	15. Mannsblut-Johanniskraut (*Hypericum androsaemum*)

gefüllte Kreise	nicht selten vorhanden
halbgefüllte Kreise	selten vorhanden
leere Kreise	sehr selten vorhanden
Kreuze	ausgestorben

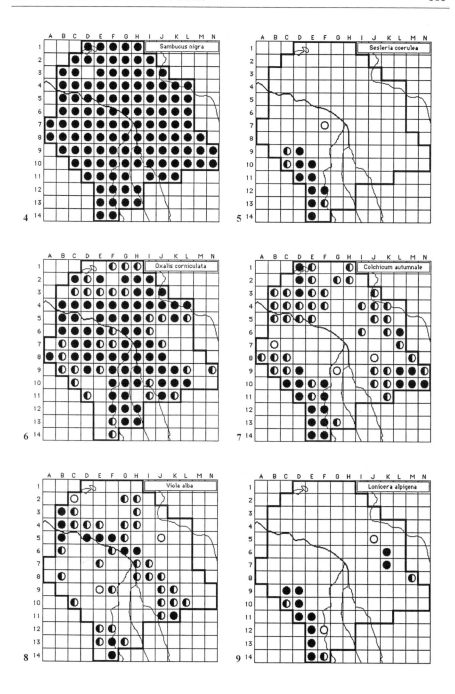

Abb. 4 - 9 (Erläuterungen vgl. Text)

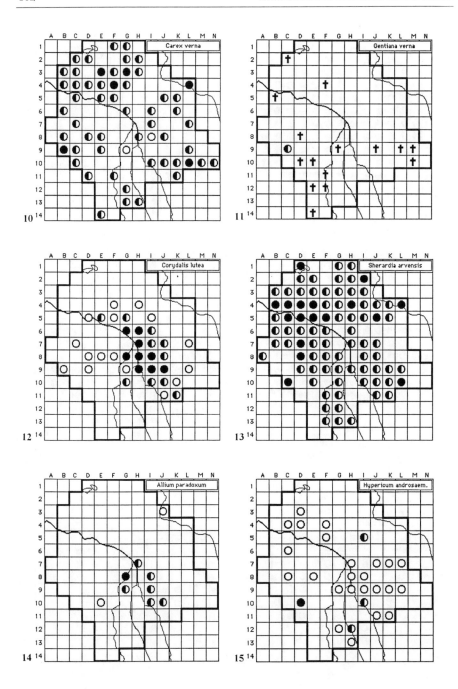

Abb. 10 - 15 (Erläuterungen vgl. Text)

werden können. In einem Garten, in dem sie sich festgesetzt hat, kann die Pflanze sich zwar zu einer der erfolgreichsten Arten entwickeln, bleibt aber eingeschlossen. Über mittlere und größere Distanzen wird sie höchstens durch Gartenerde verschleppt. Das Mannsblut-Johanniskraut (*Hypericum androsaemum*, Abb. 15) wird bei uns nicht selten angepflanzt und kann an geeigneten Standorten verwildern. Es entwickelt Beeren, die aber von den Vögeln nur selten gefressen werden und später kapselartig austrocknen. Sein Vorkommen bleibt deshalb isoliert. So hat es am Nordhang des Üetliberges in einem Grauerlenwald eine große Population aufgebaut, ohne sich aber auf benachbarte ähnliche Standorte ausbreiten zu können. Weitere verwilderte Vorkommen liegen in der Nähe von Anpflanzungen.

4. Zusammenfassung und Schlußfolgerungen

Die im Titel des Kapitels 3 gestellte Frage "Ghetto oder Paradies?" muß differenziert beantwortet werden. Einerseits versucht der Mensch überall, aber besonders auch in der Stadt, ausgewählten Pflanzenarten einen ganz bestimmten Platz zuzuweisen, wo sie ihm zu Nutzen sein sollen; andere Arten behindern diese Absicht und werden deshalb oft bekämpft. Andererseits entstehen aber, oft unbeabsichtigt, durch das menschliche Wirken eine Menge von ökologischen Nischen, wo die Pflanzen günstige Lebens- und Entwicklungsmöglichkeiten finden können, sofern wir sie tolerieren. Gerade stabile Verhältnisse, wie wir sie oft als paradiesisch empfinden und wie sie in der Stadt weitgehend fehlen, sind nur für wenige, konkurrenzstarke Pflanzenarten günstig. Demgegenüber bieten die ökologisch vielfältigen Möglichkeiten der Stadt mit ihren vielen Pionier- und Spezialstandorten ideale Voraussetzungen für eine hohe Biodiversität.

Der Einfluß des Menschen auf die Pflanzen ist sowohl quantitativ wie qualitativ äußerst verschiedenartig. Neben der Verstärkung oder Abschwächung von natürlichen Faktoren bringt er auch neuartige Eingriffe, die bis zur Zerstörung jeglichen Lebens führen können. Indessen sind die Pflanzen außerordentlich anpassungsfähig, und viele Arten können an Orte hingelangen und dort wachsen, wo nur noch ein geringes Nährstoff- und Wasserangebot und kaum noch Verankerungsmöglichkeiten zur Verfügung stehen; aber auch für übermäßiges Nährstoff- und Wasserangebot, für Tritt- und Gifteinwirkungen gibt es Spezialisten. Ähnliche Lebensräume sind teilweise in der Natur bereits ohne Dazutun des Menschen verwirklicht, und es ist nur noch eine Transportfrage, wie die entsprechenden Arten in die menschliche Umgebung gelangen. Zum Teil haben sich aber auch neue Rassen und Arten im Gefolge des Menschen entwickelt.

Anhand einiger Beispiele aus der Flora der Stadt Zürich kann aufgezeigt werden, wie sich der Einfluß des Menschen auf die Pflanzenarten auswirkt.

Drei Hauptfolgen der menschlichen Einwirkungen zeichnen sich in der Stadt ab:

1.) Der Mensch hat unbeabsichtigt die Zahl der ökologischen Nischen erhöht. Für viele Arten, welche heute in der Agrarlandschaft keine Chance mehr hätten, bieten sich nun gute Lebensmöglichkeiten. Die Stadt weist viele Ersatzstandorte von Lebensräumen auf, die der Mensch an anderen Orten zerstört hat.

2.) Die ökologischen Nischen in der Stadt sind kleinräumig ausgebildet und isoliert. Viele Spezialisten sind deshalb in zahlreiche kleine und oft nicht überlebensfähige Populationen aufgesplittert. Kleine Veränderungen wie die Überbauung oder Umnutzung eines Areals können Arten zum Verschwinden bringen.

3.) Durch die individuell angelegten Gärten und die weltweiten Handelsbeziehungen gelangen viele Tausende von "exotischen" Arten in die Stadt, von denen einige zusagende Bedingungen vorfinden. Wenn sie nach einiger Zeit eine kritische Populationsgröße erreicht haben, können sie sich selbständig ausbreiten und vorerst ökologische Nischen einnehmen, die von einheimischen Arten nur ungenügend besetzt sind. Dank der schlechten Kommunikation zwischen gleichen Lebensräumen infolge der starken Isolierung, können sie sich lokal an Orten halten, wo sie vielleicht bei Anwesenheit von einheimischen Arten verdrängt würden. Umgekehrt sind sie im Stande, einheimische konkurrenzschwache Arten noch aus den letzten Lebensräumen zu verdrängen.

Allgemein kann festgestellt werden, daß die Lebensbedingungen in der Stadt zwar oft schwierig und stark eingeschränkt sind, daß sich aber für viele Arten wegen der Vielzahl der ökologischen Nischen Überlebenschancen bieten.

Was können wir nun beitragen, die allgemeine Situation zu verbessern und die Biodiversität in der Stadt noch zu erhöhen?

Zahlreiche geeignete Maßnahmen können mit wenig Aufwand durchgeführt werden: z.B. keine Düngung und Herbizidanwendung in der Stadt; weniger Versiegelung auf Straßen, Mauern, Plätzen, Hinterhöfen (Pflanzen in Spalten und Ritzen zerstören Mauern und Asphaltdecken nicht, sofern die Holzpflanzen einmal im Jahr entfernt werden!); keine unnötige Zerstörung der Ruderalvegetation; weniger monotone Bodendecker usw. Dadurch können neue ökologische Nischen entstehen und vor allem sind größere Populationen der einzelnen Arten möglich. Solche Maßnahmen verlangen kaum zusätzliche finanzielle Kosten oder Unbequemlichkeiten, sondern nur mehr Toleranz und Verständnis.

Letztlich muß eben unsere Einstellung der Natur gegenüber ändern. Wir sind nicht der Natur überlegen und können sie nicht aus der Umgebung oder gar aus unserem Empfinden verbannen, sondern *wir sind Teil dieser Natur*. Statt uns von der Natur abzusondern, sie einseitig in nützliche und schädliche Organismen einzuteilen und nur den ersteren ein Lebensrecht zu gewähren, sollen wir sie wieder freudig in ihrer ganzen Vielfalt bestaunen, respektieren und erleben lernen, aber auch uns für sie verantwortlich fühlen. Das muß keinen Verzicht auf Nutzung und kein ungeschütztes Ausliefern an die Gefahren der Natur bedeuten, aber ein Loslösen von der Idee hier Mensch und dort (an festgelegten Orten und zu festgelegten Zeiten) ausgenützte, tolerierte oder gelegentlich sogar schön empfundene Natur.

Die Natur in der Stadt ist weder unordentlich noch bedroht sie uns. Vielmehr kann sie uns die Erholung direkt vor der Haustür geben, die wir oft in Tausenden von Kilometern Entfernung suchen. Tolerierte oder gar geförderte Natur in der Stadt auch außerhalb der Gartenbeete bringt uns darüber hinaus einen Teil der bereits zerstörten Artenvielfalt zurück.

Literaturverzeichnis

BUWAL (1991): Zur Lage der Umwelt in der Schweiz. Umweltbericht 1991. EDMZ , Bern. 259 S.

LANDOLT, E. (1991a): Distribution patterns of flowering plants in the city of Zurich. In: G. Esser, D. Overdieck.: Modern Ecology: Basic and applied aspects. Elsevier, Amsterdam, London, New York, Tokyo; S. 807-822.

- ders. (1991b): Gefährdung der Farn- und Blütenpflanzen in der Schweiz – mit gesamtschweizerischen und regionalen roten Listen. EDMZ, Bern. 185 S.

REICHHOLF, J. (1989): Siedlungsraum. Zur Ökologie von Dorf, Stadt und Straße. Mosaik Verlag München. 223 S.

SCHLATTER, B. (1975): Zum Stadtklima von Zürich. Diplomarbeit Geogr. Inst. Univ. Zürich. 113 S. (Polykopie).

SCHLÜCHTER, C. (1995): Die Offenheit der Räume in der Zeit. In: Hj. Büchi, M. Huppenbauer. (Hrsg.): Autarkie und Anpassung. Westdeutscher Verlag, Wiesbaden (in diesem Buch).

SUKOPP, H. (1994): Neophytie und Neophytismus. Mskr. 14 S.

SUKOPP, H.; WITTIG, R. (Hrsg., 1993): Stadtökologie. Gustav Fischer, Stuttgart, Jena, New York. 402 S.

ZISWILER, V. (1995): Lebensräume im Wandel. In: Hj. Büchi, M. Huppenbauer (Hrsg.): Autarkie und Anpassung. Westdeutscher Verlag, Wiesbaden (in diesem Buch).

Von der Insel zur Fläche

Neue Strategien zur Umsetzung von großflächigen Naturschutzzielen in Kulturlandschaften

Mario F. Broggi

Zusammenfassung

Die heute ausgewiesenen Schutzgebiete sind nicht in der Lage, den generell festzustellenden Artenschwund zu bremsen. Die Bemühungen um Arten- und Biotopschutz müssen daher von der "Insel" in die "Fläche" kommen, d.h. Naturschutzanstrengungen müssen auf der ganzen Fläche stattfinden, wenn die Funktions- und Leistungsfähigkeit des Naturhaushaltes und die Eigenart von Natur und Landschaft bewahrt sein sollen.
Die Rahmenbedingungen dafür sind heute günstig. Der laufende Strukturwandel in der Landwirtschaft verlangt nach Marktentlastung. Diese kann so eingerichtet werden, daß sie einer naturnahen Landschaftsausstattung dient. Segregation oder Integration, Wildnis oder Kulturlandschaft sind dabei kontrovers diskutierte Handlungsstrategien im Naturschutz. Auf der Basis eines gemeinsam mit der Bevölkerung erarbeiteten Entwicklungsleitbildes müssen regional abgestimmte Lösungen gesucht werden. Notwendig sind geeignete rechtliche Rahmenbedingungen, eine koordinierte, gezielte Ausrichtung der Förderprogramme sowie ein kultureller Werte- und Bewußtseinswandel hin zu einer wirklichen Landkultur. Ein weiteres zentrales Element der Umsetzung bildet ein durch Fachleute aus Landwirtschaft und Naturschutz erarbeitetes Konzept, welches insbesondere auch auf die betrieblichen Rahmenbedingungen der Landnutzer eintritt. Anhand eines Modellgebietes wird ein möglicher Lösungsansatz aufgezeigt. Der traditionelle, segregative Naturschutz hat dabei nicht ausgedient, es sind aber ergänzend neue Formen zu suchen, die den neuen Problemstellungen gerecht werden können.

> *"Alles Gescheite ist schon gedacht worden. Man muß nur versuchen, es noch einmal zu denken."*
>
> *Johann Wolfgang von Goethe in seinen Maximen und Reflexionen.*

1. Vorbemerkungen

Vieles was als neu apostrophiert wird, wurde oft in ähnlicher Weise schon einmal gesagt oder geschrieben. Dies kann auch für die nachfolgenden Aussagen nicht ausgeschlossen werden.

Die Veranstalter haben sich als Ziel die Diskussion der Veränderung von räumlichen Strukturen und Prozessen aus ökologischer Sicht gegeben. Es fallen hierzu Stichworte wie Verinselung und Abkoppelung der Räume voneinander, regionale Selbstversorgung, vermehrte Ausrichtung der Regionalplanung an den Naturgegebenheiten und nachhaltige Umweltbewahrung sowie Orientierung von Regionen an ihre Autarkiebedingungen. In dieses Spannungsfeld paßt auch die Botschaft des Europäischen Naturschutzjahres 1995 "Naturschutz außerhalb von Schutzgebieten". Die nachfolgenden Ausführungen sollen darum unter die Stichworte der Zielsetzungen des Workshops gestellt werden, wie auch das Motto des Europäischen Naturschutzjahres 1995 berücksichtigen. Damit soll zugleich eine Vision wie man Naturschutzanliegen in die Fläche bringen kann verbunden werden.

"Vision" ist nach dem Fremdwörter-Duden eine "Erscheinung vor dem geistigen Auge" oder "in jemandes Vorstellung besonders in bezug auf die Zukunft entworfenes Bild". Eine derartige "Erscheinung" entsteht aus dem Zusammenspiel von Empfinden und rationalem Denken. Was den rationalen Teil der Vision betrifft, so entsteht er in der Regel auf der Basis fachlicher Erfahrungen. Die meinigen reichen genau 25 Jahre zurück, als für eine kleine Gebietseinheit – das Fürstentum Liechtenstein – das Europäische Naturschutzjahr 1970 vorbereitet wurde. Damals mußte man noch begründen, warum Naturschutz überhaupt notwendig ist. Heute heißen die Stichworte: global, nachhaltig, vernetzt und im engeren Freiraum-Ökologie-Bereich redet man von Biotopverbund und ökologischem Ausgleich. Eine Vision hat auch ihre persönlichen Komponenten. Würde ein anderer Autor einen Aufsatz mit dem gleichen Titel verfassen, so wäre wahrscheinlich eine andere Vision berücksichtigt oder doch zumindest andere Schwerpunkte gesetzt.

2. Ein Mangel an Natur-Vorranggebieten in Mitteleuropa

Beginnen wir diese "Erscheinung vor dem geistigen Auge" chronologisch mit der "Insel". Der Naturschutz hatte sich nach langen Zeiten der Artenverfolgung vorerst dem Artenschutz verschrieben. Außerhalb der Gilde der Großregulatoren zeigten sich mit dem steten Landschaftswandel zunehmend die Abhängigkeiten der Arten von den Qualitäten und Quantitäten des Lebensraumes. Konsequenterweise wurde in der Folge Biotopschutz betrieben. Heute stellen wir ernüchtert fest, daß in den landwirtschaftlichen Gunstlagen kaum mehr als 1-2 Flächenprozente als Naturschutzgebiete bezeichnet sind, die dieses Etikett auch verdienen. Analysiert man deren Zustand, so sind zudem deren Erhaltungszustände höchst unbefriedigend (vgl. Tab. 1).

Fazit: Trotz wachsendem Umweltbewußtsein ist es uns nicht gelungen, genügend Vorranggebiete für den Naturschutz zu sichern. Die überlangen Roten Listen gefährdeter Tier- und Pflanzenarten (DUELLI 1994, LANDOLT

1991) sind zugleich Indiz, daß der Artenschwund nicht gestoppt ist. Die bisher ausgewiesenen Naturschutzgebiete sind somit nicht in der Lage, den generell festzustellenden Artenschwund zu bremsen. Wie schön wäre die ethisch entlastende Vorstellung, daß wir alles in Naturschutzgebieten aufbewahren könnten, was vom Aussterben bedroht ist. Die Bemühungen um den Arten- und Biotopschutz sind aber damit nicht überholt. Sie bedürfen vielmehr einer wichtigen Ergänzung.

In deutlichem Gegensatz zu den erwähnten Ein- bis Zwei-Prozent-Fakten in landwirtschaftlichen Gunstlagen stehen die Flächenanteile, die für einen effizienten Naturschutz als Natur-Vorranggebiete gefordert werden und die sich meist um 10-15% der Gesamtfläche bewegen (vgl. Tab. 2). Um dem Artenschwund zu begegnen, muß der Naturschutz also mehr Fläche erhalten, er muß aber ebenso von den zu vergrößernden Inseln in die "Fläche" kommen. Es müssen darum 100% der Fläche, also die ganze jeweilige Landschaft, in die Betrachtungen einbezogen werden. Ohne Einwirkung in den Alltag der Landnutzungssysteme – vor allem der Land- und Forstwirtschaft – ist dies nicht möglich.

Die Bemühungen für einen Naturschutz in der Fläche waren noch nie so günstig wie heute. Als Stichworte seien GATT und EU genannt, welche beide stark in die produktionsfördernde Landwirtschaft eingreifen. Die verlangte Marktentlastung (vgl. Bericht Arbeitsgruppe für die Lenkung der landwirtschaftlichen Produktion 1992) kann so eingerichtet werden, daß sie einzig der Landwirtschaftsstruktur hilft oder aber sie kann umfassender in Form von begleitenden Förderprogrammen für eine angemessene Landschaftsausstattung verwendet werden.

Die dafür benötigten Flächen können erstmals von der Landwirtschaft durch den gegenwärtigen Strukturwandel zur Verfügung gestellt werden. Diese Gunst der Stunde kann aber auch ungenutzt wieder verstreichen, weil

Kanton Zürich (Schweiz)	Bei 75% der kantonalen Naturschutzgebiete ist die Kernzone beeinträchtigt (Zürcher Natur- und Heimatschutzorganisationen 1984).
Deutschland	In 80% von 867 untersuchten Naturschutzgebieten wird das Schutzziel nicht erreicht, und es sind Schwundraten bei 31-61% der Arten zu verzeichnen (Haarmann/Pretscher 1993).
Österreich	Rund 60% der Schutzgebiete sind durch anthropogene Einflüsse potentiell oder akut gefährdet (Umweltbundesamt, Wien 1993).

Tabelle 1: Zustand von Naturschutzgebieten

Autor	Region	Anteil	Naturvorrang-flächen	Ausgleichs- und Vernetzungs-flächen
HABER (1972)	Deutschland	12.5%	ohne genauere Unterteilung in Naturvorrang- und Ausgleichsflächen	
KUX et al. (1981)	Österreich	5-10%	ohne genauere Unterteilung in Naturvorrang- und Ausgleichsflächen	
HEYDEMANN (1983)	Schleswig-Holstein	13-15%	10%	3-5%
KAULE (1986)	Deutschland	6-10%	3-5%	3-5%
SCHWARZ (1988)	Schweizer Mittelland	10-15%	ohne genauere Unterteilung in Naturvorrang- und Ausgleichsflächen	
BROGGI/SCHLEGEL (1989)	Schweizer Mittelland	12%	6-7%	5-6%

Tabelle 2: Schätzungen des Mindestbedarfs an naturnahen Flächen durch verschiedene Autoren

humanökologische Barrieren zwischen den Vertretern der Landwirtschaft und des Naturschutzes nicht rechtzeitig abgebaut werden. In verführerisch grünem Gewand stehen die Verfechter von neuen Biosprit-Großkulturen mit Raps, Chinaschilf oder Sonnenblumen unter dem Stichwort "erneuerbare Rohstoffe" bereits allerorten in den Startlöchern. Ebenso stehen weitere Nutzungsinteressenten vom Golfsport bis zum Straßenbau zur Disposition (BROGGI 1992).

Als letztes zu erläuterndes Wort des für diesen Text gewählten Titels verbleibt die "Strategie". "Strategie ist die Wissenschaft des Gebrauchs von Zeit und Raum", meinte der preußische General August Neithart von Gneisenau (1760-1831). Nach dem Deutschen Wörterbuch ist sie "eine umfassende Planung zur Verwirklichung von Grundvorstellungen".

3. Welche Grundvorstellungen haben wir im Naturschutz?

Hat der Naturschutz überhaupt derartige Vorstellungen? Es war bisher nicht die Stärke des Naturschutzes, sich strategische, dispositive und operationelle Überlegungen im Sinne eines Naturschutzgesamtkonzeptes zu machen. Eine der wenigen Ausnahmen bildet der Entwurf des Naturschutzkonzeptes des Kantons Zürich in der Schweiz (vgl. Abb. 1).

Der Naturschutz ist durch Feuerwehrübungen im Alltag beschäftigt und hat mangels finanziellen Mitteln und fehlendem Personal Mühe, seine Arbeit durchzustrukturieren, seine Vorstellungen für die einzelnen Naturräume zu entwickeln und vor allem auch den neuesten Entwicklungen in der Land- und Forstwirtschaft Rechnung zu tragen. Naturschutz ist zudem nicht

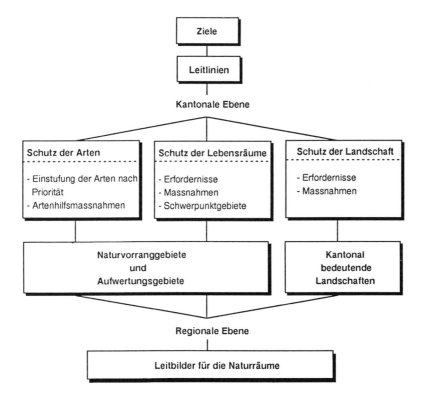

Abbildung 1: Naturschutzkonzept des Kantons Zürich
Quelle: Amt für Raumplanung des Kantons Zürich (1992)

gleich Naturschutz. Da gibt es die Ornithologen, die Orchideenliebhaber, die Wildnisanhänger und alle haben häufig unausgesprochen andere Zielvorstellungen im Kopf, die kaum ausdiskutiert worden sind.

4. Welches sind die möglichen Handlungsstrategien im Naturschutz?

Es sollen zur Beantwortung dieser Frage vorerst zwei Begriffspaare ausgeleuchtet werden, die für unser Naturschutz-Handeln bedeutsam sind. Es sind dies "Segregation-Integration" und "Dynamik versus Bewahrung", also Wildnis oder Wildheit kontra gepflegte Kulturlandschaft. Beide Begriffspaare (vgl. Abb. 2) sind durch teils dogmatisches Verhalten der Gesprächspartner innerhalb und außerhalb des Naturschutzes belastet.

4.1. Segregation-Integration

Von verschiedenen Autoren wurden strategische Vorstellungen entwickelt, wie die Erhaltung und Sicherung der vorhandenen Naturwerte erreicht werden könnten (vgl. Abb. 3).

Als erste grobe Orientierungsmarke ist, zumindest kurzfristig, die Strategie der *Segregation*, also die strikte Entmischung (Auftrennung) von Produktionsflächen und Vorrangflächen für den Naturschutz weiterhin unumgänglich. Warum?

Für die Anliegen des Naturschutzes wird immer nur eine beschränkte Fläche zur Verfügung stehen. Die Stärke der Auftrennung liegt darin, daß sie mit der vorherrschenden Philosophie (alles an seinem richtigen Platz) und den zur Verfügung stehenden Instrumenten (z.B. Reservate) übereinstimmt. Umgekehrt ist eine ihrer großen Schwächen, daß sie stark regelnd und hoheitlich eingreift und damit viele Widerstände und Abwehrreflexe bei den Betroffenen schafft. Die räumliche Segregation in der Landschaft findet, ob wir es wollen oder nicht, ihre Fortsetzung in den Köpfen der Beteiligten, in der Instrumentenwahl und im Verhandlungsverhalten. Es werden gedanklich Territorien abgegrenzt und damit "Zäune" aufgebaut, wie man dies bei "alemannischen Häuslebauern", die wir eben sind, macht.

Einen grundsätzlich anderen Ansatz stellt die *Integration* dar und sie ist für mich die Vision, das auf die Zukunft bezogene Wunschbild. Sie faßt die Erhaltung der abiotischen und biotischen Ressourcen als integralen Bestandteil der Landnutzung auf. Im Idealfall ist also der Naturschutz keine Nutzform neben anderen, sondern räumlich und zeitlich übergreifendes Grundprinzip jeglicher naturrelevanter Tätigkeit, also überall und bei jeder Aktivität präsent. Nach dieser Vision wäre also der Landwirt der Naturschützer, und die Natur-

Segregation

Schutz ist Nutzungsform

Einheitsfläche Natur
bzw. Nicht-Nutzung

Zielgruppe des Schutzes:
Biotope und Arten der
Naturlandschaft

Integration

Nutzung ist Schutzform

Einheitsfläche Nutzung

Zielgruppe des Schutzes:
Biotope und Arten der
Kulturlandschaft sowie
Ressourcenschutz

Abbildung 2: Feld der Lösungssuche

schutzbehörde löste sich überspitzt gesagt auf bzw. könnte sich auf das Vor-
denken und die Erfolgskontrolle konzentrieren. Es ist hier deutlich zu unterscheiden zwischen der bereits definierten Vision, die machbar sein muß, und
einer Utopie, also "einem unausführbar geltenden Plan ohne reale Grundlage".

Eine abgestufte landwirtschaftliche Nutzung mit verschiedenen Intensi-
täten kann nämlich unter gewissen Rahmenbedingungen auf jedem Betrieb
verwirklicht werden (vgl. Abb. 4). Als wesentliches Argument kann hier
auch die Tatsache dienen, daß der Wert der traditionellen Kulturlandschaft
nicht auf die Naturbegeisterung unserer Vorfahren zurückzuführen ist, sondern in der Deckungsgleichheit des damaligen ökonomischen Verhaltens
mit den Ansprüchen der Tier- und Pflanzenwelt begründet liegt. Davon
haben wir uns vielerorts stark entfernt und es gilt diese Kreisläufe wieder zu
schließen.

Die Stärke des Integrationsansatzes liegt zweifellos darin, daß er Möglichkeiten aufzeigt, von den stark normativen Lösungen wegzukommen und den
Naturschutz zu einer Aufgabe der Nutzung an sich und der Gesamtgesell-
schaft macht. Allerdings greifen jene Formen der Landnutzung, die einem
großen Teil der gefährdeten Tier- und Pflanzenarten ein Auskommen in der
Nutzlandschaft ermöglichen und damit einen Ersatz für die Segregation dar-

Artenschutz und Schutz der Lebensgrundlagen

Aufgaben und räumliche Konzepte

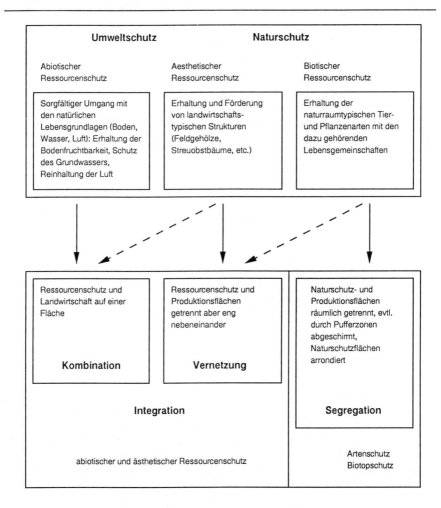

Abbildung 3: Artenschutz und Schutz der Lebensgrundlagen
Quelle: verändert nach GANTNER (1991)

stellen könnten, erst über längere Zeiträume. Und nach wie vor gilt es, sich jetzt und sofort für die reifen, schützenswerten Biotope wie Moore, Halbtrokkenrasen, Naturwälder einzusetzen. Die Integration muß aber ergänzend zur Segregation angestrebt werden und zunehmend Anwendung finden. Der biologische Landbau ermöglicht als umweltverträgliche Grundnutzung den Ressourcenschutz, kann aber allein die Artenvielfalt nicht erhalten.

4.2. Wildnis oder Kulturlandschaft?

Die bisherigen Bemühungen um den Biotopschutz lassen sich nach dem Grad der beabsichtigten Beeinflussung bzw. der zugelassenen Dynamik einordnen. Es soll hier auf die einzelnen Strategien nicht eingegangen werden (vgl. SCHERZINGER 1990). Die nachfolgenden Ausführungen konzentrieren sich auf die unbeeinflußt-dynamische Strategie, also die Ermöglichung der freien Vegetationsabfolge ohne menschlichen Einfluß, wie sie am augenfälligsten im Naturwald oder aber im Kerngebiet eines Nationalparkes zur Anwendung kommt.

Die Aufrechterhaltung der Bewirtschaftung ist nicht um jeden Preis und überall sinnvoll. Die Vergandung einer Alp oder eines Seitentales ist keine Horrorvision (vgl. BROGGI 1994). Es steht uns noch eine "Wildnis-Debatte" an, die einige Grundsatzhemmnisse zu beleuchten hat, die teils mehr auf traditionellen Werthaltungen, denn auf naturkundlichen Fakten beruhen.

Der Stellenwert der Wildnis für den Naturschutz ist ein doppelter. Es gibt Naturschutzziele, die auf Wildnis angewiesen wie auch solche, die auf den Menschen selbst bezogen sind. Die Naturschutztheorien lehren uns, daß in der Natur die Veränderung und nicht die Stabilität herrscht (REMMERT 1989). Prinzipien der Dynamik werden zwar auch mit der Pflege der Kulturlandschaft ermöglicht. Letztendlich können uns aber nur naturbelassene Gebiete sagen, ob unsere Nutzweisen wirklich nachhaltig sind. "Wir können nicht wissen, was wir tun, solange wir nicht wissen, was die Natur täte, täten wir nichts", steht im Worldwatch Institute Report 1992 und verweist somit auf die Notwendigkeit von Referenzflächen für den Naturschutz.

Das Postulat "Wildnis" ist großflächig am ehesten im Alpenraum zu verwirklichen. Ebenso könnten die Auen des Flachlandes zumindest stellenweise aus ihrem Korsett befreit werden. Aber auch auf freiwerdenden Produktionsflächen in Agglomerationsnähe ist "Wildheit" bedeutsam. Ein mehr an "Wildheit" schätzen wir in mediterranen Ländern. Warum nicht bei uns? Der Umgang mit sog. Ödland im siedlungsnahen Bereich spiegelt sich im Umgang mit großflächiger Wildnis. Im Grunde setzt die "Unordnung" im Garten die gleiche Geisteshaltung voraus, welche auch notwendig ist, um einem Fluß mehr Freiraum zu lassen und einen Windwurf als solchen zu belassen. Und brauchen wir letztlich Wildheit nicht auch, um uns in unreglementiertem Raum ohne Vorschriften aufhalten zu können? Sollen wir

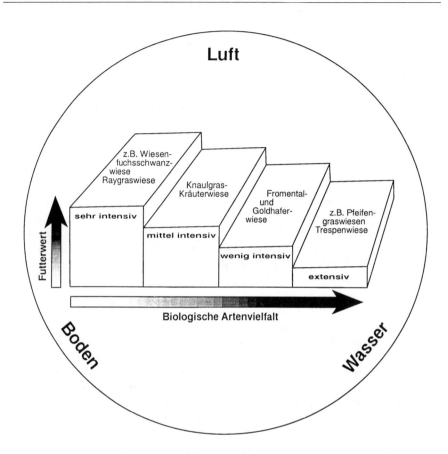

Abbildung 4: Abgestufte Nutzung
Quelle: Verändert nach DIETL (1992)

die letzte Generation gewesen sein, die im Agglomerationsgebiet noch Wild-hütten an die Bäume nageln durften? Der Jugend, die sich nur im Supermarkt oder Freizeitpark austoben kann, fehlt etwas Wesentliches.

Mit diesem Wildnis-Exkurs soll keine harte Trennlinie zwischen der "Natur pur" unter Ausschluß des Menschen auf der einen Seite und der tradi-tionell gepflegten Kulturlandschaft auf der anderen Seite gesucht werden. Zur Wildnis gehören auch die Waldvölker von der Taiga bis zu den Tropen, solange sie eine Naturentwicklung weiter ermöglichen und diese nicht beeinträchtigen. Kulturlandschaften sind andererseits keine "Künstlich-keiten" sondern Kulturschöpfungen. Zusammen mit Wildnis entsteht ein großartiger Kontrapunkt und nicht ein einseitig gewerteter Gegensatz. Wildnis und die Pflege der traditionellen Kulturlandschaft[1] dürfen darum nicht gegeneinander ausgespielt werden.

Welche der Strategien schließlich zum Einsatz gelangt, wird weitgehend durch die Erhaltungsziele bestimmt. Aufgrund der akuten Gefährdung und der räumlichen Gebundenheit der meisten Arten und Biotope ist die Segregation als Strategie vorerst unumgänglich. Sie wird so quasi zum Spatz in der Hand. Für den großräumigen Ansatz außerhalb der Segregationsflächen gibt es keine Alternative zur Integrationsstrategie. Die Lösungssuche, die uns in die Fläche bringt, muß zwischen den beiden angezeigten Extremformen der Integration und der Segregation ansetzen. Zu dieser Lösungssuche die folgenden Stichworte:

1. Es muß mit der Entwicklung von Regeln auf der übergeordneten Ebene begonnen werden, d.h. von oben sind Lösungsprinzipien anzubieten. Die Rahmenbedingungen müssen also stimmen.

2. Spielt die Erhaltung der kulturlandschaftlichen Biotope eine wichtige Rolle, so kommen die bisherigen Strategien "statisch-gestaltend" (z.B. Flachmoore) und "dynamisch-gestaltend" (z.B. Acker- und Weidebrache) zum Tragen (vgl. Abb. 5). Dabei ist es sinnvoll, ergänzend nach Möglichkeiten eines integrativen Ansatzes zu suchen.

3. Ein wesentliches Element für die Umsetzung bilden die finanziellen Förderungen. Hier gilt es zunächst den "Förderdschungel" zu lichten, damit die Suche nach einem sparsamen Umgang mit den finanziellen Ressourcen möglich wird bzw. gegenläufige Wirkungen aufgehoben werden. Diese Durchforstung geht nicht ohne die enge Mitarbeit der Landwirtschaft. Ebenso sind Verträglichkeitsabklärungen der Programme und Politiken notwendig, die eine erheblich nachteilige Auswirkung auf die biologische Vielfalt haben könnten, wie dies Artikel 14 des Übereinkommens der Vereinten Nationen über die biologische Vielfalt deutlich verlangt[2].

---

1 "Kulturlandschaften sind naturnahe, historisch geprägte Gebilde, in denen die Vorstellungen und Lebensgewohnheiten früherer Gesellschaften auch in der Gegenwart noch vielfältig wirkende Realität sind." (H. WEISS 1987)

2 **Artikel 14**: Verträglichkeitsprüfung und möglichst weitgehende Verringerung nachteiliger Auswirkungen.

(1) Jede Vertragspartei wird, soweit möglich und sofern angebracht,

a) geeignete Verfahren einführen, die eine Umweltverträglichkeitsprüfung ihrer geplanten Vorhaben, die wahrscheinlich erhebliche nachteilige Auswirkungen auf die biologische Vielfalt haben, vorschreiben, mit dem Ziel, diese Auswirkungen zu vermeiden oder auf ein Mindestmaß zu beschränken, und gegebenenfalls die Beteiligung der Öffentlichkeit an diesen Verfahren ermöglichen;

b) geeignete Regelungen einführen, um sicherzustellen, daß die Umweltfolgen ihrer Programme und Politiken, die wahrscheinlich erhebliche nachteilige Auswirkungen auf die biologische Vielfalt haben, gebührend berücksichtigt werden.

4. Die Schaffung einer umweltverträglichen Landwirtschaft bedingt nicht zuletzt einen kulturellen Werte- und Bewußtseinswandel, der den Kauf billigster Massenware obsolet macht. Ziel muß es sein, daß sich die Gesellschaft den "Luxus" einer umweltverträglichen Landwirtschaft leistet, die die Produktion von gesunden Nahrungsmitteln mit der Erhaltung einer wirklichen Landkultur verbindet.

Wir können damit zugleich sagen, was nicht das Ziel sein kann. Staatliche Naturschutzpolitik und Pflegeprogramme dürfen nicht wie auf einer Theaterbühne das "Ländliche inszenieren" und harmonische Landschaften vor-

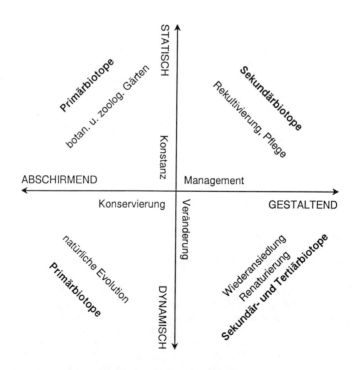

Abbildung 5: Übersicht Strategien.
Quelle: SCHERZINGER 1990

täuschen, die unter den gegebenen ökonomischen und kulturellen Rahmenbedingungen keinen Bestand mehr haben (vgl. KUEHN 1990, PFADENHAUER 1993). Es gilt, die natur- und landschaftszerstörende Wirtschaftsweise des Systems der industriellen Massenproduktion in Frage zu stellen und nicht landschaftsökologische Beeinträchtigungen mit Naturschutzprogrammen zu "behübschen". Bisherige Naturschutzprogramme haben oft den Nachteil, daß sie sich kaum in das betriebliche Geschehen einpassen lassen. Sie werden auch als vorübergehende Pflegeleistung verstanden, was das Vertrauen in sie nicht stärkt. Deren Vertragsdauer steht auch bei notwendigen Extensivierungen im Mißverhältnis zu den langfristigen biotischen Prozessen. Damit diese Aussage nicht mißverstanden wird, hierzu ein Beispiel. Die gebietsweise vorhandenen Streuobstprogramme zeigen das beschriebene Dilemma an. Staatliche Zuschüsse zur Anlage und Pflege der Streuobstbestände werden diese langfristig allein nicht sichern können, auch dann nicht, wenn sie wesentlich erhöht würden (vgl. AGROFUTURA 1994). Einige mögliche Verbesserungspotentiale liegen auf der Produzentenseite im arbeitswirtschaftlichen Bereich sowie in der Auswahl der Sorten und Anbauformen. Ebenso ist den Absatzmöglichkeiten der Produkte aus dem Feldobstbau größere Beachtung zu schenken.

Nur wenn all diese Voraussetzungen erfüllt sind und ineinandergreifen, können die Öko-Direktzahlungen ergänzend den nötigen Impuls zur Erhaltung vermitteln. Sollen extensive Obstproduktionsformen als solche aus verschiedensten Gründen erhalten bleiben, und es gibt viele gute Gründe hierfür, so sind also geeignete ökonomische Rahmenbedingungen zu schaffen. Die Pflege ohne sinnvolle Nutzung bzw. schlecht bezahlte Dienstleistungen für die ländlichen Produzenten im Vergleich zur Plantage machen keinen Sinn. Museale Ansätze, die nicht mehr in die Produktionszyklen einzupassen sind, werden fragwürdig. In diesem Sinne ist auch im Naturschutz eine Erfolgskontrolle sowie eine Kosten-Nutzen-Rechnung zu machen und Fehlzuweisungen sind zu verhindern. Damit sind einige Prinzipien offengelegt.

Der weitere Weg der möglichen Lösungssuche für den Marsch in die Fläche wird hier abgekürzt und stattdessen die Konkretisierung dieser Überlegungen anhand eines visionären Modellbeispieles unterbreitet.

5. Wie der Naturschutz in die Fläche kommt – ein Beispiel

5.1. Naturräumliche und sozio-ökonomische Ausgangslage

Das Beispiel könnte in allen Regionen gewählt werden. Zur Illustration dienen soll das oberschwäbische Hügel- und Moorgebiet, weil hier diese Fragestellung im Rahmen eines Forschungsprojektes abgeklärt wurde (BROGGI/SCHLEGEL 1994). Es handelt sich um eine Kleinregion, wie sie in der

Schweiz für den Raum Wetzikon im Zürcher Oberland vergleichbar ist. Wie dort findet sich in Oberschwaben eine an Feuchtgebieten noch relativ reiche Landschaft. Zwischen Hügeln liegen weite Senken, Becken und Rinnen, die teils noch vermoort sind oder Kleinseen beherbergen, teils bereits entwässert sind. Der hohe Grünlandanteil deutet darauf hin, daß Milchlandwirtschaft betrieben wird. Allerdings ist die Viehdichte zu hoch, das Grünland zu intensiv genutzt, so daß die Still- und Fließgewässer sowie die Moore einer Überdüngung unterliegen. Die Topographie mit den langen Hangausläufern begünstigt diese Entwicklung. Die Hügelkuppen sind meist bewaldet, in der Regel standortswidrig verfichtet. In weiten Teilen ist die von der Eiszeit geprägte Kulturlandschaft von schweren Eingriffen verschont geblieben. Die Besiedlung ist dispers. Der Anteil der bäuerlichen Bevölkerung, die ihr Einkommen hauptberuflich aus der Landwirtschaft bezieht, ist relativ hoch.

5.2. Was wollen wir?

Seitens des Natur- und Landschaftsschutzes wird die Erreichung großflächig umweltverträglicher Nutzung gewünscht, und dies soll aufbauend auf den naturräumlichen Voraussetzungen angestrebt werden. Hieraus leiten sich für das Modellgebiet folgende Ziele ab:

- Erhaltung der Moore in ihrer heutigen Ausdehnung bei wirksamer Abpufferung gegen schädigende äußere Einflüsse und wo nötig Gewährleistung ihrer Pflege.
- Naturverträgliche Landwirtschaft im hydrologischen Einzugsgebiet mit konkretem Abbau von Düngerüberschüssen im Boden und Verhinderung von Nährstoffauswaschungen.
- Ausscheidung naturnaher, der freien Entwicklung überlassener Waldparzellen und Auengebiete.
- Belebung des Landschaftsbildes durch angemessene Strukturen, wobei ein revitalisiertes Gewässernetz das Grundgerüst bildet.

Es ist davon auszugehen, daß die Landwirtschaft in diesem Gebiet auch inskünftig auf großen Flächen eine wichtige Stellung einnehmen wird. Mit dem laufenden Strukturwandel in der Landwirtschaft wird, wie überall in Europa, eine Marktentlastung angestrebt. Diese ist vor allem so zu erreichen, daß sie dem Natur- und Ressourcenschutz am besten dient. Unter diesen Voraussetzungen ist außerhalb der unverrückbaren Moore eine Integrationsstrategie zu verfolgen. Neben der Landwirtschaft sollen nach Möglichkeit auch weitere Landnutzer in den Lösungsprozeß integriert werden, so vor allem Tourismuskreise.

5.3. Wie könnte der Weg aussehen?

Zunächst verlangt ein solcher Ansatz eine bessere Kooperation zwischen Landwirtschaftspolitik und den Naturschutzinteressen.

Wird dies aufgrund von Beziehungsschwierigkeiten nicht erreicht, so könnten beide Anliegen Schaden nehmen. Die Landwirtschaft muß überdies bedenken, daß ihr Goodwill bei den übrigen Steuerzahlern als Konsequenz der weiteren Entfernung der Bevölkerung von der Scholle am Schwinden ist. Auch die Landwirtschaft braucht in diesem Sinne tragfähige Allianzen mit ähnlich gelagerten Interessen. Eine weitere Voraussetzung zur Erreichung der Ziele ist die Neuregelung der Förderungen.

Naturunverträgliche Zahlungen sind zu streichen und sich gegenseitig konkurrenzierende Förderungen aufeinander abzustimmen. Es ist in diesem Zusammenhang an die schon erwähnte Rio-Konvention zu erinnern, die ja auch in der Schweiz kürzlich ratifiziert wurde. Auch hierzu ein Beispiel, was darunter zu verstehen ist. Es ist beispielsweise unsinnig, Ställe mit Schwemmentmistung in einem Gebiet staatlich zu fördern, wo sehr viel Streue in den Flachmooren anfällt und diese darum nicht mehr verwertet wird.

Folgerichtig werden vorerst die Einkünfte der Landwirtschaft etwas kleiner. Der Staat braucht aber das eingesparte Geld nicht für andere Budgetposten, sondern reserviert es für den Ressourcenschutz und die Anliegen des Naturschutzes. Der Landwirtschaft stehen somit unter dem Strich die gleichen Mittel zur Verfügung, aber die Bedingungen der Verteilung haben sich geändert. (Als Beispiel für ein solches Förderungsmodell vgl. Abb. 6.)

Es erweist sich weiter als sinnvoll, Naturschutz wie Landwirtschaft in kleinregional abgestützten Erhaltungs- und Fördergebieten zu betreiben. Wir kommen damit weg von der "Gießkanne EU oder Nationalstaat" und fördern regional abgestützte konkrete Bedürfnisse. Für derartige naturräumlich abgrenzbare Gebiete könnte ein neu einzuführender Konzeptbonus günstige Lenkungen ermöglichen. Wenn der Landwirt im Rahmen eines betrieblichen, kommunalen oder regionalen Erhaltungs- und Entwicklungskonzeptes größere Einheiten freiwillig in naturverträglicher Weise nutzt oder gestaltet, kann er seine Einkünfte gegenüber der allgemeinen Förderung in attraktiver Weise erhöhen. Die notwendige Höhe dieses Bonus entscheidet schließlich über die ökonomische Effizienz dieser Lösung.

Die Erarbeitung eines Konzeptes erfolgt dabei durch Fachleute des Naturschutzes wie der Landwirtschaft und tritt auf die betrieblichen Rahmenbedingungen ein. Es stützt sich zudem auf ein Entwicklungsleitbild ab (KAULE 1993). Dieses zeigt, ausgehend von der Verbreitung gefährdeter Arten und dem Biotopinventar, die wünschbaren Entwicklungsrichtungen auf. Es läßt die Instrumentenwahl aber bewußt offen und delegiert diese auf die Stufe des regionalen bis betrieblichen Konzeptes, d.h. die Etikette ist weniger wichtig als die Inhalte. Dagegen soll das Leitbild mögliche Organisationsformen und

heute   in Zukunft

                        ausserhalb der   innerhalb der
                        Vorranggebiete   Vorranggebiete

F1/ME		F1/ME		F1/ME	
F2		F2		F2	F1/ME
F3		F3		F3	F2
E		E		E	F3
					E
NS		NS		NS	NS

▨ umgelagerte Finanzmittel   ◩ Neugestaltung der Fördermittel

Abbildung 6: Beispiel eines Finanzierungsmodells mit landesweiter Neugestaltung der Förderungen bei Umverteilung und freiwilliger Teilnahme.
Quelle: BROGGI/SCHLEGEL 1994

Legende:

Die Balken (links heutige Situation, Mitte und rechts künftige Situation) stellen den Finanzfluß in die Vorranggebiete dar, welcher sich zusammensetzt aus:

NS: Naturschutzbedingten Förderungen

E: Ertrag aus der Landnutzung

F1-F3: Landwirtschaftliche Förderungen (Strukturbeihilfen, Naturschutzprogramme usw.)

ME: Marktentlastung

Landesweit werden die Förderungen neu gestaltet, wobei insbesondere naturunverträgliche Förderungen abgebaut werden. Die dadurch freiwerdenden Mittel werden zum Teil dazu verwendet, den Ertragsausfall (aufgrund einer vermehrten Berücksichtigung ökologischer Anforderungen) in den Vorranggebieten auszugleichen sowie einen "Anreizbonus" auszurichten (Umlagerung von der Gesamtfläche auf die Vorranggebiete). Weiterhin ausgeschüttet werden die neugestalteten, naturverträglichen Förderungen (F1/ME und NS) sowie F2 und F3, welche sich in bezug auf den Naturschutz neutral verhalten.

Dieses Finanzierungsmodell ist kostengünstig, wobei der Gesamtheit der Landnutzer ein Verzicht zugemutet wird. Landesweit führt aber die Neugestaltung der Förderungen zu einem effizienteren Mitteleinsatz und zu einer vermehrten Berücksichtigung der ökologischen Anforderungen.

Alternativlösungen aufzeigen. So könnte beispielsweise eine nachvollziehbar abgrenzbare Gebietseinheit unter einem Label als Modellraum gesehen werden. Nennen wir dieses Label nach den französischen Vorgaben z.B. Regionalpark (WITTWER/MIGLBAUER 1994). Innerhalb des Regionalparks, der eine traditionelle Kulturlandschaft darstellt, findet inskünftig eine angepaßte Grünlandnutzung mit 2-3 Schnitten statt. Ein Teil wird auf Weidewirtschaft umgestellt. Es werden neue Überlegungen der landwirtschaftlichen Vermarktung mit regionenspezifischen Produkten zum Teil mit alten Rassen angestrebt. In einem Leitbild des angepaßten Tourismus wird ein gelenkter Natur- und Kulturtourismus gefördert. Die Kreisläufe schließen sich auch in der Vermarktung der Regionalprodukte (Verkauf ab Bauernhof, Märkte in Kleinstädten, Absatz über regionale Gastronomie).

Diese dargelegten Überlegungen bedingen im Beispiel Oberschwaben:

- daß die bisherige Naturschutzarbeit für den Moorschutz weiter geführt wird, solange die wünschbaren Ergänzungen nicht in verbindlicher und verläßlicher Form vorliegen.

- Verbündete suchen und Verständnis aufbauen ist die nötige Langfriststrategie. D.h. vermehrter Einbezug der Betroffenen aller Ebenen und offene Informationspolitik.

- Vermehrte Konzepte für Regionen, Gemeinden und Betriebe erarbeiten, sofern die Sachlage dies erfordert. Die Förderungen sind aufgrund dieser Festsetzungen vorzunehmen. Dabei sollen die Konzepträume so gewählt werden, daß sich ein sinnvolles naturräumliches Ganzes bildet. Auf fertige Naturschutz-Konzepte ohne Spielraum ist dort zu verzichten, wo keine bedeutenden Naturwerte betroffen sind. Ein Leitbild mit starkem räumlichen Bezug ist zur Debatte zu stellen. Dadurch werden im Sinne der Bildungsarbeit gemeinsame Lernprozesse ermöglicht.

Die Ziele sind innerhalb der Bevölkerung mit einer intensiven Mediatorenrolle, die eine Vertrauensbasis in der Region aufbaut, zu diskutieren. Dabei sind auch unkonventionelle Ansätze zu prüfen, so z.B. durch Ausgliederung zu erbringender Leistungen aus der Verwaltung und Abwicklung auf privater Basis. Auch für die Trägerschaft könnten sich allenfalls neue Formen wie etwa die Stiftung oder der Verein eignen.

6. Schluß

Mit dem Anspruch des Naturschutzes von der Insel in die Fläche zu kommen, eröffnen sich viele neue Perspektiven, aber auch Probleme. Diese lassen sich vor allem nicht nur über Verordnungen lösen. Der Naturschutz muß mehr Reichweite als bisher entwickeln. Um dies zu erreichen, müssen viele fixierte Vorstellungen hinterfragt, die Instrumente teilweise überholt und die Finanzen neu verteilt werden. Ambitiöse Lösungsansätze mit vielen Beteiligten können verbunden mit Großflächigkeit nur auf dem integrativen Weg erreicht werden. Der traditionelle Naturschutz hat deswegen nicht ausgedient, es sind aber ergänzend neue Formen zu suchen, die den neuen Problemstellungen gerecht werden können.

Dies war die Darlegung eines möglichen Lösungsansatzes, um von der Insel in die Fläche zu kommen. Es wurden hierzu stichwortartig einige theoretische wie umsetzungsrelevante Strategie-Ansätze vorgestellt.

"Es ist besser, das Gute steht nur auf dem Papier – als nicht einmal dort," sagt Ludwig Marcuse. Johann Wolfgang von Goethe meint andererseits: "Es ist nicht genug zu wissen, man muß es auch anwenden. Es ist nicht genug zu wollen, man muß es auch tun".

Es sei abschließend die Behauptung gewagt, daß unsere Naturwerte noch nie so gefährdet waren wie heute, die Rahmenbedingungen für deren Erhalt waren aber ebenso noch nie so günstig wie heute. Dies ist eine spannende Herausforderung, packen wir sie mit Freude an.

Literaturverzeichnis

AGROFUTURA (1994): Naturgemäße Kulturlandschaft Fricktal. Schlußbericht, Kurzfassung. 30 S.

AMT FÜR RAUMPLANUNG DES KANTONS ZÜRICH (1992): Naturschutz-Gesamtkonzept für den Kanton Zürich. Entwurf im Auftrag des Regierungsrates. 240 S.

ARBEITSGRUPPE FÜR DIE LENKUNG DER LANDWIRTSCHAFTLICHEN PRODUKTION (1992): Landwirtschaftliche Produktionsszenarien für die Zeit bis ins Jahr 2000. Schweizerischer Bauernverband, Brugg. 70 S.

BROGGI, M.F. (1992): Künftige Aufgaben der Naturschutzpolitik im schweizerischen Mittelland. Referat vom 23./24. Oktober 1992 in Zofingen. In: Was wird aus unseren Kulturlandschaften? – Die Folgen des landwirtschaftlichen Wandels. Schweiz. Stiftung für Landschaftsschutz und Landschaftspflege, Bern. S. 13-23.

- ders. (1994): Tun oder Unterlassen im Alpenraum? – eine modifizierte Berggebietsstrategie ist nötig. Natur und Mensch 5/94, 8-15.

BROGGI, M.F.; SCHLEGEL, H. (1989): Mindestbedarf an naturnahen Flächen in der Kulturlandschaft. Bericht 31 des Nationalen Forschungsprogramms "Boden", Liebefeld-Bern. 180 S.

- dies. (1994): Strategien zur Umsetzung von Naturschutzzielen in der Kulturlandschaft. 2. Statuskolloquium des Projektes "Angewandte Ökologie", Landesanstalt für Umweltschutz Baden-Württemberg, Bd. 8, 107-123.

BROGGI, M.F., MATTOVICH, E. (1994): Kulturlandschaft 2000 im Alpenraum. Entwicklung und Aussicht. Tagungsband zum Symposium Mensch und Landschaft 2000, TU Graz, S. 145-155.

DIETL, W. (1992): Die pflegliche Nutzung der Kulturlandschaft als integrierter Schutz der Natur. Laufener Seminarbeiträge 2/92, 14-21.

DUELLI, P. (1994): Rote Liste der gefährdeten Tierarten in der Schweiz. BUWAL-Reihe Rote Liste, Bern. 97 S.

GANTNER, U. (1991): Dynamik der landwirtschafltichen Bodennutzung. Themenbericht des nationalen Forschungsprogramms "Boden", Liebefeld-Bern. 180 S.

HAARMANN und PRETSCHER (1993): Zustand und Zukunft der Naturschutzgebiete in Deutschland. Schriftenreihe für Landschaftspflege und Naturschutz, Heft 39, 266 S.

HABER, W. (1972): Grundzüge der ökologischen Theorie der Landnutzungsplanung. Innere Kolonisation 21, H. 11, 294-298.

HEYDEMANN, B. (1983): Vorschlag für ein Biotopschutzzonenkonzept am Beispiel Schleswig-Holsteins – Ausweisung von schutzwürdigen Ökosystemen und Fragen ihrer Vernetzung. Schriftenreihe des dt. Rates f. Landespflege 41, 95-104.

KAULE, G. (1986): Arten- und Biotopschutz, Ulmer Verlag Stuttgart. 461 S.

KAULE, G. et al. (1993): Entwurf zur Fallstudie Vorranggebiet "Oberschwäbisches Hügel- und Moorland". Unveröff. Manuskript, 40 S. + Karten, Stuttgart.

KUEHN, M. (1990): Die Inszenierung des Ländlichen – neue Leitbilder der Modernisierungspolitik im ländlichen Raum. Arbeitsbericht des Fachbereiches Stadtplanung und Landschaftsplanung, Heft 87, Gesamthochschule Kassel. 53 S.

KUX, S. et al. (1981): Empfehlungen zur Umweltgestaltung und Umweltpflege, Teil II – Naturschutz, hrsg. vom Österreichischen Bundesinstitut für Gesundheitswesen, Wien.

LANDOLT, E. (1991): Gefährdung der Farn- und Blütenpflanzen in der Schweiz. BUWAL-Reihe Rote Liste, Bern. 185 S.

PFADENHAUER, J. (1993): Ökologische Folgen von Extensivierungsmaßnahmen. Ber. Inst. Landschafts- Pflanzenökologie, Univ. Hohenheim Heft 2, 23-28.

REMMERT, H. (1989): Ökologie. Ein Lehrbuch. Springer-Verlag Berlin. 374 S.

SCHERZINGER, W. 1990: Das Dynamik-Konzept im flächenhaften Naturschutz, Zieldiskussion am Beispiel der Nationalparkidee. Natur und Landschaft 56, 292-298.

SCHWARZ, U. (1988): Naturschutz persönlich: es braucht 10-15% naturnahe Ausgleichsflächen. In: Schweizer Naturschutz, 8/88, S. 20.

UMWELTBUNDESAMT (1993): Naturschutzgebiete Österreichs. Zusammenfassende Darstellung. Bundesministerium für Umwelt, Jugend und Familie, Wien. 60 S.

WEISS, H. (1987): Die unteilbare Landschaft. Für ein erweitertes Umweltverständnis. Orell Füssli Verlag Zürich. 191 S.

WITTWER, D.; MIGLBAUER, E. (1994): Regionalentwicklung durch Regionalparks? Raum, 15, Österr. Z. f. Raumplanung und Regionalpolitik, Sept. 94, 42-43.

ZÜRCHER NATUR- UND HEIMATSCHUTZORGANISATIONEN (1984): Zustand der Zürcher Naturschutzgebiete. Dokumentation und Maßnahmenkatalog der Zürcher Natur- und Heimatschutzorganisationen, Zürich. 32 S.

Natur im Ghetto?
Bericht zum gleichnamigen Workshop[1] über die Beiträge von M.F. Broggi, E. Landolt, Ch. Schlüchter und V. Ziswiler

Hansjürg Büchi

Zusammenfassung

Im Workshop wurden ausgehend von den Beiträgen der vier Autoren die wichtigsten Thesen besprochen und die planerische Umsetzung erörtert. Zentrales Thema in den naturwissenschaftlichen Beiträgen von LANDOLT, SCHLÜCHTER und ZISWILER war der Zusammenhang zwischen Änderungen der äußeren Lebensbedingungen und Änderungen der Lebensformen. Stichworte: kontinuierliche Änderungen und Katastrophen, unterschiedliche Zeitmaßstäbe, offene (freie) und besetzte Räume, offene und geschlossene Grenzen, Aussterben, Einwanderung, Evolution, Klimawandel, Artentransfer, menschliche Eingriffe. Die Diskussion des Beitrags von BROGGI (Umweltplanung) beschäftigte sich vor allem mit Umweltschutzkonzepten. Stichworte: Naturschutz und Kulturlandschaftsschutz, Segregation/Reservatschutz, Integration/flächendeckende Planungskonzepte, sozioökonomische Umsetzung. In der Diskussion der Maßnahmen zur Verhinderung eines unkontrollierten Artentransfers wurde eine Brücke zwischen Naturwissenschaften und Umweltplanung geschlagen. Dabei wurde auch die Frage aufgeworfen, ob die Vorstellungen, die wir unserer Planung zugrunde legen, überhaupt sinnvoll sind.

1. Das Aussterben der Großsäuger am Ende der letzten Eiszeit und die Overkill-Theorie

Die Diskussion begann mit einem kritischen Votum zu der von ZISWILER vorgestellten Overkill-Theorie. Dabei wurden Zweifel daran geäussert, dass das Verschwinden der Großsäugetiere am Ende der letzten Eiszeit tatsächlich der

---

1 Im Rahmen der Vorlesung "Autarkie und Anpassung" war es nicht möglich, die biologische Seite des Themenkreises genügend zu berücksichtigen. Deshalb organisierten wir im Anschluß an die Vorlesung einen Workshop mit biologisch-ökologischem Schwerpunkt, an dem rund 25 Fachleute teilnahmen. Als Referenten waren M.F. BROGGI und E. LANDOLT anwesend, zusätzlich standen den Teilnehmern und Teilnehmerinnen die Texte von CH. SCHLÜCHTER und V. ZISWILER zur Verfügung. Um die vier Texte in unserem Buch besser miteinander zu verbinden, wurde der Tagungsbericht des Workshops in die Textsammlung aufgenommen.

Bejagung durch die steinzeitlichen Jäger zuzuschreiben sei. Als Ursache wurde eher eine Veränderung des Pflanzenbewuchses am Ende der letzten Eiszeit vermutet. Der neu aufkommende Wald, so wurde postuliert, sei verantwortlich für das Verschwinden der Großtiere, insbesondere der Pflanzenfresser, die den Steppenverhältnissen während der Eiszeit besser angepaßt gewesen seien als den Verhältnissen im Wald.

Eine Mischvariante stellte die Argumentation dar, daß das Aufkommen des Waldes zur Aufsplitterung der Tierbestände führte. Die kleinen Tiergruppen seien deshalb dem vom Votanten als verhältnismäßig gering eingestuften Jagddruck der Steinzeitjäger nicht gewachsen gewesen. Für West- und Mitteleuropa scheint diese Argumentation sinnvoll zu sein. Problematisch ist sie jedoch für Nordamerika, wo ein Ausweichen in weite, offene Steppenflächen möglich gewesen wäre. In Südamerika und Australien ist die Sache noch schwieriger. Für das Aussterben der Großsäuger in diesen Gebieten liefert die Overkill-Hypothese durchaus gute Erklärungen. Vermutlich darf aber auch in diesen Regionen nicht von einem Jagddruck als alleiniger Ursache ausgegangen werden, wahrscheinlicher ist eine Kombination Jagddruck – Klimawandel – Umweltveränderung.

Leider wurde die Diskussion sehr europazentriert geführt. Eurasien und Afrika müssen aber bei der Beurteilung der Hypothese gesondert betrachtet werden (vgl. auch Beitrag ZISWILER), denn im Gegensatz zum Rest der Welt finden wir hier ausgesprochen viele domestizierte und wenige ausgerottete Großsäuger. Möglicherweise verringerte die Domestikation den Jagddruck und verhinderte damit den Bestandeszusammenbruch. Zum Schluß wurde noch auf die Überfischung der Gewässer als Beispiel eines modernen Overkills hingewiesen.

Ein Problem, das die sachliche Diskussion der Overkill-Theorie erschwert, ist die Wertung des Verhaltens der Steinzeitmenschen. Es besteht heute die Tendenz, die Naturvölker zu "edlen Wilden" hochzustilisieren, die mit ihrer Umwelt "nachhaltig" umgegangen seien (was immer das heißt). Solchen Vorstellungen steht die Overkill-Hypothese mit ihrer Vorstellung vom artenvernichtenden Wildbeuter diametral entgegen, was eine Diskussion der Hypothese schnell ideologisiert. Es scheint allerdings, daß unser Bild vom "edlen Wilden" ebenso romantisch-verklärt ist wie die Vorstellung vom "nachhaltig wirtschaftenden Alpenbewohner" oder vom vorindustriellen Bauern, der auf die Natur Rücksicht nahm. Viel eher als auf edle Gesinnung dürfte deren "umweltverträgliches" Handeln auf die beschränkten technischen Möglichkeiten zurückzuführen sein. Rücksichtnahme auf die Natur war keine Folge von Naturliebe, sondern ein den fehlenden Mitteln entsprechender Selbstschutz.

Ausgehend von der Diskussion um die Veränderung des Pflanzenbewuchses am Ende der letzten Eiszeit wurde darauf hingewiesen, daß auch die gängige Vorstellung vom prähistorischen Mitteleuropa als einer gleichmäßig von dichtem Wald bedeckten Fläche kaum der Realität entspricht.

Neben dem dichten Wald waren sicher auch offene Wälder vorhanden, daneben gab es immer größere Freiflächen, Sümpfe und breite Schwemmebenen, aber auch Flächen, die durch Waldbrände frei wurden oder auf denen der alte Waldbestand durch Sturmeinwirkung flächenhaft zusammenbrach (in diesem Zusammenhang wurde auf die neuen Schutzkonzepte in den nordamerikanischen Nationalparks hingewiesen, die Waldbrände nicht mehr verhindern, sondern in ihre Planung integrieren). Pollenuntersuchungen weisen auch darauf hin, daß sich möglicherweise größere offene Gebiete über eine gewisse Zeitdauer hinweg halten konnten. Allgemein dürfte der Naturwald ein dynamischeres System sein als bisher angenommen. Wenn "alles dynamisch ist", heißt das allerdings nicht, daß wir langfristige und kurzfristige Änderungen gleichsetzen dürfen. Ein Umweltsystem setzt sich meist aus labilen und relativ stabilen Teilräumen zusammen. Die Kunst einer umweltorientierten Planung wird also darin bestehen, die unterschiedlich dynamischen Räume in geeigneter Form miteinander zu verbinden.

2. Das Problem der unterschiedlichen Zeitmaßstäbe

In den Erläuterungen zum Beitrag von SCHLÜCHTER wurde hingewiesen auf die relativ grosse interne Raumdynamik und die häufig unterschätzte natürliche Klimadynamik. Gleichzeitig wurde darauf aufmerksam gemacht, daß die Vorstellung eines Systems in dauernder Bewegung nicht mit der Vorstellung gleichgesetzt werden dürfe: diese Bewegung sei stetig und laufe ohne abrupte Sprünge ab. Die Klimaentwicklung dürfte allgemein durch zahlreiche Instabilitäten geprägt sein.

   In diesem Zusammenhang wurde die Problematik unseres Zeitverständnisses deutlich. Für die Umweltdiskussion werden gerne geologische Zeiträume als Argumentationshilfe herangezogen. Dabei wird vergessen, daß bereits das Denken in historischen Dimensionen weit über unsere eigene Existenz von einigen Jahrzehnten Dauer hinausgreift. Was uns und unser Verhalten prägt, sind nicht die langfristigen Schwankungen, sondern die kurzfristigen Instabilitäten. Dabei sollten wir uns bewußt sein, daß eine kurzfristige Instabilität von dreißig Jahren einer Generationendauer entspricht und daß schon eine dreijährige Dürreperiode katastrophale Folgen hat. Die Argumentation in Jahrhunderten und Jahrtausenden verschleiert den Blick auf die Gegenwartsprobleme. Es nützt uns im Hinblick auf die Erhaltung unserer Lebensgrundlagen nichts, wenn wir uns damit trösten, daß die Natur anthropogene Umweltschäden in einigen Jahrhunderten oder Jahrtausenden selbst repariert. Solche Argumente sind höchstens ein Pflaster zur Heilung von irgendwelchen Schuldkomplexen, einen praktischen Nutzen haben sie nicht.

3. Änderung der Raumstrukturen bei aquatischen Systemen

Im Anschluß an die Beiträge von LANDOLT und ZISWILER wurde auch noch
darauf hingewiesen, daß die Problematik des Öffnens von Grenzen nicht auf
das Festland beschränkt bleibt. So sind seit der Eröffnung des Suezkanales
rund 500 Arten aus dem Roten Meer ins östliche Mittelmeer eingewandert
und konnten sich dort fest etablieren. Ähnliche Prozesse dürften sich abspielen, wenn der Panamakanal zu einer schleusenfreien Direktverbindung
zwischen der Karibik und dem Pazifik ausgebaut würde, wie dies ein Projekt
vorsieht.

Auch auf dem Festland verdienen die Gewässer Beachtung. Ohne flan-
kierende Maßnahmen (Fischtreppen etc.) führt die Errichtung von Dämmen
für die Wasserkraftnutzung zur Verinselung der einzelnen Gewässer-
abschnitte. Eine weitere schwere Beeinträchtigung der Gewässersysteme ist
die Faunenverfälschung durch das Aussetzen standortfremder Arten zwecks
anschließender Abfischung (Beispiel Regenbogenforelle). Im weiteren führen die baulichen Eingriffe auch zu einer Veränderung des Fließregimes
(Kanalisierung, Verhinderung von Erosion oder Geschiebeumlagerung), die
meistens einhergeht mit einem Verlust der Biotopvielfalt.

4. Die Gefahren des unkontrollierten Artentransfers

Im Zusammenhang mit dem Öffnen und Schließen von Grenzen wurde
kritisiert, daß sich die Forderung nach mehr Dynamik schlecht vertrage mit
gewissen Ausrottungsfeldzügen gegen ausgewilderte Pflanzen. Wieso dürfen
sich eingeschleppte Pflanzen, die den lokalen Rahmenbedingungen angepaßt sind, nicht frei verbreiten?

Als Beispiel wurde in diesem Zusammenhang die Kanadische Goldrute
erwähnt, eine Pflanze aus Amerika, die sich in unseren Feuchtgebieten aus-
breitet. Ein Diskussionsteilnehmer erklärte daraufhin kurz, weshalb solche
Pflanzen an gewissen Orten bekämpft werden: Problematisch bei Neu-
einwanderern sind die verzerrten Konkurrenzverhältnisse. Da die Pflanzen
meist ohne Parasiten eingeschleppt werden, ist ihre Standortangepaßtheit im
allgemeinen relativ: Fehlende Parasiten, generell fehlende Konsumenten
erlauben auch eher schlecht angepaßten Arten eine gute Ausbreitung, da ein
Selektionsdruck von dieser Seite weitgehend entfällt. Die Verdrängung von
einheimischen Arten führt überdies zu einer Verschlechterung des Nah-
rungsangebotes für die einheimischen Konsumenten, da diese die neu zuge-
wanderten Arten selten auf Anhieb als Nahrungsquelle nutzen. Kurz- und
mittelfristig ist also eine Verschlechterung der Funktionsfähigkeit der Ökosysteme zu erwarten.

Es ist allerdings anzunehmen, daß einheimische Arten die Neuzuzüger im Laufe der Zeit als Nahrungsangebot zu nutzen beginnen, so daß sich ein neues Gleichgewicht einstellt. Ziel der Bekämpfung eingewanderter Arten ist es, deren Ausbreitungsgeschwindigkeit so zu dämpfen, daß sich im Rahmen der natürlichen Entwicklung neue Kontrollstrukturen bilden können, bevor eine Verdrängung gut angepasster einheimischer Arten erfolgt. Eine theoretische Möglichkeit, diese Anpassung zu beschleunigen, wäre es, auch die natürlichen Feinde zu importieren. Leider halten sich die importierten Feinde häufig nicht an die zu reduzierenden Arten und richten noch mehr Schaden an (Beispiel: Einführung des Fuchses in Australien zur Bekämpfung der Kaninchenplage, vgl. Beitrag ZISWILER).

Darüber hinaus wurde darauf hingewiesen, daß ausgewilderte Arten nicht um jeden Preis vertrieben werden müssen. So ist etwa die erwähnte Kanadische Goldrute in Auenwäldern ungefährlich, da hier im Gegensatz zu Moorgebieten ihre Ausbreitung durch den Konkurrenzdruck genügend stark gebremst wird. In einem solchen Ökosystem ist auch eine allmähliche Anpassung der einheimischen Konsumenten an das neue Nahrungsangebot möglich. Ähnliches gilt auch für die Verhältnisse in der Stadt (vgl. Referat LANDOLT): Wo Pflanzen eindeutig verdrängend wirken, sind sie unerwünscht. Wo sie aber Plätze einnehmen, die von einheimischen Arten nicht besetzt werden, stellen sie eine Bereicherung dar. Generell können wir sagen, daß eine Öffnung von Raumgrenzen da unerwünscht ist, wo die einheimische Flora und Fauna nicht in der Lage ist, die Einwanderer ohne größere Verluste ins System zu integrieren. Gut integrierbare Einwanderer hingegen können eine Bereicherung des Ökosystems sein. Eine künstlich hergestellte Vernetzung oder Zertrennung von Räumen, die einen Artenaustausch fördert oder verhindert, ist nicht prinzipiell "gut" oder "schlecht"; entscheidend ist der konkrete Einzelfall.

5. Sind unsere Naturschutzkonzepte sinnvoll?

An die Diskussion von "guten" und "schlechten" Eingriffen in Ökosysteme knüpfte die Frage an, ob wir die Natur überhaupt schützen müßten. Naturschutz wurde in der anschließenden Diskussion weniger als Selbstzweck denn als Mittel zum Zweck angesehen. Der gute Umgang mit der Natur ist wichtig, weil wir ein bestimmtes Maß an mehr oder weniger intakter Natur für die Fortexistenz der Menschen auf der Erde brauchen.

In diesem Zusammenhang wurden die Begriffe "Naturschutz" und "Kulturlandschaftsschutz" in Frage gestellt. Die Begriffe seien zu negativ beladen und würden vor allem mit lustlosem Verzicht gleichgesetzt. Daneben wurde BROGGI's Kulturlandschaftsdefinition (die offenbar weitgehend identisch ist mit den gängigen Definitionen in der Raumplanung) als konservativ und anfällig für nationalistische Auswüchse kritisiert. Insbesondere wurde gefragt, warum nur traditionelles Landwirtschaftsgebiet ein Anrecht darauf hat, als Kulturlandschaft bezeichnet zu werden, und ob eine Stadt keine Kulturlandschaft sei.

Es zeigte sich, daß hier zwei verschiedene Definitionen von Kultur aufeinandertreffen, Kultur im Sinne von "Landbau, vom Menschen gesteuerte Produktion von Naturgütern" und Kultur im Sinne von "alles, was sich von der Natur unterscheidet" bzw. "alles vom Menschen Gemachte".

Beim Kulturverständnis der Raumplanung besteht eine starke Tendenz zum konservativen Schützen. Ausgehend von BROGGI's Konzept der natürlichen Referenzflächen, auf denen uns demonstriert wird, "wie es die Natur macht", wurde aber darauf hingewiesen, daß es weniger um ein konservatives Schützen als um ein bewusstes Übernehmen der Naturabläufe in unsere Planung gehen sollte. Wie die Ingenieurbiologie im Bauingenieurwesen oder die Bionik in der Technik Naturformen und Naturprozesse als tragende Bestandteile in ihre Konzepte einbauen, sollte auch die Raumplanung ihre Konzepte auf einem Naturgerüst aufbauen. Auch wenn eine solche Strategie sich eng an die Natur anlehnt, Schutzgebiete als Reservate und Reservoire ausscheidet und historisch gewachsene Formen integriert (vgl. das Integrationskonzept von BROGGI), ist sie weniger Schutz als optimierte Nutzung. In diesem Sinne sollten wir eine offensivere Strategie in der Umweltplanung einschlagen und versuchen, allmählich vom schuldkomplex-gesteuerten, weitgehend verzichtbetonten Naturschutzgehabe wegzukommen.

In diesem "Naturnutz-Konzept" ist auch die Antwort auf die kritische Anfrage enthalten, ob es das Ziel des Landschaftsschutzes sein könne, Strukturen aus vergangenen Jahrhunderten aufrechtzuerhalten oder wiederherzustellen. Eine Aufrechterhaltung ganzer Systeme ist nicht sinnvoll, denn wir leben in einer anderen Zeit und wollen unsere Gesellschaftssysteme nicht mehr zurückverwandeln. Sinnvoll ist es aber, Altbewährtes zu übernehmen und im neuen Umfeld optimal zu integrieren, auch hier jedoch im Sinne einer ressourcenschonenden Nutzung und nicht eines "Heimatschutzes". Heimatschutz hat in der Ökologie und Umweltplanung wenig bis nichts verloren, da sich die starre Bewahrermentalität mit der Naturdynamik und dem sich ändernden Umfeld nur schwer verträgt. In diesem Sinne ist auch der kritische Einwand aufzunehmen, daß integrative Regionalkonzepte nicht zu einer künstlichen Segregation zwischen den Regionen führen dürfen.

6. Umsetzung von Umweltkonzepten

Im Zusammenhang mit Umsetzungsstrategien wurde mehrfach auf die beschränkte Zeit und die knappen Ressourcen der Akteure hingewiesen und gefragt, wie die Kommunikation zwischen Planern und Betroffenen verbessert werden könnte. Gefragt ist an sich Basisarbeit. Die Betroffenen wollen mitreden können, von oben herab organisierte Projekte provozieren Wider-

stände. Anderseits übersteigt es die zeitlichen, personellen und finanziellen
Kapazitäten eines Großprojektes, wenn alle Betroffenen direkt in die Projekt-
gestaltung und -diskussion miteinbezogen werden sollten. Es gilt deshalb,
geeignete Multiplikator-Effekte auszunutzen. Dazu gehört die Zusammenarbeit
mit "Opinion leaders" und mit Lobby-Organisationen, möglich sind aber auch
(vor allem bei kleineren Projekten) Strategien, die die Betroffenen als Ge-
samtgruppe direkt in den Prozeß miteinbeziehen, wobei die Gruppen und
nicht die einzelnen Betroffenen als Diskussionspartner auftreten.

Allgemein dürfen die Landschaft und ihre Bewohner in der Diskussion
nicht getrennt werden, gerade die Kulturlandschaftsplanung lebt von den
Menschen, die die Kultur in die Landschaft bringen. Dazu müssen wir auch
die Verbindung zwischen der Landschaft und ihren Bewohnern aufzeigen.
Ein wichtiger erster Schritt in der Diskussion ist deshalb, Landschaftsver-
änderungen, Übernutzungen und Lebensraumzerstörungen für die Ansprech-
partner erfahrbar und erlebbar zu machen. Durch Visionen (und nicht durch
Utopien!) sind die Bewohner und die Amtsstellen zur Problemlösung zu
motivieren. Entsprechend den komplexen Problemen werden wir auch neue
und unkonventionelle Lösungsansätze entwickeln müssen.

Nicht nur in der praktischen Planung, sondern auch in der Hochschul-
ausbildung und in der "Umweltphilosophie" müssen neue Ansätze gesucht
werden, die von der Dominanz des statischen segregativen Arten- und Biotop-
schutzes zum dynamischen integrierten Ressourcenschutz-Ressourcennutz-
Konzept überleiten. Im Zusammenhang mit der Umsetzung neuer Konzepte
wurde mehrfach betont, daß dies mit Überzeugungsarbeit, pädagogischem
Geschick und Geduld verbunden werden muß. Die Leute (Politiker, Praktiker
und Professoren) ändern ihre Meinung nur langsam, häufig setzt sich eine
neue Ansicht nur durch, indem ihre Gegner allmählich aussterben. Bei der
Durchsetzung größerer Richtungsänderungen müssen wir daher im Jahr-
zehntmaßstab rechnen. Wenn wir z.B. in der Schweiz den Bauern hundert
Jahre lang eingeredet haben, sie müssten konservativ denken, denn ihr kon-
servativer Geist sei staatstragend und wichtig als Teil der geistigen Landes-
verteidigung, dürfen wir uns nicht wundern, wenn sie nicht von einem Tag
auf den anderen auf den mit einem links-grünen Etikett versehenen Umwelt-
zug aufspringen wollen. Sinnlos ist es allerdings, der Ökologie zwecks schnel-
lerer Akzeptanz im Bauernlager ein konservatives Mäntelchen umzuhängen
und die Bauern von Staatsträgern zu Umweltträgern "umzuideologisieren",
eine Umideologisierung führt an den Sachproblemen vorbei und verhindert
Lösungen.

Hier wäre auch zu überlegen, wie dienlich es der "Ökologisierung" der
Landwirtschaft ist, wenn die staatliche Leistungsplanwirtschaft durch eine
Ökoplanwirtschaft ersetzt wird, insbesondere, wenn Ökologie mit CO_2-Pro-
blematik gleichgesetzt wird und die aus ökologischen Gründen stillgelegten
Flächen mit staatlicher Unterstützung zwecks Bepflanzung mit Raps, China-
schilf und anderen "nachwachsenden Rohstoffen" wieder unter den Pflug

genommen werden. Leider verdrängt die Energie/Klima-Debatte die ebenso wichtige Raumdebatte aus der Umweltdiskussion. Raumstrukturen und aussterbende Arten lassen sich schlechter kapitalisieren als Energie, weshalb sie in der volkswirtschaftlich dominierten Umweltpolitik verdrängt werden (die Klimadebatte wird weitgehend auf der Energieschiene geführt). In Raumplanungsdiskussionen muß vermehrt auf diese Engführung hingewiesen werden. Allerdings wird es auch hier primär darum gehen, ideologische Festungsmauern einzureissen.

7. Die Begrenztheit unseres Wirkens

Vielen Umweltschützern ändert sich das Umweltverhalten zu langsam, denn "man" (wer immer das ist) hat ja erkannt, wo es brennt (oder meint es zumindest). Wir dürfen aber keine schnellen und revolutionären Resultate bei der Umsetzung neuer Ideen erwarten. Deswegen sollten wir jedoch nicht in ungerechtfertigtem Pessimismus versinken. Leben, auch das der Menschen, braucht eben Zeit. So wurde darauf hingewiesen, wie viele Konzepte heute ernsthaft diskutiert oder sogar schon umgesetzt werden, die man vor zwanzig Jahren noch als versponnene Ideen irgendwelcher Naturromantiker belächelt hat (z.B. Abfalltrennkonzepte, ökologische Verkehrskonzepte oder CO_2-Abgaben). Wir sollten uns auch nicht über die beschränkte Wirkung all dieser Maßnahmen ärgern. Vielleicht sind solche Maßnahmen ohnehin weniger dazu da, das Problem endgültig zu lösen, als die erstarrten alten Denkmuster allmählich aufzubrechen.

Die Natur hat sich immer gewandelt und wird dies auch weiterhin tun. Der Kampf der Menschen gegen den Wandel ist noch immer gescheitert, die Ewigkeit ist nicht Teil dieser Welt. Im kleinen Maßstab können wir die Welt gestalten, im großen Maßstab müssen wir uns den Gegebenheiten anpassen, und nicht umgekehrt. Die erwähnten Maßnahmen sind möglicherweise nicht mehr als ein pädagogisches Mittel, um die Fähigkeit des schnellen Umdenkens und die Flexibilität der Menschen generell wieder einzuüben, wie dies von Broggi, Landolt, Schlüchter und Ziswiler gefordert wurde.

Raumplanung im Konflikt zwischen individuellen Wünschen und Gemeinschaftsbedürfnissen

Martin C. Rotach

Heutiges Umfeld

Verschiedene der Texte dieses Buches sind auf einer sehr theoretischen oder philosophischen Ebene angesiedelt und zeichnen sich durch einen hohen Grad von Abstraktion aus. In den nachfolgenden Ausführungen will ich den Blick aus dieser luftigen Höhe direkt auf die Erde herunter lenken in unseren Lebensraum, in ein stark überbautes und genutztes Land. Das Umfeld, welches man hier antrifft, ist in der Tat wenig ermunternd: Der Schock der Rezession ist noch nicht überwunden, Arbeitslose finden kaum eine Beschäftigung, die Zerstörung der Umwelt geht weiter und viele soziale Probleme warten auf eine Lösung. Die Liste der anstehenden Fragen ließe sich leicht um solche der Technik, der Politik und der Ethik verlängern und wird wohl nie eine umfassende Antwort finden. Man glaubt zwar noch immer, die Zukunft mitgestalten zu können, wenn man es nur ernsthaft wolle; andererseits mißtrauen viele Menschen zutiefst den programmatischen Reden und den politischen Versprechungen, welche behaupten, das einzig richtige Rezept zu kennen.

In diesem Jahrhundert sind Weltreiche untergegangen, Religionen haben weitgehend ihre Faszination verloren und Ideologien büßten ihre Ausstrahlung ein. Heimat und Patriotismus sind für viele zu leeren Worthülsen geworden, und selbst vom unbegrenzten Konsum erwartet man kaum noch ein Glück ohne Ende. Das Vertrauen in die Segnungen von Wissenschaft und Technik nimmt in dem Maße ab, wie Fehlleistungen, Fehlanwendungen und Mißbräuche bekannt und bewußt werden.

In Zukunft dringen wohl weitere universelle Entwicklungen in unser Bewußtsein und Verhalten ein, auch wenn man lieber die bewährte Nostalgie in einer glücklichen Ecke erhalten möchte. Denn das Kollektiv ist auf dem besten Weg zu einer neuen "Kultur"; erfüllt von telematischer Bilderflut, geformt von süffig serviertem Halbwissen und getrieben von Lust nach Bewegung und Veränderung drängt die Menschheit immer weiter vorwärts. Die Kadenz des Wandels nimmt zu, der Blick auf die Ewigkeit geht in unserer zwar zeitlich stets längeren, aber doch so schnellebigen Existenz verloren und macht der Ausrichtung unserer Orientierung auf Ende Monat oder bestenfalls auf die nächsten Ferien Platz. Für diese kurze überschaubare Spanne Zeit fordert man Gesundheit, Freiheit, Glück und die Erfüllung vieler materieller Wünsche. Die Vorteile will man für sich und zwar subito, die Nachteile hingegen soll die Allgemeinheit tragen.

Das alles spielt sich nicht theoretisch oder irgendwo im luftleeren Raum ab, sondern es passiert hier und jetzt. Es ist deshalb die vornehmste Aufgabe der Raumplanung, diese heutigen und künftigen Probleme zu fassen, zu analysieren, zu erklären und einer angemessenen Lösung zuzuführen.

Raumplanung

Eine gängige Definition der Planung lautet, daß sie "den Vorschlag und die Koordination von Maßnahmen umfaßt, um bestimmte Ziele mit angemessenem Aufwand zu erreichen". Diese Umschreibung gilt für alle Arten von Planungen; wenn die Ziele einer Planung die Bildung betreffen, dann handelt es sich um Bildungsplanung, ist das Ziel die Bewältigung bestimmter Transportnachfragen, sprechen wir von Verkehrsplanung, und wenn das Ziel den Raum und seine Nutzungen betrifft, heißt sie Raumplanung. Mit der zitierten Definition werden stillschweigend vier Annahmen getroffen:

1) Man kann die erwünschte Ordnung bzw. deren Ziele beschreiben.
2) Der Mensch kann die Ordnung beeinflussen.
3) Diese Beeinflussung erfolgt durch bestimmte Maßnahmen und nicht bloß durch Wünsche und Glauben.
4) Solche Maßnahmen kann man, mindestens bezüglich ihres Aufwandes, beschreiben.

Es handelt sich also um Tätigkeiten, die sich rational vorbereiten lassen, womit zum Ausdruck gebracht wird, daß Handlungen, die auf nicht verstandesmäßig nachvollziehbare Weise entstehen, in keinen Bereich der Planung gehören. Wenn die Planung definitionsgemäß Maßnahmen vorschlägt und deren Durchsetzung koordiniert, muß von allem Anfang an klargelegt werden, worauf – im weitesten Sinne – sich die Raumplanung bezieht. Sie befaßt sich heute vor allem mit der Anzahl von Menschen, ihrem Verhalten und ihren Tätigkeiten, aber auch mit der Nutzung von Flächen, Bauten und Anlagen sowie mit den hierzu unerläßlichen Informationen und Kapitalien, Transporten und Ressourcen. Die angesprochenen Ziele und Maßnahmen der Raumplanung sind für die Schweiz im Artikel 22quater der Schweizerischen Bundesverfassung folgendermaßen festgelegt:

1) Der Bund stellt auf dem Wege der Gesetzgebung Grundsätze auf für eine durch die Kantone zu schaffende, der zweckmäßigen Nutzung des Bodens und der geordneten Besiedlung des Landes dienende Raumplanung.

2) Er fördert und koordiniert die Bestrebungen der Kantone und arbeitet mit ihnen zusammen.

3) Er berücksichtigt in Erfüllung seiner Aufgaben die Erfordernisse der Landes-, Regional- und Ortsplanung.

Konflikte

Im Rahmen der Grundsätze, die der Bund aufstellt, sind Begriffe zu definieren, Verfahren festzulegen und Anweisungen zu geben, welche den Kantonen und den Gemeinden eine einheitliche Durchführung ermöglichen und den Erlaß von entsprechenden Anschlußgesetzen erleichtern. Der Staat muß also mindestens entscheiden, was "zweckmäßig und geordnet" sei, festlegen, wie man eine Planung durchführe, und schließlich die Regeln zur horizontalen und vertikalen Koordination bestimmen. Werden diese Festlegungen nicht präzise getroffen, lassen sie unterschiedliche Interpretationen zu und schaffen Konflikte. Solche entstehen besonders häufig, wenn zu viele Menschen in einem begrenzten Raum zu viele Tätigkeiten ausüben wollen, wenn sie zu mobil sind, zu große Ansprüche stellen und dazu dieselben Flächen, Bauten und Anlagen benützen müssen. Die Folgen sind Engpässe, Gedränge, Verteilkämpfe, Streß und Streit.

Die Konflikte sind allerdings nur die letzte Phase einer Entwicklung, die mit ungelösten Problemen beginnt. Aufgabe der Planung ist es also in erster Linie, die Probleme zu lösen, damit Konflikte erst gar nicht entstehen. Da die Notwendigkeit der Planung aber meist erst erkannt wird, wenn Konflikte bereits ausgebrochen sind, ist die Rückführung der Konflikte auf die grundlegenden Probleme von entscheidender Wichtigkeit . Raumplanerische Konflikte durch die Lösung von Problemen vermeiden zu wollen bedeutet, daß man tiefergreifende Maßnahmen voraussehen muß, die oft schlecht verstanden und kaum akzeptiert werden. Planerische Autarkie als Unabhängigkeit und Selbstgenügsamkeit des einzelnen Menschen steht hier nicht zur Diskussion, weil die Raumplanung immer für kleinere oder größere Gruppen sowie für Kollektive der öffentlichen Hand eine räumliche Ordnung, die für alle gilt, anstrebt. Die Schwierigkeiten wachsen erheblich, wenn verschiedene Interpretationen von Begriffen möglich sind, wenn es echte oder vermeintliche Gewinner und Verlierer gibt, und wenn verschiedene Interessen einander unversöhnlich gegenüber stehen.

Interpretationsprobleme

Konflikte entstehen kaum, wenn es um die Feststellung von physikalischen oder geometrischen Größen geht; und selbst bei ökonomischen Fragen genügt Geld als passende Meßgröße in den meisten Fällen. Eine qualitative Größe hingegen, wie beispielsweise die im zitierten Verfassungsartikel genannte "zweckmäßige Nutzung des Bodens", läßt sehr viel Spielraum offen. Denn schon das Subjekt ist unklar: *wer* erachtet etwas als zweckmäßig? Im weiteren ist das Objekt unklar: *welcher* Boden soll zweckmäßig genutzt werden? Auch das Verb ist unklar: *wie* und *wozu* nutzen? Und schließlich: *welcher Maßstab* existiert überhaupt zum Beschreiben, Messen und Beurteilen von "zweckmäßig"?

Natürlich, Maßstab kann beispielsweise der Mensch sein, die Umwelt oder unser Wohlbefinden. Aber was heißt das schon, bezogen auf die Raumplanung: ist Wohlbefinden Ruhe oder etwa Freiheit, Sicherheit oder gar Dynamik, schaffen größere Wohnungen Wohlbefinden oder schnellere Autos, längere Ferien oder mehr Fernsehkanäle?

Im Prinzip sind Worte wie Ruhe, Freiheit, Wohlbefinden und andere nur Leerformeln. Sie verwandeln die konkreten Auseinandersetzungen um wirtschaftliche, persönliche und politische Macht in einen Kampf um Prinzipien. Dabei erschweren die moralischen Bewertungskriterien das Erkennen der konkreten Situation. Auseinandersetzungen um handfeste Interessen werden verkleidet in Konflikte um absolute und gute Wahrheiten. Bei der Enteignung einer Parzelle, um den Zugang zu einem Seeufer zu ermöglichen, benützt wohl die eine Partei die Formel "Freiheit", um das freie persönliche Verfügungsrecht über den eigenen Besitz zu verteidigen, und die andere Partei zieht denselben Begriff "Freiheit" bei, um der Allgemeinheit den freien Zutritt zu ermöglichen. Die Wertmaßstäbe zur Gewichtung des Wortes "Freiheit" sind im konkreten Fall nicht vereinbar. Der Konflikt ist programmiert.

Gewinner und Verlierer

Jede neue Ordnung schafft Vorteile und Nachteile gegenüber dem bisherigen Zustand, wodurch jedesmal – zumindest subjektiv – Gewinner und Verlierer entstehen. Ein Bauer beispielsweise, dessen Liegenschaft nicht als Bauland eingezont wird, kann sich als Verlierer sehen, da ihm ein großer potentieller Gewinn beim Landverkauf entgeht. Ein anderer in derselben Situation kann sich ebensogut als Gewinner sehen, da seine Liegenschaft nicht unter Spekulationsdruck gerät, er ruhig im Grünen arbeiten kann und zudem nur den Ertragswert und nicht den Baulandwert versteuern muß.

Noch stärker zeigt sich die unterschiedliche Optik von Gewinnern oder Verlierern bei der Diskussion von Maßnahmen, die zur Suchtverhinderung beitragen sollten, beispielsweise bei einem Geldspielautomatenverbot. Bei einem Verbot sei die Gesellschaft die Gewinnerin, weil nun eine schädliche Spielsucht vermieden werden könne – sagen die Befürworter des Verbots. Gerade im Gegenteil, sagen die Gegner; denn sie sehen die Gesellschaft als

Verliererin, weil ihr ein gesunder Wirtschaftszweig verloren gehe, mit ihm ein Steueraufkommen von vielen Millionen Franken und zudem zahlreiche gute Arbeitsplätze.

Unterschiedliche Interessen

Es besteht offensichtlich kein einfaches Gegensatzverhältnis zwischen Wünschen des Einzelnen und Bedürfnissen der Gesellschaft. Denn bei jeder Planung gibt es Individuen und Gruppen mit verschiedensten Interessen, welche die Erfüllung ihrer Wünsche verlangen, auch wenn dies mit Aufwand und Opfern verbunden ist.

- Die *Planungsbehörde* setzt als oberstes Ziel die öffentlichen Anliegen der Gemeinschaft, indem sie mit der Raumplanung die zweckmäßige Nutzung des Bodens und die geordnete Besiedlung des Landes sicherstellen will.
- Das *Individuum* wünscht möglichst viel Genuß, Konsum und persönliche Freiheit; die Raumplanung soll es jedem ermöglichen, dort zu wohnen, wo es ihm paßt, dort zu arbeiten, wo es ihm gefällt und die Freizeit an jedem nur wünschbaren Ort zu verbringen.
- Die *Investoren und Bauherren* verlangen in erster Linie, daß sie ihre Tätigkeiten unbegrenzt ausführen und ihre Gewinne möglichst ungehindert maximieren können; die Raumplanung soll ihnen das Bauen und Nutzen sofort, überall und möglichst billig ermöglichen.
- Die *Betroffenen* fordern, daß sie von den negativen Auswirkungen der Aktivitäten aller anderen möglichst verschont bleiben, wozu ihnen die Raumplanung die Umwelt schützen und möglichst intakt erhalten soll.
- Die *Betreiber* von öffentlichen Bauten und Anlagen wünschen ein möglichst günstiges Kosten/Nutzenverhältnis. Eine Kehrichtverbrennungsanlage in der Schweiz etwa plante vor einiger Zeit ohne Rücksicht auf die Umwelt Kehricht aus einem 50 Kilometer entfernten Gebiet zuzuführen, um einen kostendeckenden Betrieb zu erreichen, weil die Kehrrichtmenge wegen der Einführung einer Kehrrichtgebühr um 20% zurückgegangen sei...
- Und die *Planer* schließlich suchen oft einen Weg des geringsten Widerstands aus diesem Irrgarten.

Macht

Die verschiedensten Interessen prallen hart aufeinander und ein Machtgerangel wird unausweichlich. Das einfache Schema von Tätern und Opfern läßt sich bei diesen Interessenkonflikten jedoch nicht anwenden; denn jeder Täter ist an anderer Stelle auch Opfer. Selbst das vermeintlich wirkliche Opfer verfügt über Macht – und sei es nur passiver Widerstand. Die sehr allgemein formulierte Definition von Max Weber lautet: "Macht bedeutet jede Chance oder Möglichkeit, innerhalb einer sozialen Beziehung den eigenen Willen, auch gegen Widerstände, durchzusetzen". Jede Machtausübung setzt also ein Gegenüber voraus, ein Objekt, über das man Macht ausübt und das seinerseits die Macht anerkennt. Das Machtsubjekt entscheidet, welche Ziele es zu seinem Vorteil erreichen will und gibt entsprechende Weisungen und Verhaltensregeln an die Objekte.

Der Mächtige verfügt offensichtlich über Mittel, seinen Willen durchzusetzen. Das können Drohungen sein für den Fall, daß sich das Objekt nicht weisungsgemäß verhält, andererseits werden beim Einhalten der Weisungen Belohnungen versprochen. Ideal sind die Verhältnisse selbstverständlich dann, wenn schon die Insignien der Macht so überzeugend sind, daß die eigentlichen Mittel gar nicht erst eingesetzt werden müssen. Ein Tier, das die Zähne fletscht oder sich mächtig aufplustert, zeigt solches Imponiergehabe ebenso wie der Diktator mit seiner riesigen Schirmmütze, wie die Bank mit ihrer großen marmorenen Schalterhalle oder ein Verband mit der Androhung von Kampfmassnahmen.

Auch ein Staat oder eine Stadt verschafft sich äußere Zeichen der Macht mit Regierungspalästen, Kathedralen, Universitäten, Hochhäusern, aber auch mit Prunkalleen, Pärken und zoologischen Gärten, sowie mit Parkhäusern, S-Bahnen und Alpentunneln. Oder wie es Hitler sagte: "Die Bauten sollen zeigen, daß diese Nation ewig bestehen will. Sie sollen nicht nur physisch überdauern als Zeugen einstiger Macht, sondern in späteren Krisenzeiten durch ihre Existenz als Bauten allein, magisch als steingewordene Autorität Orientierungshilfe geben, wenn andere Autoritäten versagen" (Reichstagsrede 1938). Selbst ein schwacher Staat ohne Machtausstrahlung kann seinen Bürgern Anweisungen erteilen, er wird sie jedoch bei Widerstand kaum mehr durchsetzen können. Man nennt das euphemisch Vollzugsdefizit, mangelnde Akzeptanz und Menschenrecht auf Verweigerung. Aber eigentlich handelt es sich um eine ganz klare Machteinbuße der Gemeinschaft, die wir Staat nennen, um das Eingeständnis, daß die anvisierten Ziele nicht mehr erreicht werden können.

Die Versuchung ist dann groß, zur Manipulation zu greifen. "Brot und Spiele" ist das bildhafte Beispiel einer staatlichen Manipulation, indem die unzufriedenen Bürger durch Unterhaltung abgelenkt werden. Das gelang bei den Römern, die sich in den Zirkus drängten und ihren Hunger vergaßen; es dürfte auch heute der Fall sein bei Weltmeisterschaften, wo die passiven Teilnehmer vor der Mattscheibe sitzen und ihre politische Unfreiheit vergessen; und es wird auch stimmen beim Angebot von immer mehr Vergnügungspärken, Sportanlagen und Seenachtsfesten, welche den Frust über Zonenplanungen und Bau-Vorschriften vergessen lassen.

Planung

Selbstverständlich ist auch die Raumplanung ein Bereich der staatlichen Macht. Dabei geht es stets um die Verbesserung, die Erhaltung oder Verhinderung von menschlichen Tätigkeiten, wie wohnen, arbeiten, konsumieren, sich bilden und erholen, sowie um die Mobilität zwischen diesen Tätigkeiten. Jede genehmigte Planung beeinflußt den Handlungsspielraum dieser Aktivitäten. Sie kann den Spielraum vergrößern und neue Möglichkeiten eröffnen als Belohnung für diejenigen, die die Planungsvorschriften einhalten, z.B. ein Nutzungsbonus bei Arealüberbauungen. Die Planung kann den Spielraum aber auch einengen und gewisse Tätigkeiten begrenzen als Strafe für ein bisheriges unvernünftiges Verhalten, beispielsweise beim Autofahren. Damit werden die Vor- und Nachteile neu verteilt, ein Vorgang, der die Machtposition der Planer gegenüber den Planungsobjekten, nämlich den Bewohnern des Planungsgebietes, begründet. Die Bauwilligen beispielsweise befolgen des Planers Weisungen zu ihrem eigenen Vorteil, denn dahinter steckt die Macht der Sanktionen gegen aufmüpfige Verweigerer. Selbst über Nicht-Grundeigentümer und Nicht-Bauwillige übt der Planer seine Macht aus. Diesen legt er fallweise Zonen mit unangenehmen Nutzungen vor die Nase oder befreit sie von Immissionen durch eine Verkehrsumlegung. Sogar Grundeigentümer macht er reicher oder ärmer je nach Ausnützungsmaß der Bauten und Qualität der Erschließung.

Es bleibt die Frage, ob die Planer frei sind in der Handhabung ihrer Macht, oder ob sie lediglich Objekte der Macht anderer sind. Vermutlich wird ihnen von der Politik ein Machtanteil delegiert in jenem Bereich, den sie dank ihrer Ausbildung beherrschen. Die Insignien der Planer-Macht sind das Spezialistenwissen und die Erfahrungen – oft auch nur der Fachjargon. Je unverständlicher die verwendeten Begriffe sind, desto besser kann sie der Planer als Manipuliermittel verwenden. Ganz gewiegte Planer verfügen sogar über politisches und psychologisches Wissen, das ihnen hilft, ihre Stellung im Machtgerangel zu halten.

Planungsablauf

Die formalen Positionen des Raumplaners sind bekannt und fügen sich in den allgemein definierten Planungsablauf ein. Uebergeordnete Planungsziele werden durch Politiker, Verwaltungsräte und Interessenverbände auf höchster Ebene bestimmt und als Rahmen nach unten delegiert. Innerhalb dieses Rahmens legen Kommissionen, Chefbeamte und Direktoren die wichtigsten Maßnahmen fest und formulieren entsprechende Aufträge.

Der Raumplaner als interner oder externer Auftragnehmer erarbeitet konkrete Lösungen, welche nach entsprechender Prüfung zur Genehmigung an den Souverän oder dessen Vertreter gehen.

Schließlich sind es aber die Menschen, welche als Akteure über die Zweckmäßigkeit des Angebots urteilen. Sie entscheiden, ob sie die Bauzonen, Verkehrsanlagen und öffentlichen Bauten benützen wollen oder lediglich als Investoren in Erscheinung treten. Gleichzeitig gewinnen auch die Betroffenen eine Vorstellung über die Vor- und Nachteile der Lösung. Aufgrund solcher Erfahrungen formulieren die Benützer und die Betroffenen neue Forderungen. Wird der Druck einer Seite stark genug, so ergeben sich neue Ziele auf höchster Stufe. Und das Rad dreht sich von neuem.

Machtgerangel

Dieser einfache Ablauf vermittelt selbstverständlich nur ein ungenügendes Bild über die in Wirklichkeit zwischen allen Stufen bestehenden vielfältigen Rückkopplungen. Denn alle Beteiligten versuchen, ihre speziellen Anliegen, wenn nötig unter Anwendung von Macht, durchzusetzen. Die Investoren, Benützer und Betroffenen setzen dabei als Machtmittel ihre Drohung ein, den entsprechenden Politiker bei unerwünschtem Verhalten nicht mehr zu wählen. Die Politiker ihrerseits drohen denjenigen Chefbeamten, die ihre Weisungen nicht befolgen, mit Mittelbeschränkung, mit Kompetenzentzug oder gar mit Versetzung oder Nichtwiederwahl. Die Beamten ihrerseits drohen dem Planungsbüro, welches ihre Anweisungen nicht einhält, mit sofortigem Entzug der Aufträge.

Der Planer schließlich droht der Bevölkerung mit der Alternative, entweder die vorliegende Lösung zu akzeptieren oder am Schluß überhaupt nichts zu erhalten, da bekanntlich jede Neuplanung Jahre beansprucht.

Ob solche Drohungen mit Sanktionen vernünftig und überhaupt zuläßig sind, ist an sich weniger wichtig. Entscheidend ist, ob sie von den jeweiligen Objekten der Drohung so ernst genommen werden, daß diese die Anweisungen befolgen – unter Umständen auch entgegen ihrer Ueberzeugung. Das Machtspiel wird noch weit komplizierter, wenn die Akteure im Ablauf der Planung wechselnde Koalitionen eingehen, um ihren Willen jeweils durchzusetzen: Politiker mit Investoren gegen Bürgergruppen, später Bürgergruppen und Planer gegen die Sonderinteressen, zwischendurch alle zusammen gegen die Umweltschutzverbände und diese dann mit dem Planer gegen die Politiker. Und wenn am Schluß endlich eine Lösung vorliegt, droht die planungsverdrossene Bevölkerung mit Ablehnung der gesamten Vorlage, während andere Gruppen eine noch detailliertere Planung fordern. Das Spiel beginnt mit neuen Koalitionen munter von vorne – und zwar meistens so gut orchestriert, daß auf alle Fälle noch lange keine Entscheide gefällt werden können.

Beitrag der Raumplanung zur Konfliktmilderung

Auch wenn es nicht die Hauptaufgabe des Technikers ist zu politisieren, so wäre es doch unverantwortlich, wenn er sich nicht laufend Gedanken machte über die politischen Anliegen, Verhältnisse und Verfahren. Ein Schweizer Künstler, der Eisenplastiker Luginbühl hat vor einiger Zeit in einer Fernsehsendung gesagt, daß ein Künstler nicht planen könne und deshalb ein Künstler nie ein Planer sei. Ob die Umkehrung dieser Aussage stimmt, will ich hier nicht beurteilen – sicher ist, daß die Planung unter den heutigen Umständen eine Kunst geworden ist. Die Ziele dieser Kunst möchte ich in je drei Thesen zu den Bereichen Raumordnung, Raumplanung und Raumplanungspolitik fassen.

1. Thesen zur räumlichen Ordnung

1.1 Die räumliche Ordnung ist nur eine Hülle; sie ist erst dann sinnvoll, wenn sie mit Aktivitäten wie wohnen, arbeiten, bilden, konsumieren, unterhalten und erholen erfüllt werden kann, welche sich gegenseitig möglichst wenig beeinträchtigen.

1.2 Die räumliche Ordnung soll möglichst wenige Gewinner und Verlierer in großem Maßstab schaffen, sondern vielmehr allen legalen Interessen möglichst gerecht werden.

1.3 Die räumliche Ordnung darf unter keinen Umständen monoton und langweilig sein; sie muß möglichst viel Platz lassen für Phantasie und Kreativität. Sie darf die Freiheit des Einzelnen nur dort einschränken, wo es zur Gewährung der Freiheit aller anderen unerläßlich ist.

2. Thesen zur Raumplanung

2.1 Die Raumplanung muß um Transparenz bemüht sein; sie muß begriffliche Klarheit schaffen und Verfahren zur Vermeidung von Konflikten entwickeln; sie darf nicht nur frühere Fehler schamhaft vertuschen oder korrigieren.

2.2 Die Raumplanung ist eine umfassende Aufgabe, welche alle raumrelevanten Sachgebiete und alle politischen Ebenen erfaßt; sie stellt eine laufende Abwägung aller Interessen sicher und vermeidet die Entstehung von Konflikten.

2.3 Die Raumplanung ist eine Aufgabe, welche nicht die für alle Ewigkeit richtige Lösung bringt; sie prüft die laufenden Änderungen von politischen Zielen und gesellschaftlichen Werthaltungen und berücksichtigt diese in der rollenden Planung.

3. Thesen zur Raumplanungspolitk

3.1 Die Raumplanungspolitik ist eine Grundlage zum Regieren und nicht bloß zum Reagieren.

3.2 Die Raumplanungspolitik soll die zukünftige Entwicklung gestalten und nicht nur verwalten.

3.3 Die Raumplanungspolitik darf kein Tummelplatz für Machtgerangel sein, sie muß gemeinsam mit den Interessierten und Betroffenen handeln und nicht nur einsame Entschlüsse umwandeln.

Diese Thesen zu Raumordnung, Raumplanung und Politik setzen eine Veränderung der heutigen Lebensgewohnheiten und des hedonistischen Verhaltens jedes Einzelnen, das zu Beginn kurz gestreift wurde, voraus. Dazu muß lediglich diejenige Eigenschaft eingesetzt werden, die den Menschen vom Tier unterscheidet – die Vernunft. Nach Kant ist Vernunft die oberste Erkenntnisstufe, die über dem Verstand steht. Während sich also der Verstandesmensch beweist, warum er immer noch mehr Flächen, Gebäude, Konsumgüter und Mobilität brauche, um endlich glücklich zu sein, überlegt sich der Vernünftige in aller Ruhe, ob die Befriedigung aller Wünsche auch wirklich glücklich mache. Dann kommt er, und vielleicht mit ihm alle anderen Vernünftigen, dazu, nicht mehr alles zu wollen, nur weil es technisch und wirtschaftlich machbar und rechtlich möglich ist. Genau zu diesem Sinneswandel will die Raumplanung ihren Beitrag leisten.
Ist das wirklich eine bloße Utopie? Man müßte doch nur umlernen. Schon Laotse soll vor über 2500 Jahren gesagt haben: Lernen durch Nachahmen ist der einfachste Weg, lernen durch Nachdenken ist der edelste Weg und lernen durch Erfahrungen ist der bitterste Weg. Wahrscheinlich befinden wir uns jetzt gerade auf dem **edelbitteren** Weg.

Menschenrecht und Menschenpflicht
Die Spannung zwischen Individuum, Gemeinschaft und Natur aus juristischer Sicht

Jörg Leimbacher

Zusammenfassung

Ohne die Spannung zwischen Individuum, Gesellschaft und Natur, die im Zentrum der Vorlesungsreihe steht, gäbe es auch keine Individuen, die sich über diese Spannung austauschen könnten. Die Spannung ist allerdings keine konstante, sondern eine veränderliche Größe (I).

Die Spannung zwischen individueller bzw. gesellschaftlicher Selbstbestimmung und der Umwelterhaltung ist auch eine rechtliche Spannung. Die Menschenrechte tragen – als Fundament und "Leitplanke" unserer Rechtsordnung(en) – ihren Teil zur Entstehung, Aufrechterhaltung und Zunahme der aktuellen Spannung bei (II).

Die Spannung kann vermindert werden, a) durch eine etwas andere – "schwache" – Interpretation/Konzeption der Menschenrechte, b) durch deren Ergänzung mit Menschenpflichten und c) durch die Verleihung eines rechtlichen Status an die Natur, konkret durch die Einführung von Rechten der Natur (III).

1. Die Spannung zwischen Individuum, Gesellschaft und Natur als veränderliche Größe

Seit Adam und Eva vom Baum der Erkenntnis aßen, wissen wir um die Spannung, um die Differenz zwischen uns und der Natur. Und seit damals, als wir hinausgetrieben wurden ins Reich der Notwendigkeit und erkannten, daß wir uns im Schweiße unseres Angesichts ernähren, uns kleiden und für ein Dach über dem Kopfe sorgen müssen, seit damals träumen wir unsere Träume vom Reich der Freiheit, wo der Mensch dem Menschen nicht länger ein Wolf und wo Milch und Honig fließen.[1]

Die ganze menschliche Geschichte ist notwendig geprägt von dieser existentiellen Spannung, vom "Wissen" darum, daß es "da draußen" eine Natur

---

1 "Zur Utopie des Verhältnisses von Mensch und Natur" bei Karl Marx, vgl. SCHMIDT (1993), S. 129.

gibt, etwas, das sich von uns unterscheidet, obwohl wir – und das macht es so furchtbar schwierig – selber Teil der Natur sind. Die Spannung ist deshalb auch eine (zumindest) doppelte: sie ist angelegt in uns selber, als einem Wesen, das um seine Zugehörigkeit, aber auch um seine Verschiedenheit weiß, und sie manifestiert sich in der Tatsache, daß wir von dem, wovon wir selber Teil sind, leben und uns die Natur also *aneignen* müssen.

Wir haben es uns mit unserer Aufgabe, der Auseinandersetzung mit der Natur, nicht immer und zu allen Zeiten gleich schwer gemacht. Aber immer haben wir uns für den Versuch, zu einem lebbaren und lebenswerten Verhältnis zur Natur zu finden, unzählige Bilder[2] gemacht – von uns und der Natur. Wir haben sie angebetet und verehrt, versucht, sie uns gütig zu stimmen, und wir haben uns gegen sie aufgelehnt und sie bekämpft. Wir haben uns gefragt, ob es diese Natur "da draußen" überhaupt gibt oder ob sie nur in unserem Geiste existiert, ob wir von ihr abhängig sind oder sie von uns. Wir haben nach Sinn gesucht, überall, hinter den Dingen der Natur, in den Dingen der Natur und in uns selber. Wir haben der Natur ein Ziel und einen Endzweck zugeschrieben und uns daran gemessen. Wir haben uns der Natur unterworfen, um sie gerade so zu überlisten und in den Griff zu bekommen.

Wir haben viel versucht und versuchen es noch immer. Aber das Reich der Freiheit hat sich noch nicht eingestellt – und die Spannung bleibt.[3] Es

---

2   Natur ist immer eine gesellschaftlich vermittelte. "Weder philosophisch noch naturwissenschaftlich läßt der Begriff der Natur sich ablösen vom dem, was gesellschaftliche Praxis jeweils über sie vermag"; a.a.O., S. 58. So führt EDER (1988), S. 61 aus: "Die gesellschaftliche Aneignung der Natur ist ... als ein dreifacher Prozeß der sozialen Konstruktion der Natur bestimmt. Sie ist einmal eine *kognitive* und *moralische* Konstruktion der Natur. Kognitive Beschreibungen der Natur produzieren ein *Weltbild*, das die empirischen Erfahrungen der Natur kanalisiert. Moralische Symbolisierungen der Natur produzieren dagegen ein *Bewußtsein* darüber, wie mit der Natur umgegangen werden soll. Beide Formen der sozialen Konstruktion der Natur sind auf eine *Symbolisierung* der Natur angewiesen. Diese Symbole sind nicht der Natur entnommen. Die Natur ist nur das 'Bezeichnende'. Das 'Bezeichnete' in den Symbolisierungen der Natur ist die Gesellschaft selbst. In der Symbolisierung der Natur legt die Gesellschaft die elementaren Regeln der Wahrnehmung und Erfahrung der Welt fest. Mit solchen Symbolisierungen werden die elementaren Wahrnehmungs- und Erfahrungsschemata der Welt einreguliert." Vgl. dazu auch GROH/GROH (1991); MOSCOVICI (1990).

3   Vgl. dazu das plastische Bild von K. MARX, Das Kapital, Bd. III, 837f. zit. nach SCHMIDT (1994), S. 138f.: "Das Reich der Freiheit beginnt in der Tat erst da, wo das Arbeiten, das durch Not und äußere Zweckmäßigkeit bestimmt ist, aufhört; es liegt also der Natur der Sache nach jenseits der Sphäre der eigentlichen materiellen Produktion. Wie der Wilde mit der Natur ringen muß, um seine Bedürfnisse zu befriedigen, um sein Leben zu erhalten und zu reproduzieren, so muß es der Zivilisierte, und er muß es in allen Gesellschaftsformen und unter allen möglichen Produktionsweisen. Mit seiner Entwicklung erweitert sich dies Reich der Naturnotwendigkeit, weil die Bedürfnisse wachsen; aber zugleich erweitern sich die Produktivkräfte, die diese befriedigen. Die Freiheit in diesem Gebiet kann nur darin

bleibt uns daher nichts anderes, als weiterzuträumen, weiterzuleben, uns die Natur also "anzueignen", und diese fundamentale Spannung auszuhalten,[4] denn "solange Menschen existieren, bedingen sich Geschichte der Natur und Geschichte der Menschen gegenseitig".[5]

Aus der Existenz und Notwendigkeit der Spannung dürfen allerdings keine falschen Schlüsse gezogen werden – insbesondere nicht der, die Spannung sei konstant, oder der, es gebe eine "naturgesetzliche" Abfolge von Weisen der Naturaneignung und unser heutiges Verhältnis zur Natur sei daher "naturgegeben".

Ein noch so kurzer Blick in die Geschichte würde uns vielmehr zeigen, daß das gesellschaftliche Verhältnis – und damit die Spannung – zur Natur vielfältigen Wandlungen und Veränderungen unterworfen war.[6]

Alle bisherigen – theoretischen wie praktischen – Versuche mit, durch, für oder gegen die Natur ein menschliches Leben zu leben, haben denn auch eines gemeinsam: Sie gehen davon aus, daß das Verhältnis zur Natur, die angesprochene Spannung zumindest innerhalb eines bestimmten Rahmens veränderbar ist. An der Notwendigkeit einer Aneignung der und Anpassung an die Natur kommt keine Gesellschaft vorbei. Aber die Art und Weise und das Ausmaß der gesellschaftlichen Naturaneignung ist keineswegs vorbestimmt[7] und auch für uns veränderbar.

Es stellt sich daher, angesichts unseres heutigen katastrophalen Umganges mit der Natur, die Frage, *wie* ein anderes, ein entspannteres Verhältnis zur Natur denkbar und möglich wäre.

---

bestehn, daß der vergesellschaftete Mensch, die assoziierten Produzenten, diesen ihren Stoffwechsel mit der Natur rationell regeln, unter ihre gemeinschaftliche Kontrolle bringen, statt von ihm als einer blinden Macht beherrscht zu werden; ihn mit dem geringsten Kraftaufwand und unter den, ihrer menschlichen Natur würdigsten und adäquatesten Bedingungen zu vollziehn. *Aber es bleibt dies immer ein Reich der Notwendigkeit.* Jenseits desselben beginnt die menschliche Kraftentwicklung, die sich als Selbstzweck gilt, *das wahre Reich der Freiheit, das aber nur auf jenem Reich der Notwendigkeit als seiner Basis aufblühen kann*"; Hervorhebungen hinzugefügt. Vgl. dazu auch MOSCOVICI (1990), S. 23f.

4   Insofern sind und bleiben wir, selber Teil der Natur, von dieser "abhängig", wenn denn in diesem Kontext von "Abhängigkeit" überhaupt gesprochen werden darf. Denn immerhin ist die Natur für uns konstitutiv und "ermöglichende Bedingungen erlegen dem, was sie konstituieren, keine Beschränkungen auf"; HABERMAS (1992), S. 162.

5   K. MARX, Deutsche Ideologie, in: Mega, Bd.V, I. Abtg., Berlin 1932, 567; zit. nach SCHMIDT (1993), S. 43.

6   Dazu etwa EDER; MOSCOVICI, GROH/GROH, SCHMIDT.

7   Vgl. etwa C.AMERY (1976): Natur als Politik. Die ökologische Chance des Menschen. S. 166:"Gewiß, noch immer und stets gilt der Marxsche Satz, daß die Natur dem Menschen vermittelt wird und auch die Einwirkungen des Menschen auf die Natur (der bekannte 'Stoffwechsel') gesellschaftlich erfolgt. Aber dies sagt noch nichts über die Aufgaben aus, die sich die Gesellschaft als Vermittlerin stellt"; zit. nach SCHMIDT (1993), XII, Fn. 70.

2. Der Beitrag der Menschenrechte zur Ausbeutung der Natur

2.1. Der "Mensch der Menschenrechte"

Die Menschenrechte bestimmen zu einem nicht unerheblichen Teil die Aneignung, ja die Ausbeutung der Natur. Streben wir ein etwas weniger spannungsgeladenes Verhältnis zur Natur an, so lohnt es sich daher, bei den Menschenrechten – als einer von mehreren Ursachen jener Spannung – anzusetzen.

Zu den Menschenrechten gehört ein bestimmtes Menschenbild – und zwingend, was immer wieder unterschlagen oder verdrängt wird, ein ganz bestimmtes Bild von der Natur:

Der "Mensch der Menschenrechte" ist ein Produkt der Aufklärung, ebenso wie diese Rechte selber – mithin (als "Modell") erst gut 200 Jahre alt. Dieser Mensch ist – seinem Selbstverständnis nach – Vernunftmensch. Denn es ist die Vernunft, die ihn in ganz speziellem Maße auszeichnet vor allem anderen, das sich auf diesem Planeten finden läßt. Dieser Mensch ist – wiederum seiner eigenen Ansicht nach – Selbstzweck und nicht Mittel zu irgendwelchen fremden Zwecken. Er ist der freie Mensch, der unabhängige Mensch, herausgebrochen aus und losgelöst von alten ständischen oder sozialen Bindungen. Er ist ein Individuum, ein Unteilbares und Ganzes, Herr seiner selbst, nicht länger Knecht: Subjekt, nicht Objekt.

Der "Mensch der Menschenrechte" versteht sich aber auch, und fast möchte man sagen, in erster Linie, als das "Andere der Natur".[8] Er sieht sich gerade als Nicht-Natur. Nicht länger von unbekannten Mächten bestimmt, nicht länger ohnmächtig und abhängig, nicht länger fremdem Maß und Ziel unterworfen, nicht länger nackt und hilflos. Er wähnt sich auf dem besten Weg ins Reich der Freiheit. Und wie wir alle wissen, tritt er sehr tatkräftig den Beweis an: Er zieht gegen die Natur ins Feld und unterwirft sie sich. Er beutet sie nach Strich und Faden aus, und jeder Sieg[9] ist ihm Bestätigung

---

8   Vgl. hiezu BÖHME/BÖHME (1985), S. 30f.: "Die moderne Beziehung zur Natur ist durch die Trennung von der Natur konstituiert. Diese Trennung, die Auflösung des unmittelbaren Zusammenhanges mit der Natur, macht die Herrschaft über die Natur möglich und ist zugleich der Ursprung ihrer empfindsamen Entdeckung. Die Natur ist das Fremde, das *Andere der Vernunft*'; Hervorhebung hinzugefügt. Wobei zu fragen bliebe, ob es einen "unmittelbaren" Zusammenhang mit der Natur – jenseits des eigenen Leibes – überhaupt geben kann.

9   Daß die Triumphe der Naturbeherrschung sich als Pyrrhussiege erweisen können, wird uns heute immer schmerzhafter bewußt. Und schon F. ENGELS wies darauf hin: "Schmeicheln wir uns ... nicht zu sehr mit unseren menschlichen Siegen über die Natur. Für jeden solchen Sieg rächt sie sich an uns. Jeder hat in erster Linie zwar die Folgen, auf die wir gerechnet, aber in zweiter und dritter Linie hat er ganz andere, unvorhergesehene Wirkungen, die nur zu oft jene ersten Folgen wieder aufheben";

seiner Einzigartigkeit und Allmacht. Und jeder Schritt hin zu "sich selber" ist ein Schritt weg von der Natur. Die Natur verkommt ihm zur bloßen Ressource, zum Objekt.

Die Menschenrechte sind Attribute und Werkzeuge dieses Menschen. Der vernünftige und daher freie Mensch sichert sich mit ihrer Hilfe seine persönliche (körperliche und geistige) Freiheit,[10] und er verfolgt seine eigenen Zwecke, indem er denkt, glaubt und sagt,[11] was er will, vor allem macht,[12] was er will, und sich nimmt,[13] was er will. Eine Grenze[14] findet seine Freiheit an der Freiheit der anderen.[15] Der skizzierte Typus zeigt auffallende Ähnlichkeiten mit dem Begriff der Autarkie (aus dem Titel dieser Vorlesungsreihe). In einem kurzen Arbeitspapier dazu können wir lesen:

"Unter Autarkie verstand man den Zustand, in dem ein einzelner Mensch oder eine Gemeinschaft unabhängig von den Anderen existiert, von dem lebt und sich auf das beschränkt, das ihm, unabhängig von den Anderen, zur Verfügung steht. Auf der materiellen Ebene läßt sich Autarkie umschreiben mit den Begriffen "Selbstbeschränkung, Selbständigkeit, Eigennutz". Der Begriff bezieht sich jedoch nicht nur auf das Materielle; wer geistig autark ist, weiß, was gut ist, was er braucht und was er kann. Er ist selbständig in bezug auf seine Meinungsbildung. Autarkie ist somit die Vorbedingung zur Autonomie: Da, wo wir unabhängig sind, sind wir auch frei zur Wahl unserer Handlungsoptionen und gesellschaftlichen Spielregeln."[16]

MARX/ENGELS, Werke, Bd. 20, Berlin 1968, S. 425f.; zitiert nach SCHMIDT (1993), VIII.

10 Z.B. Grundrecht der Persönlichen Freiheit; Vorläufer finden sich in den Habeas-Corpus-Akten.

11 Z.B. Glaubens- und Gewissensfreiheit; Meinungsäußerungsfreiheit; Pressefreiheit.

12 Z.B. die Allgemeine Handlungsfreiheit im Grundgesetz der BRD; in der Schweiz teilweise abgedeckt durch die Persönliche Freiheit. Von zentralster Bedeutung sind die wirtschaftlichen "Freiheitsrechte", etwa die Handels- und Gewerbefreiheiten, die Berufswahlfreiheit.

13 Im Vordergrund steht hier sicherlich ein Grundrecht auf Eigentum (Eigentumsgarantie) in Verbindung mit den erwähnten Handlungs-, Handels- und Gewerbefreiheiten etc.

14 Auch solche Grenzziehungen lassen sich grundrechtlich fassen und verstehen. Zu denken wäre etwa an die politischen Grundrechte, die eine gleiche Beteiligung an "Grenzdiskussionen" garantieren sollen. Zu kurz kommt – neben vielem anderen – in solch geraffter Darstellung der ganze Komplex der sozialen Grundrechte.

15 Dies ist – zugegebenermaßen – eine recht holzschnittartige Skizze des "Menschen der Menschenrechte". Es könnte zudem leicht der Eindruck entstehen, als habe es sich bei der Kreation dieses Menschentypus um nichts anderes als einen Willensakt gehandelt, gleichsam um den Praxis gewordenen Ausgang des Menschen aus seiner selbstverschuldeten Unmündigkeit. Allein, das wäre eine gar geschichtslose, idealistische Betrachtungsweise. Auch dieser konkrete Entwurf des Menschen muß als ein geschichtlich und gesellschaftlich vermittelter begriffen werden. Vgl. dazu etwa SCHMIDT, BÖHME/BÖHME, GROH/GROH, BÖHME, TAYLOR.

16 Zitat aus dem Arbeitspapier, das den Referenten vor Beginn der Vorlesungsreihe zugesandt wurde. Vgl. auch BÜCHI (1995): Autarkie: Selbstgenügsamkeit, Selbständigkeit und Selbsterhaltung als ökologisches Leitziel? (in diesem Buch)

Autarkie kann also verstanden werden im Sinne einer Unabhängigkeit, ja einer unabhängigen *Existenz* eines Einzelnen oder einer Gemeinschaft von den "Anderen". Sie leben und beschränken sich auf das, was ihnen – "unabhängig von den Anderen" – zur Verfügung steht. Oder wir können, um auf den "Menschen der Menschenrechte" zurückzukommen, auch sagen, sie leben von dem, was ihnen ohne Grenzüberschreitung, ohne Verletzung der (menschenrechtlichen) Freiheiten des Anderen zur Verfügung steht.

Interessanterweise ist in beiden Bildern "das Andere" nur der andere Mensch oder die andere Gemeinschaft. Beide blenden die Grundlage jeglicher Existenz, die Natur, ohne die "gar nichts zur Verfügung stünde", einfach aus. Wenn uns dies beim skizzierten Vernunftmenschen nicht erstaunt, da die Naturvergessenheit für ihn konstitutiv scheint, so darf darüber nicht hinweggehen, wer den Begriff der "Autarkie" für ein neues Verhältnis zur Natur eventuell fruchtbar machen will.

2.2. Zur rechtlichen Verfaßtheit der Natur

In sehr anschaulicher Weise läßt sich das heutige gesellschaftliche Verhältnis zur Natur, das auf dem Boden *programmatischer* Naturverdrängung entstanden ist, anhand des Eigentums beleuchten: Seine Verankerung in der Verfassung ist nicht sehr aussagekräftig. In der Schweizerischen Bundesverfassung findet sich nämlich bloß der Satz: "Das Eigentum ist gewährleistet".[17] Was mit diesem "Eigentum" konkreter gemeint ist, zeigt sich uns, wenn wir einen Blick ins Schweizerische Zivilgesetzbuch (ZGB) werfen, wo Artikel 641 Absatz 1 festhält:

"Wer Eigentümer einer Sache ist, kann in den Schranken der Rechtsordnung über sie *nach seinem Belieben verfügen*".

Und was Sache ist, das ist dem "Menschen der Menschenrechte" klar, das kann er etwa bei Kant nachlesen,[18] oder er kann einen Blick in irgendein einschlägiges Lehrbuch werfen, wo es dann etwa heißt, Sachen seien "unpersönliche, körperliche, für sich bestehende Gegenstände, die der menschlichen Herrschaft unterworfen werden können".[19]

---

17 Art. 22ter Abs. 1 BV.

18 I. KANT: Grundlegung zur Metaphysik der Sitten, S. 78: "Die Wesen, deren Dasein zwar nicht auf unserem Willen, sondern der Natur beruht, haben dennoch, wenn sie vernunftlose Wesen sind, nur einen relativen Wert, als Mittel, und heißen daher *Sachen*, dagegen vernünftige Wesen *Personen* genannt werden, weil ihre Natur sie schon als Zweck an sich selbst, d.i. als etwas, das nicht *bloß* als Mittel gebraucht werden darf, auszeichnet, mithin sofern alle Willkür einschränkt (und ein Gegenstand der Achtung ist)."

19 MEIER-HAYOZ (1981), S. 68.

Die nach Vernunftkriterien aufgeteilte Welt wird auch rechtlich eine aufgeteilte: Auf der einen Seite stehen die Menschen, ihnen kommen als vernünftige Wesen Rechte zu, sie sind Personen, Rechts-Subjekte. Auf der anderen Seite liegen die Dinge der Natur, sie sind vernunftlos, ihnen kommen daher keine Rechte zu, sie sind vielmehr Sachen, Rechtsobjekte, bloße Mittel zu menschlichen Zwecken, und sie stehen ihren Herren "nach Belieben zur Verfügung".

Das katastrophale Resultat dieses *Herrschaftsverhältnisses* zwischen Individuum, Gesellschaft und Natur ist bekannt: Die Spannung steigt – und es stellt sich die Frage, wie sich daran etwas ändern ließe.

3. Die Spannung vermindern

Die unter der Flagge "Umweltschutz" segelnden Entspannungsversuche der letzten Jahre und Jahrzehnte brachten insgesamt erstaunlich wenig Erfolge. Und selbst die teilweise Ablösung (oder Ergänzung) des industriellen *Ausbeutungsdiskurses*, der unser Naturverhältnis bislang beherrscht hat, durch einen (ökologischen) *Belastungsdiskurs*, der die Natur nach dem ihr zuträglichen beurteilt, kommt über bloße Symptombekämpfung nicht hinaus. Das liegt, wie Klaus Eder mit Recht bemerkt, daran, daß beiden Diskursen über die Natur eine – und dieselbe – spezifische Erfahrungsweise der Natur eigen ist: "Natur wird als ein *Objekt* menschlicher Bedürfnisse wahrgenommen und erfahren. Die aus dem Belastungsdiskurs sich ergebende ökologische Vernunft führt deshalb keineswegs zu einem "anderen" Umgang mit der Natur. Sie reproduziert vielmehr weiterhin unsere historisch lange eingeübten und kulturell tief verankerten Einstellungen und Handlungsweisen im Umgang mit der Natur."[20]

Wir müssen deshalb dort, bei der radikalen Spaltung der Welt in menschliche Subjekte und Objekte der Natur, ansetzen, um nicht weiterhin in einer Kultur zu leben, "die uns – mehr oder weniger unbewußt – zu einem *selbstzerstörerischen* Naturverhältnis 'zwingt'".[21]

Ich möchte dazu drei Optionen skizzieren, die je einzeln, am sinnvollsten aber in Kombination, ergriffen werden könnten,[22] um die Spannung zu ver-

---

20 EDER (1988), S. 9f.

21 a.a.O., S. 10; Hervorhebung hinzugefügt.

22 Damit gebe ich der – längst nicht mehr selbstverständlichen – Hoffnung Ausdruck, daß sich mit Hilfe des Rechts auch in Zukunft noch etwas bewegen und bewirken läßt. Gegen das "autopoietisch" hilflos gewordene Recht schreibt etwa HABERMAS (1992), S. 78: "Die Umgangssprache bildet zwar einen universalen Horizont des Verstehens; sie kann *aus* allen Sprachen im Prinzip alles übersetzen. Aber sie kann nicht umgekehrt ihre Botschaften für alle Adressaten verhaltenswirksam operationalisieren. Für die Übersetzung *in* die Spezialkodes bleibt sie auf das mit den Steuerungsmedien Geld und administrative Macht kommunizierende Recht angewiesen. Das Recht funktio-

mindern und um der "Beherrschung der gesellschaftlichen Naturbeherrschung durch die Gesellschaft", wie Marshall Sahlins[23] es formulierte, einen
Schritt näher zu kommen.

3.1. Eine "schwache" Interpretation/Konzeption der Menschenrechte

Wenn ich von einer "schwachen" Interpretation/Konzeption der Menschenrechte sprechen möchte, so geht es nicht darum, wie vielleicht befürchtet
werden könnte, die Menschenrechte dergestalt zusammenzustutzen, daß
dahinter nichts mehr, was wir als Mensch erkennen könnten, Platz und
Schutz findet. Ganz im Gegenteil.

Der Begriff verdankt sich Gianni Vattimo, der – in ganz anderem
Zusammenhang – spricht von "einer Konzeption von Sein, die sich nicht
mehr durch ihre 'starken', von der Metaphysik stets bevorzugten Merkmale
(artikulierte Präsenz, Ewigkeit, Evidenz, in einem Wort: Autorität und Herrschaft) in Banne halten läßt. Ein anderer, 'schwacher' Begriff von Sein ist ...
auch hilfreich, die Erfahrungen von Massengesellschaften nicht ausschließlich negativ, im Sinne der Zerstörung des Menschlichen, von Entfremdung
usw., zu denken".[24]

Ich möchte bei dieser Absetzung von "Autorität und Herrschaft" anknüp-
fen und einer Interpretation/Konzeption von Menschenrechten das Wort
reden, die nicht länger einen Menschen anvisiert, der die grundlegende
Spannung zur Natur und dem anderen Anderen, dem Mitmenschen, nicht
aushält, wie dies für den dominanten Typus des "modernen" Individuums
geradezu konstitutiv scheint. Eine "schwache" Interpretation/Konzeption der
Menschenrechte meint und zielt auf einen Menschen, der weniger seiner
Individualität, seiner Ganzheit und Unteilbarkeit, verpflichtet ist, als vielmehr
seinen Möglichkeiten im Rahmen seiner ihn ermöglichenden Bedingungen, als da sind: die Natur, der Mitmensch und die Gemeinschaft.

Eine "schwache" Interpretation/Konzeption der Menschenrechte sieht in
der "Freiheit" der Anderen nicht eindimensional nur die Grenze, sondern
vielmehr gerade die *Grundlage* der eigenen, und sie anerkennt diesen Doppelcharakter auch der Natur.

Eine "schwache" Interpretation/Konzeption der Menschenrechte weiß
sich der Autarkie (als Vorbedingung der Autonomie) im Sinne der Selbst-

---

niert gleichsam als Transformator, der erst sicherstellt, daß das Netz der sozialinte-
grativen gesamtgesellschaftlichen Kommunikation nicht reißt. Nur in der Sprache
des Rechts können normativ gehaltvolle Botschaften *gesellschaftsweit* zirkulieren; ohne
die Übersetzung in den komplexen, für Lebenswelt und System gleichermaßen offenen Rechtskode, würden diese in den mediengesteuerten Handlungsbereichen auf
taube Ohren treffen."

23 SAHLINS (1981), S. 311.

24 a.a.O., S. 12.

beschränkung verpflichtet. Sie besetzt nicht länger einverleibend sämtliches Terrain, indem sie darauf verzichtet, die gesamte Natur grundrechtlich verbrämt dem gierigen Zugriff des Menschen auszuliefern. Sie wendet sich damit gegen die vor allem politisch nach wie vor virulente Interpretation der Menschenrechte als bloßer ausgrenzender, grundsätzlich aber unbeschränkter Freiheitsrechte; und sie lehnt sich an jene mehr oder weniger anerkannte Theorie (und Praxis) an, die in der gesetzgeberischen, administrativen und richterlichen Umsetzung der Grundrechte zuvorderst deren notwendige Konkretisierung[25] und nicht deren Beschränkung sieht. Das muß insbesondere auch dort Geltung haben, wo es um den Schutz der Natur geht.

a) Kein unbeschränkter "grundrechtlicher" Zugriff auf die Natur

Ich will letzteres ansatzweise erläutern: Mit der Vorstellung, vernünftig und frei zu sein, und daher alles denken, glauben, sagen, machen und vor allem haben zu dürfen (was sich nicht schon ein anderer unter den Nagel gerissen hat), verbindet sich leicht jene, es gebe so etwas wie ein "allgemeines Grundrecht auf Umweltverschmutzung und Umweltbelastung".[26]

In einem interessanten Aufsatz hat Dietrich Murswiek dargelegt, "daß es auch auf der Basis des liberalen Freiheitsverständnisses eine allgemeine Umweltverschmutzungsfreiheit nicht geben kann."[27] Die Belastung von Gemeinschaftsgütern (wie Luft, Wasser etc.) mit Schadstoffen sei nicht lediglich Freiheitsausübung, sondern Teilhabe, und diese sei verfassungsrechtlich nur insoweit gewährleistet, als sich aus der Verfassung ein diesbezüglicher Teilhabeanspruch ableiten lasse[28]:

---

25 Hinzuweisen ist hier nach wie vor auf die grundlegende Arbeit von MÜLLER (1981): Privateigentum heute; S. 1ff., insb. S. 23ff.

26 MURSWIEK (1994), S. 79.

27 a.a.O., S. 79: "[J]eder juristische Laie wird dies als Selbstverständlichkeit ansehen und sich darüber wundern, daß diese Selbstverständlichkeit den Aufwand einer ausdrücklichen These rechtfertigt. Auf den verfassungsrechtlich ausgebildeten Juristen dagegen könnte die These schockierend wirken, weil sie einen Satz auf den Kopf zu stellen scheint, auf dem die ganze Freiheitsrechtsdogmatik beruht: den Satz nämlich, daß die Freiheitsbetätigung grundrechtlich geschützt sei, soweit der Gesetzgeber ihr keine Schranken gezogen hat, die ihrerseits dem Verhältnismäßigkeitsgrundsatz entsprechen müssen. Zur Berufsfreiheit, so sieht dies die herrschende Meinung, gehört auch die Freiheit, im Rahmen der Berufsausübung die Umwelt mit Schadstoffen zu belasten."
BRYDE (1993) zeigt, daß auch im Völkerrecht der Behauptung absoluter Handlungsfreiheit "immer schon die ebenfalls in der Souveränität begründete territoriale Integrität des betroffenen Nachbarstaats entgegengehalten worden" ist (S. 3). Jeder Staat habe zwar das Recht, über seine eigenen Ressourcen frei zu verfügen, aber gleichzeitig dürfe er die Umwelt der anderen nicht schädigen: "Souveräne Handlungsfreiheit der Staaten berechtigt also nicht aus sich heraus zu grenzüberschreitenden Immissionen" (S. 6).

28 a.a.O., S. 81.

"Für die Nutzung knapper öffentlicher Güter kann nicht das Freiheitsprinzip gelten, sondern nur das Prinzip der gleichen Teilhabe, d.h. der Verteilung von notwendig begrenzten Nutzungsbefugnissen nach Maßgabe sachgerechter Bewirtschaftungsentscheidungen, die generell vom staatlichen Normgeber (...) getroffen werden."[29]

Er schließt daraus unter anderem, und dies ist ein Gedanke, der weiterverfolgt werden müßte:

"Für die Belastung der Umwelt mit Schadstoffen oder mit Abfällen in *industriellem* Maßstab gibt es einen Teilhabeanspruch nicht." Was verfassungsrechtlich als umweltbezogener Teilhabeanspruch gewährleistet ist, "ist nicht mehr als das *Minimum* dessen, was der Mensch in einer freiheitlichen Gesellschaft an Umweltnutzung unbedingt benötigt".[30]

In der Schweiz ist in der Regel – explizite[31] – von einem Grundrecht auf Umweltverschmutzung nicht die Rede.[32] Das Bundesgericht hat vielmehr schon vor Jahren mit Nachdruck darauf hingewiesen, daß z.B. die Eigentumsgarantie das Eigentum nicht unbeschränkt gewährleiste, "sondern nur innert der Schranken, die ihm im öffentlichen Interesse durch die Rechtsordnung gezogen sind". Zu beachten seien namentlich die Anforderungen des Walderhaltungsgebotes,[33] des Gewässerschutzes,[34] des Umweltschutzes[35] und der Raumplanung.[36] Die Eigentumsgarantie hindere den Gesetzgeber nicht, die objektive Eigentumsordnung im Rahmen der Bedürfnisse der Gemeinschaft festzulegen.[37] Auch Konkretisierungen der Handels- und Gewerbefreiheit können heute durch jedes anerkannte öffentliche Interesse[38] legitimiert werden.

Wer also Eigentümer oder Eigentümerin eines Grundstückes ist und darauf einer luft-, boden- oder gewässerbelastenden wirtschaftlichen Tätigkeit

---

29 a.a.O., S. 82.

30 a.a.O., S. 82; Hervorhebung hinzugefügt. Vgl. auch a.a.O., S. 83: "..., daß es nicht der Umweltschutz, sondern die Umweltverschmutzung ist, im Hinblick auf welche das Grundgesetz nur das für die menschliche Existenz notwendige Minimum garantiert".

31 Implizite ist diese Vorstellung in der schweizerischen Rechtsordnung allerdings äußerst virulent. So geht zum Beispiel selbst das Umweltschutzgesetz davon aus, daß – grundsätzlich alle – Einwirkungen auf die Umwelt zulässig sind, sofern sie nur gewisse Grenzen (z.B. Emissionsbegrenzungen) nicht überschreiten.

32 Von solchen Überlegungen nicht weit entfernt sind allerdings jene, die von einem "Recht auf freie Wahl des Verkehrsmittels" reden und dieses Recht als Teil der Persönlichen Freiheit verstanden wissen wollen; obwohl diese Ansicht in der Schweiz jeglicher rechtsdogmatischer Fundierung entbehrt.

33 Art. 24 BV.

34 Art. 24quater BV.

35 Art. 24septies BV.

36 Art. 22quater BV.

37 BGE 105 Ia 336.

38 Auch hier wären u.a. der Umweltschutz oder die Raumplanung zu nennen.

nachgehen will, kann beispielsweise nicht unter Berufung auf – vermeintlich unbeschränkte – Grundrechte gegen "Beschränkungen"[39] vorgehen, die sich aus dem Umwelt- oder dem Gewässerschutzgesetz ergeben.

Die Konkretisierung der Grundrechte durch die Anforderungen anderer öffentlicher (Verfassungs-)Interessen, insbesondere der umwelt(schutz)-relevanten, krankt allerdings am Umstand, daß diese in der Regel nicht weiter geht, als sich aus einem (ökologischen) Minimal-Belastungsdiskurs ergibt. Ja, oft handelt es sich nicht einmal um einen ökologischen, sondern um einen ökonomischen Belastungsdiskurs, der sich um die Frage dreht, welche "Belastungen" der Wirtschaft zumutbar seien.[40]

Eine "schwache" Interpretation/Konzeption der Menschenrechte müßte sich daher eher an die Überlegungen von Murswiek anlehnen. Dabei dürfte es aber nicht nur darum gehen, die verfassungsrechtlich gewährleisteten umweltbezogenen Teilhabeansprüche auf das Minimum dessen zu beschränken, was der Mensch in einer "freiheitlichen" Gesellschaft an Umweltnutzung unbedingt benötigt – das wäre nur der eine Schritt.

Vielmehr müßte, um die Natur wenigstens ansatzweise aus ihrem bloßen Objektstatus zu befreien, und um aus einem anthropozentrischen Belastungsdiskurs auszubrechen, ergänzend dazu das rechtlich relevante Terrain der Natur, ihr (verfassungs-)rechtliches Gewicht, entscheidend vergrößert werden. Nur wenn natur- bzw. umweltschutzrelevante Verfassungs-Interessen in Zukunft weit größere Anforderungen stellen als heute, vermögen sie im Zuge der je notwendigen Grundrechtskonkretisierung den Zugriff des Menschen auf die Natur etwas zu erschweren.

b) Keine unbegrenzte "Produkte"-Freiheit

Murswiek bringt weiter einen Gedanken wieder in die Diskussion ein, der auch in der Schweiz schon aufgetaucht ist,[41] und der – zumindest auf den zweiten Blick – gar nicht mehr so abwegig oder rechtlich unzulässig erscheint.

Ausgehend von seiner Erkenntnis, daß der Gesetzgeber nicht verpflichtet sei, "umweltbelastende Tätigkeiten zuzulassen, sofern nicht ausnahmsweise ein grundrechtlich begründeter Teilhabeanspruch gegeben" sei, richtet er sein Augenmerk auf den Umstand, daß das "geltende Umweltrecht (...) weitgehend produktionsbezogen, aber kaum produktbezogen (ist)"[42]:

---

39 Durchaus möglich ist ja bekanntlich auch das Verbot einer "übermäßig" umweltbelastenden Anlage.

40 Das zeigt sich etwa in Art. 11 USG, wonach die vorsorgliche Emissionsbegrenzung unter anderem "wirtschaftlich tragbar" sein muß.

41 Vgl. dazu LEIMBACHER (1988), S. 193f. m.w.H.

42 MURSWIEK (1994), S. 84. Das gilt grundsätzlich auch für die Schweiz.

"Dabei gibt es viele Produkte mit geringer gesellschaftlicher Nützlichkeit, deren Produktion oder deren Entsorgung ein hohes Maß an Umweltbelastung mit sich bringt, so daß sich die Frage aufdrängt, ob die Herstellung derartiger Produkte überhaupt zugelassen werden muß."[43]

Und er beantwortet die Frage wie folgt:

"Unter der Teilhabeperspektive gibt es demgegenüber keinen rechtlichen Einwand gegen Produktionsregelungen: Der Staat hat über die Zuteilung von Befugnissen zur Nutzung der knappen öffentlichen Umweltgüter nach sachgerechten Gesichtspunkten im Interesse der Allgemeinheit zu entscheiden. Die Zuteilung von Umweltnutzungsbefugnissen ist Voraussetzung der Güterproduktion. Sie kann davon abhängig gemacht werden, ob die Güter, die produziert werden sollen, gesellschaftlich nützliche Funktionen erfüllen. Dies ist ein sachgerechtes Verteilungskriterium. Die Allgemeinheit muß darüber entscheiden können, zu welchen Zwecken ihre knappen Güter verwendet werden."[44]

Auf welche Weise der Gesetzgeber seine produktbezogene Gestaltungsfreiheit nutzen sollte, ist damit noch nicht gesagt. Es stehen ihm dazu keineswegs bloß "dirigistische", "planwirtschaftliche" Instrumente zur Verfügung. Er könnte sich durchaus marktwirtschaftlicher Elemente bedienen, um, wie Murswiek ausführt, von "der Konsumentensouveränität zur Volkssouveränität" zurückzukehren.[45]

c) Für eine vollständige Rechtsordnung

Für eine "schwache" Interpretation/Konzeption der Grundrechte bieten sich die Überlegungen von Murswiek gerade deswegen an, weil die "Teilhabeperspektive (...) den Rechtszustand auch auf die öffentlichen Umweltgüter (erstreckt) und (...) damit aus der – unbewußt – noch unvollständigen erst eine vollständige, die Umwelt einbeziehende Rechtsordnung" macht.[46]

Dieser letzte Satz scheint mir eigentlich der wichtigste und der zentralste. Unsere Rechtsordnung ist heute wirklich eine noch unvollständige. Sie blendet die Natur weitgehend aus – und zwar gerade dadurch, daß sie sie dem grundrechtlich verbrämten Zugriff des Einzelnen ausliefert und sie rechtlich zur rechtlichen quantité négligable macht. Damit amputiert sich jede Rechtsordnung aber selber. Sie vergibt sich die Chance, ihren eigenen Anspruch einzulösen, nämlich *gesellschaftliches* Steuerungsmittel (neben anderen) zu sein. Sie wird gleichsam zur "verspäteten" Rechtsordnung, die in erster Linie reaktive (und reaktionäre) Züge trägt. Da sie sich bei der gesellschaftlichen

---

43 a.a.O., S. 84.

44 a.a.O., S. 84.

45 a.a.O., S. 84: "Es ist bezeichnend für den geistigen Zustand unserer Gesellschaft, daß bis heute noch überwiegend beides für identisch gehalten wird."

46 a.a.O., S. 88.

Steuerung, Kontrolle und Verwaltung der einzigen Produktivkraft – der Natur – "vornehm" zurückhält, bleibt ihr im Ausbeutungsdiskurs wie im (ökologischen) Belastungsdiskurs nicht viel anderes als Schadensbegrenzung, als polizeiliche Funktion.

Eine Rechtsordnung, die sich einer "schwachen" Interpretation/Konzeption der Menschenrechte verpflichtet weiß, muß einer Gesellschaft von Individuen dienen, die nicht nur um ihre gegenseitige – und weltweite – Abhängigkeit, sondern zentral auch um ihre unaufkündbare Abhängigkeit von der Natur wissen. Die Rede von Autarkie und Autonomie erhält nur vor dem Hintergrund dieser Bedingtheit einen Sinn. Sie kann dann verweisen auf eine gesellschaftliche Praxis,[47] die gerade durch Selbstbeschränkung die Möglichkeit von Freiheit, Selbstbestimmung und Selbständigkeit gewinnt.[48]

3.2. Von Menschenpflichten

Ich habe bei der groben Skizze des "Menschen der Menschenrechte" die fast schon kategorische Trennung dieses Typus von der Natur hervorgehoben. Eine andere, immer wieder kritisierte Eigenart ist dessen Trennung vom Mitmenschen und von der Gemeinschaft. Karl Marx monierte, die sogenannten Menschenrechte seien nichts anderes als die Rechte des egoistischen Menschen, seine Freiheit sei "die Freiheit des Menschen als isolierter auf sich zurückgezogener Monade". Das "Menschenrecht der Freiheit" basiere "nicht auf der Verbindung des Menschen mit dem Menschen, sondern vielmehr auf der Absonderung des Menschen vom Menschen. Es (sei) das *Recht* dieser Absonderung, das Recht des *beschränkten*, auf sich beschränkten Individuums".[49]

Diese Einschätzung ist sicherlich nicht ganz falsch. Doch beschreibt Marx hier nur eine von mehreren Facetten. Denn, wie etwa Habermas festhält, sind auch die Grundrechte "nicht schon *ihrem Begriffe nach* auf atomistische und entfremdete Individuen bezogen, die sich possessiv gegeneinander versteifen. Als Elemente der Rechtsordnung setzen sie vielmehr die Zusammenarbeit von Subjekten voraus, die sich in ihren reziprok aufeinander bezogenen Rechten und Pflichten als freie und gleiche Rechtsgenossen anerkennen".[50]

Was in diesen Aussagen angesprochen wird, ist die Überzeugung und Erfahrung, daß wir ohne unsere Mitmenschen schlicht nicht sein können, ja, daß unser Mensch-Sein seinen Grund in der Achtung und Anerkennung

---

47 Zu Praxis und Poiesis vgl. EDER (1988), insb. S. 291, 306f.

48 Daß Autarkie allerdings auch zur *reaktionären* Utopie werden kann, zeigt etwa DAHMER (1994), S. 373, 381.

49 MARX (1981): Zur Judenfrage. S. 285. In: KLUGE/MARX (Hrsg.), Deutsch-Französische Jahrbücher. S. 266ff.

50 a.a.O., S. 117.

des je Anderen hat. Das macht es zwingend, eine gewisse Verpflichtung dem Mitmenschen und der Gemeinschaft gegenüber anzuerkennen.

Es erstaunt denn auch nicht, daß in Ergänzung zu den Menschenrechten schon immer auch von Menschenpflichten die Rede war. So findet sich beispielsweise bereits in der Verfassung von Massachusetts aus dem Jahre 1780 neben der Aufzählung bestimmter Freiheiten "consequently" die Verpflichtung "to contribute his share to the expenses of his protection; to give his personal service, or an equivalent, when necessary".[51]

Teils breiten Niederschlag haben Menschenpflichten auch in modernen Menschenrechtskonventionen gefunden. So bestimmt unter dem Titel "Grundpflichten" Artikel 29, Absatz 1 der Allgemeinen Erklärung der Menschenrechte[52]: "Jeder Mensch hat Pflichten gegenüber der Gemeinschaft, in der alleine die freie und volle Entwicklung seiner Persönlichkeit möglich ist."[53] In der Afrikanischen Menschenrechtskonvention[54] finden sich Pflichten gegenüber der Gemeinschaft, den Mitmenschen, gegenüber Familie, Staat und Gesellschaft[55], ähnlich wie in der amerikanischen.[56]

In diesen Verpflichtungen manifestiert sich unsere Abhängigkeit und Bedürftigkeit: Werden die Grundlagen unserer Existenz zerstört, dann werden auch wir zerstört. In den letzten Jahren und Jahrzehnten hat diese Erkenntnis zum Glück auf unser Verhältnis zur Natur als der Grundlage aller Grundlagen durchgeschlagen, und wir können in verschiedensten (internationalen) Erklärungen Verpflichtungen gegenüber der Natur finden.

Allerdings stoßen wir regelmäßig auf ein schwerwiegendes Problem. So heißt es beispielhaft in der von der Generalversammlung der Vereinten Nationen beschlossenen "Weltcharta für die Natur" aus dem Jahre 1982 unter dem Titel "Durchführung": "Die in dieser Charta festgehaltenen Grundsätze müssen in geeigneter Form in den Gesetzen und im Verhalten jedes Staates sowie auch auf internationaler Ebene Niederschlag finden".[57]

Gleiches gilt *in der Regel* für (verfassungsrechtliche) Grund- oder Menschenpflichten: Sie verlangen, bevor sie wirksam, verhaltenssteuernd, also zu wirklichen *Rechts*-Pflichten werden, nach einer gründlichen Konkretisie-

---

51 Zit. nach Hasso Hofmann (1983), Grundpflichten als verfassungsrechtliche Dimension, VVDStRL 41, Berlin/New York, 62, Anm. 76; vgl. dazu LEIMBACHER (1988), S. 133.

52 Resolution 217 (III) der Generalversammlung der Vereinten Nationen vom 10. Dezember 1948.

53 Daß Pflichten nur jener Gemeinschaft gegenüber bestehen können, die ihren Verpflichtungen gegenüber dem einzelnen ebenfalls nachkommt und insbesondere seine Menschenwürde achtet und schützt, scheint eine Selbstverständlichkeit – daß dem so nicht (überall) ist (und war), eine traurige und untolerierbare Tatsache. Vgl. dazu etwa DAHMER (1994), S. 160f.

54 Banjul Charta der Menschenrechte und Rechte der Völker vom 27. Juni 1981.

55 Vgl. die Art. 27ff.

56 Vom 22. November 1969; Art. 32.

57 Ziff. II.14.

rung im Gesetz[58] – und eine solche Konkretisierung läßt, wir wissen es alle, oft lange auf sich warten.

Gleichwohl sind Grundpflichten – wenn sie denn umgesetzt werden – durchaus geeignet, jenen bloßen Objektstatus der Natur aufzuweichen. Allerdings darf die Gefahr nicht unterschätzt werden, daß sie wie "Staatszielbestimmungen", "Gesetzgebungsaufträge" oder ähnliches kaum über den Status wohlklingender Sonntagspredigten hinauskommen: Solange die Menschenrechte nämlich weiterhin im Sinne einer "starken" Interpretation/Konzeption als grundsätzlich unbeschränkte Freibriefe für den ungezügelten Zugriff auf die Natur begriffen werden, haftet auch den Grundpflichten jener Ruch der Einschränkung, der Beschränkung menschlicher "Freiheit" an. Erst zusammen mit der skizzierten "schwachen" Interpretation/Konzeption, die um ihre Abhängigkeit nicht nur vom Mitmenschen, sondern auch von der Natur weiß, scheint mir das Feld bereitet, den Individuen (und der Gesellschaft) konkrete Verpflichtungen gegenüber der Natur zuzuordnen, die Chance haben, praktisch zu werden.

a) *Inhalt einer Grundpflicht zugunsten der Natur*[59]

Was könnte sich die Natur von einer Grundpflicht erwarten? Was müßte der Inhalt einer Grundpflicht *zugunsten* der Natur sein?

Pflichten, die der Natur einen "Freiraum" zuschreiben, dergestalt, daß wir ihr dieses und jenes nicht antun dürfen, gehen nicht oder nur unwesentlich über eine mit der "schwachen" Interpretation/Konzeption der Menschenrechte verbundene Praxis hinaus. Es drängt sich daher auf, an eine *Leistung* zugunsten der Natur zu denken und diese dort einzubauen oder anzuhängen, wo naturrelevantes Verhalten prominent rechtlich verfaßt ist: bei der Handels- und Gewerbefreiheit und der Eigentumsgarantie.

b) *Ökologiepflichtigkeit des Eigentums*

In Anlehnung an die "Sozialpflichtigkeit" des Eigentums, wie wir sie aus Artikel 14 Absatz 2 des bundesdeutschen Grundgesetzes kennen, wonach "Eigentum verpflichtet" und sein "Gebrauch (...) zugleich dem Wohle der Allgemeinheit dienen (soll)", wäre an eine "Ökologiepflichtigkeit" des Eigentums zu denken. Sein Gebrauch hätte also zugleich dem "Wohle der Natur" oder in abgeschwächterer und anthropozentrischerer Weise "der Erhaltung der natürlichen Lebensgrundlagen" zu dienen.[60]

---

58 Vgl. dazu LEIMBACHER (1988), S. 134, m.w.N.

59 Vgl. zum folgenden a.a.O., S. 267ff.

60 Vgl. dazu den Vorschlag zu einem neuen Art. 14 GG. In: Vom Grundgesetz zur deutschen Verfassung (hrsg. vom Kuratorium für einen demokratisch verfaßten Bund deutscher Länder):   ·/.

Welche konkreten Einzelpflichten damit die Eigentümerinnen und Eigentümer zu erfüllen hätten, das müßte allerdings im Detail der Gesetzgeber festlegen.

c) Verpflichtung auf eine ökologische Wirtschaftsordnung

Eine gewisse Verpflichtung zu ökologischem Wirtschaften ergibt sich bereits aus einer "schwachen" Interpretation/Konzeption der Menschenrechte. Die Belastung von "Gemeinwohlgütern" im *industriellen* Ausmaß wäre ja nicht mehr zwingend grundrechtlich geschützt und bedürfte also einer entsprechenden (gesetzlichen) Rechtfertigung.

Worin könnte aber eine spezielle *Leistung* des wirtschaftenden Subjekts zugunsten der Natur bestehen, wenn man eine Parallele zur Ökologiepflichtigkeit des Eigentums ziehen wollte? Meines Erachtens ist nicht vorab die *individuelle* Leistung zugunsten der Gesellschaft gefragt, sondern eine gesellschaftliche. Zu fordern ist die *Ökologiepflichtigkeit der Wirtschaftsordnung.*

Dazu müßte – an die Überlegungen von Murswiek und jene zur Ökologiepflichtigkeit des Eigentums anknüpfend – die gesellschaftliche Kontrolle und Verteilung (Teilhabe) der Gemeinschaftsgüter sich zumindest an der Erhaltung der natürlichen Lebensgrundlagen, noch besser am Schutze der Lebensgrundlagen "um ihrer selbst willen"[61] ausrichten. Und eine "ökologische(re)" Wirtschaftsordnung müßte sich folgerichtig in einer Verringerung des Schädigungspotentials niederschlagen: Nicht nur "umweltfreundlicheres" Wirtschaften ist also verlangt, sondern zugleich und zusätzlich weniger Wirtschaften. Die Leistung zugunsten der Natur wäre somit vielerorts eine Unterlassung.

3.3. Rechte der Natur

Mit einer "schwachen" Interpretation/Konzeption der Menschenrechte, wie auch mit Grundpflichten des Menschen gegenüber der Natur können wir dieser Teile des von uns okkupierten Terrains zurückerstatten. Beide Vorgehensweisen sind aber nach wie vor äußerst anthropozentrisch und ändern am Objektstatus der Natur höchstens indirekt und schleichend etwas.

Ich möchte daher vorschlagen, unsere Bereitschaft zu einer wirklich *grundlegenden* Änderung unseres gesellschaftlichen Naturverhältnisses da-

---

"3 Eigentum ist sozialpflichtig. Der Gesetzgeber stellt sicher, daß sein Gebrauch zugleich dem Wohle der Allgemeinheit, insbesondere zur Erhaltung der natürlichen Lebensgrundlagen, dient.

4 Eine Enteignung ist nur zum Wohle der Allgemeinheit, insbesondere zur Erhaltung der natürlichen Lebensgrundlagen, zulässig".

61 Vgl. dazu a.a.O., S. 95 den Vorschlag zu einem neuen Art. 20a GG.

durch zum Ausdruck zu bringen, daß wir der Natur Rechte zuerkennen, sie mithin vom bloßen Rechtsobjekt zum Rechts-*Subjekt* befördern.

Da ich andernorts die Idee von "Rechten der Natur" schon ausführlich behandelt habe,[62] möchte ich lediglich einige kurze Hinweise geben.

Der oft vorgebrachte Einwand, nur Menschen "hätten" Rechte, und Tiere, Pflanzen oder Landschaften könnten keine "haben", schließt vom Resultat auf die Ursache: Nur weil in unseren Rechtsordnungen natürlichen Entitäten bisher keine Rechte *zugeschrieben wurden*, muß das nicht auch in Zukunft noch so sein. Zudem "haben" auch Menschen keine Rechte.[63] Sie werden ihnen vielmehr in einer je konkreten Rechtsordnung ebenfalls zugeschrieben, wodurch sie zu Rechtssubjekten, zur Rechtspersonen werden.

Des weiteren schreiben unsere Rechtsordnungen auch nichtmenschlichen Entitäten, zum Beispiel Aktiengesellschaften, Stiftungen etc., problemlos Rechte zu und machen sie dadurch zu Rechtspersonen, zu sogenannten "juristischen Personen" im Gegensatz zu den "natürlichen".

Die Rechtsfähigkeit setzt auch keineswegs voraus, wie immer wieder vorgebracht wird, daß jemand seine Rechte selber wahrnehmen muß. Wäre dem so, könnten Kleinkinder, Alte oder Kranke oft nicht als Rechtssubjekte angesprochen werden. Für sie nehmen bekanntlich Vater und Mutter, ein Vormund oder Beirat "im Namen der Vertretenen" deren Rechte war.

Viel wichtiger als solche rechtstheoretische oder rechtsdogmatische Überlegungen ist die Frage, was die Natur denn davon hätte, wenn sie Rechte "hätte". Erinnern wir uns dazu an die kurze Skizze des "Menschen der Menschenrechte". Seine Freiheiten und Rechte finden ihre Grenze an den Freiheiten und Rechten der Anderen. Diese Grundregel sichert den als Selbstzweck verstandenen Rechtssubjekten eine grundsätzliche *Unverfügbarkeit*. Um – sei dies nun als Privater oder als Staat – in solch fremde Rechte einzugreifen, bedarf es einer "Rechtfertigung": Grundrechtsbeschränkungen bzw. -konkretisierungen bedürfen konkret einer gesetzlichen Grundlage, sie müssen im öffentlichen Interesse liegen, dürfen nicht unverhältnismäßig sein und zudem den Kerngehalt des Grundrechtes nicht tangieren.

Wenn eine Rechtsordnung der Natur daher gewisse Rechte oder gar Grundrechte zuschreibt, dann statuiert sie auch für die Natur jene grundsätzliche Unverfügbarkeit – dies in bewußter Absetzung von ihrem heutigen Status als "per definitionem" allzeit Verfügbare. Unsere menschlichen Frei-

---

62 Vgl. LEIMBACHER (1988).

63 Der "naturrechtliche" Ansatz, dem Menschen kämen qua seines Mensch-Seins gleichsam vorstaatlich bereits (juridische) Rechte zu, greift meines Erachtens daneben. Davon zu unterscheiden ist die Überzeugung, daß es zwingende Gründe gibt, daß *allen* Menschen in einer Rechtsordnung gewisse und gleiche Menschen-Rechte zugeschrieben werden *müssen*. Vgl. zu diesen Gründen etwa SCHMIDT (1993), S. 34: "Die theoretische Anstrengung, die darauf abzielt, daß kein Mensch auf der Welt mehr materielle und intellektuelle Not leidet, bedarf keiner metaphysischen 'Letztbegründung'."

heiten und Rechte finden daher nicht nur an jenen der anderen, sondern auch an jenen der Natur ihre Grenze – und Eingriffe in die Rechte der Natur sind ebenfalls nur zuläßig, wenn eine gesetzliche Rechtfertigung gegeben ist.

Wer Rechte hat, hat auch "Gewicht". Wenn daher der Natur Rechte zugeschrieben werden, so schaffen wir damit in den je konkret "verfaßten" Gebieten eine Ausgangslage, die sich von der heutigen fundamental unterscheidet: Heute kommt den privaten oder öffentlichen (menschlichen) Interessen in der Regel "von Hause aus" dermaßen viel "Gewicht" zu, daß die Anliegen der Natur im konkreten Fall kaum je überwiegen können. Künftig befänden sich die Waagschalen wenigsten *vor* dem oft notwendigen Abwägungsprozeß in der Horizontalen und die Chance würde größer, daß die "Interessen" der Natur die gegenüberstehenden menschlichen Interessen überwiegen könnten. Zudem würden der Natur mit Rechten auch "abwägungsfeste" Positionen zugeschrieben, so wie beispielsweise der Kerngehalt menschlicher Grundrechte keinerlei Interessenabwägung zugängig ist.[64]

Damit ist nicht ein Horrorszenario skizziert, indem wir Menschen den Wölfen zum Fraß vorwerfen oder das Leben einer Mücke gegen ein Menschenleben aufwiegen. Zum einen sind auch die Rechte der Natur beschränkbar, zum anderen müssen ihr nicht die gleichen Rechte zukommen wie den Menschen. Rechte der Natur sind keine Menschenrechte, selbst wenn wir sie als Grundrechte in die Verfassung aufnehmen. Die Natur braucht vor allem gar keine Menschenrechte. Sie braucht Rechte, die ihren Wert, ihr Gewicht zum Ausdruck bringen und rechtlich relevant machen; sie braucht Rechte, die ihr Schutz vor menschlichem Zugriff bieten, so wie Menschenrechte uns vor dem Zugriff der Anderen schützen sollen.

Die Natur braucht daher keine Glaubens- und Gewissens-, keine Handels- und Gewerbe- oder gar Pressefreiheit. Was bedroht ist und deswegen zuvorderst des Schutzes bedarf, ist ihre *heutige* "Existenz".[65] Notwendig ist deshalb

---

64 Vgl. dazu LEIMBACHER, a.a.O., S. 201ff.

65 Dabei wird nicht verkannt, "daß die uns umgebende Natur bereits weitgehend anthropogene Natur ist", was "die Berufung auf die Natur als gegebene und damit als maßgebende Ordnung" praktisch unmöglich macht (BÖHME 1992, S. 16). Daraus muß aber nicht zwingend geschlossen werden, dadurch werde auch "jede Berufung auf die jeweils existierende Natur als maßgebliche und zu erhaltende hinfällig" (a.a.O.). Solche Berufung kann vielmehr Ausgangspunkt sein für die gesellschaftlich zu beantwortende Frage, "welche Natur sollen wir ... wollen?" (a.a.O.), insbesondere dann, wenn sie die Entwicklungsmöglichkeiten der Natur, besser: des anzustrebenden neuen Verhältnisses von Mensch, Gesellschaft und Natur, miteinbezieht: "Auf dem Weg in (eine) andere 'Moderne'(?) kann uns auch die "Natur als solche" keine fixen Maßstäbe geben; wir müssen uns also auch über diese politisch verständigen. Immerhin spricht einiges dafür, daß es ganz vernünftig wäre, sich – wie im Existenzrecht der Natur vorgeschlagen – an der Erhaltung der heute noch vorfindlichen Natur zu orientieren. 'Grundnorm für problemadäquatere Maßstäbe eines Rechts in der Risikogesellschaft könnte das Postulat des Erhalts der ökologischen Vielfalt sein', wie Rainer Wolf vorschlägt. (...) Es ließe sich somit für das uns speziell interessierende Verhältnis von Mensch, Gesellschaft und Natur formulieren: Je stärker gesellschaft-

ein Existenzrecht, ja ein Existenz-*Grundrecht* der Natur ungefähr folgenden Inhalts[66]:

"1. Das Recht der Natur auf ihre Existenz, auf ihr Dasein und Sosein sowie auf ihre Entwicklungsmöglichkeiten, ist gewährleistet.

2. Staat und Private sind verpflichtet, dieses Recht (diese Rechte) zu achten. Insbesondere sind Ökosysteme, Populationen und Arten zu schützen.

3. Eingriffe in die (Rechte der) Natur verlangen nach einer Rechtfertigung".[67]

Die Verankerung eines Rechtes der Natur in der Verfassung hat – im Gegensatz zu bloßen (verfassungsrechtlichen) Absichtserklärungen – den Vorteil unmittelbarer Einflußnahme auf die gesamte Rechtsordnung: Einerseits begründen Grundrechte bekanntlich *direkt*, d.h. ohne vorgängige "Umsetzung" durch den Gesetzgeber, bestimmte Ansprüche, und andererseits verändert sich, ohne daß wir am Wortlaut der bisherigen (menschlichen) Grundrechte etwas ändern, ihr Gehalt. Die Eigentumsgarantie ist nicht mehr die gleiche wie vorher und auch die Handels- und Gewerbefreiheit ist notwendig beschränkt, denn da Verfassungsnormen vom gleichen Rang sind, müssen sie je im Lichte aller anderen "gelesen" und angewandt werden.

Allerdings liegt der Großteil der Arbeit nach wie vor beim Gesetzgeber. Die Rechtfertigungspflicht des Absatzes 3 bezieht sich nicht nur auf ein

---

liches Verhalten die Entwicklungsmöglichkeiten von Mensch und Natur erhält und befördert, um so umwelt- und sozialverträglicher dürfte es sein. Und je mehr es diese Chance zur Entfaltung verengt, desto weniger scheint es verträglich." LEIMBACHER (1992), S. 62f.; vgl. auch MOSCOVICI.

66 In etwas detaillierterer Form hat der Gedanke in den "Vorschlag zu einer Erweiterung der Allgemeinen Erklärung der Menschenrechte" durch Rechte der Natur und solche künftiger Generationen Eingang gefunden; VISCHER (1990), S. 13:

"1. Die Natur – belebt oder unbelebt – hat ein Recht auf Existenz, d.h. auf Erhaltung und Entfaltung.

2. Die Natur hat ein Recht auf Schutz ihrer Ökosysteme, Arten und Populationen in ihrer Vernetztheit.

3. Die belebte Natur hat ein Recht auf Erhaltung und Entfaltung ihres genetischen Erbes.

4. Lebewesen haben ein Recht auf artgerechtes Leben, einschließlich Fortpflanzung, in den ihnen angemessenen Ökosystemen.

5. Eingriffe in die Natur bedürfen einer Rechtfertigung. Sie sind nur zulässig,
   - wenn die Eingriffsvoraussetzungen in einem demokratisch legitimierten Verfahren und unter Beachtung der Rechte der Natur festgelegt worden sind,
   - wenn das Eingriffsinteresse schwerer wiegt als das Interesse an der ungeschmälerten Wahrung der Rechte der Natur und
   - wenn der Eingriff nicht übermäßig ist.
   Nach einer Schädigung ist die Natur wenn immer möglich wiederherzustellen.

6. Seltene, vor allem artenreiche Ökosysteme sind unter absoluten Schutz zu stellen. Die Ausrottung von Arten ist untersagt."

67 Dazu LEIMBACHER (1988), S. 199.

einziges Recht der Natur. Ein *Grund*-Recht, ein *fundamentales* Recht, mit dem die Substanz aller menschlicher Gemeinschaften geschützt werden soll, muß in sämtliche Verästelungen der Rechtsordnung ausstrahlen. Es ist daher Aufgabe der gesetzgebenden Organe, diese Grundnorm in konkretere und immer detailliertere Normen auf Gesetzes-, Verordnungs- oder Weisungsebene umzusetzen[68]. Durch solche Umsetzung in Gebots- und Verbotsnormen sowie durch deren Vollzug kommen wir der Rechtfertigungspflicht nach. Insbesondere ist es auch Aufgabe des Gesetzgebers der Natur die erforderlichen Vertreterinnen und Vertreter zuzuordnen, die die "Rechte der Natur" in allen relevanten Verfahren vertreten.

Die Rechte der Natur greifen den Gedanken der "schwachen" Interpretation/Konzeption der Menschenrechte auf und führen ihn weiter, indem sie eine Rechtsordnung anvisieren, die ihre Naturvergessenheit abstreift und das *Verhältnis*, die Spannung zwischen Individuum, Gesellschaft und Natur dadurch in ihr Zentrum stellt, daß sie der Natur den ihr gebührenden Platz einräumt.

4. Schluß

Da unser Naturverhältnis ein gesellschaftlich vermitteltes ist, sind wir in der Lage, die Art und Weise und vor allem das Ausmaß unserer heutigen Naturaneignung zu beeinflussen. Das Recht könnte dazu einen Beitrag leisten und mithelfen, unser Bild von uns selber und von der Natur neu zu entwerfen.

Autarkie und Anpassung müßten dann nicht weiterhin als Gegensätze, sondern könnten vielmehr als Zusammengehöriges – man könnte auch sagen: in ihrer Dialektik[69] – begriffen werden.

---

68 Hinzuweisen wäre z.B. auf die sogenannte "Beweislastumkehr", vgl. dazu LEIM-BACHER (1988), S. 432f.

69 Ein sehr schönes und eindrückliches Bild solch "existentieller" dialektischer Spannung findet sich bei KAMATA/SHIMIZU (1992): Zen and Aikido. S. 58:
"A Buddhist verse (...) reads: 'Everything is produced by cause and condition, thus there is no intrinsic nature (jisho) in anything'.
Everything' refers to all things, and is thus the equivalent of the natural world which is produced by cause and condition. The verse continues stating that since all things exist temporarily in this world due to cause and condition, they do not have intrinsic nature in and of themselves. *Spring flowers do not bloom until they are exposed to the spring breeze. The moment the spring breeze, which is condition, encounters the buds of the cherry blossom, which are cause, the cherry blossoms will begin to bloom. There is no intrinsic nature in the cherry blossom.*" (Hervorhebung hinzugefügt)

Literaturverzeichnis

BÖHME, G. (1992): Natürliche Natur. Suhrkamp, Frankfurt a.M.

BÖHME, H.; BÖHME, G. (1985): Das Andere der Vernunft. Suhrkamp, Frankfurt a.M.

BRYDE, B.-O. (1993): Umweltschutz durch allgemeines Völkerrecht? Archiv des Völkerrechts 31, 1-12.

DAHMER, H. (1994): Pseudonatur und Kritik. Suhrkamp, Frankfurt a.M.

EDER, K. (1988): Die Vergesellschaftung der Natur. Suhrkamp, Frankfurt a.M.

GROH, R.; GROH, D. (1991): Weltbild und Naturaneignung. Suhrkamp, Frankfurt a.M.

HABERMAS, J. (1992): Faktizität und Geltung. Suhrkamp, Frankfurt a.M.

KAMATA, S.; SHIMIZU, K. (1992): Zen and Aikido. Aiki News, Tokio.

KANT, I. (1785): Grundlegung zur Metaphysik der Sitten. Reclam, Stuttgart, 1984.

KLUGE, A.; MARX, K. (Hrsg., 1981): Deutsch-französische Jahrbücher. Leipzig.

KURATORIUM FÜR EINEN DEMOKRATISCH VERFASSTEN BUND DEUTSCHER LÄNDER IN ZUSAMMENARBEIT MIT DER HEINRICH-BÖLL-STIFTUNG E.V. (Hrsg., 1981): Vom Grundgesetz zur deutschen Verfassung. Berlin, Köln, Leipzig.

LEIMBACHER, J. (1988): Die Rechte der Natur. Helbing & Lichtenhahn, Basel und Frankfurt a.M.

- ders. (1992): Rechte der Natur. Argumente für eine *Ökologisierung* des Rechts. In: M. Schneider, A. Karrer (Hrsg.): Die Natur ins Recht setzen. Verlag C.F. Müller, Karlsruhe. S. 37-66.

MEIER-HAYOZ, A. (1981): Berner Kommentar. Das Sachrecht. 1. Abteilung, 1. Teilband, Bern.

MOSCOVICI, S. (1990): Versuch über die menschliche Geschichte der Natur. Suhrkamp, Frankfurt a.M.

MÜLLER, GE. (1981): Privateigentum heute. ZSR NF 100 II, 1ff.

MURSWIEK, D. (1994): Privater Nutzen und Gemeinwohl im Umweltrecht. Deutsches Verwaltungsblatt 109, 77-88.

SAHLINS, M. (1981): Kultur und praktische Vernunft. Suhrkamp, Frankfurt a.M.

SCHMIDT, A. ([4]1993): Der Begriff der Natur in der Lehre von Marx. 4. überarbeitete und verbesserte Auflage; Europäische Verlagsanstalt, Hamburg.

TAYLOR, C. (1988): Negative Freiheit? Suhrkamp, Frankfurt a.M.

VATTIMO, G. (1986): Jenseits des Subjekts. Edition Passagen, Böhlau, Graz, Wien.

VISCHER, L. et al. (1990): Rechte künftiger Generationen, Rechte der Natur. Bern 1990.

(Weitere Literaturangaben finden sich in den Fußnoten.)

Identität und Selbstbestimmung
Überlegungen zum Begriff der Autarkie mit einem Ausblick in die feministische Philosophie

Brigitte Weisshaupt

1. Zugänge und Diskussionsbasis

Identität, Selbstbestimmung, Autarkie sind Kategorien, die nicht für sich allein stehen, sondern die sich nur in Konstellationen – zum Beispiel in Entgegensetzungen – innerhalb der gesellschaftlichen Wirklichkeit begreifen lassen. Identität und Selbstbestimmung definieren sich im Kontext eines Bezugs zu anderen Personen in der Gesellschaft. Diese Beziehung ist in der Philosophie in verschiedenen Modellen gedacht worden.

Hier möchte ich exemplarisch an Hegels Modell von "Herrschaft und Knechtschaft des Selbstbewußtseins" erinnern. Hegel stellt in der "Phänomenologie des Geistes" dar, wie sich das Selbstbewußtsein in der Auseinandersetzung mit seinem Anderen herausbildet[1]. Die Grundthese Hegels ist, daß die beiden Selbstbewußtseine, das Selbstbewußtsein des Herrn und das Selbstbewußtsein des Knechtes, nur in der dialektischen Bewegung Bestand haben und sich fortentwickeln. Jedes Selbstbewußtsein hat sein Wesen in seinem anderen Selbstbewußtsein: Der Herr im Knecht und der Knecht im Herrn. Ohne daß sie sich gegenseitig anerkennen würden als das, was jeder für den anderen ist, wären sie inhaltsleer, ja wären sie gar nicht. Hegel entwickelt in diesem Modell exemplarisch das Wesen der gesellschaftlichen Anerkennungsprozesse. Ein Selbst konstituiert sich nur, wenn es auch als Selbst anerkannt ist.

Die von Hegel so exponierte Dialektik des Selbstbewußtseins ist in unserem Jahrhundert weiter differenziert oder in bewußter Entgegenstellung zu Hegels Modell weiter entwickelt worden. Eine Reihe von Modellen der symbolischen – der sprachlichen und normativen – Explikation dieses Zusammenhangs der Subjekte im gegenseitigen Anerkennungsprozeß, ist mit den Analysen von J. Habermas, A. Wellmer, H. Mead, L. Kohlberg, E. Tugendhat und anderen, aber auch – im feministischen Approach – mit den Namen etwa von Carol Gilligan, Julia Kristeva und Luce Irigaray

---

1   HEGEL (1807), S. 141ff.

verbunden. Die Wissenschaftlerinnen haben in ihren Untersuchungen zur Genese des Selbstseins und des Wissens von sich, wesentlich die Stellung der Frau im männlich durchherrschten Symbolkontext verdeutlicht. Auf diese Analysen, die weitgehend bekannt sind, kann ich an dieser Stelle nur verweisen.

In dieser Vortragsreihe geht es darum, die alte Thematik der menschlichen Selbstbestimmung in der Welt unter dem Titel der Autarkie des Individuums, einer Gruppe oder Gemeinschaft hinsichtlich maßgebender neuer "ökologischer Ziele" zu überdenken.

Was kann in diesem Zusammenhang die Aufgabe der Philosophie sein? Wofür ist die Philosophie angesichts der individuellen, gesellschaftlichen und ökologischen Krisen zuständig? – Vielleicht werden von ihr begriffliche Klärungen erwartet, oder es wird erwartet, daß die nötigen Fragen gestellt und geltende Ziele und Werte des menschlichen Handelns überprüft werden.

Bei einer solchen Aufgabenstellung für die Philosophie müßte man sich zuerst der Diskussionsbasis versichern und sich fragen, ob wir überhaupt noch à jour sind, wenn wir angesichts des postmodernen Gelächters von Selbstbestimmung reden? Da wurde doch das Verschwinden des Subjekts nicht nur aus den theoretischen Diskursen, sondern auch aus dem ganzen Referenzsystem "der Wirklichkeit" verkündet. Mit dem "anthropozentrischen" Denken sollte zudem systematisches Denken überhaupt verabschiedet werden.

Wenn wir weiterhin mit sich identische Subjekte der Personen – deren Identität durchaus als offen und vielgestaltig angesehen werden muß – als Voraussetzung der Rede und als Ausgangspunkt für Denken, Fühlen und Handeln ansehen wollen, sind wir darauf angewiesen, die bisherigen "klassischen", meiner Meinung nach aber unabdingbaren Argumentationskontexte der Philosophie zu beanspruchen. Sie charakterisieren jene Argumentationsbasis, die ich mit andern zusammen nach wie vor als das Projekt der Moderne bezeichnen möchte.

Das Projekt der Moderne besteht meiner Meinung nach darin, auf Selbstbestimmung, vernünftige Argumentation und an Personen gebundene Verantwortung nicht verzichten zu wollen. Mit diesen Kriterien ist ein Konnex von theoretischer und praktischer Philosophie hergestellt, der geeignet sein könnte, die Probleme des individuellen, des gemeinschaftlichen und gar des globalen Lebens zu thematisieren und mögliche Lösungsansätze zu entwerfen.

Wir sollten die theoretische Radikalität dieses Standpunktes nicht unterschätzen. Sie bedeutet nämlich, das wir Menschen gehalten sind, uns über unsere Ziele selber zu verständigen und sie zu verantworten. Wir können diese nicht an andere Instanzen delegieren. Die Begründung dieses Standpunktes ergibt sich meiner Meinung nach aus den ureigensten und anfänglichsten Anliegen der Philosophie, zum Beispiel dem "Sapere aude"!

2. "Anthropozentrismus"

Beim Begriff des Anthropozentrismus geht es mir um eine nötige Differenzierung. Mit diesem Begriff werden – etwa in ökologischen Debatten – Wertungen angesprochen, die eine bestimmte Mentalität und Attitüde unterstellen. Der Begriff bezeichnet in solchen Diskussionen eine Haltung des Menschen, in der er sich als maître et possesseur de la nature gebärdet. Diese Herrschaftsattitüde, die der Mensch gegenüber Mitwelt und Umwelt zum Ausdruck bringt, indem er diese total in den Objektstatus absoluter Verfügbarkeit setzt, ist mit Recht zurückzuweisen.

Das menschliche Subjekt rückt sich mit dieser anthropozentrischen Position in den Mittelpunkt, ins Zentrum der Welt, so daß alles um es herum von diesem anthropologischen Zentrum aus erkannt, erklärt und behandelt wird. Diese objektivierende Einstellung des Subjekts gegenüber Welt und Natur, gegenüber anderen Menschen, gegenüber Tieren und Pflanzen, so wird erklärt, habe dazu geführt, das sich heute Natur und Umwelt in einem derart desolaten Zustand befinden.

Gegen diese anthropozentrische Haltung wird daher dringend dafür plädiert, zu einem biozentrischen oder zu einem pathozentrischen Denken überzugehen – also entweder das Leben schlechthin oder das Mitfühlen und Mitleiden in den Mittelpunkt zu stellen – damit der Umwelt und der Mitwelt Rechte und ein rettender Schutz gewährt werden könne.

Wir begreifen den Anthropozentrismus in seinem Wesen aber erst, wenn wir einsehen, daß seine "Attitüde" im Lauf der abendländischen wissenschaftlichen und christlichen[2] Entwicklung aus einer unabdingbaren und unhintergehbaren erkenntnistheoretischen Position hervorgegangen ist. Wohl müssen wir den Anthropozentrismus in seiner hypertrophen Form zurückweisen, aber wir können gleichwohl nicht – ohne unsere Identität und unser Selbst preiszugeben – negieren, daß unser Denken von einem menschlichen Erkenntnissubjekt ausgeht. Dies ist, lapidar ausgedrückt, die erkenntnistheoretische Grundlage für alles, was begriffenes Menschsein ausmacht. Ferner gibt es keine Verantwortung, die nicht an Handlungssubjekte gebunden ist. Dies ist, wiederum sehr einfach gesagt, die ethische Grundlage, von der her wir überhaupt Handlungen beurteilen können.

Gewiß, man muß diesen an die Vernunft appellierenden Anspruch der Moderne modifizieren, oder wie Lyotard meint, "redigieren"[3], aber als Argumentations- und Verständigungsgrundlage können wir meiner Meinung nach auf diesen Ansatz nicht verzichten.

---

2   Sätze wie "Machet euch die Erde untertan!" und "Man soll Gott durch seine Werke erkennen" waren ein langanhaltender wissenschaftlicher Ansporn, die Natur zu untersuchen.

3   LYOTARD (1988).

Verdeutlichen wir uns also, was dies für unsere Problematik heißt. Die radikalste Einsicht in diese Argumentationsbasis der Moderne läßt sich als These so formulieren: Es gibt weder in der Welt noch in der Natur Entwicklungs-Ziele, die nicht vom Menschen "erkannt" oder vom ihm gesetzt werden. Die Natur zum Beispiel hat keine anderen Ziele als jene, die der Mensch aus seiner Interpretation der Natur heraus zu erkennen lernt bzw. für die Natur bestimmen möchte. Je länger je weniger wissen wir jedoch, was "natürlich" ist. Wir haben gewissermaßen nur "kulturelle" Interpretationen der "Natürlichkeit" zur Verfügung. Die die Natur erkennende Wissenschaft gehört ja auch zur Kultur. Mit der Gentechnologie scheint die Bestimmung der "Natürlichkeit" vollends in anarchistischen und von Sachzwängen diktierten Zielsetzungskämpfen unterzugehen.

Und gleichwohl, ich sagte es schon, entbindet niemand die Menschen davon, die Ziele von Natur und Kultur zu bestimmen und langfristig anzustreben. Auch wenn eine gewisse Scheu besteht, diese Gesamtverwaltung der Ziele der Welt einfachhin so anzusprechen, so sind wir uns doch bewußt, daß dies unsere Aufgabe ist. Ich erinnere daran, daß zum Beispiel die Umweltkonferenz von Rio im Jahre 1992 unter anderem den Zweck hatte, die Entstehung einer internationalen Verwaltung und Betreuung der genetischen Welt-Ressourcen der Biodiversität, d.h. der biologischen Vielfalt einzuleiten.

Ich wollte mit diesen Bemerkungen nur exemplarisch darauf hinweisen, in welchem argumentativen Kontext wir stehen.

3. "Autarkie"

Es verwundert nicht, daß in einer Zeit, wo Umweltzerstörung für alle bewußt geworden ist und zugleich rundherum Rezession in der Wirtschaft diagnostiziert wird, von "Autarkie" geredet wird. Aber woher stammt neuerdings dieser Wert? Und warum wird er mit Selbstbestimmung und Umwelterhaltung in Beziehung gebracht? Steht Selbstbestimmung denn im Gegensatz zu Umwelterhaltung? Zunächst mag dies so scheinen.

Mit Selbstbestimmung ist ein "Grundwert" der Aufklärung und des weiterdauerden Projekts der Moderne angesprochen. Identität und Selbstbestimmung bezeichnen den in der Entwicklung des menschlichen Geistes zur Freiheit erreichten Stand einer Übersicht und Umsicht der Person, die es ihr erlauben, ihr Leben zu "führen".

Identität und Selbstbestimmung sind allerdings anthropologische Kategorien, die nur in ihrer jeweiligen gesellschaftlichen und geschichtlichen Beziehung bestimmt werden können. Unter dem Titel Autarkie soll hier denn auch das Verhältnis von Selbstbestimmung und Umwelterhaltung, wie es sich heute zeigt, erörtert werden.

So ist denn die Vorgabe für unsere Überlegungen, daß zwischen Selbstbestimmung und Umwelterhaltung eine Spannung bestehe, die entspannt

werden sollte. Wir bewegen uns damit in einem ethischen Kontext: bestimmte Normen und Werte werden gegen andere gestellt, und es wird nach
der "richtigen" Lösung gesucht.

Wissenschaft und Denken werden in den Dienst von Werten gestellt. Das
war nicht immer so. Die Wissenschaft wies es weit von sich, wenn ihre
Errungenschaften umstandslos mit der Frage konfrontiert wurden, was sie
denn zum Wohle der Menschheit oder der natürlichen und sozialen Umwelt
beitrage. Hier berief man sich früher gerne auf die Wertfreiheit. Die Wissenschaft sollte Tatsachen feststellen, sollte sagen, was ist, nicht mehr und nicht
weniger. Darüber, was sein soll, oder darüber, was man tun sollte, damit auf
der Erde ein einigermaßen erträgliches Leben für die meisten Menschen
möglich würde, darüber sollten sich andere unterhalten, denn das hätte mit
strenger Wissenschaft nichts zu tun.

Heute nun – angesichts der überhandnehmenden Zerstörung der Umwelt
– scheinen die Wissenschaften wieder Hand zu bieten zur Einkehr in ihre
"ursprünglichen" Zielsetzungen: nämlich zum Wohle von Mensch und
Umwelt tätig zu werden. Jetzt ist es plötzlich möglich, auch im Zusammenhang mit Wissenschaften von Werten zu reden. Jetzt, wo Wildwüchse einer
Ego-Unkultur sich ausbreiten, in welcher es jedem nur um den eigenen Vorteil und die eigene Perspektive geht, jetzt bildet sich eine Gemeinschaft der
sich Besinnenden.

Das Engagement für eine gerechtere, menschlichere Kultur scheint zwar
nach dem Zusammenbruch der sozialistischen Gemeinschaften im Osten
und den unbegreiflichen Menschenschlächtereien im ehemaligen
Jugoslawien, in Ruanda und an anderen Orten der Welt zu erlahmen. Vielen
geht es nicht mehr um die Entwicklung der Menschen zu mehr Freiheit und
Wohlbefinden, z.B. auch etwa um die weitere Verbesserung des Loses der
Frauen in der Welt, sondern es geht überall um das Halten der Bestände und
der Besitzstände. Dennoch sind wir gerade jetzt extrem herausgefordert.

Wie läßt sich unter dem Titel "Autarkie" nun das Verhältnis von Selbstbestimmung und Umwelterhaltung für unsere kulturelle Entwicklung trag-
fähig gestalten?

Mit dem Begriff "Autarkie" wird implizit ein Bezug auf die frühe philosophische Bedeutung des Wortes als "Selbstgenügsamkeit" hergestellt. Offenbar soll damit die Ökonomie und Ökologie unseres privaten wie gesellschaftlichen Menschseins hinsichtlich einer besonderen Zielsetzung angesprochen
werden.

Die Frage lautet also: in welchem Sinne kann Autarkie eine sinnvolle
Zielsetzung für uns Menschen in der gegenwärtigen gesellschaftlichen und
wirtschaftlichen Situation sein und inwiefern ist sie, einseitig betont, auch kritisch zu sehen?

Es handelt sich beim Begriff der Autarkie um einen ethischen Wert individuellen oder sozialen Verhaltens und des Verhaltens zur Umwelt. Dieser

Begriff beinhaltet eine normative Bestimmung als Zielsetzung für das individuelle und gruppenbezogene Verhalten des Menschen, oder auch für das
Verhalten von anderen Lebewesen.

4. Philosophiegeschichtlicher Exkurs

Zunächst möchte ich einige Elemente aus der erkennbaren Tradition des
Wortes "Autarkie" aufgreifen. Autarkie (bzw. autark) leitet sich aus dem
griechischen "autarkeia" her und bedeutet zunächst: "Das Genügen an sich
selbst" bzw. "selbstgenügend".[4]

Im Zusammenhang des philosophischen Denkens hat Autarkie von
Demokrit (ca. 460-370 a.C.) bis zum Neuplatonismus eine teils positive, teils
negative Bedeutung. Sie bezieht sich sowohl auf die Physis (Demokrit)[5] als
auch auf "die sittliche Ordnung des Menschen". Sie kann aber auch von der
Polis und schließlich auch vom Höchsten selbst ausgesagt werden, sei dieses
Höchste nun das Gute an sich (Platon) oder das vollendet Gute als der unbe-
wegte Beweger, der nur um seiner selbst willen erstrebt wird (Aristoteles),
oder sei es das Göttliche-Eine in seiner absolut überlegenen Seinsweise, das
den Grund des Seins in sich selbst hat (Plotin).

Im Zusammenhang der Lebensführung verhilft die "Sophrosyne", die
Besonnenheit, zu einer Selbstgenügsamkeit, die es dem Menschen erlaubt,
durch Affekte wie z.B. Angst oder Schrecken nicht sonderlich erschüttert zu
werden und "zwischen Lust und Unlust das jeweils Zuträgliche und Unzu-
trägliche zu bestimmen". Er ist dadurch den unterschiedlichen Schicksals-
schlägen nicht hilflos ausgeliefert, sondern befindet sich in einer ausgewogenen Haltung. Autarkie ist hier – bei Demokrit und in der Medizin –
sozusagen "ein Normbegriff der Diätetik", der Lehre von der vernünftigen
Lebensweise.

Negativ betont ist Autarkie dort, wo sie eine gänzliche Bedürfnislosigkeit
einzig mit der Absicht anstrebt, nur ja nicht in den Zustand des Mangels oder
Unerfülltseins zu geraten. So bei Antisthenes und den Kynikern.

Positiv ist dagegen die Haltung des Sokrates (nach Xenophon und Platon),
der sich gewissermaßen in der Hand hat und über seine Bedürfnisse und
Affekte so gebietet, daß er frei ist zu philosophischer Erkenntnis und zum richtigen, das heißt tugendgeleiteten Handeln, zum "Tun des Besten", was als

---

4   Im folgenden beziehe ich mich u.a. auf den Artikel "Autarkie" im historischen
    Wörterbuch der Philosophie (HWdPh), Bd. 1, Sp. 685ff.; der Artikel stammt von
    Hannah Rabe. Für eine weitere Diskussion des Begriffs vgl. auch BÜCHI (1995, in
    diesem Buch).

5   Nach Demokrit ist die Physis gegenüber der reichspendenen Tyche autark im Sinne
    des kärgeren, aber festeren Seins.

angemessenes Handeln – nicht einfach für sich – sondern innerhalb der Gemeinschaft, der Polis, angesehen wird.

Platon und Aristoteles orientieren sich an der Gestalt des Sokrates. Platon unterscheidet Seinsweisen der Seele, eine bessere und eine schlechtere. Autarkie ist dann als die rechte Ordnung der Seele erreicht, wenn der bessere Seelenteil durch die Sophrosyne, die Besonnenheit, die Herrschaft über den schlechteren Seelenteil errungen hat und die Seele dadurch frei ist zur Erkenntnis "des Guten". Dieses "Gute" ist selbst der letzte Grund der Autarkie, weil es im höchsten Maße sich selbst genug und keines anderen bedürftig ist.

Ähnlich wie bei Platon gründet Autarkie bei Aristoteles im höchsten Bei-sich-selber-Sein des "Unbewegten Bewegers". Das Bei-sich-selber-Sein wird wegen seiner Vollkommenheit erstrebt, und dieses "wie auf ein Geliebtes" gerichtete Streben ermöglicht nach Aristoteles die "Eudaimonia", das höchste Glück; dies aber dann vorzüglich "in der natürlichen und rechtlichen Gemeinschaft", der Polis. Glück wird somit nicht vom für sich lebenden Einzelnen erreicht, sondern nur im tugendhaften Leben des in der Polis und für die Polis lebenden Bürgers. – Die Polis selber ist autark, wenn sie nach außen hin unabhängig und nach innen offen ist für Vielgestaltiges.

In bezug auf das tugendhafte Leben, das Leben gemäß den Tugenden, müssen wir sehen, daß Aristoteles zwei Arten von Tugenden unterscheidet, die "dianoëtischen", d.h. die Verstandestugenden und die "praktischen" Tugenden. Die Verstandestugenden sind die höheren Tugenden, entsprechend ist die diesen Tugenden zukommende Autarkie die höhere Form der Tugend. Sie ist dem Weisen eigen, weil der Wert seines Tuns in diesem Tun selber liegt, nämlich im Bei-sich-selber-Bleiben des Denkens und nicht in einem hergestellten Werk des praktischen Handelns.

In der Zeit nach der klassischen Philosophie von Platon und Aristoteles verengte sich Autarkie als Daseinsorientierung auf den negativen Bedeutungssinn der Abwendung vom Unzuträglichen und der Beschränkung auf das je dem Menschen Zuträgliche. Für Epikur ist Autarkie insofern ein "großes Gut", als sie von der Vielzahl der Güter unabhängig und deswegen "zur höchsten Lusterfahrung" fähig macht. Autarkie ist von der "Phronesis" geleitet, von der vernünfigen Überlegung über das wahrhaft Lustspendende, "worin weder das Sittliche von der Lust, noch die Lust vom Sittlichen geschieden ist. Ein Leben in der "Ataraxia" mitten unter nicht zerstörbaren Gütern kommt dem Leben der Götter (und Göttinnen) gleich und ist selbstgenügsam wie diese" (a.a.O., Sp. 687). Ataraxia bedeutet Unerschütterlichkeit des Gemütes und Seelenruhe als höchstes Gut.

Für die Stoa schließlich ist Autarkie streng gebunden an das Sittlich-Gute, das ist dasjenige, wozu man verpflichtet ist. Die Tugend allein ist autark, weil sie hinreicht, uns zur "Eudaimonia", zur Glückseligkeit, zu verhelfen. Autarkie gewährt dem Menschen durch die Überlegenheit über die Affekte das Glück des vollendeten Selbstseins, weil er ganz aus sich selbst vermag, was gefordert ist, und weil er in sich findet, was zu seinem Sein gehört.

5. Die gegenwärtig mögliche Bestimmung dieser Kategorie

Die Begriffsgeschichte weist auf eine Ambivalenz der "Autarkie" hin. Der Bedeutungsinhalt "Selbstgenügsamkeit" für Autarkie kann sowohl als Selbstbestimmungs- als auch als Abgrenzungskategorie aufgefaßt werden.

Als positive Selbstbestimmungskategorie "Selbstgenügsamkeit" steht dem Begriff dann der Gegenbegriff "Begehrlichkeit nach allem" gegenüber. Meint andererseits "Selbstgenügsamkeit": ich genüge mir selbst, ich bin auf niemanden angewiesen, so wäre "Solidarität mit anderen" der Gegenbegriff zu Autarkie als Abgrenzungskategorie. "Autarkie" richtet sich also an der Selbstbestimmung (Autonomie) des Menschen aus und steht zunächst gegen Mitwelt und Umwelt. Autarkie ist autonomer Widerstand gegen Anpassung und Solidarität. Nur in der überschaubaren Polis der Griechen war Autarkie vielleicht auch gemeinschaftsbildend.

Für den Menschen als soziales Lebewesen ist rigide Autarkie eine Fiktion, wenn "Selbstgenügsamkeit" emphatisch als totale geistige und materielle, als soziale und ökonomische Unabhängigkeit gedeutet wird. Im Terminus der Autarkie liegt auch das Modell einer falschen "Perfektibilität" des Menschen. Der Sinn der Aufklärung, den Menschen selbständig zu machen und zu vervollkommnen, ihn zu ermutigen, seinen Verstand ohne fremde Hilfe zu gebrauchen, ist dann einseitig übertrieben, wenn der Verstand zu einseitiger Selbstverwirklichung und damit zur Isolation rät.

Die "selbstverschuldete Unmündigkeit", von der Kant in diesem Zusammenhang spricht, ist nicht auch eine selbstverschuldete materielle und ökonomische Abhängigkeit. "Natürliche" und geistige, materielle und soziale wechselseitige Abhängigkeit sind vielmehr die conditio sine qua non der menschlichen Existenz; nur in ihrem "Kontext" gibt es Autarkie – wenn es sie überhaupt gibt.

6. Subjekt und Objekt in Wissenschaft und Lebenswelt

Der gegenwärtig in Wissenschaft und Lebenswelt vorherrschende Begriff des Subjekts ist das Resultat der neuzeitlichen philosophisch-wissenschaftlichen Entwicklung. Als erkennendes und handelndes steht das Subjekt Natur, Welt und Geschichte sowie der eigenen, inneren und äußeren Natur gegenüber. Der Subjektbegriff konstituiert damit die Relation von Subjekt und Objekt, in welcher das Subjekt das aktiv Bestimmende, das Objekt das passiv Bestimmte ist. Dies gilt sowohl für das Erkennen als auch für das Handeln.

Der spezifisch moderne Subjektbegriff bildet sich im Übergang, in welchem der Begriff "subjectum" (bei den Griechen "hypokeimenon") zuerst der Sache und später dem denkenden Ich unterlegt wird. Das Zugrundeliegende für wechselnde Bestimmungen einer Sache gerät so in die Sphäre des Subjekts, des denkenden Ichs.

Grundlegend entfaltet wird diese "subjektiv" fundierte Theorie im Konzept der transzendentalen Subjektivität bei Kant. Die Einheit des "Ich denke", die all meine Vorstellungen "muß begleiten können"[6], wird implizite Grundlage der ganzen modernen Erkenntnistheorie der Wissenschaften. Die so verstandene Identität des Ich als apriorische Grundlage des Erkennens fundiert auch die Identität und jeweilige Einheit des Gegenstandes und des Gegenstandbereiches.

Das Subjekt tritt in der modernen wissenschaftlichen Erkenntnis allerdings nicht explizit hervor, sondern wird vielmehr ausgeblendet. In ihr geht es um den nach bestimmten Kriterien hergestellten bzw. erkannten Objektbereich. Es geht zentral um die objektive Erkenntnis der Sachverhalte. Daß das wissenschaftliche Subjekt als solches aber in gewisser Weise nur einen perspektivischen Zugang zu Natur und Welt eröffnet, wird angesichts der dominanten Präsenz des blendenden Objektbereichs vergessen; die perspektivische Verkürzung seines Erkenntniszugangs sieht man diesem Objektbereich nicht an.

Es ist der Anschein entstanden, daß der maßgebende Zugang zu Natur und Welt allein der Zugang der wissenschaftlichen Einstellung ist. Und schließlich scheint sich Natur nur als das zu erweisen, was wissenschaftlich in dieser Subjekt-Objekt-Relation erfaßt wird. Mit anderen Worte: die wissenschaftliche Perspektive hat einen totalen Anspruch für den Zugriff auf Natur und Welt übernommen. Diese Totalisierung des Zugriffs ist nicht allein das Resultat einer Verwissenschaftlichung der Lebenswelt, sondern auch eines individuellen und eines öffentlichen Bewußtseins, die unfähig geworden sind, andere Aspekte des Erkennens oder andere Verhaltensweisen im Umgang mit Natur und Welt zu entwickeln. Wissenschaftsgläubigkeit auch in Bereichen, die Wissenschaft gar nicht beanspruchen, ist zum Normalverhalten geworden. Das Subjekt bemächtigt sich seines Objekts nach bestimmten Kriterien. Die objektivierende Vor-Stellung der Natur geht über die Fest-Stellung (die Unbeweglichmachung, damit etwas untersucht werden kann) in die Herstellung über. Heidegger nannte diese technisch reproduzierte 'Natur' das "Gestell", das die Welt verstellt.[7]

Das wissenschaftlich-technische Subjekt hat in seiner durch das Experiment notwendig gewordenen methodischen Zergliederung auch eine wirkliche Zergliederung der Natur vorgenommen. Die Nutzung, Ausnutzung und Übernutzung der sektoriellen Bereiche der Natur kam zustande, weil schon aus methodischen Gründen die Ganzheit der Dinge nicht mehr in den Blick genommen werden konnte. Natur, Mensch und Umwelt sind zu Gegenständen eines großen "Experimentes" geworden.

---

6 KANT (1787), S. 140b (B 132).

7 HEIDEGGER (1962), S. 19ff.

Noch einmal zusammengefaßt: Die Qualität, in der die Natur erscheint, ist durch die Herrschaftsrolle des erkennenden und agierenden Subjekts bestimmt. Der seit der beginnenen Neuzeit sich auswirkende Wissenschaftsbegriff impliziert die Herrschaft über das Objekt und stellt einen instrumentellen Technikbezug zur Natur her. Die zunehmende Stärkung des Wissens auf Seiten eines souverän auftretenden Subjekts und eine methodisch verengte Perspektive des objektbezogenen Erkennens und Handelns sowie die entsprechende Zurichtung des Objekts, haben ein Herrschaftsverhältnis gegenüber der Natur konstituiert, das zu einer Unterdrückung der Natur in der "Natur" geführt hat. Ohne Folgen auf den Menschen ist das nicht geblieben. Er wurde eben zum sogenannten "Herrschaftssubjekt".

Heute wird zunehmend eine andere Einstellung der Natur gegenüber gefordert. Die Frage ist, ob ein "Einstellungswechsel" des Subjekts genügt. Das Subjekt bliebe dabei als Grundlage seines Verhältnisses zur Natur prinzipiell dasselbe. Wenn sich jedoch in der Subjekt-Objekt-Relation wirklich etwas ändern soll, muß sich das ganze Beziehungsgefüge ändern. Ein anderes Selbst erfährt eine andere Natur.

Der Imperativ, der verlangt, wir müßten der Natur anders begegnen, bringt den Menschen in eine andere Position zur Natur, er fordert ein verändertes Bewußtsein. Der Mensch dürfte die Natur nicht mehr endlos ausbeuten, sondern müßte entschieden zu ihrer Rehabilitierung und Regenerierung beitragen. Er müßte sich zum verstehenden, helfenden, dienenden und solidarischen "Partner" der Natur wandeln. Die Erfahrung seiner eigenen "Natürlichkeit" könnte ihm dabei Wege weisen.

Damit aber werden Grenzen der bisherigen Subjektposition des Menschen sichtbar. Das Subjekt tritt aus seiner beherrschenden Subjekthaftigkeit heraus und verhilft der Natur, aus ihrem Objektstatus und ihrer Unterdrückung herauszukommen. Wird Natur damit aber selber zu einem Subjekt, zu einem "anderen Subjekt", mit dem das Subjekt Mensch in eine gewaltfreie Kommunikation eintreten könnte? Ich halte dies nicht für möglich. Das Subjekt-Objekt-Verhältnis ist in der Erkenntnis und im vernunftgeleiteten Handeln nicht aufhebbar. Das heißt aber nicht, daß nicht das unter dem Titel Anthropozentrismus kritisierte Überwältigungsverhältnis Mensch-Natur aufgehoben werden könnte und müßte. Unmöglich ist es wohl, die Natur gewissermaßen von heute auf morgen aus ihrem Objektstatus zu entlassen und sie als "Subjekt" gewähren zu lassen. Die Natur denkt – wie gesagt – nicht über sich selber nach. Wenn ihre Ziele und Rechte anders bestimmt werden sollen, so sind es wieder die Menschensubjekte, die dies tun.

Es wäre problematisch, die Natur neuerlich zu mystifizieren. Ihre Ziele werden immer durch die Aneignung des Menschen hindurch festgesetzt und zur Geltung gebracht. Allerdings kann sich in diesem Geltendmachen durch den Menschen etwas ändern: Natur könnte "subjektähnlich" eingefühlt werden. Damit würde sie nicht mehr vergewaltigtes Objekt bleiben, sondern von uns denkenden und einfühlenden Menschen zu einem quasi "eigenen Wesen" befreit werden. Diese Änderung setzt allerdings eine Transformation im Subjektverständnis voraus. Subjektsein könnte aus der Perspektive eines zwanglosen und emphatischen Selbst- und Weltverhaltens sich inhaltlich anders bestimmen und sich selbst wandeln. Eine sympathetische Nähe zur Natur würde aufscheinen können und ein fürsorgliches Handeln ihr gegenüber stimulieren.

Dennoch, auch in einer emphatischen Position bliebe das Subjekt aktives Moment, auch wenn es die Natur sein läßt, aber vielleicht könnte es sich der Natur gegenüber "wie zu einem Subjekt" verhalten, könnte ihre unbedrohlichen Eigengesetzlichkeiten respektieren und ihre Beschädigungen lindern helfen. Wir Menschen würden unseren unbedingten Herrschaftswillen aufgeben und dadurch notwendig auch ein anderes Selbst gewinnen können.

7. Mimesis

Ich möchte an dieser Stelle noch an ein anderes Konzept zur Milderung bzw. zur Durchbrechung der Subjekt-Objekt-Relation erinnern:

Von Adorno und Horkheimer stammt der Gedanke, daß der Prozeß der Zivilisation zugleich ein Prozeß der Aufklärung ist. Als Resultat dieses Prozesses können "Versöhnung", Glück und Emanzipation gedacht werden. Versöhnung hat sich Adorno als Aufhebung der Selbstentzweiung der Natur vorgestellt, "erreichbar nur im Durchgang durch die Selbstkonstitution der Menschengattung in einer Geschichte der Arbeit, des Opfers und der Entsagung"[8].

So sieht Adorno denn auch, daß der Prozeß der Aufklärung sich nur in seinem eigenen Medium – dem des naturbeherrschenden Geistes – selbst überbieten und vollenden könnte. Die Aufklärung der Aufklärung über sich selbst, oder wie Adorno sagt: das "Eingedenken der Natur im Subjekt" ist nur im Begriff möglich. Das Denken müßte also "über den Begriff durch den Begriff"[9] hinausgelangen. Adorno hat in der 'Negativen Dialektik' diese Selbstüberbietung des Begriffs als die Hereinnahme eines "mimetischen" Moments in das begriffliche Denken zu charakterisieren versucht. Rationalität und Mimesis, so drückt sich Albrecht Wellmer aus, müssen zusammentreten, um die Rationalität aus ihrer Irrationalität zu erlösen. Mit "Irrationalität" dürfte hier das instrumentelle und blinde Wüten der Rationalität im Prozeß der Moderne gemeint sein.

Mimesis ist der Name für die sinnlich rezeptiven, expressiven und kommunikativ sich anschmiegenden Verhaltensweisen des Lebendigen. Adorno sieht die Kunst als die vergeistigte, durch Rationalität verwandelte und objektivierte Mimesis.

---

8   WELLMER (1985), S. 11.

9   ADORNO (1966), S. 25.

Hier kann meiner Meinung nach der Gedanke, daß Rationalität ein mimetisches Moment aufnimmt, dahingehend weiter gedacht werden, daß das "mimetische Denken" durch seine "sinnlich" orientierte Anpassung und Angleichung das Denken "naturgemäßer" machen könnte. Damit könnte auch der "Autarkie" der naturgegebenen und der kulturgeschaffenen Werke zum Werden und nachhaltigem Bestand verholfen werden. Hier ist Adorno noch keineswegs aus- und zu Ende gedacht.

8. Ein Blick auf den Feminismus

Wenn im Zusammenhang des menschlichen Umgangs mit der Natur eine größere Sensitivität, mehr Empathie und Fürsorglichkeit wünschbar werden, ist es sinnvoll zu überlegen, wo allenfalls solche Qualitäten schon ausgebildet sind. Die feministische Forschung hat gezeigt, daß in der Regel Frauen aufgrund ihrer spezifischen Lebenswelt mehr Einfühlungsvermögen, Rücksichtnahme und Hilfsbereitschaft zeigen. Die Sorge für andere und anderes ist bei Frauen der Selbstsorge häufig vorgeordnet. Ganz selbstverständlich sind sie "selbstlos"[10] und gerade nicht in erster Linie auf Autonomie und Selbstverwirklichung aus. Die feministische Forschung hat aber auch gezeigt, daß die sogenannten natürlichen Verhaltensmerkmale von Frauen nicht nach gründlicher Überlegung als Maximen ihres Handelns gewählt werden, sondern daß diese Eigenschaften durch Rollenerwartungen der patriarchalischen Gesellschaft entstehen. Das "Weibliche" ist in diesem Sinn nicht das Eigene der Frauen.

Im Zusammenhang Empathie oder Autarkie ist, ausgehend von der Entwicklungspsychologie, inzwischen aber weit über deren Grenzen hinausgehend, eine Diskussion bedeutsam geworden, die mit Carol Gilligans Buch "Die andere Stimme" ihren Anfang nahm.[11]

In der Entwicklungspsychologie ist, hauptsächlich von Mead, Piaget und Kohlberg, dann aber auch von Apel und Habermas, eine – je nach Autor variierende – Stufentheorie über die Entwicklung des moralischen Urteils bei Heranwachsenden aufgestellt worden. Die Autoren orientierten sich an empirischen Beobachtungen, auf Grund welcher sie sechs Reifestufen in der Entwicklung zu einem reifen Moralverständnis identifizieren. Als reifste Stufe gilt ein Moralverständnis, in dem sich Personen in moralischen Konflikten letztlich am Prinzip der Gerechtigkeit orientieren und als Person dem Prinzip der Autonomie oder autonomer Identität verpflichtet sind.

---

10 "Selbstlos" sind Frauen oft auch in dem negativen Sinn, daß sie nie ein eigenes Selbst haben ausbilden können. Vgl. dazu: WEISSHAUPT (1983), S. 271ff.

11 Dieses Buch ist 1982 mit dem Titel "In a different voice" in Amerika erschienen und liegt sein 1984 in deutscher Übersetzung vor.

Problematisch an den genannten Untersuchungen und Entwürfen ist für Gilligan der Umstand, daß für die Erarbeitung des Modells einer moralischen Entwicklung bei Menschen ausschließlich männliche Heranwachsende berücksichtigt wurden, woran gemessen sich der moralische Reifeprozeß bei Mädchen dann als defizitär erwies. Mädchen erklimmen in ihrer moralischen Kompetenz höchstens die dritte Stufe. Carol Gilligan hat nun ihrerseits Untersuchungen durchgeführt und sie nach zehnjähriger Forschung in dem schon genannten Buch vorgestellt. Gilligans Forschungen wollen zeigen, daß die moralische Entwicklung von Mädchen und Frauen nicht hinter derjenigen von Knaben und Männern zurückbleibt, sondern daß die Entwicklung des moralischen Bewußtseins bei Mädchen in anderen Bahnen verläuft und eine eigene "Logik und Qualität"[12] aufweist. Erklären lasse sich dies mit dem spezifischen Schicksal der frühkindlichen Beziehungen, mit den unterschiedlichen Formen der emotionalen Ablösung während der Adoleszenz sowie mit den unterschiedlich definierten sozialen Rollen für die Geschlechter. Gilligan meint, eine "weibliche Fürsorge-Ethik" von einer "männlichen Gerechtigkeits-Ethik" unterscheiden zu können, wobei die eine Ethik der anderen nicht unterzuordnen sei. Vielmehr könnten die "zwei Ethiken" gleichwertig nebeneinander bestehen und gleichsam in "zwei Stimmen" sprechen.

Um Gilligans Position ist schnell eine heftige, bis heute anhaltende, kontrovers geführte Debatte entbrannt, was die Autorin dazu veranlaßte, ihre harte These von einer "weiblichen" und "männlichen" Moral später insofern abzuschwächen, als sie nun, analog zur unterschiedlichen Wahrnehmung von doppeldeutigen Figuren, generell von "zumindest zwei"[13] jedoch nicht gleichzeitig einzunehmenden moralischen Perspektiven oder Orientierungen spricht, die sich in verschiedenen Moralsprachen äußern und entsprechende "Übersetzungsprobleme"[14] mit sich bringen. "Der Bereich der Moral" wird für Gilligan durch das Hinzukommen einer weiteren oder überhaupt neuer Perspektiven auf "angemessene Weise komplex"[15]. Zu den unterschiedlichen Perspektiven schreibt Gilligan 1992 in Bezug auf die beiden Geschlechter: "Es ist wohl wahr, daß wir entweder Männer oder Frauen sind und bestimmte Erfahrungen dem einen oder dem anderen Geschlecht leichter zuwachsen mögen, gleichwohl ist auch wahr, daß die Fähigkeit zur Liebe und der Sinn für Gerechtigkeit auf keines der Geschlechter beschränkt ist."[16] Wahr ist allerdings auch, daß Männer oder Frauen "dazu neigen, andere Perspektiven aus dem Blick zu verlieren"[17], ihre Perspektive zum einzigen

---

12 PIEPER (1993), S. 152.

13 GILLIGAN/WIGGINS (1992), S. 100.

14 a.a.O., S. 100

15 a.a.O., S. 100

16 a.a.O., S. 101

17 a.a.O., S. 101

und herrschenden Standpunkt verabsolutieren und damit die Chance vergeben, mit unterschiedlichen Kompetenzen auf unterschiedliche Problem-
situationen zu antworten. Solchen einseitigen Fixierungen entgegen-
zuwirken, ist nicht zuletzt Gilligans Anliegen. Damit betreibt sie im Grunde
genommen das alte Geschäft der Philosophie, bzw. der Vernunft, nämlich die
sich verabsolutierenden Positionen wieder aufzuheben und in vermittelte
Formen zu überführen bzw. sie in ein gleichwertiges Miteinander zu
konstellieren.

Jenseits aller Differenzen in den Moralkonzeptionen, das dürfen wir wohl
sagen, ist es Gilligan gelungen, unseren Blick wieder schärfer auf das Sein in
Beziehungen und das Werden aus Beziehungen zu lenken und damit die
einseitige Betonung von Autonomie und Autarkie zu relativieren ohne deren
Notwendigkeit zu leugnen.

Gertrud Nunner-Winkler schreibt am Schluß in ihrem 1988 zum er-
stenmal veröffentlichten kritischen Aufsatz zu Gilligan, daß eine gewisse
Ironie in der Tatsache liege, "daß die Frauen just in dem Moment, in dem sie
gegen traditionelle Rollenzuschreibungen protestieren, in dem sie rech-
nerisch die Gleichverteilung aller Rechte und Pflichten in Beruf, Haushalt
und Familie einklagen, und damit nicht nur für eine Umverteilung von
Rollenzumutungen plädieren, sondern eigentlich Familie als diffus struk-
turierte Einheit selbst auflösen und an deren Stelle eine Beziehung auf
Sozialvertragsbasis setzen – daß die Frauen also just in dem Moment, in dem
sie deren sozialstrukturelle Basis untergraben, Fürsorglichkeit als zentralen
Aspekt von Moral entdecken und als spezifisch 'weiblich' für sich rekla-
mieren."[18]

Mich erinnern diese Worte an eine bestimmte, vielfach vorgebrachte
Kritik an Simone de Beauvoirs Buch "Das andere Geschlecht"[19] von 1949.
Kritisiert wird die Forderung Simone de Beauvoirs, daß die Frauen bei ihrem
Emanzipationsbemühen, aus dem fremdgesetzten Objektsstatus in eine authentische Subjektposition zu gelangen, in erster Linie die bisher als männlich
geltenden Werte wie Autonomie und die Fähigkeit zur Transzendenz anstreben und verwirklichen sollten. Dabei bleiben – so die Kritik – die bisher sogenannten weiblichen Werte wie Fürsorge, Dienen, Hingabe, Empathie usw.
auf der Strecke. Die Welt des Männlichen würde so eigentlich komplettiert,
was doch wohl nicht gewollt sein könne.

Carol Gilligan schreibt 1992: "In diesem Augenblick in der Geschichte, da
die Psychologie ihr Interesse auf die menschliche Fähigkeit zur Empathie
und zum Mitgefühl richtet, werden wir vielleicht vertieft über die Fähigkeit
nachdenken, auf die Gefühle in jemandem einzugehen, der sonst ein Frem-
der ist, um vermittels dieses Eingehens das Mit-fühlen zu erfahren, das ihn

---

18 NUNNER-WINKLER (1991), S. 159.
19 DE BEAUVOIR (1949).

oder sie weniger fremd sein läßt."[20]. Wir könnten "unsere Gewohnheit der Wahrnehmung ändern und ... uns fragen, wie die Fähigkeit, mit den Gefühlen anderer zu leben, gefördert werden kann."[21]

9. Schluß

Ich wollte einen thematischen Bezirk aufsuchen, an dem Empathie, Anteilnahme und Fürsorge bereits vorkommen. In der feministischen Ethik finden wir diese Themen entfaltet. Empathie, Anteilnahme und Fürsorge gelten dort als authentische Möglichkeiten unseres Selbst. Sie bedeuten Wertungen und Einstellungen, die zwar häufig bei Frauen anzutreffen sind, gleichwohl aber keine exklusiv "weiblichen Werte" sind, sondern solche, die von Personen als Personen präferiert werden können.

Das Problem, das sich aus der Gilligandebatte ergibt, ist also nicht die Erkenntnis, daß es zwei Perspektiven gibt, sondern, daß diese nicht gleichzeitig eingenommen werden können und daß wir in moralischen Konflikten weiterhin in Dilemmas geraten. Diese Dilemmas können zwar so oder so ansehen, aber wir können nicht gleichzeitig so oder so handeln. Was können wir also tun?

Wenn einmal zugestanden ist, daß die beiden Perspektiven wertmäßig nicht unterschieden sind, dann gibt es jedenfalls keine Werthierarchie, die eine Handlungsoption vorschreibt. Wir sind sozusagen flexibler oder freier und können oder müssen uns so genau wie möglich in einer bestimmten Situation orientieren und aus den beiden verschiedenen Perspektiven unsere Handlungsorientierungen beziehen. Dies führt dazu, uns mehr oder weniger aus der einen Perspektive heraus handeln zu lassen – allerdings aufgrund genauer Überlegungen und der Möglichkeit, gute Gründe für unsere Wahl angeben zu können, im Bewußtsein der notwendigen Bedingtheit unserer Handlungen und der daraus resultierenden positiven und negativen Folgen. Durch Gefühle geleitet und durch Vernunft orientiert werden wir so angemessen wie möglich, aber eben nicht einfach "rational angemessen" handeln. Unsere Vernunft wird sich emotionaler Eingebung nicht verschließen und unsere Gefühle werden sich durch vernünftige Erwägungen beurteilen lassen. Rationale Kälte und hitzige Emotionen könnten (würden) sich als aufeinander angewiesen erweisen, und es wäre nicht mehr barer Unsinn, von gefühlsoffener Vernunft und vernunftoffenen Gefühlen zu reden.

Einer Autarkie im Sinne der Selbstverantwortlichkeit für die genügsame Stimmigkeit des eigenen Lebens könnten wir zustimmen, aber nur, indem

---

20 GILLIGAN/WIGGINS, a.a.O., S. 101.
21 a.a.O., S. 101f.

zugleich Empathie und Solidarität mit Mitwelt und Umwelt von ihr ausgeht. Autarkie wäre nicht subjektive Abgrenzungsstrategie, sondern gälte als gemeinsames Anliegen aller am Fortbestand und an der Verbesserung der Gesellschaft Interessierten für ein schonendes Umgehen miteinander und mit den uns anvertrauten Schätzen der Naturen und Kulturen.

Literaturverzeichnis

ADORNO, T.W. (1966): Negative Dialektik. Suhrkamp, Frankfurt a.M.

DE BEAUVOIR, S. (1949): Le Deuxième sexe. Paris.

GILLIGAN, C. (1982): Die andere Stimme. Ins Deutsche übersetzt von B. Stein. München, 1984.

GILLIGAN, C.; WIGGINS, G. (1992): Die Ursprünge der Moral in den frühkindlichen Beziehungen. In: H. Nagl-Docekal, H. Pauer-Studer (Hrsg.): Jenseits der Geschlechtermoral. ZeitSchriften, Frankfurt a.M., 1993.

HEGEL, G.F.W. (1807): Phänomenologie des Geistes. Ed. Philosoph. Bibliothek Meiner, Hamburg, 1952.

HEIDEGGER, M. (1962): Die Technik und die Kehre. Pfullingen.

HISTORISCHES WÖRTERBUCH DER PHILOSOPHIE (HWdPh). Hrsg. von J. Ritter; K. Gründer; Bd. 1, Basel, 1971.

KANT, I. (1787): Kritik der reinen Vernunft. Ed. Philosoph. Bibliothek Meiner, Hamburg, 1956.

LYOTARD, F. (1988): Die Moderne redigieren. Bern.

NUNNER-WINKLER, G. (1991): Gibt es eine weibliche Moral? In: dies. (Hrsg.): Weibliche Moral. Kontroverse um eine geschlechtsspezifische Ethik. Frankfurt a.M./New York.

PIEPER, A. (1993): Aufstand des stillgelegten Geschlechts. Einführung in die feministische Ethik. Freiburg i.B.

WEISSHAUPT, B. (1983): Sisyphos ohne Pathos. In: dies./H. Bendkowski (Hrsg.): Was Philosophinnen denken. Zürich, Bd. 1, S. 271ff.

WELLMER, A. (1985): Zur Dialektik von Moderne und Postmoderne. Suhrkamp, Frankfurt a.M.

Selbstverwirklichung und die Fähigkeit, sich um die Folgen des eigenen Tuns zu sorgen

Hartmut Raguse

1. Selbstverwirklichung

Ich möchte damit beginnen, uns das Thema des vorliegenden Buches ins Gedächtnis zu rufen. Es heißt: "Autarkie und Anpassung", und es geht dabei um die Spannung zwischen Selbstbestimmung und Umwelterhaltung. Offensichtlich wird hier ein Problem empfunden: Selbstbestimmung zielt anscheinend nicht *von allein* auf die Erhaltung derjenigen Umwelt, in der wir Menschen künftig noch leben sollten. D. Steiner versucht in seinem Text[1] die Spannung zwischen den beiden Begriffen mit der Präposition "durch" aufzulösen, indem er zu zeigen versucht, daß und wie Unwelterhaltung *durch* Selbstbestimmung geschehen könne. Wie ich jedoch einer Zusammenfassung seines Vortrages entnommen habe, das mir zur Vorbereitung zugeschickt wurde, ist diese Selbstbestimmung eine recht spezifische: sie schließt nicht nur die *Vernunft* ein, sondern auch das *Unbewußte,* das wir als stammesgeschichtliches Erbe in uns tragen. Ich möchte von einem Satz jener Zusammenfassung ausgehen, den ich hier wörtlich zitiere:

"Selbstbestimmung heißt dann letztlich, daß das menschliche Subjekt sich von den Zwängen einer rationalistischen Zivilisation befreien und auch in seiner Subjektivität autonom werden kann, einer Subjektivität aber, die nicht Willkür bedeutet, sondern eine Orientierung ökologischen Charakters beinhaltet, die sich aus dem Zugang zur eigenen Natur ergibt."

Mein Vortrag wird etwas wie ein Kommentar zu diesem Satz sein. Ich möchte Sie am Anfang nur auf einige Punkte speziell aufmerksam machen: Das im zitierten Satz vertretene Konzept von Selbstbestimmung ist *erstens* zivilisationskritisch, es fordert eine teilweise Befreiung von den Wirkungen eben dieser Zivilisation. Die Subjektivität, die durch eine solche Subtraktion entsteht, setzt sich *zweitens* ein eigenes Gesetz, das von dem der sie umgebenden Kulturwelt

---

1   D. STEINER: "Umwelterhaltung durch Selbstbestimmung" (1995, in diesem Buch)

abweicht, nämlich die Orientierung ökologischen Charakters. Und drittens scheint es mir, daß diese so befreite Subjektivität in sich eine Natur findet, die mit der umgebenden Natur identisch ist. Offensichtlich bewirkt dieser Weg zur eigenen *inneren* Natur zugleich einen pfleglichen Umgang mit der *äußeren* Natur. So verstehe ich den Ausdruck "Orientierung ökologischen Charakters". Das "Sich-Sorgen" in meinem Vortragstitel ist mit einer in dieser Weise verstandenen Selbstbestimmung offensichtlich eng verbunden. Ich selber allerdings spreche dabei lieber von Selbst-*Verwirklichung*, indem ich damit einen zur Zeit sehr populären Begriff aufnehme. Nach der Vorstellung, die sich damit verbindet, *sind* wir nicht einfach schon "selbst", sondern hinter einer Oberfläche von Nicht-Selbst liegt, mehr oder weniger tief verborgen, ein wahres Selbst, das es erst noch zu verwirklichen gilt. Bei C.G.Jung ist die Suche nach dem Selbst in ein großes weltanschauliches System eingefügt, und das Selbst wird dabei zum Beispiel durch Christus symbolisiert. In der Tradition des englischen Kinderpsychoanalytikers Donald Winnicott unterscheidet man zwischen einem wahren und einem falschen Selbst, wobei das falsche Selbst durch Anpassungsleistungen an die Umwelt, speziell an die Eltern, entstanden ist. Aber auch unabhängig von solchen ausgearbeiteten Theorien gibt es einen Sprachgebrauch, nach dem es nötig sei, "sich selber zu finden", und fast immer steckt in diesem Ausdruck eine Kritik an einer überrationalen Gesellschaft. Durch das Finden des wahren Selbst wird die Fehlentwicklung der Zivilisation, die als eine Art Sündenfall gesehen wird, wenigstens teilweise rückgängig gemacht. Das so gefundene Selbst ist etwas Gutes. Im obengenannten Zitat von Herrn Steiner war das Selbst die Natur, und damit kommen wir in die Nähe der romantischen Lehre einer alles verbindenden guten Natur. Etwas wie das Finden eines eigentlichen Selbst scheint auch Herr Steiner mit seinem Begriff von Selbstbestimmung zu meinen, der damit von "Selbstverwirklichung" nicht weit entfernt ist.

2. Haß

Unter den gegenwärtigen psychologischen Richtungen ist es vor allem die sogenannte humanistische Psychologie, die diesen Begriff eines ursprünglich guten und in einer Einheit mit der Umwelt stehenden Selbst geprägt hat. Der Psychologe Kurt Goldstein hat den Begriff 1934 erstmals eingeführt. Bei der Uebersetzung ins Amerikanische wurde daraus self-realization, und diesen Begriff übernahm dann Erich Fromm 1941 in seinem Buch "Escape from Freedom". Vor allem durch Fromm wurde der Gedanke populär. Ich zitiere aus einem späteren Buch: "Ich will im folgenden zu zeigen versuchen, daß jedes normale Individuum von sich aus die Neigung hat, sich zu entwickeln, zu wachsen und produktiv zu sein, und daß die Lähmung dieser Tendenz an sich schon ein Symptom einer psychischen Erkrankung ist. Geistige oder körperliche Gesundheit sind keine Ziele, zu denen der Einzelne von außen gezwungen werden muß, sondern der Antrieb dazu ist im Individuum vorhanden, und für die Unterdrückung sind starke Umweltkräfte nötig, die ihm entgegenwirken"[2]. Fromm entwirft den "produktiven Charakter" als Utopie eines idealen Menschen. Soweit dieser Charakter verwirklicht ist, treibt er den Menschen zu Solidarität, Liebe und Wahrheit. Innerhalb der Produktivität bekommt auch das Denken einen neuen, und das heißt: seinen eigentlichen und ursprünglichen Charakter. Das Denken erfaßt dann die Dinge nicht mehr nur auf ihren Zweck und auf ihre Verwertbarkeit hin, sondern sieht sie in ihrem eigenen Wert und sucht sie zu bewahren. Im utopischen "produktiven" Charakter erreicht der Mensch nach Fromm eine Einstellung, die nicht mehr die Welt und deren Bewohner zerstört, sondern sich um ihre Erhaltung bemüht. Wir haben damit in Fromm einen Theoretiker einer ökologischen Ethik, die sich vor allem auch dadurch auszeichnet, daß der Mensch wieder zu seinem inneren Wesen kommen muß, um nicht mehr zerstörerisch zu sein. Fromm wird damit zum Künder eines humanistischen Glaubens, den er selber als humanistische Religion bezeichnet und den er in einigen historischen Religionen auch verwirklicht findet. Zentral an diesem humanistischen Glauben ist die Ueberzeugung von der letztlichen Gutheit des Menschen und vom Antagonismus zwischen Gesellschaft und Individuum, der aber in einer idealen Gemeinschaft aufgehoben werden könnte. Diese sieht Fromm in messianischen gesellschaftlichen Utopien angedeutet, und er erhoffte sie sich selber von einem humanistischen Marxismus.

Ich wäre nun sehr froh, wenn ich Ihnen diejenigen Ueberzeugungen, die ich kurz angedeutet habe, auch als meine eigenen empfehlen könnte. Leider ist das nicht so. Ich kann Ihnen zwar die humanistischen Theorien ebenso wenig widerlegen, wie ich meine eigenen strikt beweisen kann. Aber das ist bei weltanschaulichen Ueberzeugungen nie anders, sie sind nicht beweisbar, sie gehen vielmehr allen Beweisen immer schon voraus. Ich hoffe jedoch, daß meine Theorie trotzdem eine gewisse Plausibilität vorweisen kann. Und diese Plausibilität besteht darin, daß eine Konstruktion, die die ursprüngliche Gutheit des Menschen nicht voraussetzt, unsere alltägliche Welt vielleicht doch etwas einfacher und überzeugender zu erläutern vermag.

Ich beginne mit einem Zitat: "Im Menschen lebt ein Bedürfnis zu hassen und zu vernichten. Diese Anlage ist in gewöhnlichen Zeiten latent vorhanden und tritt dann nur beim Abnormalen zutage; sie kann aber verhältnismäßig leicht geweckt und zur Massenpsychose gesteigert werden." Wenn Sie vermuten, der Verfasser dieser Zeilen sei Sigmund Freud, so ist das fast, aber noch nicht ganz richtig, vielmehr stammen die Sätze aus einem Brief an Freud, der den Titel "Warum Krieg?" trägt und dessen Verfasser Albert Einstein heißt. Einstein war 1932 von einer Völkerbundskommission aufgefordert worden, mit einem berühmten Zeitgenossen einen Briefwechsel zur

---

2   FROMM (1954), S. 236f.

Erhellung wichtiger Gegenwartsfragen zu führen. Er wählte das genannte Thema und schrieb an Freud. Freud antwortete recht ausführlich, aber als die Schrift der beiden auch in deutscher Sprache 1933 erschien, wurde sie sogleich konfisziert, eine Handlungsweise, die die Hauptthese der Texte augenscheinlich vorführte. Freud stimmt übrigens Einsteins These lebhaft zu und verweist dazu auf eigene Arbeiten, in denen er sich dem Problem der menschlichen Destruktivität bereits früher gewidmet hatte[3]. Die wichtigste von diesen ist eine Schrift, die 1930 unter dem Titel "Das Unbehagen in der Kultur" erschien. Von ihr ausgehend möchte ich Ihnen zu zeigen versuchen, wie das Problem der Bewahrung der Umwelt aussieht, wenn man auf den utopischen produktiven Charakter des Menschen und damit auf sein ursprüngliches Gutsein verzichtet.

Freud möchte in dieser Schrift eine Antwort darauf finden, wieso trotz aller kulturellen Fortschritte das Leiden dennoch nicht aufhöre und es weiterhin zu einem immer größeren Unbehagen gerade in und an dieser Kultur selber komme. Er fragt sich, welches denn nun die Quellen seien, aus denen dem Menschen die Leiden zufließen. Es sind die Uebermacht der äußeren Natur, die Hinfälligkeit des eigenen Körpers und schließlich auch die Unzulänglichkeit der gesellschaftlichen Einrichtungen. Aber gegen die äußere Natur könne man sich mit anderen verbinden und sie mit Hilfe der Technik immer besser meistern. Doch alle diese Anstrengungen genügten letztlich nicht, die Natur bleibe übermächtig. In ähnlicher Weise sei auch der Tod des Einzelnen unausweichlich, und die Leiden an der menschlichen Gesellschaft blieben so unvermeidlich, daß auch dort etwas wie eine Natur zum Vorschein zu kommen scheine. Viele Menschen leiten nun aus dem fortbestehenden Leid die Vermutung ab, daß das Leiden nicht trotz, sondern gerade wegen der menschlichen Kultur bestünde. Man müsse nur zu einer Art Urzustand zurückkehren. Aber Freud ist skeptisch, ob es diesen kulturlosen Urzustand irgendwo noch gäbe und ob seine Verwirklichung ein Ausweg sei.

Er versucht dann, das Wesen der umstrittenen menschlichen Kultur näher zu bestimmen. Ich zitiere: "Der Eingang ist leicht: als kulturell erkennen wir alle Tätigkeiten und Werte, die dem Menschen nützen, indem sie ihm die Erde dienstbar machen, ihn gegen die Gewalt der Naturkräfte schützen u. dgl. Ueber diese Seite des Kulturellen besteht ja am wenigsten Zweifel"[4]. Freud beschreibt dann die vielen Werkzeuge und Hilfsmittel, die der Mensch zur Naturbeherrschung erfunden habe. Damit sei er so mächtig geworden, wie er es in seinen Phantasien früher nur den Göttern zuschreiben konnte. Durch die Technik ist er selber wie Gott geworden. Ich zitiere: "Der Mensch ist sozusagen eine Art Prothesengott geworden, recht großartig, wenn er alle seine Hilfsorgane anlegt, aber sie sind nicht mit ihm verwachsen und

---

3   EINSTEIN/FREUD (1933)

4   FREUD (1930), S. 220f.

machen ihm gelegentlich noch viel zu schaffen"[5]. Aber Freud sieht zugleich, daß der Mensch trotz aller Gottähnlichkeit nicht recht glücklich wird.

Er fährt dann weiter, Schönheit, Reinlichkeit und Ordnung als Kulturgüter zu schildern, und ein gewisser parodistischer Zug seiner Darstellung ist wohl zugleich ein Ausdruck auch *seines* Unbehagens in der Kultur. Der letzte und wichtigste Punkt ist aber die kulturelle Regulierung der Beziehungen der Menschen untereinander. Hier sind für ihn zwei Regeln am wichtigsten: die Kultur verlangt von ihren Mitgliedern eine Beschränkung der Ausübung der Sexualität und zugleich eine Liebe aller zu allen. Daran hat sich seit Freuds Zeiten sicherlich einiges geändert, daß aber auch jetzt nicht alle Tabus aufgehoben sind, zeigt die weiterbestehende Gültigkeit des Inzestverbotes und der Monogamie. Und gerade der gegenwärtig so lebhaft und mit Recht geforderte Schutz von Minderjährigen gegen sexuelle Verführung macht deutlich, wie die Gesellschaft auch heute noch die individuellen sexuellen Wünsche einschränkt. Wo aber darf sich diese eingeschränkte Liebe noch auswirken? Sie darf ein Ziel vor allem in der sublimierten Form der allgemeinen Nächstenliebe und sogar in der Feindesliebe haben. Für beides aber hat Freud wenig Verständnis, und er meint zugleich, daß damit die Menschen überfordert seien. Wenn man alle Menschen lieben solle, bleibe für jeden einzelnen nur wenig übrig, die Liebe zum Freund werde entwertet, und im übrigen sei keineswegs jeder Mensch liebenswert. Die Feindesliebe sei sogar eine direkte Prämie fürs Bösesein, wie Freud hier auf durchaus verhaltenstherapeutische Weise ausführt. Wenn schon Feindesliebe, dann könne der Mensch mit einem gewissen Recht fordern, daß der jeweilige Feind damit *beginnen* solle. Was aber ist es, das die Gesellschaft veranlaßt, in einem solchen Maße die individuelle Sexualität zugunsten allgemeiner Liebe zu unterdrücken? Freuds Antwort zeigt ihn in einem Kontrast zu Erich Fromm, wie er größer nicht sein könnte. Ich zitiere hier etwas ausführlicher: "Das gern verleugnete Stück Wirklichkeit hinter alledem ist, daß der Mensch nicht ein sanftes, liebesbedürftiges Wesen ist, das sich höchstens, wenn es angegriffen wird, auch zu verteidigen mag, sondern daß er zu seinen Triebbegabungen auch einen mächtigen Anteil von Aggressionsneigung rechnen darf. Infolgedessen ist ihm der Nächste nicht nur möglicher Helfer und Sexualobjekt, sondern auch eine Versuchung, seine Aggression an ihm zu befriedigen, seine Arbeitskraft ohne Entschädigung auszunützen, ihn ohne seine Einwilligung sexuell zu mißbrauchen, sich in den Besitz seiner Habe zu setzen, ihn zu demütigen, ihm Schmerzen zu bereiten, zu martern und zu töten. Homo homini lupus"[6]. Mit diesem Zitat aus einer Komödie des Plautus, das dann später Hobbes aufgenommen hat, zeigt Freud, wohin Selbstverwirklichung jedenfalls auch führt. Sie führt zu einem Wolfswesen, das seine Befriedigung darin findet, andere Menschen zu schädigen. Weil der Mensch ursprünglich auch von

---

5   a.a.O., S. 222
6   a.a.O., S. 240

zerstörerischer Aggressivität gelenkt wird, deshalb muß die Kultur ihn auch darin einschränken. Sie tut es, indem sie ihn zur allgemeinen Liebe anleitet. Diese aber hat keineswegs ihren Ursprung in einem natürlichen Bedürfnis des Menschen, in einer mitgeborenen Liebe zu seinen Mitmenschen. Sie ist vielmehr ein Versuch der Gesellschaft, durch eine Umlenkung der ebenfalls zu unterdrückenden Sexualität den Menschen trotz seiner zerstörerischen Asozialität gemeinschaftsfähig zu machen. Doch es ist nicht nur die geforderte allgemeine Liebe, die die Aggressivität lindern soll. Die Aggressivität wird auch gegen sich selbst gerichtet: die Selbstvorwürfe, die ich gegen mich richte, sind nach Freud eine umgekehrte Aggressivität, die meine ursprüngliche Aggressivität in ihrer Gesellschaftsfeindlichkeit bekämpfen soll. Auch das Gewissen entspringt nicht einem ursprünglich edlen Wesen des Menschen, sondern ist sekundär eingesetzt, um ihn sozial zu machen, und es entspringt der Aggressivität.

Daß die allgemeine Menschenliebe und das Gewissen gelegentlich tatsächlich die Wirkung haben, den Menschen gegenüber seinen Mitmenschen rücksichtsvoller zu machen, das ist kaum zu verleugnen. Aber man kann sich auch fragen, wohin die unterdrückte Aggressivität geht, ob sie vielleicht irgendwo einen Ort findet, an dem sie sich, von Schuldgefühlen ungehindert, ausleben kann. Damit komme ich direkt zum Thema meines Vortrags, nämlich zur Bewahrung der Umwelt, ein Problem, das von Freud – seiner Zeit entsprechend – noch kaum gesehen wurde. 1969 schrieb der deutsche Psychoanalytiker Alexander Mitscherlich: "Man könnte sagen, daß wahrscheinlich ein Teil der menschlichen Aggression, die nachweislich innerartlich nicht zum Ausdruck kommt, in die Natur projiziert wird; daß die Zerstörungsvorgänge, die durch den Menschen in Gang gesetzt werden, einem Ausweichen in die Natur entsprechen, und daß dieses Phänomen als vollbewußtes Phänomen erst neuesten Datums ist. Es sind sehr viele Provinzen der Erde verwüstet worden, bevor offenbar wurde, daß der Mensch sie verwüstet hat"[7]. Für Freud war die Trockenlegung der Zuidersee noch eine kulturelle Großtat, die zum Gleichnis für die Arbeit des Psychoanalytikers am Unbewußten des Patienten werden konnte. Auch dieses sollte bis zu einem gewissen Grade trockengelegt werden. Die Gefahr, die diese Naturbeherrschung mit sich bringen konnte, sah Freud noch nicht. Eine gewisse Einsicht deutet sich allenfalls in der Ironie an, mit der Freud vom Menschen als Prothesengott spricht. Aber mit der heutigen Erfahrung der Zerstörung unserer Welt muß man Freuds Beschreibung des Kulturprozesses erweitern. Es geht nicht nur darum, die Aggression gegenüber der menschlichen Welt, sondern auch gegenüber der natürlichen Welt zu begrenzen. Sonst ist der Mensch nicht nur dem anderen Menschen gegenüber, sondern auch der Natur gegenüber ein Wolf, ein Wolf, der sicherlich die wirklichen Wölfe bei weitem in den Schatten stellt.

---

7 MITSCHERLICH (1969), S. 57

Wenn wir aber sehen, wie schwierig es ist, die menschliche Destruktivität schon allein anderen Menschen gegenüber zu unterdrücken, so scheint die Aufgabe fast unerreichbar zu sein, diese Kultivierung des Menschen auch noch auf sein Verhältnis zur Natur auszudehnen. Freud hatte ja vom Unbehagen in der Kultur gerade deshalb gesprochen, weil die Kultur den Menschen mit ihren Ansprüchen überfordere. Er dürfe weder seine Sexualität noch seine Aggression ausleben, sondern müsse alle Impulse in den Dienst der Gemeinschaft stellen. Jetzt nimmt die Gesellschaft dem Menschen offensichtlich die letzte Möglichkeit, sich gottgleich zu fühlen, wenigstens die Natur zu beherrschen und sie teilweise zu zerstören. Ist der Mensch solchen Anforderungen noch gewachsen oder steigt sein Unbehagen über jedes erträgliche Maß hinaus? So müßte man sich heutzutage in Anlehnung an Freud fragen und man könnte noch die Frage hinzufügen, ob der Mensch überhaupt kulturfähig sei. In diesem Zusammenhang möchte ich auf den Frankfurter Psychoanalytiker Hans-Joachim Busch hinweisen, der in seinem sehr anregenden Aufsatz "Was heißt 'Unbehagen in der Kultur' heute?" ausführlich die Frage diskutiert, ob der Mensch allenfalls auch gegenüber der Natur kulturfähig werden könne.

3. Das Untier

Darüber ließe sich sicherlich mit schönen Worten einiges Positives sagen, und wir alle könnten am Schluß befriedigt nach Hause gehen. Ich möchte Sie aber statt dessen mit einer Schrift bekannt machen, die im Verlagstext als "transzendentaldefätistisch" bezeichnet wird. Ich meine das Buch "Das Untier" von U. Horstmann[8]. Ich weiß nicht, was das für ein Buch ist, ob Traktat oder Satire oder gar beides? Manches klingt in der Tat satirisch, aber ich fürchte, daß es dem Autor mit seiner Hauptthese fast bitterernst ist. Und diese These lautet: Der Mensch sei dafür bestimmt, nicht nur sich, sondern die gesamte organische Schöpfung, diesen evolutionären Unfall, zu vernichten und sie damit zur anorganischen Materie wieder zurückzuführen. Es sei verfehlt zu meinen, wie manche Anthropologen es behaupten, daß der Mensch ein Mängelwesen sei. Vielmehr sei er für seinen Endzweck, die allgemeine Vernichtung, mit seinem Verstand bestens ausgerüstet und mit der gegenwärtigen Rüstung habe er sein Ziel fast erreicht. Friedensbewegung oder Oekologie seien nur weitere Verzögerungen, nochmalige Umwege, die aber das Ende nicht aufhalten, allenfalls verzögern und damit das allgemeine Leiden mehren könnten. Einer der wenigen Theoretiker, die sich dieser Einsicht angenähert hätten, sei Freud mit seiner Lehre vom Todestrieb gewesen, die er aber nicht konsequent genug vertreten habe.

---

8 HORSTMANN (1985)

Damit bin ich auf einen Punkt gekommen, den ich vorhin bei meiner Freuddarstellung ausgeklammert hatte. Auch in seiner Schrift "Das Unbehagen in der Kultur" hatte er die Vermutung aufgestellt, es gäbe neben dem Eros, dem Liebestrieb, der die Dinge vereinen will, noch einen allgemeinen Todestrieb, der auf Trennung und damit auf Vernichtung hinausgehe. Er habe als sein erstes Ziel, den Organismus selber wieder zu zerstören, aber um sich zu bewahren, müsse das Lebewesen ihn nach außen ablenken und eben diese Ablenkung des Todestriebes nach außen erscheine dann als Aggression und Destruktion. Ich selber kann diesem Todestrieb nicht mehr als eine gleichnishafte Wirklichkeit zugestehen, er beschreibt sicherlich kein objektivierbares Faktum, wie das für viele der psychoanalytischen Begriffe gilt, aber er hilft, komplexen Vorgängen eine gewisse erzählerische Plausibilität zu geben.

Horstmann denkt diesen Gedanken bis zur letzten Konsequenz: das einzige, was der Mensch tun könne, das sei, das Wirken dieses zerstörerischen Prozesses nicht aufzuhalten und nicht zu verzögern. Nur so könne der Mensch und die ganze Natur von Leiden befreit werden. Auch die Pflanzen und Tiere dürften nicht erhalten bleiben, es bestehe durchaus die Befürchtung, daß sie sich wieder weiter entwickelten und daß das Leiden von vorne beginne. Es sei die Berufung des Menschen, durch Vernichtung aller organischen Materie endlich der Welt den Frieden zurückzugeben. Der nächtliche Mond am Himmel zeige der Welt schon heute die Möglichkeit, wie sie einmal Frieden finden werde.

Ich sagte schon, daß ich nicht sicher bin, ob Horstmanns Schrift als aufrüttelnde Satire oder als tödlicher Ernst zu lesen sei. Aber selbst wenn Horstmann es tatsächlich für wünschenswert hielte, daß die Menschen wirklich bald das Vernichtungswerk vollenden, so ist doch im ganzen Buch eine Stimme nicht zu überhören: das Mitleiden mit der Qual aller Kreaturen. Im Organischen hat sich die Welt ein falsches, leidvolles Selbst angeeignet und im Tod kommt sie letztlich wieder zu sich selber. Horstmann geht es nicht um eine hochmütig-nachläßige Zerstörung, sondern es sieht so aus, als wolle er die Welt wieder sich selber verwirklichen lassen. Mir scheint, als ob Horstmann aus einer Liebe zur Welt schreibe, daß er aber zugleich meint, die Welt könne wirklichen Frieden nur noch in einem mondhaften Paradies finden, weil nur dann keine Möglichkeit zum Leiden mehr bestehe. Steine und Kristalle lassen sich in Ruhe.

In dem Text von Horstmann kann ich zweierlei finden: Phantasien über eine universale Vernichtung und doch zugleich auch Liebe zur Welt, die sich in einem unfriedlichen Zustand befindet und deren Frieden wiederhergestellt werden muß, auch wenn der Autor selber weiß, daß er vom Miterleben dieses Friedens notgedrungen ausgeschlossen sein wird, weil dieser Friede erst *nach* einer totalen Vernichtung möglich sein wird. Horstmann ist damit der konsequenteste Apokalyptiker, der sich denken läßt. Gibt es andere Mög-

lichkeiten? Ich weiß es letzten Endes nicht, aber ich kann von der Psychoanalyse her etwas darüber sagen, wie sie wirken müßten, wenn es sie tatsächlich geben könnte.

4. Schuld

Ich habe erwähnt, daß die Gesellschaft die Aggressivität des einzelnen durch
zweierlei Mittel zu beherrschen sucht: durch die Forderung eines gewissen
Maßes allgemeiner Liebe und durch die Aufrichtung einer inneren Instanz
in jedem einzelnen Menschen, die als Gewissen auf die Einhaltung der
Normen achtet. Beides gelingt nicht immer, vielleicht sogar nur selten. Aber
Sie werden mir zugeben, daß es tatsächlich Menschen gibt, die aufgrund
einer – statt Liebe würde ich lieber sagen – Solidarität mit ihren Mitmenschen
und mit Hilfe eines einigermaßen verläßlichen Gewissens gegenüber diesen
Mitmenschen sich einigermaßen sozial und das heißt: nicht schädigend verhalten. In der jüdischen Tradition heißt es: Liebe Deinen Nächsten, denn er
ist Dir gleich! Das ist eine gute Formulierung, denn sie besagt etwas über die
Bedingung der Möglichkeit der Menschenliebe. Es ist die Erfahrung einer
Identität. Daß diese Liebe nicht immer wirkungsvoll ist, das ist unser aller
Erfahrung, und das Christentum hat dafür das Symbol der Erbsünde gefunden. Auf seinen erfahrbaren Kern reduziert, bedeutet das nichts anderes als
die Erkenntnis, daß wir immer schon in destruktive Taten verstrickt sind und
es auch bleiben.

Die Liebe zum Nächsten ist eng verknüpft mit dem Schuldgefühl,
genauer: ohne Liebe gibt es kein Schuldgefühl, sondern nur Angst vor Strafe.
Erst die liebevollen Gefühlen gegenüber dem anderen lassen mich schmerz-
lich empfinden, daß ich zugleich dem anderen auch schaden kann und
vielleicht es auch will. Erst Liebe und Aggressivität zusammen ermöglichen
es, sich schuldig zu fühlen und aggressive Taten selbst dann noch zu unterlassen, wenn sie von außen her nicht bestraft werden, weil sie niemand sieht.
Schuldig zu werden durch Aggression führt in diesem Fall, wenn die
Aggresion mit Liebe verbunden ist, zu einem schmerzlichen Gefühl. Die
Psychoanalytikerin Melanie Klein hat in diesem Schmerz den Ursprung der
Depression gesehen[9]. Aber die Depression ist keineswegs nur eine Krankheit,
sondern zugleich ein Schutz vor den Wirkungen eines nach außen ge-
richteten destruktiven Handelns. Der Nachteil der Depression ist nur, daß die
Aggression, die ursprünglich der Außenwelt, etwa den Eltern oder dem
Ehepartner gegolten hatte, jetzt auf das Subjekt zurückkommt und es quält, im
äußersten Falle sogar durch Selbstmord vernichtet.

Ich habe vorhin Alexander Mitscherlichs Aussage zitiert, die Aggressivität des Menschen, die er gegenüber seinen Mitmenschen nicht anwenden

---

9   KLEIN (1989), S. 95-130

darf, werde auf die Natur verschoben. Was wäre nötig, um diese Verschiebung zu verhindern? Es brauchte eine Liebe zur Natur und damit das Gefühl einer inneren Identität mit dieser Natur, wie sie im Zitat von Herrn Steiner angedeutet war. Erst dann könnte auch ihr gegenüber etwas wie ein Schuldgefühl aufgebaut werden. Wenn man das ernst nähme, dann würde daraus ein Programm zur Förderung der Naturliebe folgen, an deren Ende ein Gewissen gegenüber der Natur stünde, wie wir es jetzt schon den anderen Menschen gegenüber haben. Aber leider scheint mir diese Konsequenz, so anziehend sie klingen mag, nicht zuzutreffen. Erstens ist das Gewissen schon bezüglich der anderen *Menschen* meist recht lückenhaft, wenigstens dann, wenn man selber nicht der unmittelbare Täter, sondern vielleicht nur der mittelbare Zeuge ist. Aber viel schwerwiegender ist ein zweites Argument. Freud hatte in der vorgängig erwähnten Schrift "Das Unbehagen in der Kultur" gerade darauf hingewiesen, daß die Gesellschaft mit ihren Triebeinschränkungen den Menschen überfordere. Er werde entweder neurotisch, oder er müsse versuchen, seine Aggressivität anderweitig zu verwenden. Dazu habe er die Möglichkeit, sie auf Menschen außerhalb der eigenen Gruppierung abzulenken oder aber sie zu sublimieren, sie also in sozial verträgliche Formen der Äußerung umzuwandeln. Mitscherlich hatte als weitere tatsächlich schon realisierte Möglichkeit noch die Zerstörung der Natur hinzugefügt.

Welche Möglichkeiten hätte der Mensch, diejenige Aggressivität zu verwenden, die er sich mit seinen Schuldgefühlen gegenüber der Natur allenfalls verbietet? Eine Möglichkeit ist die Zurücklenkung auf die Menschen, und in der Tat scheint das in den Fällen zu geschehen, in denen Naturschützer Haß auf andere Menschen, die von ihren Meinungen abweichen, entwickeln. Ich sage ausdrücklich "Haß" und meine damit noch nicht unbedingt solche Handlungen, mit denen man andere Menschen an der Naturzerstörung tatkräftig hindert. Ich denke, daß das bereits eine Sublimierung von Aggressivität ist, wie sie etwa von Greenpeace geübt wird. Aber insgesamt glaube ich nicht, daß es möglich und wünschbar ist, eine rigide Moral gegenüber der Natur durchzusetzen. In den Fällen, in denen das versucht wird, wie es etwa Eugen Drewermann in seiner Schrift "Der tödliche Fortschritt" tut, da kommt es zu politischen Forderungen, die die Demokratie aufzuheben drohen und in die Richtung eines totalitären Staates gehen. In ihm ist dann wieder die Aggressivität gebunden, und zwar jetzt in der Kontrolle der Untertanen durch eine strikt einschränkende Regierung. Ein strikter Naturschutz brauchte denselben Kontrollaufwand wie ein totales Gewaltverbot: jeder Mensch müßte einen ständigen Aufpasser haben, diese Aufpasser brauchten wieder Aufpasser und so fort. Die Gewalt, die eingesetzt werden müßte, um Gewalt zu verhindern, wäre viel größer als diejenige, die verhindert werden soll. Also scheint die Aggressivität unausrottbar zu sein, und man muß Horstmann recht geben, wenn er sagt, daß man diese Aggressivität nicht hindern, sondern fördern soll.

5. Wiederherstellung

Aber es scheint mir doch noch eine weitere Möglichkeit zu geben. Die schon erwähnte Melanie Klein, eine aus Wien stammende Analytikerin, die später in London wirkte, hat einen wichtigen Begriff eingeführt, der mir hier klärend zu sein scheint: die *Wiederherstellung* oder "reparation"[10]. Auch sie geht in ihren Theorien von der Unausweichlichkeit der Aggressivität aus, und ganz wie Freud zeigt auch sie, wie diese Aggressivität durch die Möglichkeit, Zerstörung als schmerzliche Schuld zu erfahren, gezügelt wird. Ich erwähnte schon, daß sie diesen Schmerz als Wurzel der Depression beschreibt. Aber das Schuldgefühl ist für Melanie Klein zwar ein notwendiges Phänomen, aber doch noch nicht die letzte und unüberschreitbare Möglichkeit. Wenn sie das ist, dann wird das Schuldgefühl in der Tat zur Depression, zum lähmenden ständigen Selbstvorwurf, zum Gefühl des eigenen Unwertes. An dieser Stelle setzt nun die "Wiederherstellung" ein. Im sozialen Bereich ist sie leicht erkennbar. Wenn jemand seinen Partner verletzt hat und sich deshalb Selbstvorwürfe macht, dann gibt es die Möglichkeit, die Wirkung dieser Verletzung teilweise wieder aufzuheben, etwa durch eine Entschuldigung und Versöhnung. Damit wird die vorhergehende Verletzung nicht etwa ungeschehen gemacht, sie bleibt in der Erinnerung bestehen, aber ihre zerstörerische Wirkung wird aufgehoben. Natürlich ist es wünschenswert, daß Menschen sich untereinander nicht zu oft verletzen, aber vermeidbar dürfte es nicht sein.
Ähnliches gilt nun auch für das Verhältnis zur Natur. Auch hier sind viele Zerstörungen sicherlich überhaupt vermeidbar. Aber zu fordern, daß sie gar nicht mehr geschehen sollten, damit ist der Mensch überfordert. An dieser Stelle kann nun die Wiederherstellung eintreten, die mehr oder weniger gelingende Heilung des Verletzten. Ohne Narben geht es dabei bekanntlich nie ab, aber wir alle machen die Erfahrung, daß sich damit leben läßt. Diese Wiederherstellung ist insofern ein recht reifes Prinzip, weil sie dem einzelnen und auch dem Kollektiv die Verantwortung zurückgibt, sich um die Folgen des Tuns zu kümmern und zu sorgen, ohne doch jemanden mit übermäßigen Ansprüchen zu überfordern. Mir scheint eine Ethik der Verantwortung auch in der Umweltpolitik angemessener zu sein als eine rigide Moral von Askese und Reinheit. Ich glaube, daß diese Einschätzung relativ nüchtern ist, weil nicht erst eine völlige Änderung des Menschen gefordert werden muß, ehe es überhaupt zu einem Wandel käme. Denn wenn man die Möglichkeit der Wiederherstellung ins Auge faßt, so ist vieles bereits unter den gegenwärtigen Umständen möglich. Und zugleich ist damit auch nicht die Hoffnung aufgegeben, daß die Destruktivität selber, und nicht nur ihre Folgen, einmal gemildert werden könnten. Daß eine solche Milderung dann

---

10 KLEIN (1989), S. 61

einfacher ist, wenn es in kleineren und größeren Beziehungen immer auch wieder etwas Versöhnung gibt, das möchte ich immerhin vermuten.

Von diesen Gedanken her scheint mir die Einführung des Verursacherprinzips in die Umweltpolitik ein sehr richtiger Schritt zu sein, vor allem dann, wenn es konsequent angewendet würde. Recht weit in diese Richtung ging vor einigen Jahren eine Volksinitiative, in der gefordert wurde, daß für jede neugebaute Straße irgendwo eine schon bestehende entfernt werden müßte. Das war sicherlich eine sogenannte "unrealistische Forderung", aber was heißt das schon? Damit wäre es möglich gewesen, die Wiederherstellung wenigstens in einem Bereich einzuführen, ohne zugleich übermäßige Forderungen auf Verzicht zu stellen. Mir scheint, daß eine Alternative zum Schicksal des "Untiers", wie es Ulrich Horstmann beschreibt, letzten Endes nicht in der Phantasie bestehen dürfte, jegliche Aggression und Destruktivität zu verhindern und eine totale Friedlichkeit notfalls mit Gewalt durchzusetzen. Sie könnte nur in der Einsicht liegen, daß Zerstörung bis zu einem gewissen Grade immer wieder geheilt werden soll und kann.

Zum Schluß meiner Vorlesung komme ich nochmals auf die individuelle Entwicklung zurück. Melanie Klein schildert immer wieder das Verhältnis vom Kleinkind zur mütterlichen Brust in recht dramatischer Weise. Da phantasiert das Kind, die Brust gierig auszusaugen, die leere oder abwesende Brust mit Fäkalien zu füllen, alle Konkurrenten in kleine Stücke zu zerbeißen und vieles andere von dieser Art[11]. Wenn ich Babys sanft an der Mutterbrust saugen sehe, dann scheint mir das unwahrscheinlich zu sein, aber manchmal sieht man schon wenige Sekunden später ein wütend verzerrtes Gesicht und hört schrille Schreie. Vermutlich hat eine kleine Frustration die vorherige Harmonie unterbrochen. Ich kann mir dann die Phantasien, wie sie Klein schildert, recht gut vorstellen. Sie werden mir allerdings noch viel anschaulicher, wenn ich an das Verhältnis der Menschen zur Natur denke. Die Beziehung der meisten Menschen zur "Mutter Natur", und zwar nicht erst in der Neuzeit, scheint mir ganz nach dem Bild des gierigen und sich fast verhungert wähnenden Kleinkindes geformt zu sein, und die Aggressivität hinge damit zusammen, daß die Mutter Natur sich immer noch nicht bereit gefunden habe, dem modernen "Kind" alle Forderungen unverzüglich zu erfüllen und es nie zu frustrieren. In der modernen Technik könnte etwas von der Phantasie ausgelebt werden, diese frustrierende Mutter, die nicht ständig gibt, doch noch zu bezwingen, ihr alle Eigenständigkeit zu nehmen und sie total zu beherrschen.

Erst wenn das Kind neben der Aggression auch eine konstante liebevolle Beziehung zur Mutter gefunden hat, ist es möglich, daß es Verantwortung für die Mutter übernimmt und sich um ihr Wohlergehen sorgt. Es ist diese Entwicklung, die es auch für die moderne Gesellschaft zu fördern gilt. Sie bedeutet nicht, die menschliche Aggression zu verleugnen. Aber es genügt

---

11 KLEIN (1989), S. 140f.

wohl auch nicht, nur ans Gute im Menschen zu appellieren und allein von
einer zunehmenden Selbstverwirklichung ein künftiges Heil zu erwarten.
Dafür ist das Selbst in sich viel zu ambivalent, ebenso zur Zerstörung geneigt
wie zum Aufbauen und Erhalten. Wohl aber wäre es wünschenswert, trotz
allem genügend Zuneigung zur Natur und zur Welt zu entwickeln, um die
Verantwortung für die Folgen des eigenen Tuns zu übernehmen und diese
vielleicht unvermeidbaren Folgen zu mildern oder sogar zu heilen.

Literaturverzeichnis

BUSCH, H.-J. (1993): Was heißt 'Unbehagen in der Kultur' heute?. Psyche 47/4,
303-324.

EINSTEIN, A.; FREUD, S. (1933): Warum Krieg? Internationales Institut für geistige Zusammenarbeit, Völkerbund.

FREUD, S. (1930): Das Unbehagen in der Kultur. Studienausgabe, Bd. 9.;
Fischer, Frankfurt/Main, 1974.

FROMM, E. (1954): Psychoanalyse und Ethik. Diana-Verlag, Stuttgart.

KLEIN, M. ([3]1989): Das Seelenleben des Kleinkindes. Klett-Cotta, Stuttgart.

HORSTMANN, U. (1985): Das Untier. Suhrkamp, Frankfurt a.M.

MITSCHERLICH, A. (1969): Diskussionsbeitrag, in: A. Mitscherlich (Hrsg.): Das
beschädigte Leben. Hoffmann-La Roche, Grenzach.

STEINER, D. (1995): Umwelterhaltung durch Selbstbestimmung. In: Hj. Büchi,
M. Huppenbauer (Hrsg.): Autarkie und Anpassung. Westdeutscher Verlag,
Wiesbaden (in diesem Band).

Umwelterhaltung durch Selbstbestimmung

Dieter Steiner

1. Einleitung: Was heißt Selbstbestimmung?

Die Vortragsreihe "Autarkie und Anpassung" trug den Untertitel "Zur Spannung zwischen Selbstbestimmung und Umwelterhaltung", eine Ausdrucksweise, die eine Gegenläufigkeit zwischen den beiden Begriffen andeutet. Im Gegensatz dazu weist der Titel meines Beitrags, "Umwelterhaltung durch Selbstbestimmung", auf eine Auffassung hin, die die letztere gerade als Voraussetzung der ersteren sieht. Wir haben es also mit zwei verschiedenen Interpretationen von Selbstbestimmung zu tun. Wenn wir "Selbstbestimmung" als Synonym zu "Freiheit" auffassen,[1] können wir auch sagen, daß es um zwei verschiedene Auffassungen von Freiheit geht. Tatsächlich ist in der philosophischen Diskussion eine Unterscheidung zwischen einer Freiheit im weiteren und einer Freiheit im engeren Sinne gängig. Johannes Hoffmeister beschreibt sie wie folgt:

Freiheit im weitesten Sinn ist die Möglichkeit, so zu handeln, wie man will. In diesem Sinne schließt die Freiheit auch die Willkür in sich ein und bildet den Gegensatz zur Notwendigkeit wie zum Zwange. Im engeren Sinn ist Freiheit die Möglichkeit der Selbstbestimmung des Menschen im Gegensatz zur Abhängigkeit von der Macht und dem Zwang anderer. Derjenige Mensch handelt frei, für dessen Handlungen die Ursachen allein in ihm selbst liegen. So gedacht, ist die Freiheit dem Zwange, aber nicht der Notwendigkeit entgegengesetzt. ... Freiheit setzt die freiwillige Anerkennung des Notwendigen voraus.[2]

Es werden Zwang und Notwendigkeit einander gegenübergestellt. Zwang steht in absolutem Gegensatz zur Freiheit, d.h. diese kann überhaupt nur bei Absenz von jenem existieren. Ein Mensch, der zu bestimmtem Tun durch andere gezwungen wird oder aber auch schutzlos den negativen Wirkungen des Tuns anderer ausgesetzt ist, ist auf alle Fälle unfrei.[3] Ein Mensch, der,

---

1   Vgl. z.B. Alexander Ulfig: "Freiheit: allgemein das Nichtvorhandensein von Zwang, die Selbstbestimmung" (ULFIG 1993, S. 136).

2   HOFFMEISTER (1955), S. 236-237.

3   Dies steht im Gegensatz zur (hier im folgenden nicht weiter berücksichtigten) extremen Vorstellung beim frühen Jean-Paul Sartre, wonach Freiheit ein unbedingtes Charakteristikum der menschlichen Existenz ist, unbeeinflußbar durch äußere Um-

umgekehrt gesehen, eine zwangsfreie Existenz führen kann, genießt Freiheit. Wenn dies aber nicht nur für einzelne, sondern für alle gelten soll, muß trotzdem ein äußerer, einschränkender Rahmen vorhanden sein. Hier kommt das Notwendige in Form von Regeln des menschlichen Zusammenlebens ins Spiel. Ein solches ist auf einer gänzlich regellosen Basis ja auch unmöglich. Dazu Annemarie Pieper:

> Das Leben in einer Gemeinschaft ist regelgeleitet. Die Notwendigkeit von Regeln bedeutet nicht Zwang oder gar Reglementierung, vielmehr signalisiert sie eine Ordnung und Strukturierung von Praxis um der größtmöglichen Freiheit aller willen.[4]

Angesichts der gegenwärtig fortschreitenden Umweltzerstörung, die unsere eigene Existenz bedroht, sollte nun eigentlich die Einsicht nahe liegen, daß der Rahmen notwendiger Regeln auch unseren Umgang mit der Natur einschließen muß. Mit anderen Worten, wir brauchen eine Transformation der bisher gültigen gesellschaftlichen Regeln derart, daß die von der Natur gesetzten Grenzen respektiert werden.[5] Nur so kann eine menschliche Gesellschaft langfristig am Leben bleiben. Dazu Gerhard Huber:

> In der heutigen ökologischen Situation ist ... eine zusätzliche Bestimmung unseres Freiheitsbegriffes notwendig geworden, die zugleich dessen Eingrenzung und Ausweitung bedeutet: unser Freiheitsverständnis muß die *Natur* grundsätzlich *einbeziehen*. Die freie Selbstbestimmung des Menschen kann nur so weit Bestand haben, als sie den Fortbestand der Natur respektiert. Denn die Natur bildet die Lebensgrundlage des Menschen, und ohne deren *Fortbestand* kann auch die Freiheit des Menschen nicht bestehen.[6]

---

stände: "To be a man is to be free; that is, to be undetermined and uncaused, thus to make one's own existence and choose one's own 'project' in the world" (KRUKS 1990, S. 58). Das bedeutet dann z.B.: "The slave in chains is as free as his master ... not because freedom is a stoical resignation, a contemplation, or an inward movement, but because the slave is always a freedom-in-situation, choosing the meaning of his situation through his own choice of project" (a.a.O., S. 68).

4   PIEPER (1991), S. 14.

5   Dies entspricht auch der allgemeinen, in einer evolutionären Perspektive verankerten Auffassung, wonach Jüngeres sich aus Älterem emanzipieren kann, wobei das erstere für seine nachhaltige Existenz aber auf die in gewissen Grenzen intakte Weiterexistenz des Älteren angewiesen ist. Dem Jüngeren selbst werden dadurch Grenzen gesetzt, die es nicht ohne gravierende Verluste überschreiten kann (vgl. dazu STEINER 1993, S. 61ff.). Ein Problem in unserer heutigen Situation ist zweifellos die Tatsache, daß wir die Grenzen, die wir nicht überschreiten sollten, nicht genau kennen. Zwar sind wir mit dem natürlicherweise Notwendigen in Form der Naturgesetze im anorganischen Bereich gut vertraut, aber wir scheinen ein sehr mangelhaftes Verständnis von den biologischen und ökologischen Gesetzmäßigkeiten zu haben. Es folgt daraus, daß wir die Krise letztlich nicht mit Hilfe der Wissenschaft, sondern nur mit andern Mitteln überwinden können.

6   HUBER (1984). Dies ist eine klar rational begründbare anthropozentrische Sicht. In einer relativierten humanökologischen Perspektive wäre die Mitwelt nicht nur wegen ihrer Bedeutung für uns, sondern auch um ihrer selbst willen nach Möglichkeit zu erhalten. Allerdings kann eine solche Perspektive nur mit gewissen Abstrichen bei der Begründbarkeit eingenommen werden.

Die Förderung menschlicher Freiheit war das Leitbild der Aufklärung. Tatsächlich führte sie zur Befreiung der Menschen von politischer Herrschaft und kirchlicher Dogmatik. Damit konnte auch ein Prozeß der gesellschaftlichen Rationalisierung[7] in Gang kommen. Dieser gliederte einerseits die Gesellschaft in institutionell spezialisierte Funktionsbereiche wie Religion, Politik, Wirtschaft, Recht, Wissenschaft usw. – von Niklas Luhmann systemtheoretisch motiviert als Systeme beschrieben, die alle nach einem je spezifischen Informationscode operieren[8] – und mündete andererseits auch in weiteren arbeitsteiligen Strukturen innerhalb dieser Systeme. Deren Funktionsausübung wurde damit in ihrer Effizienz beträchtlich gesteigert, aber die Entwicklung läßt uns im Resultat mit einer Ambivalenz hinsichtlich der Möglichkeit menschlicher Freiheit zurück. Günter Hartfiel beschreibt dies so:

In der mit Rationalisierung verbundenen Beherrschung der Natur und der sozialen Lebensbedingungen durch den Menschen wird einerseits eine Bedingung für menschliche Freiheit erkannt. Andererseits bedeutet Rationalisierung durchgängige Systematisierung, Aufbau von relativ stabilen ... Beziehungsgefügen zwischen den Elementen (Personen und Sachen) von Organisationen, ... verbindliche Regeln und Verfahrensweisen, Befehl und Gehorsam, Abhängigkeit, Unterordnung und Fremdbestimmung.[9]

Tatsächlich leben wir heute in einer Gesellschaftsordnung, die uns ein größeres Möglichkeitsfeld der Lebensgestaltung eröffnet als je zuvor.[10] Gleichzeitig wird uns aber die zweitgenannte, hintere Seite der Medaille immer deutlicher bewußt. Indem die Funktionssysteme, wie gesagt, einer je spezifischen Logik folgen, nehmen sie ein Eigenleben an: Ihre Regeln dienen mehr ihrem eigenen effizienten Funktionieren und weniger dem Zusammenleben der Menschen, sie entwickeln eine Eigendynamik, die auf Notwendiges im vorher genannten Sinne kaum achten kann, und sie üben auf die Menschen, die sich an ihnen beteiligen, Zwänge aus.

Das paradigmatische Beispiel für ein System mit Eigenleben ist das Wirtschaftssystem, das eine veritable Gefahr darstellt, nicht nur weil es sich direkt auf die biophysische Umwelt auswirkt und zu deren Schädigung beiträgt,[11] sondern auch weil es in seinem Wirken von einer ökonomischen Theorie unterstützt wird, die in ihrer extremen Ausprägung schon eher eine Ideologie

---

7 Rationalisierung verstanden als "Prozesse der Ablösung von zufälligen, planlosen, traditions- und brauchtumsgebundenen durch überlegte, mittel-zweck-orientierte, kalkulierte und entsprechend organisierte, systematisch geplante Handlungsformen" (HARTFIEL 1976, S. 545).

8 Siehe LUHMANN (1984).

9 HARTFIEL (1976), S. 545.

10 Siehe z.B. WERLEN (1994), S. 2.

11 Auf den Einwand, das Übel sei nicht das Wirtschaftssystem, sondern die wachsende Erdbevölkerung, wäre zu antworten: Der Lebensstil, den uns das heutige Wirtschaftsgeschehen in der westlichen Welt ermöglicht, ist vom Gesichtspunkt der ökologischen Nachhaltigkeit aus nicht globalisierbar (vgl. WACKERNAGEL et al. 1993).

als eine wissenschaftliche Lehre darstellt. Es ist denn auch angemessen, in diesem Fall von Ökonomismus zu reden.[12] Diese Denkweise schreibt dem Wirtschaftsgeschehen einen "Marktharmonismus" zu, der ein Zusammenfallen von Eigennutz[13] und Moral zustande bringt: Die Regeln des Systems erfordern ein individuelles Handeln, das am eigenen Vorteil ausgerichtet ist, und gerade dadurch kann die "unsichtbare Hand" einen Ausgleich zwischen den Wirtschaftssubjekten so herstellen, daß im Resultat ein maximales Gesamtwohl zustande kommt. Paradox ausgedrückt: Gerade dadurch, daß das Individuum - hinsichtlich von etwas Übergeordnetem – verantwortungslos handelt, nimmt es Verantwortung wahr, weil es dann der überpersönlichen Macht des Marktes ermöglicht, das moralisch Richtige zu bewirken.[14]

In ökonomistischer Sichtweise wird somit die grundlegende Einsicht des liberalen Denkens, daß nämlich meine Freiheit ihre Grenzen an der Freiheit der anderen finden muß, durch den Marktmechanismus automatisch berücksichtigt. Auch Umweltbelange können – nach der gleichen Sichtweise – problemlos in diesen Mechanismus eingebunden werden, was die Umweltökonomie ja auch damit tut, daß sie Umweltprobleme in soziale Probleme uminterpretiert,[15] in sogenannte externe Effekte, die in den Markt internali-

---

12 Der Begriff "ökonomistisch" soll sich hier auf eine Art von Denken beziehen, das in ideologischer Weise dem wirtschaftlichen Geschehen eine Art Naturgesetzlichkeit zuschreibt und dabei die eigentliche Realität verkennt, aber auf sie eine Wirkung ausübt. Dazu der alternativ denkende Ökonom Herman E. Daly: "... my major concern about my profession today is that our disciplinary preference for logically beautiful results over factually grounded policies has reached such fanatical proportions that we economists have become dangerous to the earth and its inhabitants" (DALY 1993, S. 24). Und die Gefahren dieser Denkweise werden vom Politologen John Dryzek mit Hilfe einer Titanic-Metapher glossiert: "Many ecologists are aware of icebergs in the vicinity, and seek to convince us that the ship of state chart a course to avoid them. Most economists would be more concerned with ensuring a utility-maximizing arrangement of deckchairs" (DRYZEK 1987, S. IX).

13 Eigennütziges Verhalten gilt als anthropologische Konstante und ist damit inhärenter Teil der dem Wirtschaftsgeschehen unterschobenen Naturgesetzlichkeit. In den USA gibt es eine Strömung, die allen Ernstes versucht, die Auffassung, wonach der Mensch nur an sich selbst und an nichts anderes denken könne, auch in die Humanökologie hinein zu importieren. Z.B. sagen Matt Ridley und Bobbi S. Low: "Conventional wisdom has it that the way to avert global disaster is to persuade people to change their selfish habits for the common good. A more sensible approach would be to tap a boundless and renewable resource: the human propensity for thinking mainly of short-term self-interest" (RIDLEY /LOW 1994, S. 1).

14 Vgl. dazu Ulrich Thielemann (1994). Wie er richtig bemerkt, wird mit dieser harmonistischen Auffassung der Metaphysik, von der sich die Aufklärung doch gerade befreien wollte, durch die Hintertüre wieder Zutritt verschafft: "Wer an die Moral des Marktes glaubt, vertraut auf eine Metaphysik des Marktes" (THIELEMANN 1994, S. 51). Und wie sagt doch Lothar Mayer es so schön: "Das ist der diskrete Charme der Marktwirtschaft. Sie hält alles von uns fern, was das schöne Gefühl, daß man ein guter und anständiger Mensch ist, trüben könnte" (MAYER 1992, S. 44).

15 Damit ist gemeint, daß Umweltzerstörung an sich für diese Art von Denken kein Problem ist. Ein Problem entsteht erst dann, wenn etwa die Umweltschädigung, die

siert werden müssen. Alle können dann bequemerweise an ihren bisherigen Verhaltensmustern festhalten. Problemlösung erfolgt nicht dadurch, daß die Regeln des Systems geändert werden, sondern dadurch, daß der Bereich ihrer Gültigkeit ausgedehnt wird.[16]

Wie können wir das Wirken der Systeme, insbesondere des ökonomischen Systems, so weit abdämpfen, daß eine menschliche Selbstbestimmung i.e.S. möglich wird, also eine, die mit der Anerkennung von Notwendigem als einer Grundlage der Freiheit verknüpft ist und so zu einem ökologischen Lebensstil führen kann? Ich betrachte dies nur als möglich, wenn dieses systemische Wirken in seiner Reichweite entscheidend eingeengt wird. Geographisch gesprochen heißt dies eine Abkehr vom gegenwärtigen Trend zur Globalisierung, die die Welt zusehends unsicherer macht,[17] und eine Hinwendung zu dezentralen Strukturen mit überschaubaren Lebensräumen, mit sozial-integrierten Gemeinschaften[18] und mit einem großen Grad von lokaler bis regionaler Selbstversorgung und Selbstverwaltung.[19] Solche Strukturen können das Notwendige hinsichtlich der Mensch-Umwelt-Beziehung und des menschlichen Zusammenlebens wieder direkt erfahrbar machen und damit den Bewußtseinszustand der Individuen entsprechend prägen. Es gibt aber noch eine dritte Quelle der Prägung durch das Notwendige, nämlich die innere Natur der Individuen, die sich, wenn ihr Entfaltungsraum gelassen wird, positiv auf den Bewußtseinszustand der Individuen und von da auf die Gestaltung der umweltmäßigen und sozialen Strukturen auswirken kann. Jedenfalls: Die drei Bereiche stehen in Wechselwirkung miteinander.[20]

---

ein bestimmtes Wirtschaftssubjekt durch seine Tätigkeiten bewirkt, andere Wirtschaftsteilnehmende schädigt.

16   In diesem Sinne kann dem ökonomistischen Denken auch ein durchaus imperialistischer Charakter zugeschrieben werden.

17   Anthony Giddens thematisiert dieses Problem indem er sagt, die heutige Welt hätte sich nicht nach der Vorstellung der Aufklärung entwickelt, wonach Wissen zu Sicherheit führen sollte. Im Gegenteil, als Folge des Wissens und nicht des Unwissens, sei daraus eine Welt der "manufactured unpredictability" geworden, eine "runaway world" (GIDDENS; Vortrag "Globalization and Modernity" am Geographischen Institut der Universität Zürich, 11. Juni 1993).

18   Mit dem Begriff "sozial-integriert" ist die Gegenüberstellung von sozialer Integration und System-Integration bei Giddens angesprochen: "Social integration ... means systemness on the level of face-to-face interaction. System integration refers to connections with those who are physically absent in time or space" (GIDDENS 1984, S. 28).

19   Um es klar zu stellen: Ich behaupte nicht, daß wir gar keine interregionalen bis globalen Strukturen brauchen. Wir brauchen sie im politischen Bereich, um mit den räumlich ausgedehnten Problemen umgehen zu können, die wir uns im Umweltbereich nun schon mal eingebrockt haben. Im wirtschaftlichen Bereich dagegen müssen wir uns ihrer weitgehend entledigen, was wiederum nicht heißen soll, daß dann gar kein interregionaler Handel mehr tolerierbar wäre. Es kommt hier auf das gute Maß an.

20   Wir könnten im Sinne von Félix Guattari auch sagen, es gehe um die "drei Ökologien", die in Ordnung zu bringen sind (GUATTARI 1989).

Den Lebensraum-Aspekt werde ich in Abschnitt 3 ("Ökoregionen als Lebensräume"), den Gemeinschafts-Aspekt in Abschnitt 4 ("Herrschaftsfreie Gemeinschaften") und den Eigennatur-Aspekt in Abschnitt 5 ("Selbstrealisierung") aufgreifen. Zum Schluß (Abschnitt 6) möchte ich darauf hinweisen, daß die Entwicklung in der gewünschten Richtung nur durch eine Bewegung von unten, von der Basis her in Gang gesetzt werden kann. Zuallererst aber soll in Abschnitt 2 ("Zum ökologischen Versagen der Systeme") noch genauer untersucht werden, wieso die gesellschaftlichen Institutionen (in Form der genannten Systeme) – und dabei wiederum vor allem das wirtschaftliche System – der Krise nicht gewachsen sind.

2. Das ökologische Versagen der Systeme

Wenn es zutrifft, daß die Systeme, insbesondere das Wirtschaftssystem, uns die heutigen Umweltprobleme beschert haben, dann ist es nicht sehr wahrscheinlich, daß dieselben Systeme diese Probleme auch lösen können. Trotzdem kann ja die Frage nach der Möglichkeit ihrer Umpolung in ökologischer Richtung gestellt werden. Niklas Luhmann kommt in seiner systemtheoretischen Betrachtung zum Schluß, daß die Systemspezifität der Kommunikationscodes eine gesamtgesellschaftliche Auseinandersetzung mit der ökologischen Gefährdung weitgehend verunmöglicht.[21] Nun könnte man erstens einwenden, daß sich Luhmann auf sehr abstraktem Niveau bewegt,[22] und daß es zweitens vielleicht denkbar wäre, daß ein System allein – in ökonomistischer Sichtweise müßte dies das Wirtschaftssystem sein –, stellvertretend für die Gesellschaft insgesamt, sich auf diese Gefährdung einstellen könnte. John Dryzek aber, der mit seinem Buch "Rational Ecology" eine auf viel konkreterem Boden durchgeführte, detaillierte Analyse des Vermögens der Systeme vorlegt, sich auf ökologische Ziele auszurichten, zeigt, daß es gerechtfertigt ist, von ihrem Versagen in dieser Hinsicht zu reden, und zwar im einzelnen wie auch im gesamten.[23]

Wie es bei einer systemtheoretischen Perspektive angemessen ist, verwendet Dryzek für die Beschreibung des Operierens der von ihm untersuch-

---

21 Vgl. LUHMANN (1986). Er läßt es dabei bei der Diagnose bewenden, die Möglichkeit einer Therapie interessiert ihn wenig, bzw. betrachtet er als unmöglich, da es eine Evolution der Systeme gibt, deren Resultat wir immer nur abwarten, aber nicht beeinflussen können.

22 Uwe Justus Wenzel sagt deshalb in einer Kurzbesprechung von Luhmanns jüngstem Buch "Das Recht der Gesellschaft": "Ganz sicher ist es nicht, daß die Lektüre Luhmannscher Texte das Wissen über Sachverhalte in der Welt mehrt" (Neue Zürcher Zeitung 117, 21./22. Mai 1994).

23 Siehe DRYZEK (1987).

ten sozialen Systeme[24] ein Konzept von funktionaler Rationalität: "To describe a human social structure as functionally rational means, first and foremost, that its organization is such as to consistently and effectively promote or produce some value."[25] Er gibt dazu Beispiele: Ein rationales wirtschaftliches Unternehmen produziert Profite, ein rationales ökonomisches System befriedigt Konsumbedürfnisse, ein rationales Rechtssystem schlichtet Dispute, ein rationales kollektives Sicherheits-System erhält den Frieden. Darüber hinaus spricht Dryzek aber auch Ökosystemen eine funktionale Rationalität zu: "Setting aside ... the question of human interest, an ecologically rational *natural* system is one whose low entropy is manifested in an ability to cope with stress and perturbations, so that such a structure can consistently and effectively provide itself with the good of life support."[26]

Dryzeks Frage ist nun, wie weit soziale Systemrationalitäten in der Lage sind, ihre Zielrichtung so zu verschieben, daß eine Persistenz des Wirkens von ökologischer Rationalität in der Umwelt gewährleistet ist. Für seine Analyse verwendet er eine Reihe von systemtheoretischen Kriterien, nämlich: Vermögen der negativen Rückkopplung, Vermögen der Koordination, Robustheit, Flexibilität und Resilienz, mit der folgenden Bedeutung:

- Vermögen der negativen Rückkopplung: Das System kann auf Signale aus der Umwelt, die eine unerwünschte Änderung anzeigen, korrigierend reagieren;

- Vermögen der Koordination: Das System kann sowohl auf dem Niveau der handelnden Individuen wie auch dem der kollektiven Aktionen Reaktionen aufeinander abstimmen;

- Robustheit: Das System kann unter verschiedensten Bedingungen gute Leistungen bringen;

- Flexibilität: Das System kann auf veränderte Umweltbedingungen mit strukturellen Änderungen antworten. Robustheit und Flexibilität können einander ersetzen, denn sie sind beide Ausdruck eines Vermögens, mit Variabilität umzugehen.

- Resilienz: Das System kann nach einem Verlust des Gleichgewichtes wieder in den Bereich der normalen Operationen zurückkehren.

Betrachten wir Dryzeks Untersuchungsergebnisse für das uns besonders interessierende Wirtschaftssystem, ergänzt durch Angaben aus ein paar

---

24 Dryzek redet von "social choice mechanisms", also Sozialwahl-Mechanismen. Er nimmt die folgenden unter die Lupe: Markt, Verwaltung, Recht, Apparat der moralischen Überzeugung, Polyarchie (demokratisches politisches System westlichen Stils), Diplomatie und Krieg (DRYZEK, a.a.O., S. 7ff.).

25 DRYZEK, a.a.O., S. 25.

26 a.a.O., S. 35.

anderen Quellen.[27] Es verfügt über einen Mechanismus der negativen Rückkopplung, der über die Preissignale läuft und der sich auch auf Umweltgüter
erstrecken kann, sofern diese internalisierbar sind, d.h. mit einem Preis versehen werden können. Allerdings müssen an der Wirkung dieser Kopplung
aus Gründen der folgenden Behinderungen Abstriche gemacht werden:

• In vielen Fällen ist es schwierig bis unmöglich, Umweltgüter zu internalisieren, also mit einem Preis zu versehen.[28]

• Zukünftige Güter werden infolge der Diskontierungspraxis systematisch
  unterbewertet, d.h. die Existenz eines positiven Zinsniveaus verschiebt Probleme in die Zukunft.[29]

• Marktpreise orientieren lediglich über die relative Knappheit eines Gutes
  auf dem Markt, aber nicht über seine absolute Knappheit in der Biosphäre.[30]

• Die Aussage, eine internationale Arbeitsteilung führe aufgrund komparativer Vorteile zu einer allseitig vorteilhaften Situation und zur effizienten
  Nutzung von Ressourcen trifft nur bei Immobilität der Produktionsfaktoren
  (speziell des Kapitals) zu. Tatsächlich wird aber ja heute die unbeschränkte
  Mobilität dieser Faktoren gefördert.[31]

• Die ökonomische Rationalität impliziert eine miserable Moral, da sie nur
  auf materiellen Gewinn ausgerichtet ist.

Wie gut oder schlecht die negative Rückkopplung aber auch funktioniert, ihr
Effekt wird längstens durch einen dominanten positiven Rückkopplungs-
mechanismus zunichte gemacht, nämlich die interne Wachstumslogik, die
nicht nur die Umwelt, sondern auch das Wirtschaftssystem selbst gefährdet.[32]

Das Wirtschaftssystem verfügt auch über das Vermögen der Koordination
in Form der "unsichtbaren Hand", deren Existenz im Prinzip nicht zu be-
streiten ist. Aber es gibt Probleme:

• Die Koordination funktioniert nur für private Güter. Bei kollektiven und
  öffentlichen Gütern besteht die Gefahr der "Tragik der Allmende", bei der
  der Versuch aller Beteiligten, ihren Eigennutzen zu maximieren, die

---

27 a.a.O., Kap. 7 ("Markets"), S. 67-87.

28 Zu den Schwierigkeiten der Quantifizierung und Monetarisierung externer Effekte
    sowie dem Problem, sie einem Verursacher zuzuschreiben, vgl. FURGER (1994), S. 92ff.

29 Beispiel: Ein Schaden im Ausmaß einer Million Franken, der aufgrund heutiger
    Aktivitäten in 100 Jahren auftritt, ist bei einem Zins von 5% heute nur 7600 Fr. wert,
    also praktisch vernachläßigbar. Es besteht somit ökonomisch gesehen kein Anlaß,
    die fraglichen Aktivitäten zu unterlassen.

30 Vgl. WACKERNAGEL et al. (1993), S. 6.

31 Nach DALY (1993). Daly beschreibt dieses Paradox wie folgt: "... free traders are using
    an argument that hinges on the impermeability of national boundaries to capital to
    support a policy aimed at making those same boundaries increasingly permeable to
    both capital and goods!" (a.a.O., S. 25).

32 Vgl. dazu die prägnante Schilderung "Ein System siegt sich zu Tode" (MAYER 1992).

Ressource im ganzen zerstört. Traditionelle Lebensformen, bei denen die Beteiligten sich kennen, zeichnen sich dadurch aus, daß diese Gefahr durch eine Übereinkunft vermieden wird. Die Anonymität des modernen Marktes hingegen bedeutet, daß Wirtschaftssubjekte sich selten oder gar nicht begegnen und damit wenig Gelegenheit haben, ein kooperatives Verhalten zu entwickeln.

- Sofern traditionelle Systeme von Kooperation und Gemeinschaft aber noch bestehen, sind sie immer in Gefahr, unter dem Druck externer Marktkräfte zusammenzubrechen.

- Das Marktsystem ermöglicht einen Grad von Arbeitsteilung, bei dem Partikulärinteressen auf Kosten gemeinschaftlicher Belange in den Vordergrund treten.

Was die restlichen Kriterien anbelangt: Das ökonomische System ist robust, denn es kann unter sehr verschiedenen Umständen funktionieren, aber es ist unflexibel, d.h. seine Struktur – die Regeln, nach denen es funktioniert – ist gegen Veränderungen sehr resistent.[33] Um überhaupt zu strukturellen Veränderungen zu kommen, wäre eine starke sichtbare Hand vonnöten. Bezüglich der Resilienz ist es schwierig, verläßliche Aussagen zu machen.

Das ökologische Versagen des heutigen ökonomischen Systems klar erkennen zu können, ist besonders wichtig, da es sich zu einer absolut dominanten Stellung in unserer Gesellschaft aufgeschwungen hat. In evolutionärer Perspektive müßte dieses System eine untergeordnete Position einnehmen. Es dürfte sich zwar als evolutionär jüngere Erscheinung aus dem älteren politischen System ausdifferenziert haben und damit für neue Freiheitsgrade sorgen, aber es müßte gleichzeitig auch im politischen System eingebettet bleiben, d.h. es müßte von hier vorgegebene Rahmenbedingungen beachten (während das politische System seinerseits in kulturellen und schließlich in ökologischen Belangen verankert sein müßte).[34] Wie wir wissen, ist die tatsächliche Situation aber eher umgekehrt, oder aber die beiden Systeme verbünden sich miteinander, und deshalb ist auch von der Kombination nichts zu erwarten. Parallel zum Marktversagen gibt es ein Staatsver-

---

33 Murray Bookchin glossiert diesen Umstand mit dem folgenden Satz: "One might more easily persuade a green plant to desist from photosynthesis than to ask the bourgeois economy to desist from capital accumulation" (BOOKCHIN 1988, S. 66).

34 Dabei geht es nicht nur um auch von den Ökonomen anerkannte ordnungspolitische Vorgaben, die zwar einen Rahmen setzen, aber das ökonomische System an sich sonst unverändert lassen, sondern um die Frage, ob solche Rahmenbedingungen nicht effektiv zu einem anders strukturierten ökonomischen System führen müßten. THIELEMANN z.B. sieht in der (zumindest partiellen) Entlastung des ökonomischen Handelns von Wettbewerbszwängen eine Voraussetzung für eine moralische Ökonomie, die sich dann auch ökologisch reformieren könnte (THIELEMANN 1994, S. 63).

sagen, das Thema eines Buches von Martin Jänicke.[35] Das ökonomische System schafft Probleme, die dem Staat überbunden werden. Er ist davon überfordert, umgekehrt aber auch mitverantwortlich für die Probleme, weil er auf Gestaltung und vorsorgliche Intervention verzichtet. Je mehr Geld der Staat für die Bearbeitung industriegesellschaftlich erzeugter Probleme ausgibt, desto breiter "institutionalisiert" er ein Desinteresse an einer vorsorglichen Problemvermeidung. Und je weniger der Staat präventiv eingreift und nachträglich und teuer repariert, desto stärker wächst mit dem Finanzbedarf seine Abhängigkeit von der Steuerdividende der Wachstumswirtschaft.[36]

3. Ökoregionen als Lebensräume

Aus rein ökonomistischer Sichtweise ist der Schluß wohl folgerichtig, die Umweltprobleme ließen sich am besten durch eine möglichst deregulierte und globalisierte Wirtschaft lösen. Leider lehrt die an den Tatsachen orientierte Erfahrung, daß die zunehmende Internationalisierung der freien Marktwirtschaft eine Quelle massiver Umweltzerstörung ist.[37] Je anonymer die systemische Integration[38] des wirtschaftlichen Geschehens, desto größer ist die Verantwortungslosigkeit.[39] Daraus ziehe ich die Folgerung, daß wir zu

---

35 Siehe JÄNICKE (1986), besonders Kap. III ("Zur Theorie des Staatsversagens"), S. 52-62.

36 Der grundlegende Widerspruch, der in diesem Zusammenwirken von Staat und Wirtschaft zum Ausdruck kommt, wird von Giddens als struktureller Widerspruch ("structural contradiciton") thematisiert: "The primary contradiction of the capitalist (nation-)state is to be found in the mode in which a 'private' sphere of 'civil society' is created by, but is separate from and in tension with, the 'public' sphere of the state. ... The capitalist state, as a 'socializing' centre representing the power of the community at large, is dependent upon mechanisms of production and reproduction which it helps to bring into being but which are set off from and antagonistic to it" (GIDDENS 1984, S. 197).

37 Siehe dazu DALY (1993). Eine Globalisierung sehe ich als sicheren Weg zum beschleunigten Untergang. Wenn einem die zerstörerische, kaum zu bremsende Kraft des Wirtschaftssystems bewußt geworden ist, müßte man logischerweise eigentlich, wie dies von MAYER (1992) diskutiert wird, zum Schluß kommen, es müßte alles getan werden, um die Selbstvernichtung des Systems zu beschleunigen, weil eine Abnahme der Systemakzeptanz offenbar nur über Katastrophen zu erwarten ist (a.a.O., S. 55). Wer rational, und zwar eben nicht nur eng ökonomisch-rational, denkt, muß die Globalisierung aus diesem Grund eigentlich unterstützen. Mayer selbst allerdings meint, es sei "für einen Menschen mit Herz und Verstand, mit Leidenschaft und Engagement", unmöglich, dieser Einsicht zu folgen. Er müsse sich trotzdem dem Kampf gegen die Umweltzerstörung stellen, zwar ständig seine Sinnlosigkeit vor Augen habend, aber doch darauf hoffend, daß damit ein Beitrag zum Bewußtseinswandel geleistet sei (a.a.O., S. 56-58).

38 Im Gegensatz zur sozialen Integration, vgl. Fußnote 18.

39 Damit soll nicht gesagt sein, daß alle Wirtschaftssubjekte primär verantwortungslos sind, sondern daß sie im Sinne der Rede von der "organisierten Unverantwortlich-

überschaubaren Strukturen zurückfinden sollten, bei denen die Bezüge von Menschen zum Lebensraum wieder enger werden. Geographisch gesehen bedeutet dies im Gegensatz zur Globalisierung eine Regionalisierung, d.h. eine Besinnung und Ausrichtung unseres Lebens auf regionale Grundlagen und Zusammenhänge. Wir können dies als eine gesellschaftliche Um-strukturierung verstehen, die eine territoriale an die Stelle der genannten funktionalen Differenzierung setzt. Diese Sichtweise findet Unterstützung von vielen Seiten, z.B. bei E.F. Schumacher mit seinem "small is beautiful",[40] bei John Dryzek, der zum Schluß kommt, daß eine "radikale Dezentralisierung" vonnöten sei,[41] und bei Gerhard Bahrenberg und Marek Dutkowski, die das Verfolgen einer "ökoregionalen Strategie" postulieren.[42] Entsprechende Ideen kursieren in Nordamerika im Zusammenhang mit einem Diskurs über "Bioregionalismus".[43] Eine territoriale Organisation soll einen Rahmen für die beiden ersten Notwendigkeiten schaffen, nämlich für die Orientierung an einem überschaubaren Lebensraum und an einer überschaubaren Ge-meinschaft. Diese beiden ergänzen und beeinflussen sich gegenseitig. Mit anderen Worten, eine solche Struktur kann der Befreiung von System-zwängen und der Förderung echter Selbstbestimmung dienen. Arne Naess drückt es so aus:

... in as many as possible of the essential aspects of life, one should be able to resist coercion. These freedoms are diminished every time there is a centralisation of a decision in the sense that some actor at a distant centre contributes to the decision in a way that must be felt to come from the outside, unduly narrowing one's own freedom of choice. Therefore ecological policies will be on the side of decentralisation.[44]

---

keit" (Untertitel eines Buches von BECK, 1988) Verantwortung gar nicht wahrnehmen können.

40 Schumacher meint: "Was heißt denn Demokratie, Freiheit, Menschenwürde, Lebens-standard, Selbstverwirklichung, Erfüllung? Geht es dabei um Güter oder um Men-schen? Selbstverständlich geht es um Menschen. Doch Menschen können nur in kleinen, überschaubaren Gruppen sie selbst sein. Wir müssen daher lernen, uns gegliederte Strukturen vorzustellen, innerhalb derer eine Vielzahl kleiner Einheiten ihren Platz behaupten kann. Wenn unser wirtschaftliches Denken das nicht erfaßt, dann taugt es nichts" (SCHUMACHER 1985, S. 67).

41 DRYZEK (1987), Kap. 16 ("Radical Decentralization"), S. 216-229.

42 Siehe BAHRENBERG/DUTKOWSKI (1993).

43 Vgl. ANDRUSS u.a. (1990). Ein Artikel von Jim Dodge in diesem Buch trägt den Titel "Living by life", was auf das grundlegende Konzept des Bioregionalismus hindeutet, nämlich eine Orientierung der menschlichen Existenz am Leben, nicht am wirt-schaftlichen Profit oder an der politischen Macht. Die drei Elemente, die dies ermög-lichen sollen, sind "a decentralized, self-determined mode of social organization; a culture predicated upon biological integrities and acting in respectful accord; and a society which honors and abets the spiritual development of its members" (DODGE 1990, S. 10).

44 NAESS (1993), S. 142.

Unter einer Ökoregion wird ein auf Grund natürlicher Gegebenheiten geographisch begrenzter Raum verstanden,[45] der sich durch ein hohes Maß an politischer Autonomie und wirtschaftlicher Autarkie auszeichnet. Die politische Autonomie soll eine exklusive Kontrolle und Rechtsprechung der regionalen Bevölkerung über die im Gebiet vorkommenden Ökosysteme mit ihren produktiven, protektiven und abfall-assimilierenden Funktionen ermöglichen, wobei auch ein möglichst hohes Maß an gemeinschaftlichem Besitz anzustreben wäre. Möglichst große wirtschaftliche Autarkie beinhaltet einen hohen Grad von Selbstversorgung, was eine direkte kreative Auseinandersetzung mit den regional vorhandenen natürlichen Grundlagen erfordert. Die internationale Arbeitsteilung wird also nicht weiter gefördert, sondern stark abgebaut.[46] Aber auch an der Basis soll der Grad der Arbeitsteilung durch eine berufliche Rotation oder Diversifikation vermindert werden, so daß intellektuelle und physische Arbeit wie auch Industrie und Landwirtschaft einander näherrücken.[47] Für die Ressourcengewinnung und -verarbeitung sind ökologisch verträgliche Technologien kleinerer Größenordnung einzusetzen (z.B. Verwendung von Sonnen- und Windenergie). Und das Prinzip einer möglichst großen Selbstversorgung (und Dezentralisierung) soll auch für die einzelnen Haushalte gelten, die damit weitgehend "desindustrialisiert" werden können, d.h. sich von Transitstationen, bei denen Konsumgüter hinein- und Abfallprodukte hinausfließen,[48] zu Orten vermehrter Eigenarbeit zurückverwandeln können.

Den handfestesten Grund für eine Forderung nach möglichst großer regionaler Selbstversorgung liefern Überlegungen zur Tragfähigkeit. Dazu William E. Rees und Mathis Wackernagel:

If all human populations were able to live within their own regional carrying capacities (i.e., on the continuous flows generated by natural capital within their home regions) the net effect would be global sustainability. However, no region exists as an independent unit – the reality is that the populations of all urban regions and many whole nations already exceed their territorial carrying capacities and depend on trade and natural capital depletion for survival. Such regions are running an unaccounted ecological deficit – their populations are *appropriating carrying capacity from elsewhere or from future generations*.[49]

---

45 Zur geographischen Abgrenzung von Ökoregionen siehe DODGE (1990), S. 6-8.

46 Was an interregionalem Austausch von Ressourcen bleibt, soll dem Gesichtspunkt der Förderung der Selbstbestimmung untergeordnet sein. Dazu NAESS: "What is suggested through self-reliance is not that all kinds of such communication should cease, but that they should be carried out only if favourable for Self-realisation [ein Begriff, auf den ich in Kapitel 5 zurückkommen werde], and not done as a necessity for satisfying needs that could be satisfied locally just as well" (a.a.O., S. 43).

47 BOOKCHIN (1988), S. 69.

48 Vgl. dazu HÄUSSERMANN (1987), S. 16.

49 REES/WACKERNAGEL (1992), S. 10.

Die beiden genannten Autoren haben deshalb ein Instrument entwickelt, das in anschaulicher Weise die von einer bestimmten regionalen Bevölkerung in Anspruch genommene Tragfähigkeit bestimmt. Diese wird in Landfläche ausgedrückt und "ecological footprint" bzw. "appropriated carrying capacity" genannt.[50] Die Anwendung auf westliche Länder zeigt, in welchem Ausmaß sie auf zu großem Fuß leben, oder, umgekehrt, in welchem Ausmaß sie ihren Lebensstil einschränken müßten, wenn es zu einer fairen Verteilung der Ressourcennutzung auf diesem Planeten kommen sollte.

Welches sind ansonsten die vermuteten positiven Auswirkungen von ökoregionalen Strukturen? Die folgende Liste gibt auf diese Frage beispielhafte Antworten:[51]

- Signale aus der Umwelt haben einen kürzeren und direkteren Weg und damit eine größere Chance, unverzerrt registriert werden zu können;
- Die Versorgungswege sind kurz, das Transportaufkommen damit entsprechend klein;
- Gemeinschaftlicher Besitz ermöglicht einen kollektiv regulierten Zugang zu den natürlichen Ressourcen und verhindert deren Ausbeutung durch externe Interessen (Voraussetzung: Übereinkunft zwischen den Mitgliedern des Kollektivs);
- Es kommt zu einer Verminderung der mit Großtechnologien verbundenen Risiken, da diese die großen homogenen Räume, auf die sie angewiesen sind, nicht mehr vorfinden;
- Das innovative Potential von vielen kleinen Einheiten dürfte größer sein als das einer global vereinheitlichten Gesellschaft;
- Verantwortung kann nicht mehr an zentrale, supraregionale und supranationale Organisationen delegiert werden, sondern muß selbst wahrgenommen werden;
- Das weitaus direktere Verhältnis der Menschen zur Umwelt fördert auch das Verantwortungsbewußtsein;
- Eigenarbeit schafft Handlungskompetenzen und ermöglicht Unabhängigkeit von Systemzwängen;
- Das auf Verallgemeinerung zielende Expertenwissen kann in regional gültige endogene Wissensbestände eingebettet werden.

Zusammenfassend: Es kann auf diese Art ein Milieu entstehen, in dem Individuen der Umwelt gegenüber selbstbestimmt handeln können, d.h. ohne Zwang, aber in Anerkennung des ökologisch Notwendigen. In den Worten von Murray Bookchin: "It is within such a decentralized community, sensiti-

---

50 Siehe WACKERNAGEL et al. (1993).

51 Z.T. nach BAHRENBERG/DUTKOWSKI (1993).

vely tailored to its natural ecosystem, that we could hope to develop a new sensitivity toward the world of life and new level of self-consciousness, rational action and foresight."[52]

4. Herrschaftsfreie Gemeinschaften

Die Differenzierung in soziale Systeme mit verschiedenen Funktionen machte einen wachsenden Umfang gesellschaftlicher Zusammenhänge möglich; immer mehr Menschen wurden in solche Zusammenhänge eingebunden. Das heißt aber, daß mit zunehmender Größenordnung gesellschaftlicher Gebilde die Systemzwänge wachsen, weil nur durch sie ein Zusammenhalt möglich ist. Zum Teil haben wir noch nicht erkannt, daß es sich tatsächlich um Zwänge handelt, und versuchen, uns der Illusion erhöhter Freiheit anheim zu geben.[53] Wenn wir uns von den Fängen der Systeme und den damit verbundenen Illusionen befreien wollen, ist auch bezüglich der Reichweite der gesellschaftlichen Beziehungsnetze Kleinheit gefragt, weil, wie Arne Naess sagt: "... the greater the size of the units as a whole the less possibilities exist for individual creativity. There is less possibility for each member of the unit to have a comprehension of what is going on."[54]

Umfangreiche Gesellschaften sind aber auch ineffizient, indem sie überproportionale soziale Kosten und Ressourcenverbräuche zur Folge haben. Leopold Kohr (seine Einheiten sind die Nationen) bringt dieses Problem mit einem Wachstum über eine kritische Größe hinaus in Zusammenhang:[55] "Ist

---

52 BOOKCHIN (1988), S. 110.

53 Ein gerade in seiner Banalität illustratives Beispiel dazu ist die Auffassung des Leserbriefschreibers R.J., der auf ein paar Tage vorher publiziertes Interview mit dem Verkehrspsychologen Armin Steinmann reagierte, in dem dieser sagte: "Wir beobachten eine gesteigerte Aggressionsbereitschaft bei allen Verkehrsteilnehmern" (Tages-Anzeiger von Zürich, 5. Mai 1994, S. 21). R.J. hat eine Erklärung für diese Aggressivität: "Die Autofahrer sind durch ... [die einschränkende] Verkehrspolitik derart frustriert, daß ihnen nur noch die Aggressivität bleibt. Wir leben im 20. Jahrhundert und da gehören halt Autos dazu, ob uns das nun gefällt oder nicht. ... gesunder Menschenverstand ist gefragt ..." (Tages-Anzeiger, 11. Mai 1994, S. 15). Meine Frage dazu: Verteidigt R.J. ein Recht auf freie Fahrt gegen die Behinderung durch unberechtigte Zwänge oder ist diese Verteidigung eine durch das System, das Autos im 20. Jahrhundert als normal erscheinen läßt, bedingte zwanghafte Handlung?

54 NAESS, a.a.O., S. 143.

55 Siehe KOHR (1986). Mit "Größe" meint Kohr übrigens nicht einfach die Bevölkerungszahl, sondern eine "soziale Größe", die sich aus vier Faktoren ergibt: Der effektiven Zahl der Menschen, der Dichte, dem Grad der verwaltungsmäßigen Integration und der Geschwindigkeit (besser wäre vermutlich: Mobilität) der Bevölkerung. Dichtere, straffer organisierte, wie auch "schnellere" Gesellschaften sind alle effektiv größer, als einfach durch die Bevölkerungszahl angegeben wird (a.a.O., S. 27). Wenn Kohr dann trotzdem eine Bevölkerungszahl von etwa 200'000 Menschen als optimal bezeichnet, ist dies als Richtgröße zu verstehen (a.a.O., S. 42).

dieser Punkt überschritten, trägt das weitere Wachstum eines Gemeinwesens nicht zu dessen individualistischer Funktion bei, den Mitgliedern ein gutes Leben zu verschaffen, sondern nur zu seiner kollektivistischen Funktion, sich um seiner selbst willen zu erhalten."[56] Die in sozialen Kosten gemessenen Aufwendungen, die von der Gesellschaft zur Aufrechterhaltung ihres politischen und wirtschaftlichen Apparates verbraucht werden müssen, scheinen dabei in geometrischer Progression zu steigen.[57]

Eine Rückkehr zum menschlichen Maß der Gemeinschaft kann eine Befreiung von der Herrschaft der Systeme bewirken, verlangt aber umgekehrt die Selbstverwaltung dieser Gemeinschaft. Insofern diese ihrerseits herrschaftsfrei sein soll, sind anarchistische Konzepte angesprochen.[58] Rolf Cantzen hat sich die Mühe gemacht, solche Ansätze zu rezipieren und auf ihre mögliche Bedeutung für ein "libertär-ökologisches Gesellschaftskonzept" zu überprüfen.[59] Es gibt im wesentlichen zwei Traditionen, eine, die sich auf das Prinzip der Individualität, und eine, die sich auf das Prinzip der Solidarität beruft.[60] Nach der Auffassung der ersten Tradition stehen der wünschbaren Gesellschaftsordnung die staatlichen Institutionen entgegen, die die menschliche Freiheit einschränken. Mit der Abschaffung der Institutionen hätten wir die Systeme beseitigt. Aber die Freiheit wird verstanden als "egoistisches Konkurrieren aller gegen alle im ökonomischen und sozialen Bereich".[61] Das wäre ein Weg vom Regen in die Traufe: Das Systemische des Ökonomischen würde nicht nur nicht verschwinden, sondern in übersteigerter Form weiter existieren.[62] Für die zweite Tradition "ist die Sozialität des Menschen, also das Miteinander, die Solidarität und Gegenseitigkeit, ... konstitutiv für Individualität und Freiheit".[63] Hier verhindert der Staat die Möglichkeit der Entwicklung von "gewachsenen" Bindungen der Menschen untereinander, die zu dieser Art von Freiheit führen können.

Cantzen plädiert nun für einen "konstruktiven Anarchismus", der die Einseitigkeiten der beiden Ansätze überwinden, d.h. das Positive von beiden Seiten miteinander kombinieren und das Negative eliminieren kann. Seine

---

56 a.a.O., S. 59.

57 Als Beispiel nennt KOHR die Verteidigungsausgaben gemessen am Bruttosozialprodukt, die 1956 etwa für Luxemburg 3,9%, für Frankreich 8,1% und für die USA 11,6% betrugen (a.a.O., S. 66).

58 Um Mißverständnissen vorzubeugen: "Anarchismus ist weder identisch mit Chaos und Unordnung noch mit Terror" (CANTZEN 1984, S. 10).

59 Siehe CANTZEN (1984).

60 Zur erstgenannten Tradition sind z.B. J.H. Mackay und Max Stirner, zur zweitgenannten Gustav Landauer und Peter Kropotkin zu zählen.

61 CANTZEN, a.a.O., S. 28.

62 CANTZEN sagt denn auch: "Ein so verstandener Individualanarchismus ist auf die Formel zu bringen: Wirtschaftsliberalismus, auf alle Lebensbereiche ausgedehnt, minus Staat" (a.a.O. S. 29-30).

63 a.a.O., S. 33.

Lösung heißt Kooperation anstelle von Konkurrenz zwischen Individuen, aber in einer Form, die individualitätsfeindliche Tendenzen ausschließt. Diese lokalisiert er bei den Vertretern des Solidaritätsprinzips, da unter Gemeinschaft hier ein Gebilde mit starker sozialer Kontrolle zu verstehen ist. Konkret schlägt Cantzen als politische Alternative zum Etatismus das Prinzip des Föderalismus und als ökonomische Alternative zum Kapitalismus das Prinzip der Genossenschaften vor.[64]

Die Grundlage der Selbstverwaltung einer Gemeinschaft sind soziale Regeln des Zusammenlebens, über die sich die Mitglieder entweder durch gegenseitiges Aushandeln explizit einigen, oder die sich aus wiederkehrenden Erfahrungen in impliziten, also nicht ausgesprochenen Regeln niederschlagen (wobei sich diese aber nicht in neuen unerkannten Zwängen auswirken sollten). In der heutigen Zeit der wachsenden Verunsicherung und der ständigen Veränderung kommt wohl der ersten Form eine besondere Bedeutung zu. Ihr widmet auch Dryzek seine besondere Aufmerksamkeit, indem er als zweite Forderung, die er aus seiner Analyse des Versagens der Systeme ableitet, die Verwirklichung eines Prinzips von "praktischer Vernunft" nennt.[65] Damit ist die Theorie des kommunikativen Handelns von Jürgen Habermas und das darauf aufbauende Konzept der Diskursethik angesprochen.[66]

Dieses Konzept sieht einen unbeschränkten Diskurs vor, der das demokratische Prinzip einer Mitsprache aller von einem Problem in irgendeiner Weise Betroffenen gewährleisten soll. Das Ziel des Diskurses ist, im Laufe eines Austausches von überprüfbaren Argumenten zu einem Konsens zu kommen, der sich am besseren Argument ausrichtet. Damit aber ist klar, daß nur verallgemeinerbare (also nicht partikuläre) Interessen eine Chance haben, sich schließlich durchzusetzen. So gesehen müßte selbst oder gerade bei einer anthropozentrischen Sichtweise eine Erhaltung der Integrität natürlicher Systeme ein generalisierbares Interesse sein, weil diese ja eine Lebensgrundlage des Menschen darstellen. Allerdings wäre eine Voraussetzung dazu auch eine allseitige Einsicht in die Realität ökologischer Gefährdungen.[67] Nur dann könnte Nachhaltigkeit als oberster Wert auch zur Grundlage des besten Argumentes werden.[68]

---

64 a.a.O., S. 49.

65 DRYZEK (1987), Kap. 15 ("Practical Reason"), S. 200-215.

66 Siehe HABERMAS (1988, 1991). Eine Einführung in das Denken von Habermas bietet REESE-SCHÄFER (1991).

67 Die Komplexität ökologischer Zusammenhänge könnte einer solchen Einsicht entgegenstehen, da ja heute auch die Wissenschaft keine verläßlichen Auskünfte geben kann.

68 Für eine ausführliche Behandlung der Frage, wie weit wir erwarten dürfen, uns mit Hilfe diskursethischer Verfahren auf umweltverträgliche Handlungsweisen einigen zu können, siehe ZIERHOFER (1994.)

Ein kommunikativ rationaler Diskurs endet also nicht notwendigerweise in einem ökologisch rationalen Resultat. Das hat letztlich auch damit zu tun, daß er ein reines Verfahren ist, ohne irgendeine Vorgabe inhaltlicher Art, also auch nicht von Werten. Dies entspricht der von Habermas vertretenen modernen Position, wonach wir primär orientierungslos sind, und deshalb eine Orientierung immer wieder gemeinsam suchen müssen. Nun dürfte die Chance, daß die Teilnehmenden an einem Diskurs ökologisch verträgliche Werthaltungen in diesen einfließen lassen werden, steigen, wenn der fragliche Diskurs innerhalb eines ökoregional-gemeinschaftlichen Umfeldes stattfindet. Wie wir schon festgehalten haben, sind dann einerseits die Beteiligten der Frage ökologischer Verantwortung sehr viel direkter ausgesetzt und andererseits sind sie auch in ein sozial vertrautes Milieu eingebunden, was die Wahrscheinlichkeit der Kooperationswilligkeit erhöht. Tatsächlich wurzelt ja die Vorstellung einer kommunikativen Rationalität im Verständigungswillen, den wir im alltäglichen Zusammenleben immer wieder aufbringen müssen. Dieser Wille steht im Gegensatz zum blinden Zwang, der von Systemregeln ausgeübt wird und sich in einer instrumentellen und strategischen Rationalität äußert.[69] Und er kann auch die durch die genannte funktionale Differenzierung der Gesellschaft bewirkte Fragmentierung überwinden.

An der Wurzel der Tradition, die Gemeinschaften nach menschlichem Maß fordert, ist das klassische griechische Denken mit dem Konzept der Polis als einer ethischen Gemeinschaft auf der Grundlage von Gerechtigkeit, Bürgerbeteiligung und gegenseitiger Anteilnahme.[70] Schon Aristoteles vertrat die Meinung, eine Gemeinschaft müsse eine Größe haben, die allseitige persönliche Bekanntschaft erlaubt, sonst würden die Verwaltungs- und Rechtsgeschäfte schlecht ausgehen. Bookchin weist auf die ursprüngliche Bedeutung des Begriffs "Autonomie" bei den alten Griechen hin, nämlich "Selbstverwaltung", und darauf, daß er für uns die bloße Bedeutung von Unabhängigkeit angenommen hat. Bei jenen bezog sich also "Autonomie" auf die Möglichkeit eines Individuums, sich direkt an der gemeinschaftlichen Selbstverwaltung zu beteiligen. Der Mensch findet seine Selbstbestimmung im sozialen Engagement. Das müßte auch heute noch so sein oder wieder so werden. Dazu Naess: "Being together with others is essential to the realisation of the Self."[71]

---

69 Ich erinnere noch einmal an das ökonomische System, das - wenigstens in der Theorie – für sein effizientes Funktionieren auf die Existenz eines degenerierten Menschentyps, des homo oeconomicus, angewiesen ist.

70 Vgl. BOOKCHIN (1988), S. 101ff. Dabei ist nicht zu vergessen, daß Frauen und Sklaven vom politischen Leben ausgeschlossen waren.

71 NAESS (1993), S. 142. Eine Frage muß gestellt werden: Wie ist, bei der Verfolgung gemeinschaftlicher Prinzipien, die Gefahr regionalistischer Fundamentalismen mit häßlichen Konsequenzen einzuschätzen? (zum Thema Regionalismus siehe WERLEN 1993). Dazu wäre zweierlei anzumerken. Erstens würden nach dem ökoregionalen

5. Selbstrealisierung

Der Bewußtseinszustand eines selbstbestimmten Menschen wird eine Ausrichtung an den umweltbezogenen und sozialen Notwendigkeiten reflektie-
ren. Es bleibt aber noch eine dritte, eigenständige Quelle der Selbstbestimmung, das subjektiv Notwendige in Form der eigenen Natur. Ich glaube
nicht, daß damit nur individuell Verschiedenes und Beliebiges ins Spiel
kommt, sondern daß Elemente auftauchen, die einen objektiven oder objekti-
vierbaren Gehalt haben, da ja letztlich eine menschliche Natur allen
Menschen gemeinsam ist.[72] Den Vorgang, sich seinem eigenen Wesen
nach entwickeln zu können, bezeichne ich in Anlehnung an die humanistische Psychologie und auch an Arne Naess mit "Selbstrealisierung".

Mit Selbstrealisierung ist nicht ein ego-zentrierter Prozeß gemeint, sondern die Entwicklung eines inneren Potentials, das nach Abraham Maslow
mit positiven Vorzeichen zu versehen ist:

Jeder von uns besitzt eine wesentliche, biologisch begründete innere Natur, die bis zu
einem gewissen Grad 'natürlich', wirklich, gegeben ist und – in einem bestimmten
beschränkten Sinne – unabänderlich oder zumindest unverändert ist. ... Die innere Natur
jedes Menschen ist zum Teil einzigartig und zum Teil ein Gattungscharakteristikum. ...
Diese innere Natur ... scheint an sich nicht primär oder notwendig böse zu sein. Die
Grundbedürfnisse ..., die grundlegenden menschlichen Emotionen und die grundlegenden menschlichen Fähigkeiten sind offenbar entweder neutral, prämoralisch oder positiv
'gut'. ... Destruktivität, Sadismus, Grausamkeit, Bosheit usw. scheinen nicht inhärent zu
sein, sondern eher heftige Reaktionen auf Frustrationen unserer inhärenten Bedürfnisse,
Emotionen und Fähigkeiten darzustellen. ... Da diese innere Natur gut oder eher neutral
als schlecht ist, ist es besser, sie zu fördern und zu ermuntern, anstatt sie zu unterdrücken.[73]

So gesehen müßte ein "Unbehagen in der Kultur" nicht deshalb entstehen,
weil diese Kultur uns dazu dient, unsere Natur, verstanden als zerstörerische
Triebe, mühsam unter Verschluß zu halten, sondern weil sie eine Form
angenommen hat, die es uns schwer macht, die positiv zu bewertenden

---

Konzept Grenzen nach biophysischen und nicht nach völkischen Gesichtspunkten
gezogen, und zweitens herrscht in der anarchistischen Theorie weitgehende Einig-
keit darüber, "daß die Herrschaft des Mannes über die Frau, Herrschaft der sexuellen,
religiösen, ethnischen etc. Mehrheiten über die Minderheiten beseitigt werden
muß" (CANTZEN 1984, S. 9).

72 Zur Illustration dieser Aussage sei an das Konzept des "kollektiven Unbewußten" von
Carl Gustav Jung erinnert. Siehe dazu z.B. V. FRANZ (1978), Kap. 4 ("Die Hypothese des
kollektiven Unbewußten"), S. 77-91.

73 MASLOW (1985), S. 21.

Anlagen, die wir aus dieser Natur mitbekommen haben, zu entwickeln.[74] Maslow betont aber auch, daß eine auf der Vorstellung der Selbstrealisierung aufbauende humanistische Psychologie immer noch als lediglich vorläufig betrachtet werden sollte, als Vorbereitung auf eine noch höhere Stufe der Psychologie, eine "die überpersönlich, transhuman ist, ihren Mittelpunkt im All hat, nicht in menschlichen Bedürfnissen und Interessen, und die über Menschlichkeit, Identität, Selbstverwirklichung und ähnliches hinausgeht."[75]

In einem engeren Sinne ist unsere eigene Natur unser Leib. Diesen müssen wir in einem gewissen Sinne wieder entdecken, denn in unserer kopflastigen Zivilisation hat nicht nur eine Abspaltung unseres höheren Bewußtseins von tieferen Bewußtseinsebenen, sondern auch von unserer leiblichen Grundlage stattgefunden. Nach Gernot Böhme, der Gedanken zu einer Leibphilosophie entwickelt hat, ist diese Abspaltung ein Resultat der scharfen Trennung von Subjekt und Objekt und einer Abwertung von Phantasie und Sinnlichkeit als Erkenntniskräfte. Unser Leib ist zum Körper degradiert worden, mit dem wir instrumentell umgehen, so eben wie wir auch mit der äußeren Natur umgehen. Der Leib aber ist nur über spürende Selbsterfahrung zugänglich. Um wieder zu ihm zurückzufinden, müssen wir also wieder spüren lernen.[76]

Von Kritikern werden solche und ähnliche Vorstellungen in eher abschätziger Weise als reaktionärer Trend zu einer Neuromantik diagnostiziert. Tatsächlich aber geht es um etwas, das nicht hinter die Aufklärung zurückfällt, sondern über sie hinausgeht, nämlich darum, daß das menschliche Subjekt auch in seiner Subjektivität gegenüber rationalistischen Zwängen autonom wird, d.h. daß es auch die expressiven Komponenten seiner Persönlichkeit entwickeln kann.[77]

---

74 In "Das Unbehagen in der Kultur" sagt Sigmund Freud: "Das gern verleugnete Stück Wirklichkeit ... ist, daß der Mensch nicht ein sanftes, liebebedürftiges Wesen ist, ... sondern daß er zu seinen Triebbegabungen auch einen mächtigen Anteil von Aggressionsneigung rechnen darf. ... Die Existenz dieser Aggressionsneigung ... ist das Moment, das ... die Kultur zu ihrem Aufwand nötigt. ... Die Kultur muß alles aufbieten, um den Aggressionstrieben der Menschen Schranken zu setzen" (FREUD 1985, S. 102). Diese Einseitigkeit wird von Maslow kritisiert: "Es ist, als hätte Freud uns die kranke Hälfte der Psychologie geliefert, die wir jetzt mit der gesunden Hälfte ergänzen müssen." (MASLOW, a.a.O., S. 23)

75 a.a.O., S. 12. Es sind dies Anliegen, die heute in der sog. "transpersonalen Psychologie" diskutiert werden (siehe dazu z.B. WALSH/VAUGHAN 1985).

76 Siehe BÖHME (1992).

77 Dazu Cornelia Klinger: "Der Anspruch auf Autonomie des ganzen Menschen verändert notwendigerweise das Verhältnis zur Natur, und zwar sowohl zur inneren = menschlichen Natur als auch zu der den Menschen umgebenden äußeren Natur" (KLINGER 1992, S. 33). Klingers Anliegen ist es im übrigen, Parallelen zwischen Romantik und Feminismus deutlich zu machen. Diese haben damit zu tun, daß in der abendländischen Geschichte die Unterdrückung der Natur immer auch eine Unterdrückung der Frau bedeutet hat. Romantik und Feminismus können deshalb als miteinander verwandte Gegenbewegungen gegen vorherrschende Geistesströmungen

Diese Abspaltung von unserem Leib, der ja auch mit Sinnesorganen ausgestattet ist, zeigt auch, daß der Verlust des Zugangs zur eigenen wie auch zur äußeren Natur miteinander zusammenhängen. Um ihn umgekehrt wieder zu finden, sind beide Seiten wichtig. Dies ist das Thema im Konzept der "Selfrealisation"[78] von Arne Naess. Einem Menschen wird ein spontanes Erleben des Außen dann möglich, wenn es ihm gelingt, sich nicht als von der Umwelt abgetrennt, sondern als in einem allseitigen relationalen Feld befindlich zu sehen. Und wenn es ihm außerdem gelingt, äußere Beziehungen zu internalisieren, d.h. zu einem Teil seiner eigenen Identität zu machen, dann kann ein Prozeß der Selbstrealisierung in Gang kommen. Ein selbstrealisierter Mensch kann Kontexte in ganzheitlicher Art wahrnehmen, in einer Art, bei der nicht nur Fakten, sondern auch Werte sichtbar werden. Er kann den Dingen auf die Spur kommen. Mit Bezug auf Kant redet Naess von der "schönen Handlung" als Ausdruck eines Zustandes der Selbstrealisierung:

... the norm "Self-realisation!" is a condensed expression of the unity of certain social, psychological, and ontological hypotheses: the most comprehensive and deep maturity of the human personality guarantees *beautiful action*. This is based on traits of human nature. We need not repress ourselves; we need to develop our Self. The beautiful acts are natural and by definition not squeezed forth through respect for a moral law foreign to mature human development. Increasing maturity activates more of the personality in relation to more of the milieu. It results in acting more consistently from oneself *as a whole*. This is experienced as most meaningful and desirable, even if sometimes rather painful.[79]

Die Selbstrealisierung eines Menschen dürfte in einem ökoregionalgemeinschaftlichen Milieu, wie wir es vorher diskutiert haben, leichter zustande kommen, denn ein solches Milieu ist eines, in dem sich die beiden ersten Notwendigkeiten bemerkbar machen und den Individuen relativ unvermittelt eine stärker beziehungsorientierte Lebensweise nahelegen können. Umgekehrt ist zu erwarten, daß der Bewußtseinszustand eines selbstrealisierten Individuums diesem Handlungsweisen zur Gestaltung eines derartigen Milieus nahelegen kann. Biophysische und soziale Strukturen und Bewußtseinszustände sind nicht unabhängig voneinander.

---

gesehen werden. Tatsächlich hat das im vorliegenden Beitrag behandelte Thema der Umwelterhaltung durch Selbstbestimmung sehr viel mit der Geschlechterproblematik in unserer Gesellschaft, heute und in der Vergangenheit, zu tun. Hier kann ich nicht weiter darauf eintreten, ich habe mich aber damit eingehend in einem anderen Aufsatz befaßt (siehe STEINER 1994).

78 NAESS unterscheidet die "Self-realisation" (mit großem S) als Prozeß der menschlichen Reifung zu einem erweiterten Selbst von der "self-realisation" (mit kleinem s) als ego-zentrierte Entwicklung (a.a.O., S. 85).

79 a.a.O., S. 86.

6. Schluß: Der Weg nach Ökotopia beginnt unten

Alles Utopien? Ja, sicher. Wir sind aber auf Utopien als Wegweiser angewiesen. Dabei ist die Auffassung von Humberto Maturana aufschlußreich,
wonach eine wirkliche Utopie mit positivem Charakter eine ist, die etwas Ver-
lorenes wiederzugewinnen versucht.[80] Eine Ausrichtung an Vergangenem
als atavistisch anzusehen, wäre falsch. Es geht ja nicht um eine Rückkehr –
die tatsächlich gar nicht möglich ist – sondern um eine Wiederanknüpfung
an diesem Vergangenen, jedenfalls soweit wir es eben als positiv betrachten
können. Ohne eine solche Verankerung gibt es keinen Weg vorwärts.[81]

Werfen wir zum Schluß einen Blick auf ein recht konkretes Szenarium
einer weltweiten hierarchischen Struktur mit ökoregional-gemeinschaft-
lichem Charakter, ausgearbeitet vom Schriftsteller p.m. unter der Bezeichnung "bolo'bolo".[82] Es sieht als Grundeinheit der menschlichen Gemeinschaft das "bolo" vor, das etwa 500 Menschen umfaßt und sich nach unten
flexibel in Hausgemeinschaften, Familien und Einzelpersonen gliedert und
damit verschiedene Lebensweisen ermöglicht. Das bolo sorgt für die Befriedigung der Grundbedürfnisse seiner Bewohner wie Nahrung und medizini-
sche Betreuung. Hinsichtlich der ersteren herrscht weitgehende Selbstversorgung, die durch eine im Einklang mit den natürlichen Gegebenheiten
betriebenen Landwirtschaft garantiert wird. Der Bereich der handwerklichen
und industriellen Produktion dagegen ist breiter und vielfältiger, da er weniger natürlichen Beschränkungen unterworfen ist. Damit ergeben sich auch
Austausch und Zusammenarbeit in einem größeren Rahmen. Innerhalb des
bolos geschieht viel im persönlichen, direkten Austausch; so wird auch die
Geld- weitgehend durch eine Tauschwirtschaft ersetzt. Die vorhandenen
Ressourcen werden vorwiegend gemeinsam benutzt, es gibt ein Minimum an
Privatbesitz. Es werden bestehende Gebäude umgenutzt und in gegenseitige
Beziehung gesetzt (siehe Abb. 1). Dabei werden Wohnung und Arbeitsplatz,
Produktion und Verbrauch, Arbeit und Erholung wieder zusammengeführt,
womit das Verkehrsaufkommen minimiert wird. Ein Mensch ist in dem-
jenigen bolo beheimatet, in dem er geboren ist. Er kann dieses aber auch
verlassen und mit der Gastfreundschaft anderer bolos rechnen. Die politische
Struktur ist eine anarchische, d.h. die meisten Regeln sollen sich direkt aus
dem alltäglichen Zusammenleben ergeben. Nur was damit nicht geregelt

---

80 H. MATURANA im Vortrag "The integrated scientist and the courage of utopia", gehal-
    ten am 2. 9. 1989 anläßlich der 4. Cortona-Woche (veranstaltet von Pier Luigi Luisi,
    ETH Zürich).

81 Vgl. dazu STEINER (1994).

82 Siehe p.m. (1990). 'bolo-bolo' weist gewisse Ähnlichkeiten mit dem Konzept der auf
    dem Prinzip des "Mutualismus" aufbauenden föderalistischen Idealgesellschaft von
    Pierre-Joseph Proudhon (1809-1865) auf. Siehe dazu CANTZEN, a.a.O., S. 36ff.

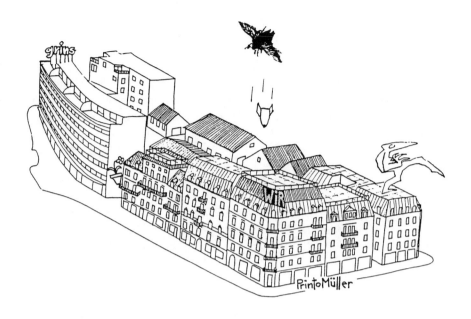

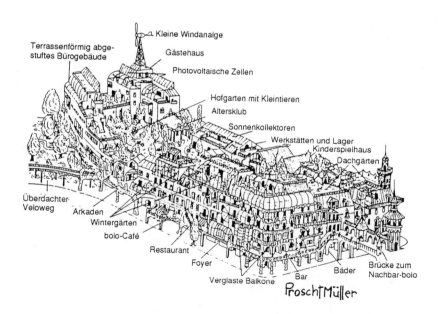

Abbildung 1: Umbau eines bestehenden Gebäudekomplexes:
Zustand vorher (oben) und nachher (unten).
(reproduziert aus p.m.: bolo'bolo, mit Bewilligung des Paranoia City Verlages, Zürich)

werden kann, wird an übergeordnete Verwaltungsgremien delegiert, deren Mitglieder durch das Los bestimmt werden. Nach oben schließen sich bolos über Zwischenstufen zu "sumis", zu autonomen Regionen zusammen, die je etwa 8'000 bolos und mehrere Millionen Menschen umfassen und für diese Menschen die größte unmittelbar erlebbare gesellschaftliche Einheit darstellen.[83] Die Regionen, deren es etwa 750 geben würde, schicken Vertreter in eine planetare Versammlung.

Abbildung 2: Die Wohlgroth-Häuser zur Zeit der Besetzung
(Foto: Andreas Schwaiger/Lookat)

In der Stadt Zürich existierte über zweieinhalb Jahre lang eine Siedlung mit bolo-haftem Charakter, bestehend aus einer Reihe von Industrie- und Wohngebäuden auf dem sog. Wohlgroth-Areal, die von jungen Leuten besetzt worden waren (siehe Abb. 2). Die Oerlikon-Bührle Immoblien AG[84] hatte im Verlauf der 80er-Jahre diese Liegenschaften erworben, um sich das Areal für

---

83 Vgl. p.m., a.a.O., S.143ff. Die Zwischenstufen sind: a) Das "tega", ein Verband von 10-20 bolos (also 5'000-10'000 Menschen), die infolge Nachbarschaft oder gemeinsamer Interessen zusammenarbeiten, in der Größe etwa einem Dorf, einem Stadtviertel oder einer Kleinstadt entsprechend (a.a.O., S.133ff.); b) das "fudo", ein Zusammenschluß von 10-20 tegas (100-400 bolos, 50'000-200'000 Menschen) zu einem Bezirk oder einer Stadt (a.a.O., S.141ff.).

84 Eine Tochtergesellschaft des Waffen-Konzerns Oerlikon-Bührle.

eine Großüberbauung mit Büros, Läden und Wohnungen zu sichern. Es wurden Synergieeffekte mit dem geplanten "HB-Südwest" erwartet, einem Bahngeleise-Überbauungsprojekt der Megaklasse. Dieses letztere Projekt versandete aber, und danach standen die Wohlgroth-Häuser leer. Die BesetzerInnen

> hauchten ... den von ihnen instandgestellten Gebäuden neues Leben ein und schufen einen Pol prickelnder Urbanität. Risikokapital in fast unbegrenzter Höhe aus der eigenen Tasche vorschießend, ohne fremde Mittel und staatliche Zuschüsse, führten die Wohlgrothianerinnen den lavierenden und palavernden PolitikerInnen ein Beispiel eigenverantwortlichen Stadtumbaus vor. Es gelang ihnen, die Energie von über hundert Menschen mit unterschiedlichstem Hintergrund zusammenzubringen und auf ein eigentliches Modell-Projekt nachhaltiger Stadtentwicklung zu bündeln.[85]

Inzwischen sind die Häuser geräumt und geschleift, der "Traum mit unbekanntem Verfalldatum"[86] ist vorbei. Ich glaube, daß ein Experiment wie das Wohlgroth uns viel zu sagen hat, obschon oder vielleicht gerade weil es einen illegalen Charakter hatte. Jedenfalls: Der Weg nach Ökotopia, wenn es überhaupt einen gibt, beginnt unten, an der Basis. Selbstorganisation ermöglicht Selbstbestimmung, und Selbstbestimmung fördert Selbstorganisation. Es wäre klug, diesem Zusammenhang Raum zu geben, damit er sich entfalten kann.

Literaturverzeichnis

ANDRUSS, V.; PLANT, C.; PLANT, J.; WRIGHT, E. (Hrsg.; 1990): Home! A Bioregional Reader. New Society Publishers, Philadelphia, PA, Gabriola Island, BC, und Santa Cruz, CA.

BAHRENBERG, G.; DUTKOWSKI, M. (1993): An ecoregional strategy towards a fault-tolerant human-environment relationship. In: D. Steiner, M. Nauser (Hrsg.): Human Ecology – Fragments of Anti-Fragmentary Views of the World. Routledge, London und New York, S. 285-295.

BECK, U. (1988): Gegengifte. Die organisierte Unverantwortlichkeit. Suhrkamp, Frankfurt a.M.

BÖHME, G. (1992): Am Leitfaden des Leibes – das Andere der Vernunft. In: I. Ostner; K. Lichtblau (Hrsg.): Feministische Vernunftkritik. Ansätze und Traditionen. Campus, Frankfurt a.M. und New York, S. 53-65.

BOOKCHIN, M. (1988): Toward an Ecological Society. Black Rose Books, Montréal und Buffalo.

---

85 Richard Wolff in "Wem gehört die Stadt?" Zürcher StudentIn vom 3. Dez. 1993.
86 In: "Farben einer Stadt. In Zürichs besetzten 'Wohlgroth'-Häusern". Das Magazin (Wochenendbeilage des Zürcher Tages-Anzeiger) Nr. 43 vom 30. Nov. 1993.

CANTZEN, R. (1984): Freiheit unter saurem Regen. Überlegungen zu einem libertär-ökologischen Gesellschaftskonzept. Clemens Zerling, Berlin.

DALY, H.E. (1993): The perils of free trade. Scientific American 269 (5), 24-29.

DODGE, J. (1990): Living by life: some bioregional theory and practice. In: Van Andruss u.a. (Hrsg.): Home! A Bioregional Reader. New Society Publishers, Philadelphia, PA, Gabriola Island, BC, und Santa Cruz, CA, S. 5-12.

DRYZEK, J. (1987): Rational Ecology. Environment and Political Economy. Blackwell, Oxford.

VON FRANZ, M.-L. (1978): Spiegelungen der Seele. Projektion und innere Sammlung in der Psychologie C.G. Jungs. Kreuz Verlag, Stuttgart und Berlin.

FREUD, S. (1985): Abriß der Psychoanalyse. Das Unbehagen in der Kultur. Fischer, Frankfurt a.M.

FURGER, F. (1994): Ökologische Krise und Marktmechanismen. Umweltökonomie in evolutionärer Perspektive. Westdeutscher Verlag, Opladen.

GIDDENS, A. (1984): The Constitution of Society. Outline of the Theory of Structuration. University of California Press, Berkeley und Los Angeles.

GUATTARI, F. (1989): Les trois écologies. Editions Galilée, Paris.

HABERMAS, J. (1988): Theorie des kommunikativen Handelns, 2 Bde. Suhrkamp, Frankfurt a.M.

- ders. (1991): Erläuterungen zur Diskursethik. Suhrkamp, Frankfurt a.M.

HÄUSSERMANN, H. (1987): Ökologische Stadtentwicklung. Impulse aus der Forschung 3, S. 14-17. Universität Bremen, Bremen.

HARTFIEL, G. (1976): Lexikon der Soziologie. Buchclub Ex Libris, Zürich.

HOFFMEISTER, J. (1955): Wörterbuch der philosophischen Begriffe. F. Meiner, Hamburg.

HUBER, G. (1984): Freiheit in der ökologischen Krise. Neue Zürcher Zeitung Nr. 94, 21./22. April.

JÄNICKE, M. (1986): Staatsversagen. Die Ohnmacht der Politik in der Industriegesellschaft. Piper, München und Zürich.

KLINGER, C. (1992): Romantik und Feminismus. Zu Geschichte und Aktualität ihrer Beziehung. In: I. Ostner, K. Lichtblau (Hrsg.): Feministische Vernunftkritik. Ansätze und Traditionen. Campus, Frankfurt a.M. und New York, S. 7-52.

KOHR, L. (1986): Die überentwickelten Nationen. Rückbesinnung auf die Region. Goldmann, München.

KRUKS, S. (1990): Situation and Human Existence. Freedom, Subjectivity and Society. Unwin Hyman, London u.a.

LUHMANN, N. (1984): Soziale Systeme. Grundriß einer allgemeinen Theorie. Suhrkamp, Frankfurt a.M.

- ders. (1986): Ökologische Kommunikation. Kann die moderne Gesellschaft sich auf ökologische Gefährdungen einstellen? Westdeutscher Verlag, Opladen.

MASLOW, A.A. (1985): Psychologie des Seins. Ein Entwurf. Fischer, Frankfurt a.m.

MAYER, L. (1992): Ein System siegt sich zu Tode. Der Kapitalismus frißt seine Kinder. Publik-Forum, Oberursel.

NAESS, A. (1993): Ecology, Community and Lifestyle. Outline of an Ecosophy. Übersetzt und editiert von David Rothenberg. Cambridge University Preß, Cambridge.

PIEPER, A. (1991): Einführung in die Ethik. Francke, Tübingen (UTB 1637).

P.M. (1990): bolo'bolo. Paranoia city, Zürich.

REES, W.E.; WACKERNAGEL, M. (1992): Ecological Footprints and Appropriated Carrying Capacity: Measuring the Natural Capital Requirements of the Human Economy. Paper presented to the 2nd Meeting of the International Society for Ecological Economics, Stockholm, Sweden, 3-6 August 1992. School of Community and Regional Planning, The University of British Columbia, Vancouver.

REESE-SCHÄFER, W. (1991): J. Habermas. Campus, Frankfurt a.M. und New York.

RIDLEY, M.; LOW, B. (1994): Can selfishness save the environment? Human Ecology Review 1 (1), 1-13.

SCHUHMACHER, E.F. (1985): Small is Beautiful. Die Rückkehr zum menschlichen Maß. Rowohlt, Reinbek b. Hamburg.

STEINER, D. (1993): Human ecology as transdisciplinary science, and science as part of human ecology. In: D. Steiner, M. Nauser (Hrsg.): Human Ecology. Fragments of Anti-Fragmentary Views of the World. Routledge, London und New York, S. 47-76.

- ders. (1994): Vernünftig werden heißt weiblich werden! Beitrag zu einer evolutionären Bewußtseinsökologie. In: W. Zierhofer, D. Steiner (Hrsg.): Vernunft angesichts der Umweltzerstörung. Westdeutscher Verlag, Opladen, S. 197-264.

THIELEMANN, U. (1994): Schwierigkeiten bei der Umsetzung ökologischer Einsichten in ökonomisches Handeln – ein wirtschaftsethischer Orientierungsversuch. Mit einer Auseinandersetzung mit S. Schmidheinys "Kurswechsel". In: W. Zierhofer, D. Steiner (Hrsg.): Vernunft angesichts der Umweltzerstörung. Westdeutscher Verlag, Opladen, S. 45-66.

ULFIG, A. (1993): Lexikon der philosophischen Begriffe. Bechtermünz, Eltville am Rhein.

WACKERNAGEL, M.; McINTOSH, J.; REES, W.R.; WOLLARD, R. (1993): How Big is Our Ecological Footprint? A Handbook for Estimating a Community's Carrying Capacity. Task Force on Planning Healthy and Sustainable Communities, The University of British Columbia, Vancouver.

WALSH, R.; ROGER, N.; VAUGHAN, F. (Hrsg.; 1985): Psychologie in der Wende. Grundlagen, Methoden und Ziele der Transpersonalen Psychologie – eine Einführung in die Psychologie des Neuen Bewußtseins. Scherz, Bern, München und Wien.

WERLEN, B. (1993): Identität und Raum. Regionalismus und Nationalismus. "Soziographie" 7, 39-73.

- ders. (1994): Raum, Körper und Identität. Traditionelle Denkfiguren in sozialgeographischer Reinterpretation. Manuskript eines Vortrages an der Jahrestagung der Deutschen Gesellschaft für Humanökologie in Sommerhausen am Main. Geographisches Institut der Universität Zürich, Zürich (zur Publikation in einem Sammelband vorgesehen).

ZIERHOFER, W. (1994): Ist die kommunikative Vernunft der ökologischen Krise gewachsen? Ein Evaluationsversuch. In: W. Zierhofer, D. Steiner (Hrsg.): Vernunft angesichts der Umweltzerstörung. Westdeutscher Verlag, Opladen, S. 161-194.

Kommentar zum Artikel "Umwelterhaltung durch Selbstbestimmung" von Dieter Steiner

Rolf Weder

Die Ausführungen von Prof. Dieter Steiner stehen offensichtlich in einem Gegensatz zu meinen Überlegungen in diesem Buch, wie er extremer kaum sein könnte. In seinem Beitrag äußert sich der Autor sehr negativ über die ökonomische Theorie – "in ihrer extremen Ausprägung schon eher eine Ideologie als eine wissenschaftliche Lehre"[1] – und befürwortet einen Übergang von globalen Wirtschaftssystemen zu sogenannten Ökoregionen, d.h. zu relativ autarken Systemen mit einem hohen Grad von Selbstversorgung. Gleichzeitig vertritt er die Ansicht, daß ein "möglichst hohes Maß an gemeinschaftlichem Besitz" anzustreben und daß "die Geld- weitgehend durch eine Tauschwirtschaft" zu ersetzen wäre.

Ich möchte im folgenden zeigen, warum ich die "Utopie" von Prof. Steiner – wie er sie selber bezeichnet – weder als Mittel zur Lösung der dringlichen Umweltprobleme noch als erstrebenswert betrachte.

1. Regionalisierung, Autarkie und Ökoregionen: Die Utopie

Prof. Steiner diagnostiziert die Hauptquelle der Umweltzerstörung in der "zunehmenden Internationalisierung der freien Marktwirtschaft". Dabei betont der Autor die negativen Folgen der Anonymität, welche mit zunehmender Arbeitsteilung steigt und die Wirtschaftssubjekte so zu umweltschädigendem Verhalten führt. Aus dieser Feststellung zieht er den Schluß, daß eine "Hinwendung zu dezentralen Strukturen mit überschaubaren Lebensräumen, mit sozial-integrierten Gemeinschaften und mit einem großen Grad von lokaler bis regionaler Selbstversorgung und Selbstverwaltung" notwendig sei. Dadurch würde sich "das Notwendige hinsichtlich der Mensch-Umwelt-Beziehung (...) wieder direkt erfahrbar machen". "Geographisch gesehen bedeutet dies im Gegensatz zur Globalisierung eine Regionalisierung, d.h. eine Besinnung und Ausrichtung unseres Lebens auf regionale Grundlagen und Zusammenhänge."

Ich beschränke mich im folgenden auf eine Beurteilung von vier grundsätzlichen Punkten dieser Utopie:

---

1 Mit Anführungszeichen ("...") gekennzeichnete Texte und Worte sind dem Text von Prof. Steiner in diesem Buch entnommen (Ausnahme: Zitat FRIEDMANN, vgl. Fußnote 2). Hervorhebungen des Autors sind mit '...' gekennzeichnet.

1.1. Unrealistisches Menschenbild

Steiner geht implizit von der Annahme aus, daß jeder einzelne Mensch im Grundsatz verantwortungsvoll ist und sich umweltfreundlich verhält, wenn ihm dies durch das System 'gestattet' wird und er die entsprechenden Informationen hat. Der Vorteil des regionalen Rahmens rührt nun daher, daß in der kleinen überschaubaren Region jedes Wirtschaftssubjekt sofort die durch ihn oder sie verursachten Umweltschäden selber beobachten kann und somit von einem solchen verwerflichen Verhalten Abstand nehmen mag. Die tägliche Erfahrung lehrt uns aber meines Erachtens, daß der Mensch im Grunde genommen bequem und also nur dann bereit ist, die Umwelt zu schützen, wenn sein umweltschädigendes Verhalten bei ihm selber irgendwelche Unannehmlichkeiten direkt verursacht. Wird das durchschnittliche Individuum einer noch so kleinen Region nicht immer versuchen, sich unbemerkt als Trittbrettfahrer zu Lasten der anderen zu verhalten, und so seine (geringe) negative Externalität auf die Umwelt in seinem Verhalten unberücksichtigt lassen? Probleme gibt es auch bei der Produktion und der Innovation innerhalb einer "Ökoregion": wie soll eine regionale Gemeinschaft es beispielsweise erreichen, ohne einen hohen Grad der Spezialisierung die befürwortete Sonnen- und Windenergie technisch zu realisieren und zu verbessern?

1.2. Welches Umweltproblem wird gelöst?

Steiner geht davon aus, daß eine engere Beziehung zwischen dem Menschen und der Natur in einer relativ autarken Region zu einem umweltverträglichen Verhalten führt. Nehmen wir einmal an, dem wäre trotz der oben geäußerten Kritik so. Welches Umweltproblem wäre dadurch gelöst? Offensichtlich würden die Menschen innerhalb einer Ökoregion die natürlichen Ressourcen innerhalb dieser Region *per definitionem* schützen. In meinem Beitrag bin ich aus ökonomischen Gründen davon ausgegangen, daß die dringlichen Umweltprobleme international, überregional und global sind (z.B. das Ozonloch oder der Treibhaus-Effekt). In welcher Weise löst die Regionalisierung diese Probleme, da hier (z.B. beim Ozonproblem) sozusagen notwendigerweise eine große geographische Distanz zwischen Mensch und Umwelt besteht? Wie koordinieren sich die einzelnen Regionen; warum soll sich ein einzelnes Individuum in Region A verantwortlicher für die Ozonschicht fühlen, nur weil mit dem Rest der Welt kein Handel mehr betrieben werden kann?

1.3. Wo bleibt die Selbstbestimmung?

Im Beitrag wird sehr wenig ausgesagt, wie das menschliche Verhalten in den einzelnen Ökoregionen koordiniert wird, wie sich die Größe der relativ autarken Regionen bestimmt und wer dies alles ausrechnet und implementiert. Der Autor spricht viel von Selbstbestimmung des Menschen, der sich von den Zwängen des (Wirtschafts-)Systems entledigt hat – aber gibt es da eine 'innere unsichtbare Hand', welche die Individuen praktisch von innen her in Richtung des sozialen Optimums lenkt? Wer bestimmt die von Steiner geforderte berufliche Rotation? Was passiert mit dem, der nicht gerne rotiert? Wie wird über das gemeinschaftliche Eigentum an Ressourcen und Knowhow entschieden, wer produziert für wen, was und wieviel? Steiner erwähnt "soziale Regeln des Zusammenlebens" und dann wieder das Wort "dezentrale Strukturen". Ich stimme durchaus zu, daß es gesellschaftliche Regeln braucht, die – wie Steiner einleitend erwähnt – die Grenzen des Tuns des einen definieren, um die Selbstbestimmung und die Freiheit des anderen zu garantieren. Während in der ökonomischen Theorie versucht wird, diese Regeln auf ein Minimum zu beschränken, impliziert der Ansatz von Steiner meines Erachtens bis weit in das individuelle Verhalten der Wirtschaftssubjekte hineinreichende Handlungsanweisungen und Normen – es sei denn, das Individuum verfolge quasi automatisch das kollektive Ziel.

1.4. Politische Realisierbarkeit?

Man könnte selbstverständlich argumentieren, mein eigener Vorschlag der "Globalisierung als Chance" sei sehr optimistisch, um nicht zu sagen naiv, da hier ganz klar Verlierer zu identifizieren sind. Daß es Verlierer und Gewinner gibt, versuchte ich in meinem Beitrag offen zu legen. Eine solche Analyse fehlt bei dem hier kommentierten Beitrag vollständig. Ich habe etwas den Eindruck, daß es hier nur Verlierer gibt. Eine konsequente Implementierung der Steinerschen Utopie hätte einen *riesigen* Wohlstandsverlust zur Folge, wobei die Größe noch etwas davon abhängt, welche inter-regionalen Austausche noch toleriert würden. Wenn man davon ausgeht, daß dadurch vielleicht ein paar regional begrenzte Umweltprobleme gelöst werden könnten, die mit diesem Konzept nicht wirklich angegangenen internationalen, interregionalen und globalen Umweltprobleme aber immer noch bestehen bleiben, sind meines Erachtens die Kosten viel zu hoch. Ich sehe nicht, wie ein solcher drastischer Umbau des wirtschaftlichen Systems auch nur in die Nähe der politischen Realisierbarkeit kommen könnte.

2. Kritik an der ökonomischen Theorie: Eine Ideologie?

Die ökonomische Theorie als Ideologie zu bezeichnen – wobei dies nur auf die *extreme Ausprägung* bezogen ist (was immer dies heißt) – betrachte ich nicht als gerechtfertigt, weil die Nationalökonomie meines Erachtens eine der sozialwissenschaftlichen Disziplinen darstellt, welche die gewissen Aussagen zugrundeliegenden Annahmen und Verhaltenshypothesen immer möglichst genau präzisiert. Dadurch werden dem Leser oder der Zuhörerin bereits mögliche Ansatzpunkte zur Kritik geliefert, indem man über die Berechtigung dieser Annahmen und Hypothesen diskutieren kann. Diesem (hohen) wissenschaftlichen Standard genügen nicht alle Sparten der Sozialwissenschaften. Es ist in der Tat so, daß volkswirtschaftliche Modelle meist starke Vereinfachungen der Realität darstellen. Meines Erachtens ist aber der laufende Kampf in der ökonomischen Theorie um die Balance zwischen "unrealistic simplification and unworkable complication"[2] der beste Garant für Erkenntnisgewinne und gegen eine Ideologisierung der Auseinandersetzung.

Die ökonomische Rationalität impliziert nicht, wie Steiner erwähnt, eine "miserable Moral", welche nur auf materiellen Gewinn ausgerichtet ist – die ökonomische Theorie *geht* mehrheitlich *davon aus*, daß sich Wirtschaftssubjekte individuell rational verhalten und somit eigennützig handeln. Die Theorie baut auf der Annahme auf, daß diese Verhaltenshypothese die Realität relativ gut beschreibt, was durch (erstaunlich) viele Beispiele und Experimente zumindest nicht widerlegt wird. Diese Rationalität muß übrigens nicht nur auf "materiellen Gewinn" ausgerichtet sein, sondern kann Werte wie Liebe, Zuneigung, Stabilität oder Konsum genau so enthalten wie materiellen Gewinn. Ob das nun eine miserable Moral ist, bleibe dahingestellt.

Die auf Herman Daly gestützte Aussage,[3] daß die internationale Arbeitsteilung aufgrund komparativer Vorteile nur dann zu einer effizienten Ressourcen-Nutzung führe, wenn die Produktionsfaktoren international immobil sind, beruht auf einer *Fehlanalyse* von Daly – der mit seinen Ausführungen zu diesem Thema nicht nur unter Spezialisten ein absoluter Außenseiter ist. Internationaler Handel und internationale Faktormobilität erhöhen deshalb die weltweite Effizienz, weil Güter dort hergestellt werden und Faktoren dorthin wandern, wo mit den beschränkten Ressourcen der höchste Grenzoutput erwirtschaftet werden kann. Wie in meinem Beitrag erwähnt, kann es Bedingungen geben, unter denen Freihandel bzw. dezentrale Produktionsentscheidungen nicht optimal sind. Dazu gehören negative Externalitäten im Zusammenhang mit dem Umweltproblem sowie unvollständige Konkurrenz. In den meisten dieser Fälle bestehen jedoch wirtschaftspolitische Maßnahmen zur direkten Korrektur von Marktversagen, die indirekten Eingriffen in den internationalen Handel und in die Faktormobilität wohlfahrtsmäßig überlegen sind. Die Einführung einer CO_2-Abgabe stellt eine solche Maßnahme dar.

Schließlich bezweifelt Steiner, daß das ökonomische System das Umweltproblem lösen kann, weil sich das politische und das ökonomische System "verbünden" würden und zum Marktversagen noch das "Staatsversagen" hinzukomme. Das Staatsversagen ist in der Tat ein in der ökonomischen

---

2 D. FRIEDMAN (1990), *Price Theory. An Intermediate Text*, Cincinnati: South-Western Publishing Co., S. 612

3 H.E. DALY and J.B. COBB (1989), *For the Common Good*, Boston: Beacon Press.

Theorie der Politik zur Genüge bekanntes Problem. Dies ist auch der Grund, weshalb Ökonomen in der Regel wenig von einem aktiven Eingreifen des Staates in den Allokationsprozeß einer Marktwirtschaft erwarten. Ökonomen konzentrieren den Staat gerne auf die sogenannte Ordnungspolitik, d.h. auf die Etablierung und Durchsetzung von einheitlichen Spielregeln und auf die Umverteilungspolitik. Steiners Ansatz impliziert meines Erachtens relativ starke und weitreichende Eingriffe des Staates bzw. des Kollektivs in die wirtschaftliche Allokation. Dies ist ein weiterer Grund dafür, weshalb ich seine Vorschläge sehr skeptisch beurteile.

3. Folgerungen

Prof. Steiner und ich verfolgen beide dasselbe Ziel. Wir versuchen einen Ansatz aufzuzeigen, welcher zu einer erheblichen Verminderung der Umweltprobleme führt. Insofern haben wir beide eine Utopie. Beide kommen wir zu einem komplett entgegengesetzten Vorschlag: er befürwortet eine Autarkie, ich eine Globalisierung. Er erhofft sich viel von einer Eliminierung der Marktwirtschaft als Koordinationsinstrument, ich möchte sie ausdehnen auf die Umweltgüter. Er glaubt an das Verantwortungsbewußtsein des einzelnen und dessen enges Verhältnis zur Natur, ich gehe von einem täglichen Trittbrettfahrer mit nur 'kollektiver Verantwortung' aus.

Nun, Utopien sind immer interessant und müssen sorgfältig diskutiert werden, bevor man sie realisieren kann. Auch ist immer zu fragen, ob sie überhaupt realisierbar sind. Die interdisziplinäre Diskussion ist gerade in dem für uns alle sowie für die zukünftigen Generationen so wichtigen Umweltbereich entscheidend: Es geht um die langfristige Erhaltung unserer Lebensgrundlagen. Wie aus meinen Ausführungen klar geworden sein dürfte, betrachte ich das Konzept von Prof. Steiner in seiner Grundausrichtung aus zahlreichen Gründen als keine realisierbare und auch als keine realisierenswerte Option. Insbesondere täuscht meines Erachtens der Titel "Umwelterhaltung durch Selbstbestimmung". Beim Nachdenken über die Stoßrichtung von Steiners Konzept und der damit verbundenen Gefahren fühlte ich mich oft an die Analysen und Seminare von Prof. Ota Sik (Hochschule St. Gallen) zurückerinnert. Er zeigte, ausgehend von der marxistisch-leninistischen Theorie und aufgrund seiner eigenen konkreten Erfahrung mit der Umsetzung der Theorie im Ostblock, die Grenzen von Ansätzen auf, welche auf einem zu idealistischen, unrealistischen Menschenbild aufbauen. Nicht nur deshalb bin ich ein überzeugter Befürworter einer 'Marktwirtschaft mit Leitplanken' und ein vehementer Gegner einer Ökoplanung mit ihrer Anfälligkeit zur 'Ökodiktatur' geworden, welche allzusehr direkt in die freie Koordination unter den Individuen eingreift.

Wirtschaft in der Umweltkrise

Globalisierung als Chance zur Lösung von Umwelt-problemen

Rolf Weder

Zusammenfassung:

Die Umweltkrise ist nicht eine Folge der Marktwirtschaft, sondern das Resultat eines noch nicht umfassend etablierten marktwirtschaftlichen Systems. Erst mit der "Eingliederung" der Umwelt in die Marktwirtschaft durch die Zuteilung von Eigentumsrechten oder die Einführung von Lenkungssteuern auf Umweltschäden dürften die Wirtschaftssubjekte die starke Übernutzung der Natur auf eine optimale Weise vermindern. Ausgehend von diesem "Paradigma" der ökonomischen Theorie werden zwei Punkte ausgeführt. Erstens ist der internationale Handel von Gütern und Dienstleistungen an sich ressourcenschonend. Durch die internationale Arbeitsteilung kann ein bestimmter Output mit einem geringeren Ressourceneinsatz erreicht werden als bei Autarkie. Zweitens wird gezeigt, daß bei gegebener wirtschaftlicher Verflechtung von Volkswirtschaften ein multilaterales Vorgehen nicht nur gegen internationale und globale, sondern auch gegen national begrenzte Umweltprobleme politisch eine höhere Realisierungschance haben dürfte. Eine Autarkielösung bzw. ein nationaler Alleingang zur "Befreiung" der Wirtschaft aus der Umweltkrise ist vor diesem Hintergrund weder erstrebenswert, noch dürfte dieses Vorgehen politisch durchführbar sein.

1. Einleitung

Die Wirtschaft befindet sich in einer Umweltkrise. Diesen Eindruck hat man zumindest, wenn man die täglichen News in Wort, Schrift und Bild als Indikatoren betrachtet. Dabei geht es nicht nur um die Luft-, Wasser- und Bodenqualität in Agglomerationen mit einer hohen Bevölkerungsdichte. Immer mehr tritt auch eine Verschlechterung der Umweltsituation in höheren Dimensionen und auf globaler Ebene zu Tage: Meeresverschmutzung, rapide Erhöhung des Gehalts an CO_2 (Kohlendioxid) und an FCKW (Fluor-Chlor-Kohlenwasserstoffe) in der Atmosphäre mit all den möglichen Bedrohungen für die Stabilität des Weltökosystems, vollständige Elimination von zahlreichen Pflanzen- und Tierarten. Im besonderen erscheint auch die rasche Veränderung der Umweltsituation in den Entwicklungsländern – d.h. in den Ländern mit niedrigem Durchschnittseinkommen – als höchst alarmierend

(z.B. durch die Dezimierung des Regenwaldbestandes, die bevölkerungs-
mäßige "Explosion" von Städten oder auch die Entsorgung von Abfällen aus
Industrieländern).

Einige ziehen daraus die Schlußfolgerung, das kapitalistische, marktwirtschaftliche System, das den meisten Industrieländern zu hohem Wohlstand
verholfen hat, sei über Bord zu werfen und durch ein nicht-profitorientiertes
System zu ersetzen. Eine erste Betrachtung dieses Vorschlages aufgrund der
Erfahrungen z.B. der osteuropäischen Länder zeigt aber zumindest, daß sozia-
listische Systeme nicht umweltverträglicher sind. Trotz mehr "Planwirt-
schaft" ist der Ressourcen-Verschleiß größer, während der private Konsum
dort weit geringer ausfiel.

Andere möchten den einzelnen Menschen so ändern, daß er bei seinem
Verhalten die Umwelt vermehrt schont. Informationskampagnen über die
Schädlichkeit von bestimmten Verpackungen, Windeln oder Transportmedien lösen sich dabei oft gegenseitig ab. "Herr und Frau Schweizer ver-
missen noch das Lob" hieß es kürzlich einmal bei einer eher ernüchternden
Auswertung der "Bravo-Kampagne" der schweizerischen Eidgenossenschaft
im Bereich des Energiesparens. Auch bezüglich solcher Maßnahmen ist der
das individuelle Verhalten untersuchende Ökonom skeptisch, weil solche
Aufrufe zur Verhaltensänderung von vielen letztlich gar nicht befolgt werden
können oder zumindest nicht im Interesse des einzelnen liegen.

Schließlich gibt es Befürworter einer Art von "Autarkie-Lösungen"; sie
sehen in der Globalisierung des Wirtschaftens die eigentliche Ursache der
Umweltkrise und vertreten deshalb eine Elimination oder zumindest eine
starke Reduzierung des internationalen Austausches von Gütern und Dienstleistungen. Des weiteren sind diese Vertreter der Überzeugung, daß Umweltprobleme im nationalen Alleingang und im überschaubaren Raum
besser gelöst werden können als im globalen Rahmen. Meine Ausführungen
werden sich primär kritisch mit dieser dritten Sichtweise beschäftigen.

In diesem Beitrag soll gezeigt werden, daß zur Lösung der Umweltprobleme
nicht ein vollständiger Umbau oder gar ein Abrücken von unserem Gesell-
schafts- und Wirtschaftssystem notwendig ist. Vielmehr geht es darum, das
marktwirtschaftliche System noch konsequenter zu verwirklichen, indem
dort neue Spielregeln etabliert werden, wo der Markt unter den gegebenen
Bedingungen nicht funktionieren kann. Die Umweltkrise ist zwar eine Folge
des Wirtschaftens – und dazu gehören nicht nur die Unternehmen, sondern
auch die Konsumenten mit all ihren verschiedenen (Freizeit-)Aktivitäten. Die
Krise ist jedoch nicht ein Problem der Marktwirtschaft *per se.* Diese wurde in
vielen Bereichen noch gar nicht so eingeführt, daß sie auch wirklich
funktionieren kann.

Insbesondere sollen meine Ausführungen klar machen, daß globale, aber
auch nationale Umweltprobleme *nur durch ein international koordiniertes Vorgehen*
lösbar sein werden. Im folgenden Beitrag wird also die These vertreten, daß
die Umweltprobleme nicht durch nationale Alleingänge oder Autarkie-

lösungen bewältigbar sind. Vielmehr können sie nur durch die Etablierung eines marktwirtschaftlichen Systems gelöst werden, welches zwar die Umwelt weniger schädigt, aber gleichzeitig die Vorteile des internationalen Austausches von Gütern und Dienstleistungen nutzt. Deshalb "Globalisierung als Chance" – sowohl was den Austausch von Gütern und Dienstleistungen anbelangt, als auch in bezug auf die politische Lösbarkeit von verschiedenen Umweltproblemen.

Im *ersten* Abschnitt wird kurz das "nationalökonomische Grundkonzept" dargelegt, auf dem meine weiteren Ausführungen basieren. Im *zweiten* Abschnitt möchte ich zeigen, warum ein internationaler Austausch von Gütern und Dienstleistungen grundsätzlich *ressourcenschonend* ist. Im *dritten* Abschnitt wird näher ausgeführt, daß die Lösung nationaler Umweltprobleme eine geringere Chance hat, wenn sie im Alleingang eines Landes angestrebt wird. Im *vierten* Abschnitt widmen wir uns den internationalen und globalen Umweltproblemen. Wir werden sehen, daß aufgrund der Eigenart der globalen Umweltprobleme deren Lösung zwar sehr schwierig sein dürfte, nur aber ein globales Vorgehen überhaupt eine Erfolgschance haben wird. Im *fünften* Abschnitt werden die Ausführungen zusammengefaßt und gleichzeitig soll ein Ausblick auf das "Wie weiter?" angestellt werden.

2. Das ökonomische Grundkonzept

Man kann die verschiedenen wirtschaftlich relevanten Prozesse, welche sich in einem Land abspielen, in einem dreigeteilten stark vereinfachten Kreislaufschema darstellen (siehe Abb. 1).

Das *wirtschaftliche System* im engeren Sinn besteht vereinfacht aus zwei Hauptakteuren: erstens den privaten Konsumenten, welche Arbeit und Kapital anbieten und mit dem erwirtschafteten Ertrag Konsumgüter nachfragen, und zweitens den Produzenten, welche Arbeit und Kapital nachfragen und damit Güter und Dienstleistungen herstellen.

Im Rahmen des *politischen Systems* nehmen die Verwaltung und die gewählten Politiker über verschiedene staatliche Aktivitäten auf den wirtschaftlichen Kreislauf Einfluß. Gleichzeitig können Produzenten und Konsumenten staatliche Aktivitäten beeinflussen und verändern (z.B. über Abstimmungen oder über eine Veränderung des politischen Systems).

Schließlich kann der komplizierte Kreislauf der Natur im Rahmen des *ökologischen Systems* dargestellt werden. Hier wirken Produzenten und Konsumenten durch die Ressourcenentnahme (= Ressourcenkonsum) und die Reststoffabgabe (= Reststoffproduktion) ein.

Es wird angenommen, daß *Produzenten* ihren Gewinn über die Zeit zu maximieren versuchen, da sie nur so im Markt überleben können (dies wird ihnen von den Kapitalgebern vorgegeben). Damit sie das können, werden sie versuchen, die Produkte und Dienstleistungen herzustellen, welche beim

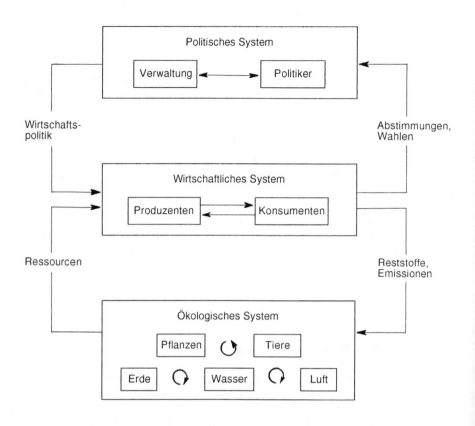

Abbildung 1: Akteure und Prozesse in einem marktwirtschaftlichen System
Quelle: vereinf. Darstellung aus FREY (1993), "Der Ansatz der Umweltökonomie", S. 20

Konsumenten Anklang finden. Da der Preis und die Qualität dieser Güter entscheidend ist, wird der Einsatz der Inputfaktoren aufgrund der relativen Preise laufend optimiert. Dazu werden auch Innovationen durchgeführt, um z.B. relativ teure Inputfaktoren durch billigere zu substituieren.

Die *Konsumenten* sind darauf bedacht, mit ihrem Einkommen aufgrund der individuellen Präferenzen ein für sie maximales und optimales Güterbündel zusammenzustellen. Dabei geht man davon aus, daß sie ein Gut vermehrt konsumieren, wenn es billiger wird. Wird ein Gut teurer, können sie den vorher vorhandenen Lebensstandard nur aufrechterhalten, wenn sie mehr arbeiten. Da sie in der Regel die Freizeit der Arbeit vorziehen, ist eine Preissteigerung für sie grundsätzlich schlecht. Konsumenten mit unterschiedlichem Einkommen werden im allgemeinen Güter verschieden hoch bewerten.

Wenn das politische und das ökologische System einmal als gegeben betrachtet wird, dann kann mit dem beschriebenen Verhalten der beiden Hauptakteure auch die Verbindung des ökonomischen mit dem politischen und dem ökologischen System verstanden werden. Haben z.B. die natürlichen Güter wie Luft, Boden, Wasser oder Energieträger einen relativ tiefen Preis, werden sie von Produzenten und Konsumenten in ihren Aktivitäten stark genutzt. Der Preis ist ein Indikator für die relative Knappheit und der Marktprozeß orientiert sich nur an der *durch den Preis* ausgedrückten Knappheit.

Eine Firma *A*, die ihr Verhalten nicht an diesen Preisen orientiert, indem sie z.B. freiwillig weniger Umweltgüter einsetzt, verschwindet vom Markt, da sie gegenüber Konkurrenten nicht bestehen kann (wir nehmen an, daß zwischen den Firmen ein intensiver Wettbewerb besteht und daß zumindest ein paar Firmen sich nicht an die von *A* verfolgte Unternehmensethik halten). Konsumenten, welche freiwillig auf eine starke Nutzung von Umweltgütern verzichten, können sich weniger Konsumgüter leisten.[1] Konsumenten mit sehr tiefem Einkommen werden sich deshalb ein solches "Luxus-Verhalten" kaum leisten (können) – man denke z.B. an all diejenigen, welche sich am Rande des Existenzminimums in Nord und Süd bewegen.

Produzenten und Konsumenten können nun aber über das politische System Einfluß auf die Wirtschaftspolitik nehmen. Konsumenten, welche eine relativ hohe Wertschätzung für Umweltgüter haben, werden sich dafür einsetzen, daß die Übernutzung der Natur eingeschränkt wird (z.B. durch eine Steuer auf den Energiekonsum oder auf die Emission von die Luft verschmutzenden Gasen). Andere werden diese Maßnahme bekämpfen. Produzenten werden sich dann stark gegen die Beschränkung des Ressourcenverbrauchs wehren, wenn dies zu einem großen Verlust von sehr spezifischen Arbeitsplätzen führt (Gewerkschaften), gebundenes Kapital vollständig abgeschrieben werden muß oder große Neuinvestitionen notwendig sind (Kapitalgeber).

Je nach politischem System haben die einen oder anderen Interessengruppen mehr Macht und können so ihre eigenen Interessen durchsetzen. Aus ökonomischer Sicht ist es aber eindeutig, daß an sich knappe Güter, welche keinen Preis haben bzw. niemandem gehören, übernutzt werden. Dies gilt z.B. für saubere Luft oder eine funktionsfähige Ozonschicht. Eine

---

1 Ich gehe davon aus, daß es den Umweltschutz zum "Nulltarif" nicht gibt. Zwar ist es so, daß Innovationen den Umweltschutz über die Zeit verbilligen können, da Firmen lernen und über die technologische Entwicklung umweltschonende Prozesse leichter und mit geringeren Kosten realisieren. Aber es ist immer damit zu rechnen, daß eine Verteuerung von Inputfaktoren (hier: "Umwelt") letztlich den Preis des Outputs erhöht.

staatliche Maßnahme zur Korrektur dieses "Marktversagens" ist in diesem Fall notwendig und auch für die Volkswirtschaft bzw. die Welt als Ganzes "wohlfahrtssteigernd", sofern die Korrektur über ein effizientes Instrument eingeführt wird.[2] Dazu gehört die Zuteilung von Eigentumsrechten an diesen Gütern oder die Einführung von Lenkungssteuern, wenn erstere Maßnahme aufgrund z.B. einer technischen Nicht-Ausschließbarkeit unmöglich ist.

Für unsere Überlegungen weiter unten fassen wir das Verhalten von Produzenten und Konsumenten zusammen und vereinfachen es dabei nochmals. Wir nehmen an, daß es in einem Land viele *Produzenten* gibt, welche ihre Gewinne maximieren und Konsumgüter *(K)* herstellen. Das Angebot an *K* steigt (sinkt) mit zunehmendem (abnehmendem) Preis, P_K. Die *Konsumenten* verfügen über ein bestimmtes Budget, welches sie aufgrund ihrer Präferenzen optimal für Konsumgüter verwenden. Ihre Nachfrage nach *K* kann durch eine im Preis fallende Funktion dargestellt werden. Beide Verhaltensfunktionen sind in Abb. 2 illustriert. Das Marktgleichgewicht ist dort, wo das Angebot der Nachfrage entspricht und umgekehrt.

Die Produzenten beschäftigen Arbeitnehmer, deren Zahl *(B)* vereinfachend als eine steigende Funktion des Outputs von *K* *(Q$_K$)* angenommen wird:

(1) $B = f(Q_K)$.

Die Konsumenten ziehen nicht nur einen Nutzen aus Konsumgütern *(K)*, sondern auch aus Umweltgütern *(U)*. Man kann sich unter der Menge von *U*, Q_U, die Umweltqualität in Form von sauberer Luft, unverschmutztem Wasser und Boden, aber auch in Form einer intakten Ozonschicht vorstellen. Der Nutzen der Konsumenten ist eine steigende Funktion in Q_K und Q_U:

(2) $N = f(Q_K, Q_U)$.

Nehmen wir an, daß das in Abb. 2 dargestellte Gleichgewicht mit einer bestimmten Umweltqualität verbunden ist. Falls die Konsumenten im politischen Prozeß eine Verbesserung der Umweltqualität durch z.B. die Einführung einer Lenkungssteuer auf CO_2-Emissionen durchsetzen können, führt dies zu einer Verschiebung der Angebotskurve nach oben (die Grenzkosten der Produzenten steigen) sowie in der Regel zu einer Linksverschiebung der Nachfragekurve, da das Budget der Konsumenten infolge der umweltschonenderen Produktion reduziert wird.

---

2   Oekonomen stellen zu Recht dem Ertrag von Umweltmaßnahmen auch die Kosten gegenüber und warnen davor, einen nur geringen und unter Umständen höchst unsicheren Ertrag mit sehr hohem Aufwand zu realisieren (vgl. z.B. SCHELLING 1992). Gerade bei der Verschmutzung der Luft ist es aber meines Erachtens aus verschiedenen Gründen *a priori* klar, daß der Markt unter den bestehenden Spielregeln das Problem selber nicht lösen kann.

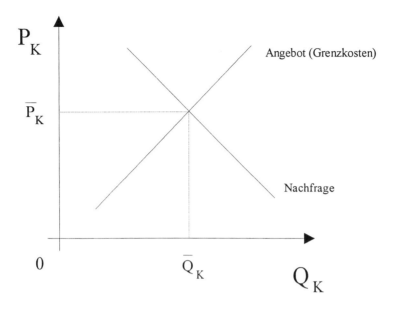

Abbildung 2: Produzenten und Konsumenten auf dem Gütermarkt

Der Effekt dieser künstlichen Änderung der relativen Preise über eine wirtschaftspolitische Maßnahme: die Beschäftigung sinkt, der Nutzen der Konsumenten steigt, falls die Zunahme der Umweltqualität höher als die Abnahme der konsumierbaren Konsumgüter bewertet wird. Das heißt, ob die Konsumenten die Einführung von Emissionszertifikaten[3] oder Lenkungssteuern auf CO_2 im politischen Prozeß durchsetzen wollen und können, hängt von der Organisierbarkeit von Produzenten- und Konsumenteninteressen sowie der relativen Wertschätzung für das Gut "Umwelt" ab.

3. Ressourcenschonung durch internationale Arbeitsteilung

Die Arbeitsteilung stellt eine Hauptursache des durch die Marktwirtschaft geschaffenen Wohlstandes dar. Dies folgt direkt aus dem oben dargestellten ökonomischen Grundkonzept. Das marktwirtschaftliche System führt über den Wettbewerbsdruck dazu, daß Produzenten laufend versuchen, Güter und Dienstleistungen mit einem besseren Preis-/Leistungsverhältnis herzustellen.

---

3   Es handelt sich hierbei um ein Anrecht, eine bestimmte Menge von CO_2 zu emittieren. Das heißt, es werden Eigentumsrechte an CO_2-Emissionen vergeben, deren Menge in handelbaren Zertifikaten festgelegt ist.

Dadurch werden sie sich auf Tätigkeiten spezialisieren, welche sie relativ gut beherrschen. Andere Leistungen kaufen sie von anderen Firmen zu. Dasselbe gilt für Arbeitskräfte, welche sich durch den Wettbewerb auf diejenigen Berufe und Aktivitäten spezialisieren, für die sie eine besondere Neigung haben und in denen sie ihre Erfahrungen laufend vertiefen.

Durch die Spezialisierung wird es gleichzeitig möglich, zunehmende Skalenerträge in der Produktion zu nutzen. Die Durchschnittskosten sinken mit steigendem Output. Auch Firmen oder Individuen, die über die absolut gleichen Fähigkeiten verfügen, können somit durch eine Spezialisierung ihrer Tätigkeiten eine effizientere, d.h. eine kostengünstigere Produktion realisieren.

In beiden Fällen würde eine Erhöhung der Arbeitsteilung in einer Volkswirtschaft grundsätzlich eine Rechtsverschiebung der Angebots- und der Nachfragekurve in Abb. 2 implizieren, was zu einer Wohlfahrtssteigerung führt. Ganz wichtig ist, daß mit der Spezialisierung im Prinzip ein schonender Umgang mit Ressourcen verbunden ist. Mit beschränkten Ressourcen (Arbeit, Kapital, Umweltgüter) kann insgesamt mehr produziert werden. Oder umgekehrt gesagt, ein bestimmter Output kann durch die Arbeitsteilung mit weniger Input erarbeitet werden. Verzichtet man also auf die Spezialisierungsvorteile, impliziert dies grundsätzlich immer auch eine *Ressourcenverschleuderung.*

Solche Spezialisierungsvorteile werden nun im internationalen Rahmen weiter erhöht. Es kommt nämlich dazu, daß Länder mit Ressourcen, Arbeit und Kapital unterschiedlich ausgestattet sind und daß sie über unterschiedliche Klimas und auch Technologien verfügen, welche eine Grundlage für Spezialisierungsvorteile bilden. Es erfolgt eine Arbeitsteilung aufgrund der sogenannten *komparativen Vorteile* der Länder. Auch Größenvorteile können in bestimmten Industrien unter Umständen noch mehr ausgeschöpft werden (z.B. in der Luftfahrtindustrie). Die Ausprägung und die Bedeutung der internationalen Arbeitsteilung kann am Beispiel der Automobilherstellung illustriert werden (siehe Abb. 3), wo die Spezialisierung weit fortgeschritten ist und eine wesentliche Ursache für das seit der Erfindung des Automobils stark verbesserte Preis-/Leistungsverhältnis darstellt.

Aufgrund dieser Ausführungen muß man z.B. eine relativ autarke Landwirtschaft aus der Perspektive der Ressourcenverschwendung und Umweltbeeinträchtigung in Ländern wie Japan oder der Schweiz, aber auch innerhalb der EU sehr kritisch betrachten. In zahlreichen industrialisierten Ländern wird aufgrund des Agrarprotektionismus für die landwirtschaftliche Produktion z.B. ein sehr hoher Düngereinsatz benötigt und die Sonne in Treibhäusern durch künstliche Energie ersetzt. Die Produktion ist ökologisch in vielen Fällen höchst problematisch. Ein Indikator für die Umweltbelastung stellt der Düngerkonsum pro Hektare landwirtschaftliche Fläche dar. Er betrug in den Jahren 1989/90 z.B. in Irland 722 kg, in Holland 642 kg, in

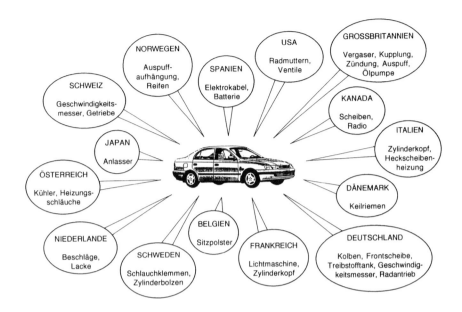

*Abbildung 3: Internationale Arbeitsteilung am Beispiel der Herstellung eines Ford Escort
Quelle: STIGLITZ (1993), Economics, S. 60*

Belgien 501 kg, in der Schweiz 426 kg, in Japan 418 kg und in Deutschland 370 kg [siehe World Bank (1992), S. 225]. In "natürlichen" Agrarexportländern wie den USA lag er bei 98 kg, was auch etwa dem weltweiten Durchschnitt entspricht. Dieser Ressourceneinsatz und die damit verbundene Umweltbeeinträchtigung könnte durch einen verstärkten internationalen Handel im Bereich der Agrargüter verringert werden.[4]

Einige werden nun zu Recht einwenden, daß bei der Darstellung der grundsätzlich umweltschonenden internationalen Arbeitsteilung ein wesentlicher Punkt vernachläßigt wurde: *die Umweltkosten des internationalen Transportes.* Die von den privaten Akteuren wahrgenommenen Transportkosten decken offensichtlich nicht die bei der Gemeinschaft anfallenden sozialen Kosten ab – man denke an die CO_2-Emissionen. Müßte die internationale Arbeitsteilung die sozialen Transportkosten tragen, würde sie sicher nicht so ausgeprägt und zum Teil so "sinnlos" erscheinen, wie dies z.B. im Zusam-

---

4 Dies heißt nicht, daß in den USA oder in einzelnen Entwicklungsländern mit der Landwirtschaftsproduktion keine Umweltschäden verursacht würden. Dieses Beispiel soll nur zeigen, daß durch "Autarkielösungen" Länder mit großen Standortnachteilen zur Produktion von Gütern "gezwungen" werden, die sie nur unter erheblichem Aufwand und intensiver Nutzung der Ressourcen (auch der Umwelt) überhaupt herstellen können.

menhang mit den oft erwähnten Leerfahrten von LKW's durch Europa der Fall ist – welche übrigens nicht nur durch die tiefen privaten Transportkosten begünstigt werden, sondern auch eine Folge protektionistischer staatlicher Regulierungen im Transportgewerbe sind.

Aber wer weiß schon, in welchen Branchen Spezialisierungsvorteile nach wie vor möglich sein werden, wenn die privaten Transportkosten zur Abgeltung der sozialen Kosten erhöht werden, und wo eine Erhöhung der Transportkosten das Ausmaß der internationalen Spezialisierung stark verringern würde? Wer würde alternativ im Falle der pauschal eingeführten "Autarkie-Lösung" entscheiden, welche Güter nun doch noch gehandelt werden dürften und auf welcher regionalen Ebene eine Arbeitsteilung noch stattfinden könnte und sinnvoll wäre? Wer kann andererseits erahnen, welche Innovationen im internationalen Transportwesen durchgeführt würden, wenn CO_2-Emissionen einen höheren Preis bekämen?

Die Einführung eines CO_2-Zertifikationssystems oder einer Lenkungssteuer auf CO_2 dürfte über die Erhöhung der Transportkosten nicht dazu führen, daß die internationale Arbeitsteilung vollständig eliminiert würde. Zum Beispiel zeigt die Erfindung der Fax-Maschine, daß es möglich ist, effizientere Möglichkeiten des internationalen Austausches von Informationen zu generieren. Man errechne z.B. die durch diese Innovation jährlich gesparten (sozialen) Transportkosten aufgrund der Substitution von brieflicher Post.

Die Folgerung aus diesen Ausführungen ist, daß allein der Markt herausfinden wird, welche Struktur und Tiefe der internationalen Arbeitsteilung aus Sicht der *integralen Ressourcenschonung* optimal ist. Es gibt hier einen *Trade-off* zwischen internationaler Arbeitsteilung und Emissionen durch Transporte. Es ist jedoch kaum zu erwarten, daß das Optimum – d.h. der Punkt, wo die Erhöhung der Umweltverschwendung durch eine Verringerung der Spezialisierungsvorteile genau der Reduktion der Umweltbelastung durch geringere Emissionen des Transportes entspricht – bei der Autarkielösung liegt. Dieses Optimum muß übrigens auch *nicht* mit nationalen oder kantonalen[5] Grenzen übereinstimmen.

Wenn also künstlich errechnet wird, daß z.B. das in der Schweiz existierende Konsumverhalten mehr Ressourcen verbraucht, als in diesem Land vorhanden sind, heißt dies nichts anderes als daß bei den momentan existierenden Technologien nicht alle Länder den schweizerischen Konsumstandard aufrechterhalten könnten (sofern diese Rechnungen stimmen).[6] Daraus wirtschaftspolitische Folgerungen in Richtung Autarkie zu ziehen – alle beschränken sich in bezug auf den wirtschaftlichen Austausch und die

---

5   Die Kantone in der Schweiz entsprechen den deutschen oder österreichischen Bundesländern.

6   Vgl. die Ausführungen von BÜCHI und BÜCHI/RELLER (beide 1995, in diesem Buch) sowie das Konzept des "Ecological Footprint" von WACKERNAGEL (1993).

Ressourcennutzung nur noch auf "ihre Region" – wäre aufgrund der obigen Überlegungen absolut verfehlt. Bei einer Autarkielösung würden nämlich vor allem kleine Länder zu großen Verschwendern von Umweltgütern, gemessen am notwendigen Input pro erwirtschaftetem Output.

Eine solche Berechnung der Größe des "ökologischen Fußabdruckes" kann nur zeigen, daß wir das in vielen Industrieländern vorhandene Konsummuster nicht tel quel internationalisieren können. Nur, dies scheint mir aufgrund unterschiedlicher Klimas, Topographien und Kulturen auch nicht unbedingt den Präferenzen vieler Konsumenten in Entwicklungsländern zu entsprechen. Des weiteren ist zu erwarten, daß es über die Veränderung der relativen Preise und den dadurch erzeugten technologischen Fortschritt zu ganz anderen Konsumbündeln und Produktionstechniken in allen Ländern kommt. Die wichtige Erkenntnis obiger Ausführungen ist, daß die Arbeitsteilung und damit der wirtschaftliche Austausch innerhalb und zwischen Nationen eine notwendige, aber nicht hinreichende Voraussetzung für den schonenden Umgang mit knappen Umweltgütern darstellt.

4. Nationale Umweltprobleme sind multilateral eher lösbar

Nehmen wir an, daß das in Abb. 2 charakterisierte Land mit dem Ausland Handel betreibt und so die Vorteile der internationalen Arbeitsteilung nutzt.[7] Es sei weiter angenommen, daß es sich um ein relativ kleines Land handelt, welches durch sein Verhalten die Weltmarktpreise nicht beeinflussen kann, und daß das Land das Konsumgut K importiert (z.B. gegen den Export von Investitionsgütern). Das heißt Importe sind bei einem Weltmarktpreis möglich, welcher unter dem Autarkiepreis (P_K) in Abb. 2 liegt.

Wir nehmen nun an, daß die Produzenten bei der Produktion Umweltkosten verursachen, für welche sie nicht aufkommen (z.B. Abwasserverschmutzung, Erhöhung der Ozonkonzentration in Agglomerationen). Die negative Beeinträchtigung der Umwelt sei allerdings national begrenzt. Welchen Effekt hat nun die Einführung einer Lenkungsabgabe oder eines Emissionszertifikatsystems auf Abwasser oder CO_2?

Da die Grenzkosten der inländischen Produzenten steigen, verschiebt sich deren Angebotskurve nach links. Sie werden bei einem gegebenen Preis weniger anbieten als vor der Einführung der Lenkungsabgabe. Diese Linksverschiebung hängt von den Kosten ab, welche durch die Verringerung der Emissionen entstehen. Es kann auch sein, daß dynamisch – das heißt über die Zeit betrachtet – sich diese Angebotskurve allmählich wieder nach rechts verschiebt, weil es gelingt, neue umweltschonende Technologien zu entwickeln.

---

7   Die Ausführungen in diesem und dem folgenden Teil basieren zu einem großen Teil auf dem in BRUNETTI (1993) und WEDER (1993) diskutierten Konzept.

Um zu analysieren, ob Maßnahmen zur Reduktion der Wasser- und Luftverschmutzung im *politischen Prozeß* implementiert werden können, wollen
wir im folgenden die Verlierer und Gewinner eines unilateralen und eines
multilateralen Vorgehens der Einführung von Emissionszertifikaten oder
Lenkungssteuern lokalisieren. Dabei betrachten wir zuerst den Fall der "Industrieländer" und dann denjenigen der "Entwicklungsländer".

4.1. Die Lösung nationaler Umweltprobleme in Industrieländern

Welches sind die Verlierer und Gewinner einer *unilateralen* Umweltmaßnahme des geschilderten kleinen Landes? Die Produzenten müssen ihre Produktion einschränken. Die Beschäftigung in der Konsumgüterindustrie sinkt.
Die Produzenten und ihre Beschäftigten werden sich also gegen die Einführung der Umweltmaßnahme wehren. Die Gewinner sind ganz klar die
Konsumenten, welche erstens von der gestiegenen Umweltqualität im Inland
profitieren und zweitens immer noch zum gleichen Weltmarktpreis importieren können. Die *Umweltverschmutzung* entsteht nun im Ausland; sie wird
also *quasi exportiert*. Es ist allerdings möglich, daß die Konsumenten aufgrund
eines negativen Einkommenseffektes durch den Beschäftigungsrückgang im
Inland ebenfalls eine Verringerung des Konsums (Importe) hinnehmen
müssen (Linksverschiebung der Nachfragekurve).

Wie sieht dies nun bei einer *multilateralen* Maßnahme aus, d.h. wenn das
In- und das Ausland gemeinsam die Lenkungsabgabe einführen? Dies hat
erstens zur Folge, daß sich auch die Grenzkosten im Ausland erhöhen, was
über den gestiegenen Weltmarktpreis den Beschäftigungsrückgang im
Inland gegenüber einer unilateralen Maßnahme verkleinert. Inländische
Unternehmen sind durch das gemeinsame Vorgehen nicht mehr be-
nachteiligt gegenüber ausländischen Konkurrenten. Gleichzeitig müssen
nun aber die Konsumenten für die Konsumgüter einen höheren Preis zahlen,
wobei nun allerdings der mögliche negative Einkommenseffekt weniger
stark ins Gewicht fallen dürfte als dies bei einer unilateralen Maßnahme der
Fall wäre. Man beachte auch, daß durch das multilaterale Vorgehen die
Umweltschäden insgesamt (d.h. im In- und Ausland zusammen) reduziert
werden.

Die Produzenten im Inland verlieren also bei einem multilateralen Vorgehen ganz eindeutig weniger, während die inländischen Konsumenten in
beiden Fällen von der besseren Qualität der Umwelt profitieren. Sie werden
allerdings im multilateralen Fall einen höheren Preis für Konsumgüter
bezahlen müssen, unter Umständen aber auch einen weniger starken negativen Einkommenseffekt erfahren. Haben die besser organisierten Produ-
zenten-Interessen ein großes Gewicht im politischen Prozeß, dürften *multilaterale Maßnahmen* zur Bekämpfung national begrenzter Umweltprobleme

grundsätzlich *eine größere Realisierungschance* haben als unilaterale. Sie können von den die Umweltmaßnahme favorisierenden Konsumenten-Interessen eher übertroffen werden.

4.2. Die Lösung nationaler Umweltprobleme in Entwicklungsländern

Ob unilaterale oder multilaterale Maßnahmen ergriffen werden, hängt also einerseits von den negativen Beschäftigungseffekten und andererseits von der relativen Bewertung der verbesserten inländischen Umweltqualität ab. Nehmen wir nun an, daß es sich bei dem oben diskutierten Land um ein Entwicklungsland handelt, welches sich durch ein tiefes Durchschnittseinkommen und durch eine relativ hohe Arbeitslosigkeit auszeichnet.

Die diskutierten Effekte von unilateralen und multilateralen Maßnahmen bleiben im Grundsatz dieselben, wobei deren Größe und Bewertung in den Entwicklungsländern anders ausfallen dürfte. *Erstens* ist zu erwarten, daß der Beschäftigungsrückgang durch die Einführung von Umweltsteuern groß ausfällt, da es diesen Ländern oft schwerer fällt, umweltschonendere Technologien einzusetzen (geringe Erhältlichkeit, Schwierigkeiten bei der Finanzierung, kleine Margen auf standardisierten Gütern). *Zweitens* werden die Konsumenten die Verbesserung der inländischen Umweltqualität nur schwach positiv bewerten. Es ist zu erwarten, daß Umwelt in gewisser Weise ein Luxusgut darstellt, welches erst ab einem gewissen Einkommen über dem Subsistenz-Niveau überhaupt einen positiven Nutzen stiftet und für das der Durchschnittsbewohner eines Entwicklungslandes deshalb keine hohe Zahlungsbereitschaft hat.

Multilaterale Maßnahmen dürften also wegen der geringeren Beschäftigungseffekte zwar vorgezogen, wegen ihrer Preiseffekte jedoch eher bekämpft werden. Nationale Umweltprobleme können in Entwicklungsländern deshalb nur gelöst werden, wenn die Umwelt höher bewertet wird. Und dies dürfte in der Regel wiederum nur dann der Fall sein, wenn das Durchschnittseinkommen in Entwicklungsländern zunimmt.

Dies ist ein wichtiger Effekt, der z.B. bei vielen Studien über die möglichen Auswirkungen des North American Free Trade Agreement (NAFTA) auf die Umwelt bedeutend war. Zwar haben Freihandelsabkommen mit Entwicklungsländern (in diesem Fall Mexico) kurzfristig oft einen negativen Effekt auf die Umwelt innerhalb des integrierten Wirtschaftsraumes über die Verlagerung von die Umwelt beeinträchtigenden Produktionen in die ärmeren Länder. Über die dort steigenden Einkommen ist aber zu erwarten, daß die Umweltqualität allmählich höher bewertet wird und daß damit die Bereitschaft steigt, multilaterale Abkommen zur Lösung nationaler Umweltprobleme zu unterzeichnen.

5. Internationale und globale Umweltprobleme sind nur multilateral lösbar

Es wurde oben gezeigt, daß multilaterale Maßnahmen zur Lösung nationaler Umweltprobleme grundsätzlich eine höhere Realisierungschance haben dürften als unilaterale. Wie steht dies nun bei internationalen und globalen Umweltproblemen, d.h. bei den die Grenzen physisch überschreitenden Umweltschäden? Wenden wir uns zuerst den internationalen bzw. regional begrenzten und dann den globalen Umweltproblemen zu.

5.1. Internationale Umweltprobleme

Ein typisches Beispiel eines internationalen, also eines die nationalen Grenzen "überquerenden" Umweltproblems ist der saure Regen oder die durch einen Fluß transportierte Abwasserverschmutzung. Der Standort des die Umwelt Verschmutzenden weicht vom hoheitlichen Standort des Betroffenen ab. Welches sind nun die Wirkungen von unilateralen und multilateralen Maßnahmen?

Zur Analyse müssen wir die in Gleichung *(2)* formulierte Nutzenfunktion des Konsumenten um die durch ausländisches Verhalten im Inland veränderte Umweltqualität erweitern:

(3) $$U = f[Q_K, Q_{UInl}, Q_{UInl}(Q_{UAusl})].$$

Das heißt, die inländische Umweltqualität wird sowohl direkt durch im Inland entstehende Emissionen und Maßnahmen *(Q_{UInl})* als auch über die im Ausland verursachten Emissionen *[Q_{UInl}(Q_{UAusl})]* beeinflußt.

Nehmen wir zur Vereinfachung wiederum an, daß sich Produzenten und Konsumenten in einem kleinen Land befinden und daß das Land das Konsumgut importiert bzw. importieren kann. Allerdings überschreiten nun die mit der Produktion des Konsumgutes verbundenen Umweltemissionen die Grenze. Welche Effekte hat die Einführung von Umweltsteuern oder Emissionszertifikaten auf die Produktion des Konsumgutes *K*?

Die Effekte auf die Produktion sind dieselben, wie sie oben diskutiert wurden. Der negative Beschäftigungseffekt ist größer bei unilateralen Maßnahmen, da die Produzenten im Inland ihre Kosten nicht teilweise überwälzen können, wie dies bei den multilateralen Maßnahmen möglich ist. Der einzige Unterschied besteht nun bei den Konsumenten.

Wir haben oben diskutiert, daß multilaterale Maßnahmen zur Lösung *nationaler* Umweltprobleme zwar zu einer Preiserhöhung führen, welche die Konsumenten als negativ empfinden. Gleichzeitig dürfte aber der negative

Einkommenseffekt aufgrund des kleineren inländischen Beschäftigungs-
rückganges geringer ausfallen. Während ohne Berücksichtigung des Einkommenseffektes die Konsumenten unilaterale Maßnahmen klar vorziehen,
ist dies unter Berücksichtigung des Einkommenseffektes nicht mehr eindeutig. Der Vorteil von multilateralen Maßnahmen zur Lösung nationaler
Umweltprobleme liegt in beiden Fällen primär darin, daß die Produzenten
diese den unilateralen Maßnahmen klar vorziehen.

Multilaterale Maßnahmen zur Lösung *internationaler* Umweltprobleme
werden nun aber auch durch die Konsumenten relativ besser unterstützt. Dies
liegt daran, daß unilaterale Maßnahmen nur die direkt durch inländische
Produzenten verursachten Umweltschäden korrigieren, nicht jedoch die
indirekten Einflüsse der ausländischen Produzenten *[QUInl(QUAusl)]*. Es ist
deshalb zu erwarten, daß multilaterale Maßnahmen zur Lösung internationaler Umweltprobleme insgesamt noch eine adäquatere Strategie darstellen,
als sie dies schon bei der Lösung *national* begrenzter Umweltschäden sind.
Dies gilt umso eher, je größer die negativen *internationalen* "Umweltspillovers"
sind.

Dieses Resultat ist auch nicht weiter erstaunlich. Wirtschaftspolitische
Maßnahmen im Inland zur Verbesserung der Umwelt treffen die inländischen Produzenten hart, erreichen aber im Vergleich zu multilateralem Vorgehen keine sehr große Verbesserung der inländischen Umweltqualität, da
die ausländischen Produzenten von der Maßnahme nicht beeinträchtigt werden und die inländische Umweltqualität über die Spillovers weiter negativ beeinflussen *[QUInl = f(QUAusl)]*. Überqueren Umweltschäden die Grenze, dürften also multilaterale Problemlösungen unilateralen politisch noch mehr vorgezogen werden, als dies bereits bei nationalen Umweltproblemen der Fall ist.

5.2. Globale Umweltprobleme

Globale Umweltprobleme zeichnen sich wie die internationalen dadurch aus,
daß die die Umwelt schädigenden Emissionen die nationalen Grenzen überwinden. Typische Beispiele von globalen Umweltproblemen sind der Treibhaus-Effekt, das zunehmende Ozonloch oder auch die Vernichtung von
Regenwäldern, Pflanzen- und Tierarten. Das "Globale" an diesen Problemen
liegt darin, daß die Umweltbelastungen eines oder mehrerer Länder potentiell *alle* Menschen dieser Erde negativ beeinflussen.

Neben dieser globalen Dimension, welche als eine reine Potenzierung
der "Internationalisierung" internationaler Umweltprobleme verstanden
werden kann, komplizieren globale Umweltprobleme die Situation durch weitere typische Charakteristiken:

Dazu gehört *erstens*, daß die Ursachen-Wirkungs-Beziehungen von globalen Umweltproblemen sehr komplex und mit einer großen Unsicherheit
behaftet sind. Die Wissenschaft kann deshalb nicht prognostizieren, was unter

welchen Bedingungen passieren wird. *Zweitens* zeichnen sich diese Probleme durch große Zeiträume zwischen Ursache und Wirkung aus. Generationen werden (mit)betroffen, welche an der Ursache nicht beteiligt waren.[8] *Drittens* zeichnen sich die Probleme oft durch irreversible Prozesse aus, was zu hohen Existenzrisiken für die Welt als Ganzes führt.

All diese Charakteristiken zusammen machen es aus polit-ökonomischer Sicht äußerst schwierig, das vielleicht dringendste Problem – nämlich das globale Umweltproblem – in den Griff zu bekommen. Zwar kommen hier wohl nur multilaterale Maßnahmen in Frage, doch dürfte gerade die Unterstützung hierfür in allen Ländern geringer ausfallen als bei den regionalen oder internationalen Umweltproblemen. Warum?

Die Produktionseffekte einer multilateralen Einführung von z.B. CO_2-Emissionszertifikaten oder einer CO_2-Steuer entsprechen denjenigen, wie sie oben diskutiert wurden. Der Unterschied besteht wiederum bei den Konsumenten. Erweitern wir die Nutzenfunktion des einzelnen um die globale Umweltqualität (Q_{UGlob}):

(4) $U = f(Q_K, Q_{UInl}, Q_{UGlob})$.

Das Problem besteht nun darin, daß Ansätze zur Lösung der globalen Umweltprobleme wiederum zu einer Erhöhung der Preise für Konsumgüter führen, daß jedoch der einzelne unmittelbar keine konkrete Umweltverbesserung wahrnimmt (wir sehen hier von z.B. den Australiern ab, welche das Ozonloch langsam konkret in der Entwicklung ihrer persönlichen Haut beobachten können). Der Einfluß von Q_{UGlob} auf U in (4) ist unter Umständen sehr gering.

Es ist deshalb zu erwarten, daß die Lösung globaler Umweltprobleme von einer sehr kleinen Zahl von besorgten Konsumenten unterstützt wird, die den Link zu späteren Generationen emotional herstellen können und die auch die Preissteigerung von z.B. energieintensiven Gütern und Aktivitäten finanziell gut verkraften können. Dagegen werden sich viele Produzenten, Gewerkschaften und ein riesiges Heer von am Rande des Existenzminimums lebenden und schlecht informierten Konsumenten in Entwicklungsländern kaum für die Lösung globaler Umweltprobleme einsetzen. Unsichere naturwissenschaftliche Prognosen machen dieses Verhalten noch viel einfacher.[9] Je mehr übrigens eine Verbindung zwischen globalem und regionalem Umweltproblem besteht – die Ursache z.B. des Sommersmogs in Agglomerationen entspricht über CO_2-Emissionen zum Teil der Ursache des Treibhaus-

---

8   Ein Beispiel stellt die Schädigung der Ozonschicht oder der Treibhaus-Effekt dar. CO_2 oder FCKW haben eine atmosphärische Lebenszeit von etwa 125 bzw. 90 Jahren (siehe BUWAL (1990), S. 7).

9   Vgl. hiezu etwa die Diskussion der Klimaproblematik bei SCHLÜCHTER (1995, in diesem Band).

Effektes –, desto eher wird eine Lösung globaler Probleme praktisch als "Nebeneffekt" möglich.

Diese "Ökonomie der globalen Umweltprobleme" gilt es bei jedem realistischen Lösungsansatz zu berücksichtigen. Ein nationaler Alleingang zur Lösung dieser Umweltprobleme ist, wie gezeigt, politisch kaum realistisch. Er ist übrigens auch nicht effizient, da bei einem multilateralen Vorgehen die Mittel dort eingesetzt werden könnten, wo sie die größte CO_2-Reduktion bewirken.[10] Die geschilderte Struktur des globalen Umweltproblems führt aber zu einem *erheblichen Pessimismus* in bezug auf die Lösbarkeit des Problems. Im nächsten Abschnitt soll nun kurz aufgezeigt werden, was vor dem Hintergrund unserer Überlegungen auf dem Weg zur Lösung der Umweltprobleme zu tun wäre.

6. Zusammenfassung und Schlußfolgerungen

Die Ausführungen zur Umweltproblematik gingen davon aus, daß Verhaltensänderungen der großen Masse in einem marktwirtschaftlichen System grundsätzlich nur über Veränderungen der relativen Preise ausgelöst werden. Informationskampagnen über die negativen Auswirkungen von bestimmten Verhalten (z.B. Autofahren, Abwasserverunreinigung durch chemische Abfälle) oder von bestimmten Gütern (FCKW-haltige Spraydosen) dürften zwar das Verhalten einiger weniger Individuen und Firmen beeinflussen, jedoch kaum eine Lösung des Problems bringen. Dies liegt daran, daß Firmen bei starkem Wettbewerb letztlich vom Markt verschwinden müssen, wenn sie freiwillig auf den "Luxus" der Umweltverschmutzung verzichten – solange es Konkurrenten gibt, welche sich nicht an diese Unternehmensethik halten. Den einzelnen Konsumenten fehlt neben der Motivation oft auch die Information über das richtige Verhalten. Ein ökologiefreundlicheres Verhalten *auf breiter Basis* läßt sich m.E. *nicht* auf der Basis eines schlechten Gewissens auslösen – wenn dieses im Einzelfall durchaus einen Einfluß haben mag.

Informationskampagnen können allerdings die Bereitschaft der Wählerinnen und Wähler in einem politischen System erhöhen, über wirtschaftspolitische Maßnahmen in das Preisgefüge einer Marktwirtschaft korrigierend einzugreifen.[11] Es ist nun aber wichtig, daß man in diesem Zusammenhang

---

10 FRITSCH (1994) stellt deshalb zu Recht die Zweckmäßigkeit eines schweizerischen Alleingangs zur Einführung einer CO_2-Abgabe in Frage, auch wenn sie politisch realisierbar wäre — was jedoch aufgrund obiger Ueberlegungen bezweifelt werden muß.

11 Dies ist meines Erachtens auch der wichtige Beitrag von Naturwissenschaftlern, welche den Zustand des ökologischen Systems analysieren und auf eine leicht verständliche Art vermitteln, sowie auch des oben erwähnten Konzeptes des "ökologischen Fußabdruckes".

möglichst effiziente Maßnahmen ergreift, welche letztlich Umweltprobleme nicht mit einer zusätzlichen Ressourcen-Verschwendung zu realisieren versuchen.

Vor diesem Hintergrund versuchte ich *erstens* zu zeigen, daß die *internationale Arbeitsteilung grundsätzlich positiv zu bewerten* ist. Der internationale Handel von Gütern und Dienstleistungen führt dazu, daß sich Individuen, Firmen, Regionen und Länder auf die Aktivitäten spezialisieren, welche sie relativ gut beherrschen. Des weiteren können Skalenerträge ausgenützt werden. Dadurch können gleich viele Güter mit wenigen Ressourcen hergestellt werden, als dies bei einer Autarkie möglich wäre. Die Ressourcen werden grundsätzlich also geschont. Zwar ist es so, daß durch den im Zusammenhang mit der Spezialisierung notwendigen Transport von Gütern und Dienstleistungen selber negative Effekte auf die Umwelt entstehen. Würden die relativen Preise durch die Einführung einer CO_2-Steuer oder eines CO_2-Zertifikatssystems korrigiert, dürfte die internationale Arbeitsteilung anders aussehen, als dies heute der Fall ist, und auch ein geringeres Ausmaß erreichen. Je nach den ausgelösten Innovationen und der ökologischen Effizienz verschiedener Transportmedien dürfte aber kaum eine Autarkie-Lösung entstehen. Der Trade-off zwischen Umweltschonung durch internationale Arbeitsteilung und Umweltverschmutzung durch internationalen Transport würde dann vom Markt "für uns" optimal gelöst.

Die Überlegungen führten *zweitens* zum Schluß, daß *nationale Alleingänge* zur Lösung von nationalen, regionalen, internationalen und globalen Umweltproblemen *keine realistische Strategie* darstellen. Dadurch werden inländische Produzenten im Vergleich zu den ausländischen stärker getroffen, die Konsumenten erleiden unter Umständen einen starken negativen Einkommenseffekt und der positive Beitrag auf die inländische Umweltqualität ist gerade bei internationalen Umweltproblemen weniger spürbar. Bei globalen Umweltproblemen fehlt der Link zur nationalen Umweltqualität oft gänzlich. Nur gemeinsame Schritte mehrerer oder aller Länder dürften deshalb politisch machbar und wirksam sein.

Die *globalen Umweltprobleme* sind aber deshalb äußerst schwierig in den Griff zu bekommen, weil es sich hier – im Unterschied zu den nationalen und internationalen Problemen – nicht primär um eine Umverteilung von Produzenten zu Konsumenten, sondern um eine solche von der heutigen auf die zukünftige Generation handelt. Der Gewinner sitzt also noch gar nicht am Verhandlungstisch bzw. ist nur durch seine Vorfahren vertreten, welche sich immer noch auf große Unsicherheiten in bezug auf die Ursachen und Wirkungen berufen können.

Was bleibt also zu tun? Meines Erachtens muß eine klare *Globalisierung der Problemlösung* konsequent in Angriff genommen werden. Aus den oben erwähnten Gründen sollten auf keinen Fall Autarkielösungen angestrebt werden. Auch darf von nationalen Alleingängen keine große Besserung erwartet werden. Sie dürften – wie ausführlich gezeigt – politisch kaum durchführbar sein. Und schließlich sind die an Weltkonferenzen geäußerten Hoffnungen auf freiwillige Verhaltensänderungen und unternehmerische Selbstregulierung auf der Basis einer Umweltethik von umsichtigen Unternehmern mit großer Skepsis zu beurteilen. Die seit kurzem stark an Verbreitung gewinnenden Ökobilanzen und Methoden des Ökocontrolling privater Firmen dürfen zum Beispiel nicht Anlaß zur Erwartung geben, daß Firmen nun gewillt und fähig sind, die Umweltprobleme ohne Korrekturen im Marktsystem selber zu lösen.

Die einzige wirkliche und auch umweltschonende Lösung der internationalen und globalen Umweltprobleme stellt die Zuteilung von Eigentumsrechten an den an sich knappen Gütern wie sauberer Luft, sauberem Wasser und bedrohten Tier- und Planzenarten dar. Die reichen industrialisierten Länder wie die Schweiz, Kanada, die USA oder auch Mitglieder der EU sollten sich mit allen Mitteln dafür einsetzen, daß ein weltweites CO_2-Emissionszertifikatsystem etabliert wird. Es braucht immer jemanden, der solche neue Spielregeln erarbeitet und sie dann potentiellen Mitgliedern möglichst gut verkauft [vgl. dazu auch WEDER/WEDER (1991)].[12]

In Analogie zum General Agreement on Tariffs and Trade (GATT) müßte also ein internationales Vertragswerk etabliert werden – z.B. ein General Agreement on Global Environment Policy (GAGEP) –, welches z.B. pro Kopf (Stand 1994) eine bestimmte Menge von CO_2-Emissionen zuteilt. Dieses Recht könnte dann global gehandelt werden. Dadurch kann sich jeder selber überlegen, ob er auf dieses Recht verzichten und es für den täglich an internationalen Börsen bekannten CO_2-Preis verkaufen will. Andere werden dort als Käufer auftreten. Es ist zu erwarten, daß dadurch große entwicklungsfördernde Mitteltransfers in die Entwicklungsländer entstehen würden, daß umweltschonende Technologien dort eingeführt werden, wo mit einer Geldeinheit am meisten erreicht werden kann, und daß ein riesiger Schub in Richtung neuer umweltfreundlicher Technologien resultieren würde.

Es ist klar, daß durch solche Maßnahmen die oben als Initianten vorgeschlagenen Industrieländer mit einem hohen CO_2-Ausstoß finanziell stark belastet würden. Doch sollten sie aufgrund ihres durchschnittlichen Wohlstandes auch diejenigen Länder sein, welche sich noch *am ehesten* für eine Lösung der globalen Umweltprobleme einsetzen können. Und durch den Mitteltransfer könnten auch die Entwicklungsländer profitieren und für eine solche Lösung gewonnen werden. Skeptisch muß man als Ökonom gegenüber den Vorschlägen sein, welche wiederum eine riesige Bürokratie auf die Beine stellen, die praktisch ad hoc Umweltprojekte finanziert. Von solchen Vorgehensweisen kann nicht mehr erwartet werden, als im Rahmen der

---

12 Es wäre auch zu überlegen, ob durch solche Maßnahmen die im Rahmen der Entwicklungshilfe vorgesehenen Mittel nicht viel effizienter eingesetzt werden könnten. Ich habe an anderer Stelle vertreten, daß die Schweiz auf diese Art ihre komparativen Vorteile (Neutralität, Diplomatie, Genf als Verhandlungsort) in der Entwicklungszusammenarbeit vermehrt nutzen könnte (vgl. WEDER 1992, S. 91f., S. 103).

bilateralen und multilateralen Entwicklungshilfe in der Vergangenheit erreicht wurde.

Aufgrund dieser Überlegungen muß man auch die im Rahmen der Rio-Konferenz erreichten Abkommen und Absichtserklärungen mit gemischten Gefühlen beurteilen.[13] Zwar wurde vor dem Hintergrund der obigen Ausführungen durch die Betonung der globalen Dimension der Umweltprobleme, durch die Anerkennung der Vorteile des internationalen Handels und durch die Befürwortung von Lösungen über finanzielle Anreize durchaus ein Fortschritt gegenüber früheren Konferenzen erreicht. Gleichzeitig sind die verschiedenen Konventionen durch Unverbindlichkeiten und durch größere ad hoc-Eingriffe und die Etablierung von verschiedenen (neuen) Organisationen gekennzeichnet, welche immer die Gefahr beinhalten, kompliziert und ineffizient zu operieren. Symptomatisch ist z.B. die Befürwortung von hohen Transfers im Rahmen der Entwicklungszusammenarbeit und des Ausbaus der GEF (Global Environment Facility) zur Finanzierung von Umweltprojekten.

Es bleibt also zu hoffen, daß Ökonomen, Naturwissenschaftler, Umweltaktivisten, Konsumenten und Produzenten am gleichen Strick mit dem Namen "Globalisierung" ziehen. Nur so ist es möglich, die Probleme der Zukunft wirklich zu lösen. Dabei brauchen wir meines Erachtens *neue internationale Spielregeln* im Rahmen eines multilateralen Vertragswerkes und nicht so sehr neue oder ausgebaute internationale Organisationen. Der Abschluß der Uruguay-Runde im Rahmen des neuen GATT (WTO) ist auch dann eindeutig ein *umweltpolitischer Erfolg*, wenn es nun bald gelingt, die Emission des "Treibhausgases" CO_2 und anderen gefährlichen Stoffen, wie der "Ozonschicht-Killer" FCKW oder das SO_2 (saurer Regen) im Rahmen eines verbindlichen globalen Abkommens durch ein marktmäßiges Instrument zu begrenzen. Erst durch diese Globalisierung der Problemlösung wird die Globalisierung des Wirtschaftens in Bahnen gelenkt, welche einen möglichst haushälterischen Umgang mit der Natur auf dieser Erde implizieren.

Literaturverzeichnis

BRUNETTI, A. (1993): Umwelt und Außenwirtschaft. In: R.L. Frey, E. Staehelin-Witt, H. Blöchliger (Hrsg.): Mit Ökonomie zur Ökologie. Analyse und Lösungen des Umweltproblems aus ökologischer Sicht. Helbing & Lichtenhahn, Basel und Frankfurt a.M., S. 138-156

---

13 Vgl. JOHNSON (1993) und zur Globalen Umweltfazilität (GEF) "Einigung über globalen Umweltfonds. Schweiz mit 65 Millionen Franken beteiligt", NZZ, 18.3.94.

Büchi, Hj. (1994): Autarkie: Selbstgenügsamkeit, Selbständigkeit und Eigennutz als ökologisches Leitziel? Zürich (unveröffentlichtes Manuskript zur Vorlesungsreihe Autarkie und Anpassung"); vgl.: ders. (1995): Autarkie: Selbstgenügsamkeit, Selbständigkeit und Selbsterhaltung als ökologisches Leitziel? In: Hj. Büchi, M. Huppenbauer (Hrsg.): Autarkie und Anpassung. Westdeutscher Verlag, Wiesbaden (in diesem Buch).

Büchi, Hj.; Reller, A. (1995): Regionalisierung der Stoff- und Energieflüsse – ein sinnvolles Ziel? In: Hj. Büchi, M. Huppenbauer (Hrsg.): Autarkie und Anpassung. Westdeutscher Verlag, Wiesbaden (in diesem Buch).

BUWAL (1990): Umweltschutz in der Schweiz. Buwal-Bulletin No. 3, Bern.

Frey, R.L. (1993): Der Ansatz der Umweltökonomie. In: R.L. Frey, E. Staehelin-Witt, H. Blöchliger (Hrsg.): Mit Ökonomie zur Ökologie. Analyse und Lösungen des Umweltproblems aus ökologischer Sicht. Helbing & Lichtenhahn, Basel und Frankfurt a.M., S. 3-22.

Fritsch, B. (1994): Umweltpolitische Streberei. Zweifel an Ehrlichkeit und Sinn der CO_2-Abgabe. Neue Zürcher Zeitung, 130 (7. Juni), S. 25

Johnson, S. (Hrsg., 1993): The Earth Summit. The United Nations Conference on Environment and Development (UNCED). Graham & Trotman, London.

Schelling, T.C. (1992): Some Economics of Global Warming. American Economic Review, 82 (March), S. 1-14.

Schlüchter, C. (1995): Die Offenheit der Räume in der Zeit. In: Hj. Büchi, M. Huppenbauer (Hrsg.): Autarkie und Anpassung. Westdeutscher Verlag, Wiesbaden (in diesem Buch).

Stiglitz, J.E. (1993): Economics. W.W. Norton & Company, New York.

Wackernagel, M. (1993): How big is our Ecological Footprint? Using the Concept of Appropriated Carrying Capacity for Measuring Sustainability. University of British Columbia, Vancouver.

Weder, B.; Weder, R. (1991): Internationale Umweltprobleme. Wir brauchen neue Spielregeln. Der Monat in Wirtschaft und Finanz, Nr. 11 (November), S. 6-11.

Weder, R. (1992): Schweiz-Dritte Welt. Impulse für eine künftige Entwicklungspolitik. Orell Füssli, Köln und Zürich.

- ders. (1993): Globale Umweltprobleme und Entwicklung. In: R.L. Frey, E. Staehelin-Witt, Hj. Blöchliger (Hrsg.): Mit Ökonomie zur Ökologie. Analyse und Lösungen des Umweltproblems aus ökologischer Sicht. Helbing & Lichtenhahn, Basel und Frankfurt am Main, S. 157-178.

World Bank (1992): World Development Report 1992. Development and the Environment. Oxford University Press, Washington D.C.

Kommentar zum Artikel "Wirtschaft in der Umweltkrise" von Rolf Weder

Dieter Steiner

> *Alle Probleme beginnen bei uns zu Hause und müssen auch dort gelöst werden. Die Hoffnung auf globale Lösungen ist deshalb genauso illusionär wie unser unterschwelliger Glaube an die Unendlichkeit der Ressourcen.[1]*

Rolf Weder ist ein strikter Vertreter der konventionellen neoklassischen Theorie. Wenn man dieser Theorie insgesamt Glauben schenkt, dann muß man auch den daraus abgeleiteten Behauptungen zustimmen, denn die Theorie ist in sich stimmig, sie stellt ein geschlossenes mathematisch-logisches System dar. So weit, so gut. Ein fundamentales Problem entsteht nun aber dadurch, daß dieses System beansprucht, menschliche Handlungen und gesellschaftliche Tatbestände nicht nur monodisziplinär, sondern darüber hinaus wie naturwissenschaftliche Gesetzmäßigkeiten behandeln zu können. Damit wird es zu einer wirklichkeitsfremden und äußerst gefährlichen Konstruktion, denn es blendet jegliche kulturellen Kontexte aus und immunisiert sich gegen ethische Argumente.[2] In Tat und Wahrheit ist die neoklassische Theorie natürlich ein historisches Produkt unserer westlichen Zivilisation, im besonderen der Epoche des mechanistischen Weltbildes dieser Zivilisation. Wie aber soll sie unter diesen Umständen zur Lösung von Problemen tauglich sein, die gerade aus diesem Weltbild heraus entstanden sind? "Gewichtige soziale (und man könnte beifügen ökologische) Probleme lassen sich *nicht an einer Wandtafel* lösen" sagt Donald N. McCloskey hinsichtlich der Sterilität der in der Ökonomie verwendeten mathematischen Formalismen.[3]

Wenn wir aus dieser Konstruktion trotzdem Rezepte zur Problemlösung ableiten, sind die gravierenden Folgen vorprogrammiert. Oder denken wir an die Auswirkungen, wenn wir daran zu glauben beginnen, die Menschen könnten vielleicht wirklich nicht mehr als egoistische, nutzenmaximierende

---

1   W . BERRY (1992): Die Nutzlosigkeit des globalen Denkens. Der Zeit●Punkt 3, S. 22.

2   Vgl. dazu J. SCHÜTZ (1990): Über die Notwendigkeit von Normen in der ökonomischen Theorie. Transfer, Regensburg.

3   D.N. MCCLOSKEY (1991): Die Arroganz der Wirtschaftstheorie. Ökonomische Rechenkünste im Zwielicht. Neue Zürcher Zeitung Nr. 201, 31. August / 1. September.

Individuen sein. Dazu Amitai Etzioni: "One wonders what is the effect on the attitude of potential parents to children, if they are systematically taught to think about their offspring as a trade-off to other 'goods', such as cars?"[4] Und indem die Theorie globale Gültigkeit beansprucht und in alle Länder exportiert wird, stellt sie eine neue Form von Imperialismus dar, indem sie tatkräftig mithilft, anderen Kulturen den Garaus zu machen. Die neoklassischen Ökonomen übrigens, wenn sie Diskrepanzen zwischen der realen Wirtschaft und der Theorie feststellen, haben die Neigung, dies mit bisherigen Behinderungen eines freien Marktes zu erklären. Auch Rolf Weder macht hier keine Ausnahme, wenn er sagt: "Die ... Marktwirtschaft ... wurde in vielen Bereichen noch gar nicht so eingeführt, daß sie auch wirklich funktionieren kann." Die Wirklichkeit muß an die Theorie angepaßt werden. Damit aber verwickelt sich die neoklassische Ökonomie in einen grundlegenden Widerspruch zwischen Naturgesetzlichkeits-Anspruch und normativer Forderung.

Wenn wir also der neoklassischen Theorie kein Vertrauen schenken können, erübrigt sich die Frage danach, was an der daraus abgeleiteten Globalisierungsthese allenfalls gut sein könnte. Betrachten wir trotzdem noch eine Auswahl von Detailaspekten, die zwar zum Teil die Theorie im allgemeinen betreffen, aber vor allem auch im Hinblick auf die Vorstellung eines globalen Wirtschaftssystems Sorgen bereiten müßten:

- Die These vom Marktharmonismus der "unsichtbaren Hand" ist ein moderner Mythos.[5]

- Optimale Zustände eines Marktes leiten sich aus einer Marginalbetrachtung ab. Über das absolute Niveau einer Wirtschaft ist damit nichts gesagt. Es ist also möglich, daß die Umweltzerstörung auch bei "ökologisch wahren Preisen" weitergeht.

- Spezialisierung bedeutet nicht notwendigerweise einen höheren Grad von Effizienz und Ressourcen-Schonung. Was ist, wenn diese z.B. zu geisttötenden Arbeitsbedingungen führt? Ford hielt seine Fließbandarbeiter bei guter Laune, indem er es ihnen ermöglichte, seine eigenen Autos zu kaufen.

- Die Verantwortung der Marktteilnehmer erschöpft sich in der Bezahlung des Marktpreises. Überlegungen zu wünschbaren Umweltzuständen sind überflüssig, denn der Marktmechanismus findet automatisch die optimale Lösung! Sollen wir uns damit wirklich zufrieden geben?

- Die Rechtfertigung einer internationalen Arbeitsteilung klammert die Verteilungsfrage völlig aus. Die Ausgangspositionen der reichen und der

4   A. ETZIONI (1988): The Moral Dimension. Toward a New Economics. The Free Press, New York, und Collier Macmillan, London, S. 249.

5   Zur heutigen Stellung der Ökonomie als Ersatzreligion siehe z.B. J. ROBINSON (1962): Economic Philosophy. Penguin Books, Harmondsworth.

armen Länder sind aber sehr verschieden, und solche Unterschiede werden unter Konkurrenzbedingungen tendentiell potenziert.[6]

- Wieso sollen unilaterale Lösungen bei der Einführung ökologischer Maßnahmen nicht möglich sein? Die Umwandlung der jetzigen Einkommenssteuer in z.B. eine Ökosteuer würde die Arbeit verbilligen und die Konkurrenzfähigkeit insgesamt nicht beeinträchtigen. Ein Land wie die Schweiz könnte durchaus eine Vorbildfunktion übernehmen!

- Die Behauptung, Umweltbelange würden in Entwicklungsländern erst höher bewertet, wenn das Durchschnittseinkommen zunehme, ist ein Beispiel dafür, wie das neoklassische Gedankengut durch Ignorierung kultureller Zusammenhänge zu unzuläßigen Verallgemeinerungen gelangt. Im übrigen wäre zu befürchten, daß bei Wachstum die ökologischen Kosten rascher als der Nutzen der gesteigerten Produktion steigen würden.[7]

Zum Schluß: Rolf Weder scheint der Meinung zu sein, daß ein Kritiker des kapitalistischen, marktwirtschaftlichen Systems jemand sein muß, der notgedrungen ein sozialistisches, planwirtschaftliches System bevorzugt. Natürlich gibt es weitere Optionen in der Form modifizierter Marktsysteme. Ein Abrücken vom jetzigen System ist auf alle Fälle notwendig, denn "... free trade becomes a recipe for hastening the speed with which competition lowers standards for efficiency, distributive equity and ecological sustainability."[8]

---

6   Siehe dazu K.G. ZINN (1991): Ethische Probleme der internationalen Arbeitsteilung. In K. Henning und A. Bitzer (Hrsg.) Ethische Aspekte von Wirtschaft und Arbeit. Bibliographisches Institut, Mannheim.

7   Vgl. H. DALY (1993): The perils of free trade. Scientific American 269 (5), S. 24.

8   a.a.O., S. 28.

Über die Unabhängigkeit und die Freiheit der Schweiz

Hans Ulrich Jost

1. Nationale Geschichte: ein Diskurs in der Enge

Der folgende Beitrag steht möglicherweise ein wenig quer zur übergeordneten Thematik "Autarkie und Anpassung". Oder er ist zumindest insofern verschoben, als es hier in erster Linie darum gehen soll, die in der Schweizergeschichte erheblich mit politischen oder emotionellen Werthaltungen belasteten Vorstellungen von Autarkie, Selbstbestimmung oder Anpassung kritisch zu hinterfragen. Um dies zu tun, werde ich in erster Linie überprüfen, inwiefern die Geschichte der Schweiz tatsächlich auf einer konsequenten Entwicklung von Freiheit und Unabhängigkeit beruht. Diese beiden Begriffe stehen bekanntlich in einem engen Zusammenhang mit den immer wieder auftauchenden Vorstellungen und Ideen über die Möglichkeiten und Grenzen einer Autarkie oder einer Selbstbestimmung der Schweiz.

Unabhängigkeit und Freiheit zählen gewissermaßen zum unbestrittenen Kanon der nationalen Geschichte, und sie bilden darüber hinaus die zentralen Leitvorstellungen der politischen Kultur. "Frei wie die Väter..." ist eine geradezu religiös vorgetragene Formel, mit der regelmäßig patriotische Reden eingeleitet werden. Der Zweck dieser Formel ist, ein ganz spezifisches Geschichtsbild zu evozieren, das sich im Laufe der letzten 150 Jahre zusammengefügt hat. Die Konstruktion dieses Bildes beruht auf einer Mischung von historischen Fakten, politischen Spekulationen und ideell verklärten, geistesgeschichtlichen Interpretationen. Diese besondere Art der historischen Konstruktion zählt zur üblichen Praxis aller Nationalstaaten. Die politischen Ideale und der nationale Standpunkt werden überbewertet, und nicht selten fließen religiös gefärbte Erklärungen mit ein. Insgesamt erscheint in einem solchen Blickwinkel das eigene Land in einer Sonderrolle, während die restliche Staatenwelt in eine Art Anonymität versinkt, oder, schlimmer noch, zu Feindesland wird. So meinte beispielsweise der liberale Carl Hilty (1833-1909), einer der *maître à penser* des Freisinns, über Sinn und Aufgabe der Schweiz: "Die schweizerische Eidgenossenschaft ist nach unserer Auffassung ein von Gott gewolltes und mit

einem ganz besonderen Berufe ausgestattetes staatliches Gebilde, ein geson-
dertes Volk Gottes."[1]

Die Begrenztheit der nationalen Geschichte und ihre Konzentration auf
das innere Geschehen haben dazu geführt, daß Ereignisse und Abläufe wie
autonome, auf Selbstbestimmung beruhende Akte erscheinen. Freiheit und
Unabhängigkeit werden teleologische Leitvorstellungen nicht nur der Historiographie, sondern auch der Politik. Zudem führen "Nation" oder "Heimat"
als wissenschaftliche Referenzpunkte zu einer dermaßen begrenzten Sichtweise, daß das Verständnis für geschichtliche Zusammenhänge in starkem
Maße verloren geht. Die Konzentration auf die inneren Ereignisse läßt gerade
jene Zusammenhänge aus dem Blick entschwinden, die für ein erklärendes
Geschichtsverständnis unabdingbar sind. Geschichte sollte ja der permanente
Versuch sein, das einzelne Ereignis und die lokale Begebenheit so in eine
sowohl zeitlich wie räumlich weitreichende Perspektive zu setzen, daß daraus
ein übergeordnetes Begreifen, eine gewisse allgemeine Evidenz zu erwach-
sen vermag. Es geht gewiß nicht um den "Sinn" der Geschichte. Ich plädiere
nur für eine rational erklärende und komparativ ausgreifende Beschreibung
historischer Prozesse. Die Einengung auf Landesgeschichte oder auf die
Innensicht einer Nation verhindert aber nicht selten solche Perspektiven. Es
ist denn auch nicht verwunderlich, daß die nationale Geschichtsschreibung
mangels kognitiver Zusammenhänge in der Regel auf "sinnstiftende"
Mythen zurückgreift. Der Gründungsmythos beispielsweise wird wie eine
"self fulfilling prophecy" immer dann eingesetzt, wenn bei der Interpretation
historischer – aber auch aktueller – Probleme konkrete und rational vertretbare
Argumente fehlen. Deshalb bedeutet eine einengende Landesgeschichte
nicht nur Verlust von historischem Verständnis, sondern auch intellektuelle
Verarmung.[2]

Doch die Geschichte der Schweiz ist in erster Linie, allen patriotischen
und populären Traditionen zum Trotz, eine europäische Geschichte. Sonder-
fallszenarien und Paradigmen der Unabhängigkeit stehen Trugbildern näher
denn historischen Analysen. Ausschlaggebend sind keineswegs die verbrämten Innenansichten, sondern Bezugspunkte des europäischen Raumes.
Diese finden sich in Flandern und Italien, in Savoyen und Böhmen, oder es
handelt sich um Städte wie London, Antwerpen, Lyon, Leipzig, Paris, Augs-
burg oder Wien. Und die Alpen bilden, entgegen den gängigen Vorstellungen, weniger einen sperrigen Riegel als eine den Austausch und den Verkehr regelnde Brücke. Die Vorstellung der Alpenfestung hinwiederum ist
neueren Datums und hat erst durch das Réduit National des Zweiten Weltkrieges ihre mythische Überhöhung erfahren. Kombiniert mit der Insel-
vorstellung des Ersten Weltkrieges entstand dann die uns bekannte Igel- oder

---

1   Politisches Jahrbuch der schweiz. Eidgenossenschaft XI, 1897, S. 540.
2   SABLONIER (1991).

Réduit-Schweiz.[3] Man sollte dabei allerdings nicht übersehen, daß diese verklärten Bilder nicht nur zur patriotischen Erbauung dienen, sondern ganz konkrete politische Aufgaben zu erfüllen haben. In Bezug auf die beiden Kriege des 20. Jahrhunderts geht es beispielsweise darum, eine nicht immer angenehme, insbesondere das Neutralitätsprinzip tangierende Realität zu verbergen. Denn gerade in diesen Zeiten pflegte die Schweiz regste Wirtschaftsbeziehungen, wobei sie sich, wie noch zu zeigen sein wird, in starkem Maße den Wünschen der Kunden, das heißt der kriegführenden Länder, anpaßte. Die Schweiz war letztlich dermaßen im europäischen Geschehen verhaftet, daß es schwerfällt, das hehre Bild der neutralen Insel beim Nennwert zu nehmen. Doch wenden wir uns vorerst den Anfängen zu und stellen die Frage, in welchen Systemen von Interdependenzen es zur Herausbildung eines schweizerischen Raumes – und ich spreche mit Absicht nicht von Staat – gekommen war.

2. Die Begründung der abhängigen Schweiz

Ich verzichte bewußt auf einen Rückgriff auf die altbekannten Legenden und Mythen des 13. und 14. Jahrhunderts. Gemäß der heutigen historischen Erkenntnis bilden die Ereignisse und Verträge dieser Zeit noch kaum ein kohärentes historisches Feld, das uns erlauben würde, schon ein schweizerisches Staatswesen zu identifizieren. Erst im 15. Jahrhundert lassen sich langsam Strukturen erkennen, in denen sich die Schweiz als politisches Gebilde abzuzeichnen beginnt.[4] Es handelte sich im übrigen um eine Epoche der allgemeinen Staatsbildung der europäischen Geschichte überhaupt. Allenthalben verdichteten sich persönliche Herrschaften zu territorial und administrativ organisierten Einheiten. Die darin sich etablierenden Mächte entwickelten nicht nur neue politische Konzepte, sondern auch eine "sinnstiftende" nationale Identität, mit der die neue Ordnung legitimiert werden soll. In diesem Sinne muß auch die Begründung der Eidgenossenschaft als ein Teil der allgemeinen historischen Entwicklung Europas verstanden werden.

Ein für die Schweiz entscheidender Kontext ergab sich aus den Auseinandersetzungen zwischen Habsburg, Frankreich und dem Herzog von Burgund, in die ein Teil der eidgenössischen Orte mehr oder weniger bewußt verwickelt wurden. Die sich daran anschließende, mehr oder weniger kontrollierte Beteiligung an den italienischen Kriegen zwang die Orte darauf zu

---

3   Zahlreiche populäre Darstellungen verbreiten das idealisierte Bild der Schweiz in den Weltkriegen, so z.B. eine "Helvetia" inmitten eines Schlachtfeldes, oder das Bundeshaus als Insel in einer stürmischen See; vgl. KREIS, "Musternation oder Durchschnittsstaat", Basler Magazin 10, 7. März 1987, und JOST (1992b): "Der "Sonderfall" beruht auf patriotischen Mythen", Berner Zeitung, 26. Nov. 1992.

4   MARCHAL (1991).

vermehrter Zusammenarbeit, wodurch die innere Struktur sich verfestigte. Einen ähnlichen, wenn auch widersprüchlichen Prozeß löste kurze Zeit später die Reformation aus. Diese entscheidenden Entwicklungen der europäischen Geschichte bilden die eigentlichen Voraussetzungen der eidgenössischen Staatsbildung.

Angesichts dieser Ausgangslage erstaunt es kaum, daß die Historiker heute die Bedeutung der externen Faktoren besonders unterstreichen. So meint beispielsweise Nicolas Morard in Bezug auf die Zeit der Burgunder-kriege, daß die Geschichte der Schweiz nicht verstanden werden könne, wenn man sie nicht minutiös mit allen Fäden des europäischen Netzes ver-binde.[5] Dabei darf man sich keineswegs nur vom spektakulären Krieg gegen Karl den Kühnen blenden lassen, sondern man sollte ebensosehr den wirt-schaftspolitischen Verschiebungen große Beachtung schenken. Ohne auf Einzelheiten einzugehen, seien beispielsweise die auf den schweizerischen Raum einwirkenden neuen Wirtschaftskräfte, wie z.B. das stark aufkom-mende und Genf bedrohende Lyon, erwähnt.[6]

Es gilt im übrigen noch darauf hinzuweisen, daß sich die in diesem Umfeld bildende antiburgundische Front nicht nur auf eidgenössische Orte, sondern insbesondere auch auf wichtige oberrheinische Reichsstädte (Straßburg, Basel und Colmar) stützte. Die eidgenössische Komponente be-stand eigentlich nur aus Bern und seinen unmittelbaren Verbündeten, den Städten Fribourg und Solothurn, die damals noch nicht zur Eidgenossenschaft zählten. Überhaupt realisierten, einige Notabeln obgenannter Städte ausge-nommen, nur wenige Eidgenossen die wirkliche Bedeutung dieser Ereig-nisse. Doch die geschickte Politik der Interessierten und der Druck der euro-päischen Diplomatie führten zum Krieg.[7] Damit wurde die Auseinanderset-zung mit Burgund, eine wichtige Etappe der europäischen Neuordnung, beinahe zufällig eine der entscheidenden Phasen bei der Grundlegung der Eidgenossenschaft.

Die innere Organisation, insbesondere die neuen Bünde mit Fribourg, Solothurn, Basel und Schaffhausen, sowie das als Ausgleich mit den inneren Orten verstandene Stanser Verkommnis von 1481, sind im wesentlichen Resultate einer im europäischen Rahmen erfolgten Umstrukturierung. Im gleichen Sinne zählt das Aufkommen von Bern und Zürich, die sich als dominante Pole der Eidgenossenschaft etablierten, zum Prozeß der von Städten ausgehenden modernen Staatsbildung. So stand die Schweiz inmitten eines für das Europa des ausgehenden 15. Jahrhunderts typischen staatlichen und politischen Wandels, mit dem das Zeitalter der Nationalstaaten eingeleitet wurde.

---

5   Nouvelle histoire de la Suisse et des Suisses, 2e édition, Lausanne 1986, S. 276. Siehe
     auch SIEBER-LEHMANN (1991).

6   BERGIER (1963).

7   GASSER (1973).

Trotz dieser politischen Konsolidierung des schweizerischen Raumes sollte man den sogenannten "gemeineidgenössischen" Willen dieser Zeit nicht überschätzen. Sobald nämlich die äußeren Zwänge abnehmen, verliert sich das politische Interesse bezüglich der innerstaatlichen Gestaltung. Dies zeigt sich besonders deutlich in der Affäre des sogenannten Pensionenbriefes. Dieser wurde 1503 ins Traktandum der Tagsatzung genommen und hätte der Eidgenossenschaft eine bessere Bundesstruktur geben sollen. Er enthielt insbesondere eine die Außenpolitik, d.h. das Söldnerwesen und die Pensionen betreffende Klausel, die es erlaubt hätte, alle Orte bindende Mehrheitsbeschlüsse zu fassen.[8] Doch da keine äußeren Sachzwänge einwirkten und eine gemeinsame Entscheidung notwendig machten, verlor sich der Pensionenbrief in den zähflüssigen Verhandlungen der Tagsatzung und wurde schließlich 1508 fallen gelassen. Diese Episode ist recht eigentlich typisch für den allgemeinen Charakter der eidgenössischen politischen Entscheidungsfindung überhaupt. Ohne stärkere äußere Interdependenzen haben gemeinsame innere innovative Ideen nur wenig Eigendynamik und versanden in der Regel im Gestrüpp der Partikularinteressen oder der Divergenzen der einzelnen Orte. Dieses indifferente Verharren wurde dann später etwas euphemistisch als Prinzip des Föderalismus theoretisiert.

Bei der Betrachtung dieser Phase der eidgenössischen Staatsbildung kommt man nicht darum herum, auch den Rückzug von Marignano (1515) aufzugreifen. Diese verlorene Schlacht eidgenössischer Einheiten, die ohne klare politische Zielsetzung in die italienischen Auseinandersetzungen verwickelt waren, erscheint in unserer Landesgeschichte oft als Markstein auf dem Weg zum eidgenössischen Staatsverständnis. Der Rückzug habe, so die weitgehend zum Allgemeingut gewordene Interpretation, das Bewußtsein für die eigenen Limiten geschärft und die Schweiz auf den Weg der Neutralität gebracht. Die Schlacht selber zählt zu den am stärksten mythologisierten Bildern der Schweizergeschichte. Die von Ferdinand Hodler fürs Landesmuseum geschaffenen Fresken verstärken diesen Eindruck und erheben Marignano zu einem wahrhaft nationalen "lieu de mémoire".[9] Doch diese Überhöhung eines letztlich sekundären Ereignisses hat unseren Blick von wichtigeren Fakten abgelenkt. Prägend für diese und die folgende Zeit war nicht dieser dramatische Rückzug, sondern Allianzen, die dem ohnehin nicht homogenen eidgenössischen System über Jahrhunderte hinweg einen festen Rahmen vermitteln sollten. Hans Conrad Peyer spricht in diesem Zusammenhang von einer "Klammer" oder von einer "harten Muschel", mit der das "Weichtier" – gemeint ist das innere Bundesgefüge – zusammengehalten werde.[10] Und eine solche, überaus dominante Klammer bildete der Friede von Freiburg (1516) und die Allianz mit Franz I. (1521).

---

8   VON GREYERZ (1948).

9   JOST (1989), S. 296.

10 PEYER (1978), S. 42.

Diese Abkommen mit Frankreich zeichnen sich nicht nur durch ihre große Dauer – sie werden bis zum Ende der französischen Monarchie immer wieder erneuert -, sondern ebensosehr durch ihre politischen und vor allem ökonomischen Konsequenzen aus. Mit der Bindung an Frankreich und der gleichzeitigen Anerkennung der eidgenössichen Besitzungen im Süden der Alpen bleibt, zum einen, die Schweiz ein "offenes", in Europa integriertes Land. Zum andern öffnet Frankreich mit einer Reihe von Handelsprivilegien dem Land den Zugang zu existentiell entscheidenden Märkten. Selbst wenn die Anwendung dieser Privilegien oft zu wünschen übrig ließ, konnten Vieh und schweizerische Textilprodukte leichter ausgeführt und Waren des Grundbedarfs (Salz, Weizen und Wein) zu besseren Bedingungen eingeführt werden. Die in diesem ökonomischen Paket zusammengefaßten Interessen bildeten wohl, ergänzt durch die Pensionen, die stärkste Grund- und Interessenstruktur der damaligen, noch sehr fragilen gesamteidgenössischen Staatlichkeit. Im übrigen diente die französische Allianz als Modell für zahlreiche weitere Außenbeziehungen, bei denen die partikularen Interessen für Pensionen sich in wohldosierter Kombination mit jenen der sich im Aufbau begriffenen Protoindustrie verbanden. Soldzahlungen und der Exporterlös von Waren mit großem Mehrwert (Vieh und Industrieprodukte) ließen zudem die Schweiz in die Ära der kapitalistischen Wirtschaft eintreten, womit auch die politische Kultur des 19. Jahrhunderts, d.h. der Durchbruch des Wirtschaftsliberalismus, vorprogrammiert wurde. Sowohl die Kaufleute wie auch die Offiziere der Soldtruppen erweiterten vom 16. bis zum 18. Jahrhundert ihre ausländischen Beziehungen und wirkten mit an der Ausbildung eines internationalen Netzes, mit dem sich die Schweiz rasch in Europa und z.T. sogar in Übersee integrierte. Angesichts dieser umfassenden internationalen Entwicklung kann man sich oft des Eindruckes nicht erwehren, die politische Aktivität im Innern des Landes habe den Charakter von nicht ganz ernstzunehmender Folklore.

3. Große Politik und eidgenössische Zielsetzung: eine Kombination von Zufall und Wille

Bevor wir auf einzelne Beispiele der Interdependenz zwischen europäischer Politik und eidgenössischer Bestimmung näher eingehen, müssen wir uns vergegenwärtigen, daß die Zeit vom 16. bis zum 19. Jahrhundert durch ein umfassendes, die politische Ordnung bestimmendes Ereignis geprägt wurde: die Reformation. Sie bedeutete für die Schweiz eine Teilung in zwei Blöcke, die ihrerseits wieder mit den entsprechenden europäischen Religionslager verbunden waren. Dabei sollte nicht vergessen werden, daß sich auch innerhalb des Protestantismus verschiedene Strömungen herausbildeten, die ihrerseits wieder die helvetische Szene prägten. Diese Blockbildungen verstärkten die inneren Spaltungen und trugen schließlich wesentlich zur Schaffung einer ausgeprägt segmentierten politischen Kultur bei, die zur Grundlage der modernen Schweiz wurde. Der Hang zum zuvor schon erwähnten indifferenten Verharren und die segmentierte Politik begründeten zusammen die föderalistische Struktur des Landes. Aber in allen diesen gegensätzlichen Orientierungen waren ausländische Mächte immer mehr oder weniger direkt involviert.

Vor dem Hintergrund der generellen, für ganz Europa gültigen politischen Orientierungsmuster, muß nun auch die sogenannte Exemption, d.h. die formelle Loslösung der Schweiz vom Deutschen Reich betrachtet werden. Dieser Schritt zu größerer Unabhängigkeit reiht sich in den allgemeinen Prozeß der Ausdifferenzierung des europäischen Staatensystems ein. Zur Zeit des Dreißigjährigen Krieges entwickelten praktisch alle fürstlichen oder monarchischen Herrschaftsgebilde im Einflußbereich des Deutschen Reiches dieselben politischen Zielvorstellungen: Streben nach größerer Autonomie in bezug auf das Reich, Verstärkung der eigenstaatlichen Position und partikulare juristische Selbstbestimmung. Die Schweiz folgte mehr oder weniger bewußt denselben Zielvorstellungen. Gewiß unterschied sich die auf demokratischen Elementen beruhende Politik der eidgenössischen Orte von den vom Adel geprägten Staatsbildungen des Auslandes, aber die sich nun etablierenden helvetischen Aristokratien übernahmen sehr schnell den politischen Stil der europäischen Fürstenhöfe.

Ein Blick auf den eigentlichen Exemptionsakt, d.h. die Beteiligung der Eidgenossen am Frieden von Westfalen (1648), zeigt einmal mehr in deutlicher Weise, wie sich auch in dieser Phase äußere Ereignisse auf die Selbstbestimmung der Schweiz auswirkten. Anfänglich entwickelte die Eidgenossenschaft überhaupt keine eigenen Pläne in dieser Angelegenheit. Die Initiative kam in erster Linie von Basel, das sich, immer noch als Reichsstadt betrachtet, in einer exponierten Position befand. Sein Handel insbesondere wurde unmittelbar durch die ausländische Rechtslage berührt. So zog der Basler Bürgermeister Johann Rudolf Wettstein im Auftrage seiner Stadt an die Friedensverhandlungen. Seine Mission wurde nur oberflächlich von den reformierten Städten mitgetragen, während sich die katholischen Orte abseits stellten. Dank der französischen Diplomatie, die ihm eine "moderne Taktik[11]" empfahl, verteidigte Wettstein die baslerischen Interessen mit Hinweisen auf die eidgenössische "Souveränität", ein Begriff, der eben erst damals von modernen Staatsdenkern entwickelt worden war. Dieses eigenwillige und nicht geplante Vorgehen wurde erst im letzten Moment durch ein Schreiben der Tagsatzung sanktioniert.[12] Die formelle Loslösung vom Reich beruhte demnach auf einer eher zufälligen, im Rahmen der europäischen Diplomatie entwickelten Initiative, aber kaum auf einer bewußt erarbeiteten gesamt-

---

11 PEYER (1978), S. 77.
12 GAUSS (1948).

eidgenössichen Strategie. Im Zusammenhang mit diesem Frieden von 1648
wird auch immer wieder das Neutralitätsprinzip ins Spiel geworfen. Tatsächlich praktizierten die eidgenössischen Orte während des Dreissigjährigen
Krieges eine Politik des Abseitsstehens, gegen Ende der Auseinandersetzungen auch ergänzt durch ein Truppendurchzugsverbot. Inwiefern es sich dabei
um eine bewußte und gemeinsam erarbeitete Strategie handelte, ist schwer
abzuschätzen. Ebensosehr hatten die innere Zerrissenheit und die Ver-
harschung des politischen Systems jede äußere Aktivität zu unterbinden ver-
mocht. Hinzu kam, daß der kriegsbedingte Außenhandel relativ lukrative
Geschäfte erlaubte. Diese Erfahrungen bildeten gewiß einen Lernprozeß in
Sachen Neutralität. Es wäre allerdings falsch, hier schon eines der entscheidenden Elemente der schweizerischen Staatsbildung sehen zu wollen.

In bezug auf den Wandel von 1648 wird oft noch ein weiterer Faktor angeführt: das Defensionale von Wil aus dem Jahre 1647. Es handelt sich um eine
im letzten Moment aufgestellte gemeinsame Truppenorganisation. Im Jahre
1668 erneuert, bildet sie tatsächlich eine der wenigen gesamteidgenössischen
Organisationen. Das Defensionale hatte aber nur wenig Einfluß auf die Formulierung einer gemeinsamen Politik. Anzufügen wäre noch, daß sich diese
Abmachungen in starkem Maße von holländischen Vorbildern inspirieren
ließen.[13]

Der Grund, warum ich mich etwas länger beim Westfälischen Frieden,
der Exemption und dem Defensionale aufgehalten habe, liegt darin, daß diese
Ereignisse die typischen Strukturmerkmale helvetischer Entscheidungs-
findungsprozesse tragen. Wir finden ähnliche Situationen in der Zeit von
1815, in den 1840er Jahren, d.h. nach der Gründung des Deutschen Zollvereins, sowie während den beiden Weltkriegen des 20. Jahrhunderts. So
liefert uns beispielsweise die konfuse Lage nach dem Zusammenbruch der
napoleonischen Herrschaft (1815) erneut ein sehr spektakuläres Beispiel, wie
sich äußere Faktoren entscheidend auf die Gestaltung des schweizerischen
Staates auswirken können. Im Innern völlig zerstritten, zeigte sich die Tagsatzung anfangs 1814 unfähig, ein Konzept zur Neugestaltung der Schweiz zu
erarbeiten. Entsprechend schwach erwies sich der Einsatz der im Herbst 1814
an den Kongreß nach Wien entsandten Delegation. Glücklicherweise unter-
brach die Rückkehr Napoleons den Kongreß und erlaubte der Tagsatzung, für
die Pariser Verhandlungen von 1815 einen neuen Schweizer Vertreter zu
bestimmen. Dieser, Charles Pictet-de-Rochemont, führte seine Mission in
ähnlicher Weise wie Wettstein 1648 in Westfalen durch. Er liiert sich aufs
engste mit einem der höchsten Diplomaten der Großmächte, Capo d'Istria,
dank dessen klugen Arrangements es gelingt, die Unverletzlichkeit des
schweizerischen Territoriums und die Anerkennung der Neutralität ins Frie-
denswerk einzubringen.[14] Abgesehen von dieser bedeutenden völkerrechtli-

---

13 PEYER (1987), S. 93-97.
14 BONJOUR (1970), S. 214-215.

chen Anerkennung, die wir in unserer Geschichte immer in den Vordergrund stellen, ist die Eingliederung der Schweiz in die von den Großmächten diktierte Neuordnung Europas von ebensogroßer Bedeutung. Auch in dieser Frage waren letztlich die Vorstellungen der ausländischen Mächte ausschlaggebend.

Vergleichbare Umstände wie 1648 und 1815 finden sich erneut während den Weltkriegen des 20. Jahrhunderts. In beiden Fällen wirkte sich die internationale Entwicklung dominant auf die innere Gestaltung der Schweiz aus. Im Ersten Weltkrieg unterstellte sich die Eidgenossenschaft einer rigiden Wirtschaftskontrolle der Alliierten.[15] Ich verzichte darauf, die Frage des Verlustes der Souveränität weiter zu erörtern, um gleich das Problem der Wirtschaftspolitik aufzugreifen. Die alliierte Kontrolle erfolgte mittels einer sogenannten Société suisse de surveillance économique (SSS), die, gegliedert in wirtschaftliche Syndikate, Handel und Produktion überwachte und regelte. Zwar handelte es sich um ein schweizerisches und von Schweizern geleitetes Kontrollorgan, doch die Direktiven und Leitlinien waren von den Alliierten diktiert worden. Diese Wirtschaftskontrolle wurde mittels eines Systems von Syndikaten organisiert, die sich z.T. auf die großen Wirtschaftsorganisationen des Landes stützten. Die daraus resultierende Wirtschaftspolitik prägte, weit über den Krieg hinaus, die wirtschaftliche Struktur, und beförderte zudem die schon ausgeprägte Tendenz zur Kartellisierung der Schweiz. Da in der Zwischenkriegszeit die eidgenössische Politik immer mehr unter den direkten Einfluß der Wirtschaft zu stehen kam, erfuhr die Schweiz eine entscheidende, von äußern Umständen nicht unwesentlich geprägte strukturelle Änderung. In noch stärkerem Maße wirkte sich der Zweite Weltkrieg aus. Die wirtschaftliche Eingliederung in die deutsche Kriegswirtschaft bestimmte in großem Maße die Stellung und den Spielraum der Schweiz. Hinzu kam die steigende Bedeutung der Schweiz als Finanzdrehscheibe, die gerade in der kriegerischen Situation ihre strategische Rolle zu beweisen vermochte und damit ins Zentrum des Interesses der kriegführenden Parteien rückte.[16] Die relative politische Unabhängigkeit der Schweiz wurde damit zu einem nicht unwesentlichen taktischen Bestandteil einer weltweiten, von außen mitbestimmten Finanzwirtschaft.[17] Und die Neutralität, nun zwar zu einem fundamentalen Staatszweck hochstilisiert, hatte weniger eine konkrete denn eine ideologische, insbesondere für die innenpolitische Propaganda nützliche Bedeutung. Diese Entwicklung nennt Jacques Freymond euphemistisch "unsern kongenialen Pragmatismus", der uns immer zu günstigen "accomodements" führe[18]. Ich würde dies eher, um nicht von Opportunismus zu

---

15 OCHSENBEIN (1971).

16 TANNER (1990).

17 PERRENOUD (1987/88).

18 FREYMOND (1988), S. 16.

sprechen, als paradoxe helvetische Dialektik bezeichnen, die es erlaubt, die außengeleitete Entwicklung als innere politische Identität zu interpretieren.

Ich will diese das politische System und die Konstitution betreffenden Überlegungen mit einem Blick auf die Ausbildung der Bundesverfassung von 1848 beschließen. Seit der auch heute noch lesenswerten Schweizergeschichte von Eduard Fueter[19] wird die Entstehung des Bundesstaates mit den wirtschaftlichen Rahmenbedingungen dieser Zeit begründet. Die ökonomische Struktur des sich rasch industrialisierenden Landes brauchte dringend einen einigermaßen homogenen Wirtschaftsraum und eine marktkonforme gesamteidgenössische Gesetzgebung. Diese Erfordernisse traten insbesondere mit der Gründung des Deutschen Zollvereins (1834) klar zutage.[20] Die ausländischen Beispiele, aber auch die von der Schweiz aus rege verfolgte englische Industrialisierung, wirkten sich in der Folge unmittelbar auf die schweizerischen Konzepte aus.

In dieser Frage müßte zudem die verfassungspolitische Diskussion eingehend gewürdigt werden, denn auch hier manifestierte sich ein nicht zu unterschätzender externer Einfluß. Zum einen erfolgte die Entwicklung von der gescheiterten Bundesurkunde von 1832 bis zur neuen Bundesverfassung von 1848 im Zeichen einer auf internationaler Ebene geführten Debatte. Der politische Liberalismus befand sich in der entscheidenden Auseinandersetzung mit den verbliebenen Kräften des Ancien Régimes. Der schweizerische Verfassungsentwurf von 1832, und insbesondere der berühmte "Bericht über den Entwurf einer Bundesurkunde[21]", hatten zudem einen bedeutenden Einfluß auf die Gestaltung der Verfassung von 1848.

Der erwähnte Bericht stammt aus der Feder des Tagsatzungsgesandten von Genf, Pellegrino Rossi. Rossi, geboren 1787, stammte aus Carrara, war Rechtsprofessor in Bologna und dann Zivilkommissär des Königs Joachim Murat in Neapel. Er kam 1815 als Flüchtling nach Genf, wurde 1833 Professor am Collège de France und starb schließlich 1848 als Opfer eines politischen Anschlages in seiner Funktion als Chef der päpstlichen Regierung in Rom. Diese Biographie kann ruhig als Sinnbild des internationalen Kontextes, der die Bundesverfassung von 1848 prägte, verstanden werden. Neben diesen europäischen Wurzeln der schweizerischen Verfassung kommt, was beispielsweise das Zweikammersystem betrifft, jene der Vereinigten Staaten von Amerika hinzu.[22] Eingebettet in eine international vernetzte Wirtschaft und angelehnt an die europäischen Verfassungsdiskussionen gab sich die Schweiz 1848 ihre moderne Form. Hinzuzufügen wäre noch, daß die kritische Phase der Jahre 1847-1848 nicht unwesentlich von den äußern politischen

---

19 FUETER (1928).
20 HEUSLER (1971).
21 RAPPARD (1941).
22 HIS (1920).

Verhältnissen abgehangen hatte, so daß einer der liberalen Führer dieser Zeit, der Berner Ulrich Ochsenbein, zurecht ausrief: "Wir haben ungeheure Schritte gemacht, veranlaßt durch Ereignisse um uns."[23]

4. Permanente Wirtschaftsintegration als Grundkonzept der Entwicklung

Die strukturellen Interdependenzen zwischen der Schweiz und ihrem Umfeld sind um die Mitte des 19. Jahrhunderts so dicht, daß man beinahe versucht ist, von einer europäischen Entwicklung der Eidgenossenschaft zu sprechen. Dieser Aspekt wird aber noch deutlicher, wenn man die wirtschaftsgeschichtlichen Komponenten mit einbezieht. Dabei wird rasch ersichtlich, daß wirtschaftsgeschichtliche Betrachtungen sich praktisch nie allein auf die Schweiz beschränken können. Ja, Martin Körner geht in seiner Einführung zum Sammelband "Die Schweiz in der Weltwirtschaft" noch weiter und fragt: "Ist es überhaupt zulässig, die Schweiz als eigenen Wirtschaftsraum zu bezeichnen?"[24] Auch Ulrich Pfister, der sich mit der zürcherischen Protoindustrie beschäftigt, stellt ähnliche Fragen und weist auf die entscheidenden Auswirkungen der internationalen Märkte auf die inländische Produktion hin. Die Schweiz der Textilindustrie geht über die politischen Grenzen hinaus und ist in einem von Lyon, Elsaß, Frankfurt, Leipzig, dem Vorarlberg und Norditalien bestimmten Raum integriert.[25] Schließlich sei noch Paul Bairoch zitiert, der seine wirtschaftsgeschichtliche Übersicht mit den Worten beginnt: "Bien peu de pays justifient autant que la Suisse une analyse cherchant à replacer dans un cadre géographique plus large l'étude de sa vie économique."[26]

Die seit dem 16. Jahrhundert abgeschlossenen Soldallianzen erlaubten nicht nur einen, in Form von Söldnern, lukrativen "Waffenexport", sondern sie bildeten auch die Grundlage für ein weitgespanntes handelspolitisches Auslandnetz. Die Schweizer Offiziere, die sich gelegentlich auch nach ihrer Dienstverpflichtung im Ausland installierten, legten zusammen mit den Kaufleuten die Grundlage der ersten "Niederlassungen" der helvetischen Exportwirtschaft. Eng verbunden mit ihren Familien im Heimatland, vermittelten sie die für eine Wirtschaftsexpansion notwendigen Informationen und Beziehungen. Daran schlossen sich bald weitverzweigte Finanzbeziehungen an. Bevor überhaupt, 1850, der Schweizer Franken geschaffen wurde, war das monetäre System der Eidgenossenschaft aufs engste mit der internationalen

---

23 Cit. in BUCHER, "Die Bundesverfassung von 1848", Handbuch der Schweizer Geschichte, Zürich 1977, Bd. 2, S. 992.

24 KÖRNER (1990), S. 13.

25 PFISTER (1990).

26 BAIROCH (1984), S. 468.

Finanz verbunden. 1865 trat die Schweiz dann der Lateinischen Münzunion bei. Solche und ähnliche Beteiligungen an internationalen Systemen überforderte im übrigen nicht selten die Kompetenz der eidgenössischen Politiker, und Hans von Greyerz zieht in dieser Frage im "Handbuch der Schweizergeschichte" folgende Bilanz: "Nolens volens waren die tüchtigen Politiker der Schweiz von 1850 zu einer Entscheidung in münztechnischen Fragen gezwungen worden, von deren wirtschaftspolitischen und vor allem währungspolitischen Untergründen sie kaum Vorstellungen besaßen. Die bundesstaatliche Demokratie stellte Sachfragen zur Diskussion, die selbst den Horizont der Repräsentanten des Volkes überstiegen."[27]

Die Auslandsverflechtungen erlaubten dann der Industrie des 19. Jahrhunderts ihre rasche Expansion. Die Schweiz wurde zu einem der bedeutendsten Industrieexportländer der Welt überhaupt. Bezogen auf die Zahl der Bevölkerung fand sie sich an der Spitze der exportorientierten Länder Europas. Dazu kam es in ständig größerem Maße zu Auslandinvestitionen[28], welche die internationale Vernetzung des Landes verstärkten. Strategisch gesehen zählte die Schweiz nun zum Lager der imperialistischen Großmächte, mit dem einzigen Unterschied, daß ein Teil der Unkosten – das heißt die Aufwendungen für die immer kostspieligeren Militärapparate – nicht mitgetragen werden mußten. Einige Zeitgenossen hatten diesen Sachverhalt klar erkannt. So schrieb beispielsweise der deutsche Ökonom Emminghaus im Jahre 1860: "Von höchster Wichtigkeit ist das System der Handelsfilialen und Kommanditen, welche die Schweiz in höchstem Maße ausgebildet hat. Das sind die schweizerischen Kolonien. Ueberall, wo man Handelsverbindungen anknüpft, beginnt man auf direktem Wege mit Geschäftstheilhabern, die sich in weiter Ferne ansiedeln, oder mit angesiedelten Schweizern, die man zu Kompagnons macht, zu arbeiten. [...] Da braucht es keine kostspieligen Flotten, keine kostbaren Verwaltungen, da braucht es keinen Krieg noch Unterdrückung; auf dem friedlichsten und einfachsten Wege der Welt werden da die Eroberungen gemacht, die allein frommen können".[29]

Die grenzüberschreitenden Wirtschaftsstrukturen bilden aber nicht einfach eine etwas "erweiterte" Schweiz. Vielmehr eroberte sich jeder Produktionssektor eine eigene Welt mit einer individuellen regionalen Verankerung im Inland. Die in der Ostschweiz angesiedelte Textilindustrie entwickelte andere Auslandsmärkte als die in der Nordwestschweiz etablierte Uhrenindustrie. Die Finanzplätze Genf und Zürich haben regional verschiedene Interessengebiete. Der Tourismus wiederum betrifft spezifische Regionen mit einer jeweils eigenen Kundschaft. Es entstand also eine im Innern segmentierte Volkswirtschaft mit komplexen Auslandsverflechtungen. Jakob Tanner

---

27 VON GREYERZ (1977).
28 BAIROCH (1984), S. 479-482.
29 Zit. in FISCHER (1990), S. 199.

umschreibt die spezifischen Züge dieses Systems folgendermaßen: "Schon seit dem Einsetzen einer protoindustriellen Wachstumsdynamik im 18. Jahrhundert war das Staatsgebiet der Eidgenossenschaft charakterisiert durch das Nebeneinander einer hochgradigen internationalen Integration und einer im Vergleich dazu schwachen interregionalen und -kantonalen Kooperation."[30] Die darin enthaltenen externen Abhängigkeiten, die zu einer weitgehenden Außenorientierung führten, können nicht übersehen werden. So stellt man denn auch fest, daß die Schweiz sich immer an die dominanten Wirtschaftsstrategien anschloß. Sie segelte unbefangen im Kielwasser des Imperialismus, so wie es ihr auch ohne große Umstände gelang, sich nach der Niederlage des Dritten Reiches den Gegebenheiten der "Pax Americana" anzupassen.[31] In Anbetracht all dieser komplexen und wechselvollen Auslandsverflechtungen habe ich etliche Mühe, der Schweiz eine eigene wirtschaftliche Identität, geschweige denn eine ausgeprägte Autonomie, zuzusprechen. Hinzu kommt, daß der außenorientierte Handel noch zusätzlich die Segmentierung der Binnenstruktur verstärkte. Alle diese Faktoren stehen jenen Konzepten im Weg, die Autarkie oder Unabhängigkeit als dominante Entwicklungsparadigmen des Landes in den Vordergrund zu stellen versuchen.

5. Das vaterländische Paradoxon: die schweizerische Kultur

Angesichts der Schwierigkeiten, im Rahmen einer materiellen Geschichte einen eigenen und autonomen Ausdruck schweizerischen Wesens zu definieren, war man immer wieder versucht, sich idealen oder kulturellen Werten zuzuwenden. So wird in regelmäßigen Schüben, einer asiatischen Grippe gleich, die Frage nach der "schweizerischen Kunst" aufgeworfen.[32] Die Zweifel, ob man überhaupt von einer schweizerischen Kunst sprechen dürfe, sind bis heute nicht überwunden. Bezeichnenderweise trägt eine der neueren Publikationen zu diesem Thema nicht den Titel "Schweizer Kunst", sondern "Kunst in der Schweiz"[33]. Es ist in der Tat kein leichtes Unterfangen, die von den ausländischen Kunstschulen und -märkten getragene Malerei schweizerischer Künstler auf einen authentischen und unabhängigen nationalen Boden zurückzuführen. Zuerst glaubte man, es würde genügen, die in den internationalen Ateliers von Wien, München, London, Paris oder Rom arbeitenden Schweizer wenigstens thematisch auf Alphütten und das Rütli zu verpflichten. Das Label "Schweizer Kunst" war vorerst eine topographisch definierte Dogmatik, die sich auf die drei Werte Natur, Alpen und Bauern

---

30 TANNER (1990), S. 413.
31 JOST (1990).
32 BÄTSCHMANN/BAUMGARTNER (1987); GAMBONI (1989).
33 LÜTHY/HEUSSER (1983).

beschränkte. Mit dem Aufkommen der vaterländischen Geschichte kam noch eine von Schlachtenbildern geprägte Historienmalerei hinzu.[34] Wenn diese Tendenzen sich auch gut für patriotische Festreden vereinnahmen ließen, so vermittelten sie doch in keiner Weise einen originellen oder qualitativ hervorragenden nationalen Beitrag zur internationalen Kunst. Dies änderte sich erst mit dem Durchbruch von Ferdinand Hodler (1853-1918), der nicht nur die Fresken im Waffensaal des Landesmuseums schuf, sondern auch dem Wilhelm Tell zu einer gültigen Identität verhalf. Mit dem Porträt von General Wille erwarb sich Hodler außerdem die Achtung der national gesinnten Kreise. Da er zudem Alpenbilder in Serie herstellte, schien die Authentizität der "Schweizer Kunst" fürs erste geschaffen zu sein. Ein Literatur- und Kunstkritiker schrieb denn auch 1921 begeistert: "Das Hodlergebirge verleiht der schweizerischen Landschaft eine Dominante von überragender Wucht und Stärke. Es hebt die Schweiz als relative Einheit mehr oder weniger ab von den umgebenden Nachbarländern".[35] Dem wäre nur beizufügen, daß nicht wenige der hodlerschen Alpenbilder die savoyischen Berge auf der französischen Seite des Genfersees wiedergeben.

Es fehlt hier der Platz, näher auf die von Hodler ausgehende komplexe Konstruktion von Kunst und nationaler Identität einzugehen.[36] Es bleibt jedenfalls festzuhalten, daß die Eigenständigkeit nationaler Kunst in der Regel mit der internationalen Bedeutung der Kunstschaffenden selber in einem oft schmerzhaften Konflikt steht. Bezeichnend für diesen Zustand war etwa die offizielle, vom Bundesrat geförderte Kunst der 30er Jahre und die damit parallel laufende Verketzerung der modernen Malerei. Einem Paul Klee (1879-1940), dessen Mutter Schweizerin war und den man heute an der Seite von Hodler als Prunkstück der nationalen Malerei vereinnahmt, wurde seinerzeit die Einbürgerung verwehrt, während die Neue Zürcher Zeitung 1940 dessen Bilder als "Schizophrenelis Gärtli" bezeichnete.[37] Diese und ähnliche Konflikte weisen darauf hin, daß zwischen der "fremden", in einem internationalen Rahmen stehenden Kunst und dem als "einheimisch" anerkannten Kunstschaffen eine widersprüchliche Wechselwirkung herrscht. Wenn wir, neben der bildenden Kunst, noch Sprache und Dichtung mit ins Spiel bringen, dann wird der Diskurs über die Eigenständigkeit der Schweiz zu einem babylonischen Verwirrspiel. Gewiß, die Eidgenossenschaft hat, wie praktisch jedes Land, ihre eigene Folklore, und diese fand besonders stark in der politischen Kultur und im Militärwesen Eingang. Ob man aber von dieser Basis aus eine glaubwürdige nationale Identität zu konstruieren vermag, muß ernsthaft in Frage gestellt werden.

---

34 ZELGER (1973).

35 GANZ (1921), S. 38.

36 Vgl. dazu JOST (1989).

37 JOST (1991).

6. Über die Gefahren des Inseldenkens

Meine Kritik der Geschichtsinterpretationen, die sich zu sehr an Begriffen wie Autonomie, Selbständigkeit oder gar Autarkie orientieren, entspringt keineswegs einem negativen und unbegründeten Selbstzweck. Es geht nicht allein darum, nur den schmalen historischen Boden dieser Vorstellungen aufzudecken; es muß vielmehr auch eindringlich auf die nicht unbedenklichen historischen und politischen Konsequenzen dieser Konzepte aufmerksam gemacht werden. Eine begrenzte nationale Geschichtsschreibung zielt eben nicht nur an der Realität vorbei, sie weckt auch gefährliche Illusionen. Abgesehen davon, daß sie unfähig ist, Verständnis für das Fremde zu schaffen und damit indirekt politische Strömungen wie Xenophobie und Rassismus fördert[38], vermittelt sie ein Weltbild, das den Orientierungsrahmen für künftige Entscheidungsfindung ernsthaft beschränkt. Sie hat viel zur Schaffung des Sonderfall-Mythos beigetragen, ein Mythos, der uns immer wieder veranlaßt, unsere eigene politische Leistung zu überschätzen. Die vaterländische Geschichtsschreibung dürfte auch mit dafür verantwortlich sein, daß sich heute Begriffe wie Heimat, Selbstbestimmung, Urgemeinde und Ökologie zu einer neo-romantischen, politisch nicht unbedenklichen Sichtweise verdichten.[39] Angesichts der komplexen materiellen Strukturen ist es beispielsweise sinnlos, ökologische Zielvorstellungen an ein aus einer mythischen Geschichte entnommenes Heimatbild zu binden. Es scheint mir ebenfalls unmöglich, die vom Markt und vom Kapital erzeugten internationalen, geschichtlich gewachsenen Interdependenzen einfach leugnen oder jedenfalls vernachläßigen zu wollen, um ein idealisiertes und autarkes Modell einer unabhängigen Alpenrepublik heraufzubeschwören. Eine solche hat es, jedenfalls im helvetischen Raum, nie gegeben.

Literaturverzeichnis

BAIROCH, P. (1984): L'économie suisse dans le contexte européen: 1913-1939. Schweizerische Zeitschrift für Geschichte 34, 468.

BÄTSCHMANN, O.; BAUMGARTNER, M. (1987): Historiographie der Kunst in der Schweiz. Unsere Kunstdenkmäler 38, 347-366.

BERGIER, J.-F. (1963): Genève et l'économie européenne de la Renaissance. Paris.

---

38 JOST (1992a).
39 Vgl. "Le romantisme fasciste", in: LÖWY/SAYRE (1992), S. 93-98.

BONJOUR, E.(1970): Geschichte der schweizerischen Neutralität. Bd. 1. Helbing & Lichtenhahn, Basel.

BUCHER, E. (1977): Die Bundesverfassung von 1848. Handbuch der Schweizer Geschichte. Verlag Berichthaus, Zürich. Bd. 2, S. 992.

FISCHER, T. (1990): Toggenburger Buntweberei auf dem Weltmarkt. Ein Beispiel schweizerischer Unternehmerstrategien im 19. Jahrhundert. In: P. Bairoch, M. Körner (Hrsg.): Die Schweiz in der Weltwirtschaft. Chronos, Zürich. S. 199.

FREYMOND, J. (1988): Quel avenir pour la Suisse en Europe? Cadmos 42.

FUETER, E. (1928): Die Schweiz seit 1848. Geschichte, Politik, Wirtschaft. Zürich.

GAMBONI, D. (1989): Le cas de "L'art suisse". In: World Art. Themes of Unity in Diversity. Acts of the XXVIth International Congress of the History of Art, ed. by I. Lavin, London, Vol.I, S. 153-155.

GANZ, H. (1921): Zur Entstehung der nationalen Schule in der schweizerischen Kunst. Die Schweiz 25, 38.

GASSER, A. (1973): Ewige Richtung und Burgunderkriege. Zur Klärung einer alten Streitfrage. Schweizerische Zeitschrift für Geschichte 23, 697-749.

GAUSS, J. (1948): Bürgermeister Wettstein und die Trennung der Eidgenossenschaft vom Deutschen Reich. Basel.

VON GREYERZ, H. (1948): Bundesstaatliche Reformversuche in der Eidgenossenschaft vor 1848. Berner Zeitschrift für Geschichte und Heimatkunde 3, 169-193.

- ders. (1977): Der Bundesstaat seit 1848. Handbuch der Schweizer Geschichte. Verlag Berichthaus, Zürich. Bd. 2, S. 1027-1028.

HEUSLER, H. (1971): Die Auseinandersetzungen über den Beitritt der Schweiz zum Deutschen Zollverein und ihre Auswirkungen auf die Entstehung des schweizerischen Bundesstaates. Zürich.

HIS, E. (1920): Amerikanische Einflüsse im schweizerischen Verfassungsrecht. Festgabe der Basler Juristenfakultät und des Basler Juristenvereins zum schweizerischen Juristentag, Basel.

JOST, H. U. (1989): La Nation, la politique et les arts. Schweizerische Zeitschrift für Geschichte 39, 293-303.

- ders. (1990): Switzerland's Atlantic Perspectives. in: Swiss Neutrality and Security. ed. by M. Milivojevic and P. Maurer; Berg, New York, S. 110-121.

- ders. (1991): Les Beaux-arts et la culture politique: du paradox à l'anomie. In: Ipotesi Helvetia. Un certo Espressionismo, a cura di P. Bellasi (ed.alt.), Locarno, Pinacoteca communale, Casa Rusca, S. 225-240.

- ders. (1992a): Die reaktionäre Avantgarde. Die Geburt der neuen Rechten in der Schweiz um 1900. Chronos, Zürich.

- ders. (1992b): Der "Sonderfall" beruht auf patriotischen Mythen. Berner Zeitung, 26. November 1992.

KÖRNER, M. (1990): Fragen und Thesen zur Integration der Schweiz in die Weltwirtschaft vom Spätmittelalter bis zum Ende des Ancien Régime. In: P. Bairoch, M. Körner (Hrsg.): Die Schweiz in der Weltwirtschaft.Chronos, Zürich. S. 13.

KREIS, G. (1987): Musternation oder Durchschnittsstaat. Basler Magazin 10, 7. März 1987.

LÖWY, M.; SAYRE, R. (1992): Révolte et mélancolie. Le romantisme à contre-courant de la modernité. Payot, Paris.

LÜTHY, H. A.; HEUSSER, H.-J. (1983): Kunst in der Schweiz 1890-1980. Ex Libris, Zürich.

MARCHAL, G. P. (1991): Neue Aspekte der frühen Schweizer Geschichte. Schweiz. Zeitschrift für Geschichte 41, 235-248.

MORARD, N. (1986): L'heure de la puissance (1394-1536). In: Nouvelle histoire de la Suisse et des Suisses. Lausanne, 1986².

OCHSENBEIN, H. (1971): Die verlorene Wirtschaftsfreiheit 1914-1918. Stämpfli, Bern.

PERRENOUD, M. (1987/88): Banques et diplomatie suisses à la fin de la Deuxième Guerre mondiale. Politique de neutralité et relations financières internationales. Studien und Quellen 13/14, 7-128.

PEYER, H. C.(1978): Verfassungsgeschichte der alten Schweiz. Schulthess Polygraphischer Verlag, Zürich.

PFISTER, U. (1990): Regionale Industrialisierung in der frühneuzeitlichen Weltwirtschaft: Das Beispiel der Zürcher Protoindustrie (16.-18. Jahrhundert). In: P. Bairoch, M. Körner (Hrsg.): Die Schweiz in der Weltwirtschaft. Chronos, Zürich. S. 57-82.

POLITISCHES JAHRBUCH DER SCHWEIZ. EIDGENOSSENSCHAFT XI(1897).

RAPPARD, W. E. (1941): Trois économistes genevois et la révision du Pacte fédéral de 1815. Schweizerische Wirtschaftsfragen. Festgabe für F. Mangold, Basel, S. 179-216.

SABLONIER, R. (1991): Wissenschaftliche Schweizergeschichte im Jubiläumsjahr: Wozu noch? Geschichtsforschung und öffentlich-politische Geschichtsverwendung. Bulletin der Allg. geschichtsforschenden Gesellschaft der Schweiz 42, 7-11.

SIEBER-LEHMANN, C. (1991): "Teutsche Nation" und Eidgenossenschaft. Der Zusammenhang zwischen Türken- und Burgunderkriegen. Historische Zeitschrift 253, 561-602.

STETTLER, B. (1994): Reichsreform und werdende Eidgenossenschaft. Schweiz. Zeitschrift für Geschichte 44, 203-229.

TANNER, J. (1990): Die Schweiz und Europa im 20. Jahrhundert: wirtschaftliche Integration ohne politische Partizipation. In: P. Bairoch, M. Körner (Hrsg.): Die Schweiz in der Weltwirtschaft. Chronos, Zürich. S. 409-428.

ZELGER, F. (1973): Heldenstreit und Heldentod. Schweizerische Historien-malerei im 19. Jahrhundert. Atlantis, Zürich.

Ethik im Spannungsfeld von Autarkie, Autonomie und Verantwortung

Markus Huppenbauer und Hans Ruh

1. Begriffserläuterungen: Autarkie – Autonomie – Verantwortung

Im einleitenden Beitrag dieses Bandes hat Hansjürg Büchi den Begriff der Autarkie über Worte wie "Selbstgenügsamkeit", "Selbständigkeit" und "Selbsterhaltung" eingeführt. Die Botschaft der Autarkie heißt zunächst: Ich (oder wir) kann es allein, ich brauche nichts oder niemanden. Ich bin allein und mit dem, was ich habe, zufrieden. Ich falle niemandem zur Last. Alles in allem ein Wort, das von der aus dem Griechischen stammenden Silbe "auto", d.h. vom Begriff des Selbst lebt. In der griechischen Tradition galten vor allem Gott, dann auch der Kosmos und die Städte als autark. Das Selbst kann aber auch eine Person, eine Region, ein Volk, eine Gesellschaft, respektive ihre Subsysteme oder ein Staat sein. Autarkie ist also auf verschiedenen Ebenen und in bezug auf verschiedene Außenrelationen angesiedelt. Dazu drei Beispiele: Gott – im Verständnis der europäisch-metaphysischen Tradition – ist nicht auf die zeitliche Welt angewiesen. Insofern kann man ihn autark nennen. Ein Mensch kann versuchen, unabhängig von der Gesellschaft zu leben, selbständig zu denken, sich eine eigene Meinung zu bilden. Insofern wäre er autark. Eine griechische Stadt der Antike versuchte in wirtschaftlicher Hinsicht sich selbst versorgen und politisch selbständig agieren zu können. Insofern war sie autark.[1]

Aber der Begriff ist ambivalent. Es geht hier doch häufig um Binnenperspektive, geographische, soziale oder geistig-kulturelle Abschottung. Wichtig ist dann die Ausgrenzung eines Außen, das für die eigene Identität nicht wesentlich zu sein scheint, d.h. nur als Ausgegrenztes relevant ist. Der Inbegriff für diese Einstellung ist der Gedanke der Sonderstellung der Schweiz mit ihrem militärischen und geistigen Réduit, dem Gotthardmythos. Kann dieses Wort – so möchten wir in unserem Text fragen – überhaupt eine ethische Perspektive eröffnen?

---

[1] Vgl. zur Begriffsgeschichte mit den nötigen Angaben den Artikel "Autarkie" im Historischen Wörterbuch der Philosophie (HWdPh). Bd.1, Sp. 685.

Die Frage nach der ethischen Relevanz muß auch im Hinblick auf das Wort "Autonomie" aus dem Titel des Textes gestellt werden. Autonomie heißt landläufig Selbstbestimmung. Wer autonom ist, der ist unabhängig. Autonomie heißt übersetzt: Ein Mensch oder eine Gruppe gibt sich selbst das Gesetz, bestimmt selbst, was gut und falsch ist, muß sich von niemandem dreinreden lassen.

Demgegenüber scheint der Begriff der Verantwortung gerade diese Abgrenzung und das Fürsichselbstsein, welche im Begriff der Autarkie und der Autonomie mitschwingen, zu überschreiten. Es geht hier um das Wahrnehmen der Relationen zu anderem. Zu anderen Menschen, Völkern und Ländern. Verantwortlich ist man nicht für sich allein. Verantwortung heißt, daß man in soziale Zusammenhänge gestellt ist, die implizit ethische Forderungen enthalten, denen man entsprechen soll. Verantwortung zu übernehmen heißt also die Bereitschaft, im zwischenmenschlichen und -staatlichen Bereich, vielleicht sogar in bezug auf Natur, Forderungen zu entdecken und ihnen zu entsprechen.

2. Autonomie des Subjekts in der Philosophie der Neuzeit

Ein Blick auf die Geschichte der Ethik zeigt, daß die Frage nach dem Verhältnis von Autonomie und Verantwortung komplizierter ist, als es auf den ersten Blick erscheint. Autonomie und Autarkie auf der einen Seite lassen sich nicht einfach der Ethik und ihrem Verantwortungsbegriff auf der anderen gegenüberstellen. Schon Hansjürg Büchi hat darauf hingewiesen, daß Autarkie bei Aristoteles nicht mit unseren Vorstellungen von gleichgültiger Individualität und Abkapselung gleichgesetzt werden darf, sondern in sozialen Kontexten an Freundschaft, in theologischen an Gott gebunden ist. Daß Entitäten autark sind, bedeutet in dieser Tradition also nie, daß sie in jeder Hinsicht isoliert sind.

Und neuzeitliche Ethik ist – so könnte man überspitzt sagen – ohne Autonomie des Subjekts nicht denkbar. Ohne die Fähigkeit, sich selbst zu Handlungen bestimmen zu können, macht es in der Tradition Kants keinen Sinn, von Moralität zu reden.[2] Menschliche Handlungen nämlich sind – so Kant – im Unterschied zu den Verläufen der Natur nicht nach allgemeinen Gesetzen determiniert. Zumindest nicht dort, wo ein handelnder Mensch zur Verantwortung für sein Tun gezogen werden soll. Wie könnte man jemanden zur Verantwortung ziehen, wenn er gezwungen worden wäre, seine Handlungen zu machen? Wer durch Affekte oder durch äußeren Zwang zu Handlungen getrieben wird, wer nicht Herr seiner selbst ist, ist in dieser ethischen

---

2   Vgl. etwa KANT (1785), AA 4, S. 434. Im weiteren verweisen wir auf die entsprechenden Artikel im HWdPh: Autonomie (Bd. 1, Sp. 707 ff.), Ethik (Bd. 2, Sp. 778 ff.) und Freiheit (Bd. 2, Sp. 1091 ff.).

Tradition kein moralisches Subjekt. Verantwortungsvolles Handeln setzt also Freiheit voraus. Gemeint war damit allerdings nie eine Freiheit zur Willkür, eine Freiheit, die sich an keine Regeln gebunden weiß. Diese Freiheit hatte ihre Grenzen an der Freiheit der anderen Menschen. Allgemeinstes Kriterium zur Beurteilung von Handlungen war bei Kant der Kategorische Imperativ. Dieser besagt in unserer Interpretation, daß eine Handlung nur dann moralisch ist, wenn ich zeigen kann, daß sie für alle Menschen gut wäre. Autonomie bezieht sich also streng genommen gar nicht auf einzelne Individuen, sondern auf die Menschen generell.

Ein so verstandener Autonomiebegriff läßt sich also nicht gegen Verantwortung ausspielen. Er bemißt die Selbstbestimmung an dem, was für alle anderen auch gut sein könnte! Der autonome Mensch anerkennt die Interessen aller Betroffenen, indem er nur dem zustimmt, was verallgemeinerungsfähig ist. Zur Autonomie gehört mithin, daß das universal Gültige gedacht wird. Diese Ethik setzt eine universale Vernunft voraus, in der zumindest prinzipiell alle Menschen übereinstimmen können. Noch unser heutiges Proklamieren der Menschenrechte bewegt sich in diesem anthropologischen Horizont.

So verstandene Autonomie oder Freiheit ist gemäß Kant nichts, was man als solche empirisch aufweisen könnte. Vielmehr ist sie die Bedingung der Möglichkeit der empirischen und moralischen Handlungen, muß also bei jeder möglichen konkreten Handlung vorausgesetzt werden.[3] Einen Begriff dieser Art nannte Kant transzendental.

Ganz knapp sei von hier aus eine Linie zu K.-O. Apel, einem Philosophen der Gegenwart, gezogen. Der hat – über Kant hinausgehend – gezeigt, daß die Verbindung des Subjekts mit der Gemeinschaft selbst dort gegeben ist, wo man ansonsten gerne Unabhängigkeit beansprucht, beim vernünftigen Argumentieren. Schon die allgemeinmenschliche Vernunft setzt so etwas wie eine gemeinsame, intersubjektive Ethik voraus: Die Geltung von Argumenten kann nicht überprüft werden, ohne im Prinzip eine Gemeinschaft von Menschen vorauszusetzen, "die zur intersubjektiven Verständigung und Konsensbildung befähigt sind."[4] Es gibt keine isolierte Vernunft. Selbst der einsame Denker setzt im Selbstgespräch so etwas wie eine potentielle Argumentationsgemeinschaft voraus. Und jeder, der sich überhaupt auf das Argumentieren einläßt, hat gemäß Apel "damit notwendigerweise in Freiheit das ideale Verfahrensprinzip einer idealen Argumentationsgemeinschaft auch als normativ-ethisches Prinzip der ... kommunikativen Lösung aller Probleme anerkannt."[5]

---

3 Vgl. gerade umgekehrt LUHMANN (1989), S. 439: Freiheit versteht er als Folge von Moral, weil man dabei vor die Alternative Ablehnung oder Annahme gestellt werde.

4 APEL (1973), S. 399.

5 APEL (1992), S. 174.

3. Emanzipation von der Heteronomie: Zur Dialektik der Aufklärung

Was wir im vorherigen Abschnitt beschrieben haben, ist die vernunftorientierte Dimension der Autonomie, wie sie als Höchstform im kategorischen Imperativ vorkommt. Nun gibt es daneben eine andere Dimension des Autonomiebegriffs, die wir emanzipatorisch nennen können. In philosophischer Terminologie nennt man sowohl die vernunftorientierten wie auch die emanzipatorischen Vollzüge Aufklärung.

Historisch gesehen geht es in der emanzipatorischen Autonomie um Abgrenzung gegen das, was wir heute Heteronomie nennen. Eine heteronome Ethik ist eine Ethik, in welcher der Mensch nicht als sich selbst bestimmendes Wesen vorgestellt wird. Dem Menschen übergeordnete Instanzen, seien das Gott oder die Natur, legen fest, was zu tun sei. Der Übergang zur Neuzeit läßt sich philosophisch gesehen auch charakterisieren als Verlust der unmittelbaren Glaubwürdigkeit dieser Instanzen. Weder Gott noch Natur konnten mehr in Anspruch genommen werden, um den Menschen ihr Verhalten aufzuzeigen. Die Menschen sind aus der festgelegten göttlichen oder natürlichen Ordnung herausgefallen. Sie haben, so gesehen, sicheren Halt verloren. Sie sind auf sich gestellt. Sie haben sich, anders gesagt, von den Zwängen der religiösen Tradition und der Natur gelöst. Was wahr und falsch, was gut und böse ist, das ist nicht mehr einfach vorgegeben, sondern muß durch menschliche Vernunft bestimmt werden. Jede Äußerung muß dabei kritisierbar sein; was allein zählt, ist der vernünftige Diskurs. Jeder einzelne ist dazu aufgerufen, an dieser Arbeit der Vernunft sich öffentlich zu beteiligen. Jeder einzelne ist dazu aufgerufen, selbst zu denken, das Wagnis der Kritik einzugehen. Voraussetzung dazu ist natürlich politische Freiheit und Demokratie, welche allen, unabhängig von Herkunft, Glaube und Rasse, das Recht geben, sich öffentlich zu äußern. Und Vernunft, das ist – wie schon gehört – das Allgemeinmenschliche, das Universale, das allen zumindest prinzipiell zugänglich ist.

Nun kann dieses aufklärerische Denken sich schwächen. Dort nämlich, wo es wie etwa bei Nietzsche und Freud seine eigenen Voraussetzungen und die daraus folgende universale Moral kritisch zu hinterfragen beginnt. Man untersucht kritisch die Motive hinter der Moral und merkt, daß sich gerade hinter der humansten Moral finstere Absichten und Machtinteressen oder einfach Dummheit verstecken können. Für Nietzsche etwa war die Mitleidsethik der Religion eine Ethik für Herdentiere, mit der die Schwachen ihren Willen zur Macht auf der Welt durchsetzen können.[6] Diese Ideologiekritik kann – muß nicht! – zur Folge haben, daß das denkende Selbst in der Be-

---

6   Vgl dazu NIETZSCHE (1988), etwa S. 117 und S. 124.

liebigkeit oder im Skeptizismus versandet und ohne Orientierung handlungsunfähig wird.

Die Vernunft der Aufklärung kann aber auch zur Destruktivität pervertieren. Horkheimer und Adorno nannten dieses Umkippen "Dialektik der Aufklärung".[7] Es findet sich einerseits dort, wo die Vernunft selbst wie die von ihr bekämpften dogmatischen Instanzen Herrschaft auszuüben beginnt und alles, was nicht ihren Standards entspricht, ausgrenzt oder einsperrt. Zu erwähnen ist etwa die Internierung der Geisteskranken oder die Ausgrenzung von Emotionen aus dem Bereich der Öffentlichkeit usw.- Andererseits kann die Vernunft der Aufklärung zur bloßen Zweckrationalität verkümmern. Hier geht es nicht mehr um den vernünftigen Einbezug der Interessen aller Menschen, sondern um den rationalen Umgang mit Mitteln, die bloß den eigenen Interessen dienen. Dieser zweckrationale Kalkül – so befürchten heute viele Gesellschaftskritiker – hat zu einer völlig entzauberten, durchgeplanten Lebenswelt geführt, in der sich die Starken gegen die Schwachen durchsetzen.

4. Selbsterhaltung und Anthropozentrismus

Der Philosoph Hans Blumenberg hat in seinem berühmten Buch "Die Legitimität der Neuzeit" gezeigt, daß mit dem Verlust des Haltes in festgefügten Ordnungen, der Gedanke der Selbsterhaltung von zentraler Bedeutung wurde.[8] Um es popularisiert zu sagen: Wenn mich nicht mehr Gott am Leben erhält, wenn die Selbstverständlichkeit des Eingebettetseins in eine höhere, göttliche oder natürliche Ordnung verschwindet, dann wird die Sorge um die Erhaltung dieses Lebens zum vordringlichsten Inhalt dieses Lebens. Die Angst vor der Zukunft – so könnte man es psychologisch sagen – zwingt mich, meine Gegenwart und die ihr folgende drohende Zukunft abzusichern. Das ist, wir betonen das bewußt, moralisch nicht verwerflich. Aber diese Konzentration aufs Selbst kann umschlagen in Egoismus. Einen Egoismus, der nur noch die eigenen Interessen sieht und dabei vergißt, daß auch der Umwelt des Selbst ein ähnliches Interesse auf Erhaltung zukommen könnte. Die Selbsterhaltung schlägt hier also um, in Ausbeutung und Unterwerfung der Umwelt. Darin zeigt sich eine Ambivalenz im Autonomiebegriff. Der rationale Mensch der Aufklärung hat sich von der Natur emanzipiert und versteht sich als autonomes Wesen. Im kruden Anthropozentrismus der oben erwähnten Zweckrationalität zeigen sich Egoismus und Destruktivität als Schattenseiten der Autonomie. In einer in der religiösen Tradition nie vorgesehenen Weise hat man in der Neuzeit begonnen, sich in Anlehnung an

---

7   Vgl. HORKHEIMER/ADORNO (1992), insbesondere das erste Kapitel ab S. 9 (Begriff der Aufklärung).

8   Vgl. etwa BLUMENBERG (1988), S. 157 und S. 225f.

Genesis 1.28 die Erde untertan zu machen. Wie man heute weiß, kann man mit diesem Bibelvers zwar den Ackerbau, aber sicher nicht die technische Unterwerfung der Erde im großen Stil legitimieren.

Wo schlägt legitime Selbsterhaltung in überrissene Selbstbehauptung gegenüber der sozialen oder natürlichen Umwelt um? Im Falle des menschlichen Zusammenlebens scheint sich das einfacher bestimmen zu lassen als in bezug auf das Mensch-Natur-Verhältnis. Grenze meiner oder unserer Selbsterhaltung scheint unter Menschen die Selbsterhaltung anderer zu sein. Brutale Kämpfe, in denen sich die Starken gegenüber Schwächeren rücksichtslos durchsetzen, halten wir für unmoralisch. Der Mitmensch und andere Menschengruppen – so sagen wir – haben wie wir das Recht auf die Entfaltung eines menschenwürdigen Lebens. Die Menschenrechte sind so gesehen ein Versuch, die Perspektive zu wechseln, nicht nur sich selbst, sondern auch die Interessen der anderen zu berücksichtigen. Die anderen sind in dieser Perspektive also nicht primär Mittel zum Erreichen meiner Ziele, sondern haben eine eigene Würde.

Aber darf man auch in bezug auf Natur ein derartiges Recht postulieren? Hat die Natur ein Recht darauf, vor unseren Übergriffen verschont zu bleiben? Unter Umweltethikern wird seit Jahren darüber diskutiert, ob es sinnvoll sei, von Rechten der Natur zu sprechen. Man hört dabei oft den Einwand, Natur könne keine eigenen Rechte haben, weil sie kein Subjekt in dem Sinne sei, wie die Tradition seit Kant den Subjektbegriff bestimmt hat.[9]

Der Jurist Leimbacher hat deshalb in diesem Band eine schwache Interpretation der Menschenrechte vorgeschlagen.[10] Menschenrechte sind in seiner Version nicht unbeschränkte Rechte. Mit dieser Interpretation wollte Leimbacher nicht sagen, die Menschen hätten untereinander die Menschenrechte nicht zu befolgen. Ihm ging es dabei um eine Einschränkung der historischen Entwicklung, daß der vernünftig-aufgeklärte Mensch, der sich aus den Traditionen und der Natur löst, nur sich selbst als Zweck sieht und die Natur als bloßes Mittel für diesen Zweck braucht.[11] Nur der andere Mensch, nicht aber Natur ist dabei Grenze der je eigenen Freiheit. Dieser Zug der europäisch-amerikanischen Industriegesellschaften der Moderne, Natur als bloße Ressource zu gebrauchen, muß gemäß Leimbacher eingeschränkt werden. Ziel wäre dabei die Beherrschung der menschlichen Naturaneignung durch die Gesellschaft. Wir können dabei, so Leimbacher, pragmatisch vorgehen. Auch wenn wir die Natur selbst nicht als Rechtssubjekt ansehen, können wir ihr im Rahmen unserer Rechtsordnung doch gewisse Rechte zusprechen, wie wir das auch unmündigen Kindern gegenüber tun. Wir sprechen der Natur gewisse Rechte zu, schränken also menschliche Autonomie generell im Hinblick auf unser Überleben ein. Selbstbestimmung wird ja dort absurd,

---

9   Vgl. dazu etwa die Argumentation von BIRNBACHER (1986).

10   LEIMBACHER (1995): Menschenrecht und Menschenpflicht. (In diesem Buch).

11   Vgl. dazu auch SERRES (1994), S. 66.

wo sie die empirischen Bedingungen ihrer eigenen Möglichkeit zu vernichten droht. Das bedeutet aber nicht, daß wir nun wieder die Natur als uns übergeordnete moralische Instanz eingeführt hätten, der wir uns bloß anzupassen hätten, um uns selbst zu erhalten. Es gibt für uns keine naive Rückkehr zur Natur. Nicht daß die Natur an und für sich Rechte hätte ist also die Pointe, sondern daß wir sie ihr im Hinblick auf unser Überleben zuschreiben. Man könnte diese Position einen aufgeklärten Anthropozentrismus nennen.

Im Zentrum der vorangegangenen Ausführungen zur Bedeutung von Autonomie und Verantwortung im Spannungsfeld von gesellschaftlicher und natürlicher Existenz steht die These, daß sich Autonomie und Verantwortung nicht ausschließen, sondern daß Autonomie Verantwortung geradezu ermöglicht und verlangt. Verantwortung unter Voraussetzung der Autonomie ist also möglich; aber sie kann sich abschwächen, verkümmern, verschwinden, und zwar so weit, daß die Autonomie in Egoismus und Destruktivität übergeht.

Bevor wir uns nun im weiteren der Frage zuwenden, ob die Autarkie ein ökologischer Leitbegriff sein könnte, sei zunächst noch ein anderer Bereich der Mensch-Natur-Beziehung angesprochen. Wir wollen ein paar allgemeine Bemerkungen zum Verhältnis unserer Gesellschaft zur Natur machen.

5. Menschliche Gesellschaft und Anpassung an die Natur

Der Soziologe Luhmann vertritt in seinem Buch "Ökologische Kommunikation" die These, daß die Gesellschaft sich in ökologischer Hinsicht nur selbst gefährden könne.[12] Ein System wie das unserer Gesellschaft wird zwar von seiner Umwelt "gehalten und gestört, nicht aber zur Anpassung gezwungen."[13] Das Gesellschaftssystem hat umgekehrt nicht selbstverständlich die Möglichkeit, sich an vorgegebenen Strukturen der Natur zu orientieren, es muß sich seinen Weg selber finden. Das System ist also "auf sich selbst gestellt", es ist – gegenüber seiner Umwelt – autark. Damit ist das schon oben erwähnte Dilemma angesprochen, daß man den Menschen und ihren Gesellschaften nicht einfach den Rat geben kann, sie sollten ihre wirtschaftlichen und politischen Binnenperspektiven aufgeben und sich mehr der Natur anpassen, dann ließen sich die Umweltprobleme schon lösen. Wir können die Entscheidung über die Wahl unseres weiteren Weges nicht an die "Zwänge und Notwendigkeiten der Natur" abdelegieren, wir sind bei der Wahl unserer Handlungsoptionen zur Autonomie gezwungen. Womit hängt das zusammen?

In einem früheren Text hat auch Luhmann davon gesprochen, daß "Gesellschaft" das umfassende und dadurch unabhängige, autarke Sozial-

---

12 LUHMANN 1986, S. 63.
13 a.a.O., S. 36.

system[14] sei. Diese Aussage ist auf dem Hintergrund von Luhmanns allgemeiner Systemtheorie zu verstehen. Die Entitäten, die er untersucht, soziale Systeme bis hin zur Gesellschaft im Ganzen, bestimmt er als Systeme, die sich von ihrer Umwelt unterscheiden und gerade darin ihre Identität haben. Luhmann zeigt, daß gesellschaftliche Kommunikation nicht die Funktion hat, auf direktem Weg Informationen aus der Umwelt ins Gesellschaftssystem zu transportieren. Die Gesellschaft als das umfassendste System menschlichen Seins in der Welt kann auf ihre Umwelt nur reagieren, indem sie dazu die systemeigenen kommunikativen Formen und Perspektiven verwendet. Nur in deren Kontext finden "Sachverhalte und Veränderungen der gesellschaftlichen Umwelt in der Gesellschaft Resonanz"[15]. Gesellschaftliche Kommunikation erzeugt sich – so Luhmanns Zentralthese – ständig selbst. Wir lernen – vereinfacht gesagt – das Sprechen von Sprechenden. Wir reagieren mit Sprache auf Sprache. Wir geben uns anderen durch Sprache zu verständigen.

Diese in sich geschlossene Struktur der gesellschaftlichen Kommunikation nennt Luhmann autopoietisch. Auch dies ein Wort, das auf das griechische Wort "auto" zurückgreift. Ob sich das Klima erwärmt, die Meere verschmutzen und die Wälder absterben, von dem gilt dann gemäß Luhmann: "Dies alles mag der Fall sein, oder nicht der Fall sein, erzeugt als nur physikalischer, chemischer oder biologischer Tatbestand jedoch keine gesellschaftliche Resonanz, solange nicht darüber kommuniziert wird. ... Die Gesellschaft ist ein zwar umweltempfindliches, aber operativ geschlossenes System." Die Gesellschaft kann nur auf das reagieren, was sie als Umwelt wahrnimmt oder wahrnehmen kann. Ein Beispiel aus einem Teilbereich der Gesellschaft möge das verdeutlichen. "Der Schlüssel des ökologischen Problems liegt, was Wirtschaft betrifft, in der Sprache der Preise. Durch diese Sprache", so Luhmann, "wird vorweg alles gefiltert, was in der Wirtschaft geschieht, wenn sich die Preise ändern bzw. nicht ändern. Auf Störungen, die sich nicht in dieser Sprache ausdrücken lassen, kann die Wirtschaft nicht reagieren – jedenfalls nicht in der intakten Struktur eines ausdifferenzierten Funktionssystems der Gesellschaft."[16] Wenn also vor allem die Erhaltung des wirtschaftlichen Gewinns unsere gesellschaftliche Kommunikation dominiert, dann bringt uns das einerseits Wohlstand, während es bei zunehmender Effizienz beim Erreichen dieses Ziels die Abkoppelung von den übrigen sozialen oder natürlichen Systemen und damit unter Umständen die Selbstgefährdung des Systems erhöht. Die Möglichkeit der Selbstgefährdung menschlicher Gesellschaft generell hängt mit der Zielsetzung autopoietischer Systeme zusammen. Deren primäres Ziel ist immer die "Fortsetzung der Autopoiesis ohne Rücksicht auf Umwelt, und dabei wird der nächste Schritt wich-

---

14 LUHMANN (1982), S. 11.
15 LUHMANN (1986), S. 41.
16 a.a.O., S. 122.

tiger sein als die Rücksicht auf Zukunft, die ja gar nicht erreichbar ist, wenn die Autopoiesis nicht fortgesetzt wird. Die Evolution sorgt längerfristig dafür, daß es zu 'ökologischen Gleichgewichten' kommt. Aber das heißt", so Luhmann, "nichts anderes, als daß Systeme eliminiert werden, die einem Trend der Selbstgefährdung folgen."[17]

Nun ist es kein Zufall, daß wir oben beispielhaft bloß von einem Teilsystem der Gesellschaft (Wirtschaft) gesprochen haben. Denn es gibt heute wegen der Aufsplitterung der Gesellschaft in verschiedenste Funktionssysteme keinen Konsens über eine einheitlich-globale, etwa ethische Perspektive, welche die Gesellschaft als ganze auf ihre Selbstgefährdung reagieren lassen könnte.[18]

Zum Schluß dies: Bei Luhmann gibt es das klassische, autonome Subjekt nicht mehr. An seine Stelle tritt die gesellschaftliche Kommunikation. Die Autonomie wird dadurch transformiert: Sie läßt sich nun als Differenz von Gesellschaftssystem und natürlicher Umwelt, das heißt als operative Geschlossenheit der Gesellschaft und damit als Möglichkeit der Selbstgefährdung bestimmen.

6. Autarkie als ökologischer Leitbegriff?

Es soll im Rahmen dieses Artikels nicht weiter diskutiert werden, ob und wie weit Luhmanns These von der Geschlossenheit des Gesellschaftssystems gegenüber der Natur zutrifft. Im Anschluß an Luhmanns Theorie scheint in umweltethischer Hinsicht jedoch Pessimismus angebracht zu sein. Moral und Ethik richten sich vor allem an das Denken und Handeln von Personen. Als einzelne sind diese aber angesichts der Komplexität der Umweltsysteme sowohl in ihrem Bewußtsein wie auch in ihrem Handeln häufig überfordert. Vielleicht ist dies ein Grund dafür, daß wir auch politisch mit Vereinfachung und Abgrenzung auf die Probleme reagieren.

Unsere Gesellschaft lebt zwar vom Zusammenspiel der verschiedenen Teilbereiche wie Politik, Wirtschaft, Wissenschaft usw. Aber dieses Zusammenspiel kann nicht technologisch oder ethisch determiniert werden. Es wird in der Wahrnehmungsperspektive der einzelnen, um eine alte Metapher aus der Ökonomie aufzunehmen, viel eher wie von unsichtbarer Hand gelenkt. Und wie schon früher bei Gottes Vorsehung weiß man auch heute nicht so genau, wohin der Weg geht. Klar ist aber dies: kein Staat, auch keine Region kann heute behaupten, die Zügel ihres politischen, wirtschaftlichen und ökologischen Geschicks allein in der Hand zu halten. Wir möchten es jedoch nicht bei dieser Analyse belassen. Ein Verweis bloß auf das komplexe

---

17 a.a.O., S. 38.

18 Von den Autoren des vorliegenden Textes vertritt vor allem Huppenbauer diese These.

Zusammenspiel der Kräfte und Systeme kriegt leicht etwas Fatalistisches und erzeugt Angst.

Blicken wir zurück auf den bisherigen Gang des Geschriebenen. Wir haben verschiedene begriffliche Spannungsfelder eingeführt. So die Spannung zwischen Autonomie und Verantwortung, zwischen Selbsterhaltung und Egoismus, dann diejenige zwischen krudem Anthropozentrismus und der Notwendigkeit, der Natur Rechte zuzuschreiben, oder – im Anschluß an Luhmann – zwischen Autopoiese der Gesellschaft und Anpassung an die Umwelt. Man könnte, mit Rückblick auf die ganze Vorlesungsreihe ergänzen, die Spannung zwischen Internationalität und Regionalität, zwischen Individuum und Gemeinschaft und zwischen Selbstbestimmung und Umwelterhaltung.

Der Begriff der Autarkie wäre also nur anzuwenden in bezug auf Lebensweisen in diesen Spannungsfeldern. Dabei läßt sich sein Sinn nicht reduzieren auf wirtschafts- oder wehrpolitische Unabhängigkeit. Schon bei Aristoteles, das haben wir in dieser Vorlesung immer wieder gehört, war das Sichselbst-genug-Sein in sozial-politische und sogar theologische Dimensionen eingebettet. Die theologische wird den meisten unter uns kaum mehr zugänglich sein: Aristoteles verstand darunter, daß der weise Mensch insofern autark sei, als er neben dem zum Leben Allernötigsten nichts brauche.[19] Die Betrachtung des in sich ruhenden Gottes als zeitloser Ursprung der Welt reicht ihm aus, um glücklich und zufrieden zu leben. Auch die sozial-politische Dimension mit der Übersichtlichkeit und Transparenz der griechischen Stadt, wie Hansjürg Büchi sie im ersten Vortrag der Reihe[20] geschildert hat, wird heute kaum mehr zu erreichen sein. Zu groß scheint die Komplexität und Dynamik unserer Gesellschaft zu sein.

Auf jeden Fall aber müssen wir heute zusätzliche Aspekte des menschlichen Naturverhältnisses in den Autarkiebegriff miteinbeziehen. Es ginge dann um eine menschliche Lebensweise, die sich von der Natur abhebt, ohne sie als Basis des eigenen Überlebens aus den Augen zu verlieren. Es ginge in sozial-politischer Hinsicht um eine Lebensweise, welche politische Strukturen in ihrer Größe und Struktur so wählt, daß sie einigermaßen transparent bleiben. Es ginge in wirtschaftlicher Hinsicht um eine Lebensweise, welche Regionen und ihre Stoffkreisläufe nur dort, wo zur Selbsterhaltung nötig, aufreißt. Gerade wenn man Autarkie nicht nur (wie die Griechen und ihre Nachfolger) im Raum, sondern auch in der Zeit versteht, könnte sie heute zu einer wichtigen normativen Idee werden: Autarkie hieße dann, daß wir uns mit dem begnügen, was uns in unserer Zeit zukommt. Wir hätten also auf die Plünderung von Schätzen zu verzichten, welche sich in Jahrmillionen ange-

---

19   ARISTOTELES, Nikomachische Ethik, Buch X, 1177 a 27ff.

20   vgl. BÜCHI (1995): Autarkie: Selbstgenügsamkeit, Selbständigkeit und Selbsterhaltung als ökologisches Leitziel? (In diesem Buch)

sammelt haben. Wir müßten uns also als Sammler, Bearbeiter und Um-
wandler dessen verstehen, was uns heute zukommt. Und nach vorne, in die
Zukunft, dürften wir keine Folgelasten hinterlassen, welche zukünftige
Generationen mit schweren Hypotheken belasten.

Mit dieser zeitlichen Implikation des Begriffs sind dann auch die Brücken
zum Verantwortungsbegriff geschlagen: Verantwortung ist ja ein zeitlicher
Begriff. Man muß in der Zukunft etwas verantworten, was man heute oder in
der Vergangenheit getan hat. Autarkie darf also nicht zum Programm des
Egoismus werden. Die Selbstgenügsamkeit darf nicht als egoistische zelebriert
werden. Es ginge darum – wie Brigitte Weisshaupt es formuliert hat -, nicht
die Selbstsorge gegen Fürsorge auszuspielen. Autarkie wäre vielmehr auszu-
legen im Horizont des Zusammenhangs von Autonomie und Verantwortung.
Das bedeutet vor allem, daß wir den Begriff der Autarkie abfragen nach dem
Sinn der Beschränkung, die er transportiert. Es könnte sich dann eine Umkehrung gängiger Meinungen nahe legen: Gerade indem wir autark sind,
sind wir verantwortlich. Autarkie würde hier also als relationaler Begriff verstanden. Es ginge um ein Selbst, das sich nicht primär mit sich selbst, sondern
mit dem begnügt, was ihm innerhalb von festzulegenden Grenzen und Vorgaben zukommt. Autarkie ohne Angewiesenheit erwiese sich als Illusion.
Autarkie ohne Anpassung wäre – wie der Historiker Jost das in bezug auf die
Schweizer Geschichte gezeigt hat – undenkbar.

Ökologische Autarkie würde bedeuten, daß die Menschen sich wieder
primär in den Regionen bewegen. Damit veränderte sich der weltweite
Transport von schweren Gütern mit den bekannten Folgen für den Energieverbrauch. Weitere einschlägige Regeln wären die möglichst breite Nutzung
von erneuerbaren Energien, welche die Regionen im Unterschied zum
importierten Öl nichts kosten. Etwas mehr Selbstgenügsamkeit wäre dann
auch im Hinblick auf das Aufreißen von Stoffkreisläufen angebracht.

Autarkie würde in sozialer und politischer Hinsicht bedeuten, daß wir auf
die kulturelle Penetration, bzw. die Zerstörung von Traditionen und Kulturen,
etwa durch internationalen Tourismus, Handel und internationale Medien
verzichten. Ganz zu schweigen natürlich vom Verzicht auf jede militärische
und machtpolitische Intervention. Auf der anderen Seite – das ist wieder die
erwähnte Spannung des Begriffs – darf diese Zurückhaltung nicht dazu
führen, daß Nationalismen einzementiert und der mühsame Entstehungs-
prozeß eines internationalen Rechts, internationaler Menschenrechts-
abkommen sowie minimaler internationaler militärischer Schutztruppen
behindert wird.

Bisher haben wir in erster Linie versucht, ein paar philosophische Grund-
lagenhinweise zu geben. Im letzten Abschnitt soll dieser Begriff der Autarkie
aber noch konkreter werden. Wir formulieren dazu einige Regeln. Dabei
haben die Autoren dieses Beitrages hier verschiedene Positionen bezogen:
Auf Äußerungen von Hans Ruh hat Markus Huppenbauer versucht, kritisch

einzugehen. In der Diskussion im Anschluß an den mündlichen Vortrag wurde allerdings deutlich, daß die Positionen nicht in jedem Fall so weit auseinanderliegen, wie sie jetzt um der besseren Klarheit und der Pointiertheit willen vorliegen.

7. Vier Handlungsregeln der Autarkie (Ruh) mit Fragen und Kommentaren (Huppenbauer)

Die Grundidee – sozusagen eine Modifikation des schon erwähnten kategorischen Imperativs – lautet: Wir sollen grundsätzlich einseitig das universal oder allseitig Richtige tun. Autarkie meint also jenes Selbstsein, in dem man nicht darauf angewiesen ist, daß zunächst die anderen das Gute tun sollen, bevor man nachzieht. Es ist diesem Selbst genug, wenn es selbst das Richtige tut.

1.) *Ruh:* Das autarke Handeln muß immer innerhalb einer für die Außenwelt positiven Klammer geschehen. Autarkes Handeln impliziert also immer auch Umsicht nach außen. Wir sollen so handeln, wie es für die anderen auch gut ist, und zwar unter zwei Aspekten: daß die anderen keine negativen Auswirkungen zu spüren haben und daß sie, wenn sie auch so handeln, für sich und andere positiv handeln. Ein gutes Beispiel dafür ist die Annahme der Alpeninitiative durch die Schweiz. Man könnte hier noch weiter gehen und sich ein Land, das sich bewußt an seiner Autarkie orientiert, als ein Laboratorium von Überlebensfähigkeit vorstellen. Etwa indem es auf gesundes Wasser achtet, auch im Blick auf die Zukunft der Nachbarländer. Oder als Laboratorium einer Nachhaltigkeitstechnologie im Sinne der Bionik[21]. Entscheidend ist, daß eine solche Laboratoriumsidee nicht egoistisch konzipiert wird, sondern stets einen Anteil für andere offenhält und damit auch Grundlage für eine realistische Europapolitik sein könnte.

Anfrage Huppenbauer: Wären Autarkieversuche heute nicht eher im Bereich von Regionen statt in dem der Staaten anzusiedeln? Ruhs Regel steht ja in einer altbekannten Tradition schweizerisch-nationalen Autarkiedenkens. Der alte Mythos wird politisch einfach umgepolt. Die Schweiz nun neu als ökologischer Sonderfall? Aber sind Nationalstaaten heute wirklich flexibel genug, um auf die ökologischen Herausforderungen zu reagieren? Der Humanökologe Carlo Jaeger hat in einer seiner Veröffentlichungen zu zeigen versucht, daß gerade Wirtschaftsregionen vielleicht eher geeignet wären, die globalen klimatischen Risiken anzugehen.[22] Hier ist einerseits das Potential,

---

21 "Bionik" ist eine spezielle Technikform, die sich bewusst an biologische Prozesse anlehnt und diese nach Möglichkeit übernimmt oder nachahmt.

22 JAEGER (1992).

politische und ethische Prozesse des Umweltschutzes abzublocken. Ohne die Wirtschaft wird nichts gehen. Und auf der anderen Seite ist hier auch ein starkes Innovationspotential, das vielleicht Individuen, Firmen und politische Behörden zu Prozessen der ökologischen Werttransformation stimulieren könnte.[23]

2.) *Ruh:* Die zweite Handlungsregel meint, daß ein zur Autarkie entschlossenes Land ebenso entschlossen einseitig handeln soll, ohne Rücksicht darauf, ob die anderen das auch tun. Man fängt also gleichsam klein an und hofft dann auf Umkipprozesse im großen. Diese Regel unterminiert das bisher international geltende sogenannte Waffenhändlerargument: Es hat keinen Sinn, daß wir etwas nicht tun, solange die anderen es tun. Wenn wir es nicht tun, tun es andere. Oder anders gesagt: Wenn wir etwas tun oder unterlassen, dann profitieren die anderen davon. Diese Figur muß weg vom Tisch der autarken Politik.

Anfrage Huppenbauer: Das tönt zwar ethisch schön, aber ich möchte drei Bedenken dazu formulieren.

a) Hat diese Autarkie gegenüber den Argumenten und Zwängen des Weltmarktes, wie sie in diesem Buch der Ökonom Weder vertritt, nicht einen etwas schwachen Stand? Weder hat uns ja einfache ökonomische Modelle vorgeführt, die belegen sollen, daß sowohl nationale wie auch internationale Umweltprobleme aus ökonomischer Sicht und bei der faktischen Einbindung in den Weltmarkt nur multilateral erfolgreich anzugehen sind.

b) Reicht es auf die Dauer, und wenn man an Erfolg interessiert ist, aus, auf dieser ethischen Einseitigkeit zu beharren? Ich vermute, daß viele Menschen – mich nicht ausgeschlossen – auf die Dauer nur dann ethisch richtig handeln wollen, wenn es Ihnen – nicht erst den Nachkommen – auch gewisse Vorteile bringt.

c) Carlo Jaeger hat im schon erwähnten Artikel zum Klimaproblem gezeigt, daß gerade Staaten nur ein kleines Interesse daran haben können so zu handeln, wie Hans Ruh das vorschlägt, weil sie dabei mit schwerwiegenden sozialen Dilemmata konfrontiert sind. α) Was ein Staat allein tut, bewirkt kaum etwas. β) Nur wenige Staaten werden durch Klimaänderungen wirklich Geld und Macht verlieren. Und γ) Wenn genug Staaten doch gemeinsame Anstrengungen unternehmen, profitieren auch solche, die sich nicht engagiert haben.[24]

3.) *Ruh:* Die dritte Handlungsregel bezieht sich auf den Unterschied zwischen Start und langfristigem Ziel: Auch eine Autarkieperspektive braucht Zeit. Wir können uns nicht abrupt aus internationalen Verflechtungen lösen und

---

23 a.a.O., S. 12.
24 a.a.O., S. 7; vgl. auch WEDER (1995): Wirtschaft in der Umweltkrise. (In diesem Buch).

müssen auch noch beitragen zur Eindämmung von Schäden, an denen wir als nichtautarke Handelnde beteiligt waren: Die Einstiegsebene für autarkes Handeln ist nicht die Zielebene. Vielmehr braucht es eine Strategie für das sukzessive Anstreben des Autarkiezieles. Beispiele wären etwa das stetige aber massive Anheben von Energiepreisen, die langsame Verlagerung wirtschaftlicher Interessen in die Regionen, die Teilnahme an der Hilfe für die Not in der Dritten Welt, parallel zu einer vorsichtigen Abkoppelung.

Huppenbauer stimmt dieser These zu.

4.) *Ruh:* Die vierte Handlungsregel läßt sich mit der Vorstellung von Autarkiefenstern ausdrücken: Wir müssen prüfen, in welcher Richtung die Autarkie offen sein kann für externe Verantwortung. Aus ökologischer Sicht kommen hier in erster Linie solche Bereiche in Frage, welche nicht gegen die Grundregeln der ökologischen Nachhaltigkeit verstoßen. Solche Grundregeln sind: dezentrale Sonnenenergie, kein Aufreißen von Stoffkreisläufen, keine Ressourcenzerstörung, kein Abfall. Die Grundregel muß wohl heißen: je materieller, desto lokaler, je geistiger, desto internationaler. Damit bekämen Theologie und Philosophie die prominentesten Plätze im Autarkiefenster, hart gefolgt von einer internationalen Menschenrechtspolitik, vielleicht dann sogar einer Medienpolitik und, wer weiß, einer internationalen Energiepolitik.

These Huppenbauer: Schon bei Kant wird deutlich, daß dessen Ethik universal zu sein beansprucht. Auch Hans Ruh bewegt sich mit seiner vierten Handlungsregel noch in diesem Rahmen. Ich will dazu fragen, ob es intellektuell statthaft ist, auf der stofflichen Seite des ökologischen Problems Regionalisierung zu fordern, während man auf der geistigen Ebene eine globale Perspektive einzunehmen beansprucht. Ich meine, daß letzteres nicht unproblematisch ist. Einerseits sind wir schon in unserer eigenen Gesellschaft mit einer Unmenge sich zum Teil widersprechender Normen konfrontiert. Andererseits wurde in den letzten 200 Jahren unser Denken durch kaum etwas so stark erschüttert wie durch die Einsicht, daß das Denken anderer Kulturen genauso entwickelt ist wie unser eigenes. Die Wahrheitsfrage wurde so gesehen kulturrelativistisch aufgelöst. Unsere sogenannten globalen oder universalen Einsichten entsprechen immer nur ganz bestimmten Perspektiven. Diese Einsicht hat auch Folgen für die Ethik. Gerade im Falle der Auseinandersetzung um die Menschenrechte wird das immer deutlicher: Selbstbewußte asiatische und arabische Staaten sehen darin immer häufiger einen Ausdruck westlicher intellektueller Arroganz oder gar geistigen Kolonialismus. Wenn schon – so scheint es mir – sind heute also nicht Theologie und Philosophie und entsprechende Ethiken international, sondern die Wissenschaften von der Natur. Unter dem Stichwort "Postmoderne" versuchen Philosophen in den letzten Jahren diese Kränkung zu verarbeiten.

Ich sehe allerdings zwei Möglichkeiten, auf einen gewissen Universalitätsanspruch doch nicht ganz zu verzichten. Einerseits ist zu fragen, ob es so etwas wie Dialog zwischen Kulturen und Perspektiven geben kann, ohne – im Rahmen unserer eigenen Kultur gesprochen – so etwas wie eine universale Vernunft als regulative Idee anzusetzen. Muß ich nicht davon ausgehen können, daß der andere mich versteht? Ist dieser gemeinsame Verstehenshorizont dann eine universale Vernunft?

Andererseits könnte man Ruhs These, daß wir einseitig das allseitig Richtige tun sollen, als Universalitätsanspruch verstehen, der sich nicht mit Macht durchsetzen will. Verlangt wird dabei nicht etwas von den anderen, sondern zunächst von uns selbst. Wir wären insofern autark, als wir in gewisser Weise unabhängig von einer systemtheoretisch, wirtschaftlich oder anderweitig begründeten Einschränkung der Ethik versuchen würden, die von ihr ausgewiesenen Werte uneingeschränkt selbst zu tun. Autarkie so gesehen wäre eine Aufgabe, deren Scheitern nicht auszuschließen ist.

Literaturverzeichnis

APEL, K.-O. (1973): Transformation der Philosophie. Bd. 2: Das Apriori der Kommunikationsgemeinschaft. Suhrkamp, Frankfurt a.M.

- ders. ([2]1992): Diskurs und Verantwortung. Das Problem des Übergangs zur postkonventionellen Moral. Suhrkamp, Frankfurt a.M.

ARISTOTELES: Nikomachische Ethik. Übersetzt und mit einer Einleitung und Anmerkungen versehen von O. Gigon. Artemis, Zürich 1972.

BIRNBACHER, D. (1980/1986): Sind wir für Natur verantwortlich? In: D. Birnbacher (Hrsg.): Ökologie und Ethik. Reclam, Stuttgart.

BLUMENBERG, H.(1966): Die Legitimität der Neuzeit. Suhrkamp, Frankfurt a.M., [2]1988.

BÜCHI, HJ. (1995): Autarkie: Selbstgenügsamkeit, Selbständigkeit und Selbsterhaltung als ökologisches Leitziel? In: Hj. Büchi, M. Huppenbauer (Hrsg.): Autarkie und Anpassung. Westdeutscher Verlag, Wiesbaden (in diesem Buch).

HEILIGE SCHRIFT DES ALTEN UND DES NEUEN TESTAMENTES. Verlag der Zürcher Bibel, Zürich 1971.

HISTORISCHES WÖRTERBUCH DER PHILOSOPHIE (HWdPh); hrsg. von J. Ritter und K. Gründer. Schwobe, Basel/Stuttgart, diverse Bände ab 1971.

HORKHEIMER, M.; ADORNO, T. W. 1944): Dialektik der Aufklärung. Philosophische Fragmente. Fischer, Frankfurt a.M. 1992.

JAEGER, C. (1992): Regional Approaches to Global Climatic Risks. Paper prepared for the Symposium "Current Developments in Environmental Sociology", Amsterdam, 17-21 June 1992.

KANT, I. (1785): Grundlegung zur Metaphysik der Sitten. Akademieausgabe (AA), Bd. 4, Berlin.

LEIMBACHER, J. (1995): Menschenrecht und Menschenpflicht: die Spannung zwischen Individuum, Gemeinschaft und Natur aus juristischer Sicht. In: Hj. Büchi, M. Huppenbauer (Hrsg.): Autarkie und Anpassung. Westdeutscher Verlag, Wiesbaden (in diesem Buch).

LUHMANN, N. (1982): Soziologische Aufklärung II. Westdeutscher Verlag, Opladen.

- ders. (1986): Ökologische Kommunikation. Kann die moderne Gesellschaft sich auf ökologische Gefährdungen einstellen? Westdeutscher Verlag, Opladen.

- ders. (1989): Ethik als Reflexionstheorie der Moral. In: N. Luhmann (Hrsg.): Gesellschaftsstruktur und Semantik. Studien zur Wissenssoziologie der modernen Gesellschaft. Suhrkamp, Frankfurt a.M., Bd. 3, S. 358-447.

NIETZSCHE, F. (1886): Jenseits von Gut und Böse. In: F. Nietzsche: Jenseits von Gut und Böse. Zur Genealogie der Moral. KSA 5, 2., durchgesehene Auflage. dtv, München/Berlin/NewYork, 1980, S. 9-243.

SERRES, M. (1994): Der Naturvertrag. Suhrkamp, Frankfurt a.M.

WEDER, R. (1995): Wirtschaft in der Umweltkrise: Globalisierung als Chance zur Lösung von Umweltproblemen. In: Hj. Büchi, M. Huppenbauer (Hrsg.): Autarkie und Anpassung. Westdeutscher Verlag, Wiesbaden (in diesem Buch).

Autarkie und Nachhaltigkeit

Zwei Fragen von Hans Ruh und zwei Antworten von Hansjürg Büchi

Hans Ruh:

In der in diesem Buch geführten Autarkiediskussion werden dieselben Themen aufgegriffen wie in der Nachhaltigkeitsdiskussion. Der Begriff "Autarkie" bezieht sich doch auf dasselbe wie "Nachhaltigkeit". Könnte man "Autarkie" nicht durch "Nachhaltigkeit" ersetzen?

Hansjürg Büchi:

Unabhängig von der Diskussion, ob "nachhaltige Entwicklung" ein brauchbarer Begriff sei, ist die Frage zu verneinen. Mit Autarkie oder struktureller Selbsterhaltung ist eine Systemeigenschaft angesprochen, die gerade nicht im Nachhaltigkeitsbegriff enthalten ist. Es handelt sich dabei um ein Problem des Zeithorizontes des jeweiligen Geschehens. Das Wort "Selbsterhaltung" bezeichnet die Tatsache, daß ein System in der jeweils gegebenen Situation seine Strukturen erhalten und seine Existenz fortführen kann. Dabei ist der Prozess gegenwartsgesteuert, eine einmal gelungene Selbsterhaltung ist keine Garantie für eine Weiterführung der Selbsterhaltung. Entscheidend ist immer von neuem die Kombination von Systemstruktur und Umgebungseinfluß. Autarkie ist also (vgl. auch mein Text) eine Systemeigenschaft, die sich ausschliesslich auf den momentanen Systemzustand bezieht.

Nun kommt eine zweite Systemeigenschaft hinzu, die ich als "Autarkiefähigkeit" oder "Selbsterhaltungsfähigkeit" bezeichnen will. Damit meine ich die Fähigkeit von Systemen, auf äußere und innere Störungen so zu reagieren, daß die strukturelle Autarkie erhalten oder wiederhergestellt wird. Natürliche Systeme sind bis zu einem gewissen Grad elastisch, sie können Störungen abfedern und Fehler ausgleichen. Die Selbsterhaltungsfähigkeit ist eine Fähigkeit, zu reagieren, und damit eine dynamische Größe. Sie ist ebenfalls gegenwartsgesteuert, die Kombination von Störung und Gegenreaktion kann unabhängig von der Vorgeschichte zu einer Zerstörung des autarken Systems führen. Auch eine Jahrmillionen dauernde erfolgreiche Existenz von Arten oder Ökosystemen kann in einem kurzen Extremereignis vernichtet werden. Die Frage nach der Selbsterhaltungsfähigkeit ist gleichbedeutend mit der Frage nach der Anpassungsfähigkeit an die sich stets ändernden Rahmenbedingungen, wobei das Gestern und das Morgen nicht zählen, sondern nur das Hier und Jetzt. Das Ziel der Selbsterhaltungs- oder Autarkiefähigkeit ist die Fortsetzung des Weges.

Das Leben ist nicht konservativ, sondern expansiv, es versucht sich möglichst in jede freie Nische hinein auszubreiten, so lange, bis der äußere Druck die Expansion bremst. Vermutlich ist dies auch die beste Selbsterhaltungschance, denn je vielfältiger das ganze System ist, umso größer ist die Wahrscheinlichkeit, daß einige Lebensformen eine starke Störung überleben. Dies ist kein geplanter Prozeß, aber er war bis heute erfolgreich. Wenn nun der Mensch eine expansive Verbreitungsstrategie entwickelt hat, tut er an sich nichts anderes als das in der Natur Übliche: er stösst vor, bis der äußere Gegendruck Einhalt gebietet. Nun unterscheidet sich der Mensch von der übrigen Natur dadurch, daß er als reflexionsfähiges Wesen Einsicht in die Zeit hat, was dazu führt, daß er von einem Gestern her auf ein Morgen hin planen kann. Damit ist das Ziel nicht mehr die Fortsetzung des Weges, sondern die Fortsetzung des Weges wird auf ein Ziel hin gestaltet. Und damit komme ich nun zur nachhaltigen Entwicklung.

Die Natur steht in einer Wechselwirkung mit ihrem Umfeld, sie paßt sich an und verändert gleichzeitig ihr Umfeld. Das Ganze ist ein Fließprozeß in der Gegenwart, ein Spiel von Reaktionen und Gegenreaktionen. Sobald wir nun diese "Zufälligkeit" verlassen und Entwicklungen als besser oder schlechter kategorisieren, sind wir in die Planung eingetreten. Wir bestimmen Ziele und definieren die Wege nach den Zielen. Dies gilt auch für die nachhaltige Entwicklung. Damit gehört sie aber in eine grundsätzlich andere Kategorie von Prozessen als die Autarkie. Autarkie ist rein gegenwartsbezogen, nachhaltige Entwicklung hat einen zeitübergreifenden Horizont, Selbsterhaltung ist hochdynamisch, nachhaltige Entwicklung ist schon per definitionem statisch (gefragt wird nach Permanenz und Dauer; zum Zeitaspekt der Autarkie vgl. auch in meinem Artikel den Abschnitt "Autarkie in Raum und Zeit").

Nun heißt dies nicht, daß die beiden Dinge nichts miteinander zu tun hätten. Aber, und das ist meine Folgethese: Naturgemäss ist der dynamische, stete Wandel. Ein Nachhaltigkeitskonzept, das auch naturgerecht sein will, hat sich dieser Dynamik anzupassen und hat nicht dergestalt von gestern auf morgen zu schließen, daß, was gestern gut war, immer auch morgen gut sein muß. Sobald Nachhaltigkeit mit Bewahren, Schützen und Einfrieren von Änderungsprozessen gleichgesetzt wird, ist sie ökologischer Unsinn. Planungskonzepte sind nur lebensgerecht, wenn sie sich an der gegenwartsbezogenen Dynamik orientieren.

A propos "naturgerecht": Ich gehe davon aus, daß wir bis zu einem gewissen Grad über die "Naturgerechtheit" eines Prozesses urteilen können. Bei der Festsetzung von Planungszielen werden wir aber als letztes Ziel immer die Selbsterhaltung der Menschen anstreben müssen. Nachhaltige Entwicklung ist immer ein anthropozentrisches Konzept. Ich versuche nun eine Definition

dessen zu geben, was ich unter dem Begriff "nachhaltige Entwicklung" allenfalls akzeptieren könnte:

"Nachhaltige Entwicklung ist eine Entwicklung, die bewußt darauf abzielt, die Selbsterhaltungsfähigkeit (resp. strukturelle Autarkiefähigkeit) natürlicher Regionalsysteme und des globalen Systems als Ganzes möglichst nicht
negativ zu beeinträchtigen, und die sich den natürlichen Rahmenbedingungen unterordnet, sofern dadurch die langfristige Selbsterhaltung der Menschen als Spezies unter Wahrung ihrer Menschenwürde nicht in unvertret-
barer Weise beeinträchtigt wird. Diese Entwicklung darf nicht von statischen
Konzepten ausgehen. Zur Erreichung des langfristigen Ziels sind, falls erfor-
derlich, kurz- und mittelfristig auch stärkere Beeinträchtigungen der Lebensqualität und der Selbstbestimmung der Menschen in Kauf zu nehmen."

Letztendlich ist die Idee einer nachhaltigen Entwicklung nichts anderes
als der mühevolle Versuch, einen Spagat fertigzubringen zwischen in die Zeiten ausgreifendem, Dauerhaftigkeit und Sicherheit suchendem Menschen-
denken und rein gegenwartsgesteuerter, unplanbarer Naturdynamik. Da ist
die Gefahr groß, das stete Ändern des natürlichen Rahmens in menschen-
gemachten Konzepten festnageln zu wollen. Dann wird Nachhaltigkeit zum
unerfüllbaren Traum vom sicheren Rahmen, zum Paradieskonzept. Und
genau dieser Tendenz haben wir im Hinblick auf unsere natürlichen Lebensgrundlagen mit aller Vehemenz entgegenzutreten, denn sie transportiert ein
falsches Weltbild und bringt nur Schaden, aber keinen Nutzen.

Hans Ruh:

Ist es nicht falsch, Nachhaltigkeit mit Statik gleichzusetzen? Der Grund-
gedanke von Nachhaltigkeit ist doch der einer Permanenz: Es geht um Sicherung der Lebensgrundlagen. Dies heißt aber noch lange nicht, daß damit an
ein statisches und veränderungsfeindliches Konzept von Nachhaltigkeit
gedacht ist. Die natürlichen Prozesse sind stets Veränderungsprozesse. Das
Postulat auf Nachhaltigkeit geht aber von der menschlichen Wahrnehmung
aus, daß es offenbar ohne tiefgreifende und kurzfristige Eingriffe des Menschen eine relative Stabilität in der natürlichen Entwicklung gibt, welche dem
Menschen günstige Anpassungschancen läßt. Die Erfahrung lehrt, daß die
sich ständig entwickelnde Natur ohne Eingriff des Menschen dem Menschen für sehr lange Zeiträume Lebensmöglichkeiten offenhält.

Nachhaltigkeit meint also die Bewahrung einer Natur, die sich zwar entwickelt, die aber die Chance der qualitativen Anpassung des Menschen an
diese Entwicklung beibehält. Darum ist es auch möglich, die Idee der Nachhaltigkeit wie folgt zu beschreiben: Sie soll den zukünftigen Generationen die
Chance lassen, in einer uns vergleichbaren Weise ihre Anpassungsfähigkeit,
Handlungsfähigkeit und Verantwortungsfähigkeit zu behalten. In diesem
Sinne sehe ich Autarkie als mögliches Konzept einer solchen Nachhaltigkeit.

Der Mensch bringt allerdings eine neue Dimension in die Natur ein. Er kann natürliche Prozesse ungemein beschleunigen und so das Tempo und die Intensität natürlicher Veränderungsprozesse massiv erhöhen, mit der Folge, daß die Konsequenzen für ihn unerträglich werden können, z.B. in Form von Klimakatastrophen. Nun hat aber derselbe Mensch von der Natur die Fähigkeit bekommen, über diese Sache nachzudenken. Wenn er das heute tut, dann nimmt er wahr, daß abrupte und tiefgreifende Veränderungen für ihn negativ sein können. Gleichzeitig kann er herausfinden, was er da falsch macht: Er beachtet zu wenig die Mechanismen der Natur, welche zur relativen Stabilität und zu den langsamen natürlichen Veränderungsprozessen führen. Hier kann er korrigierend eingreifen, indem er seine Eingriffe in die Natur so gestaltet, wie es die Natur, z.B. in Form geschlossener Stoffkreisläufe, vormacht. Tut er das, dann ist er nachhaltig.

Hansjürg Büchi:

Hans Ruh beschreibt Nachhaltigkeit wie folgt: »Sie soll den zukünftigen Generationen die Chance lassen, daß sie in einer uns vergleichbaren Weise ihre Anpassungsfähigkeit, Handlungsfähigkeit und Verantwortungsfähigkeit behalten.«[1] Dieser Definition stimme ich in den Grundzügen durchaus zu. Das Problem liegt allerdings in der »uns vergleichbaren Weise«. Bezieht sich dies auf die Existenzmöglichkeiten oder den gegenwärtigen Konsumstandard? Ist das Ziel ein dauerhaftes Konstanthalten der äußeren Rahmenbedingungen oder ein Erhalten der Anpassungsfähigkeit der Menschen? Geht es um ein aktives Eingreifen oder um ein reaktives Einpassen in die auf der Erde vorgefundenen Rahmenbedingungen?

Auch wenn ich Hans Ruh nicht unterschieben will, die "reaktive" Anpassungsstrategie nicht zu beachten, redet er im folgenden fast ausschließlich von einer aktiven Strategie. Er spricht vom Menschen, der »korrigierend eingreifen kann, indem er seine Eingriffe in die Natur so gestaltet, wie es die Natur, z.B. in Form geschlossener Stoffkreisläufe, vormacht. Tut er das, dann ist er nachhaltig.« Bei alledem geht es »um die Sicherung der Lebensgrundlagen« und um die »Bewahrung einer Natur, die sich zwar entwickelt, die aber die Chance der qualitativen Anpassung des Menschen an diese Entwicklung beibehält« (weshalb spricht er nur von einer »qualitativen Anpassung«?). Für Hans Ruh steht also die aktive Erhaltung von als gut wahrgenommenen Zuständen im Vordergrund. Damit schließt er sich der deutschen Alltagsbedeutung von "nachhaltig" an, die sich umschreiben läßt mit "dauerhaft, beständig, andauernd". In die heutige Umweltdiskussion geraten ist der Begriff "nachhaltig" – in seiner alten, außerhalb der Ökologiedebatte nicht mehr gebräuchlichen Bedeutung von "die Grundvorräte erhaltend" – aber vor allem als Versuch, das englische Wort "sustainable" zu übersetzen,

---

1   Wörtlich zitierte Aussagen von Ruh sind durch »...« gekennzeichnet.

dessen korrekte Übersetzung allerdings "tragbar, erträglich, aushaltbar" lautet. Insofern eine "tragbare Entwicklung" (sustainable development) die Nicht-Zerstörung der jeweils angesprochenen Systeme zum Ziel hat, bezeichnet auch "sustainable" einen bestimmten Aspekt von Dauerhaftigkeit, allerdings viel eher im Sinne des Weiterlaufens von Prozessen als des Andauerns eines Status Quo, wie dies der deutsche Begriff "nachhaltig" beinhaltet. Tragbarkeit darf jedoch nicht mit Bewahrung gleichgesetzt werden. Wenn wir an einer gesunden Natur als Lebensgrundlage interessiert sind, sollten wir nach Möglichkeit keine noch nie dagewesenen Systemstörungen erzeugen, an die sich die natürlichen Systeme nicht anpassen konnten, wir dürfen aber auch nicht stur den gegenwärtigen Zustand erhalten, sondern müssen die Möglichkeiten offenhalten, daß sich die gegenwärtige Lebensvielfalt einem sich stets ändernden Umfeld anpassen kann. Das Bewahren dagegen hält keine Vielfalt von Entwicklungsmöglichkeiten offen, sondern reduziert sie auf *einen* möglichen Zustand, den bereits bestehenden.

Die Ausführungen von Hans Ruh als technokratisch zu bezeichnen wäre sicher falsch. Interessant ist aber seine Engführung von nachhaltigem Handeln im Sinne von korrigierendem Eingreifen des Menschen zwecks Rückgängigmachung der schnellen anthropogenen Änderungen in der Natur. Nicht wahrgenommen werden bei dieser Engführung alle schnellen Naturänderungen, seien sie unbeherrschbar, seien sie durch technische Kontrolle verhindert. Ein großer Teil der heutigen Umweltprobleme wird gerade nicht durch das schnelle anthropogene Verändern der Umwelt im Stile von Artensterben und Klimakatastrophen erzeugt (ungeplante Reaktionen der Natur auf menschliches Wirken), sondern durch das aktive Verhindern der großen natürlichen Dynamik da, wo sie stattfinden würde. Wir haben Bäche begradigt, Auen trockengelegt, Lawinenhänge vernagelt; bei Trockenheit bewässern wir unseren Garten, wenn es regnet, pumpen wir das Wasser aus den Feldern, wenn die Ernte trotzdem schlecht wird, importieren wir die Ware aus dem Ausland; im Winter wird geheizt, im Sommer gekühlt, damit die Raumtemperatur das ganze Jahr über konstant bleibt. Wir haben die "freigewordenen" Räume besetzt, die Rahmenverhältnisse "stabilisiert" und müssen nun alles daran setzen, daß sich die natürliche Dynamik in ihrer unkontrollierbaren Wildheit nicht wieder zurückmeldet. Gleichzeitig nehmen wir (nach Ausschaltung der schnellen Naturdynamik) die Natur nur noch als sich langsam wandelnde Größe wahr und fordern eine Anpassung allen Lebens an diese Langsamkeit. Mit unserem "Konstantheits-Denken" haben wir aber unzählige Biotope zerstört, Tierarten ausgerottet und uns selbst neue Gefahren geschaffen, die wir jetzt meinen mit neuen Maßnahmen korrigieren zu müssen. Hans Ruhs Engführung des Begriffes "Nachhaltigkeit" atmet stark den Geist des technischen Zeitalters. Nachhaltigkeitsstrategien haben aber nicht nur das Verhindern, sondern auch das Zulassen von Änderungen zu fordern, es geht mindestens so sehr um ein Nicht-Zerstören (= Eingriffsverzicht) wie um ein aktives Bewahren.

Typisch ist die Beispielwahl von Ruh. Zuerst sagt er, daß »das Postulat auf Nachhaltigkeit von der menschlichen Wahrnehmung ausgeht, daß es offenbar ohne tiefgreifende und kurzfristige Eingriffe des Menschen eine relative Stabilität in der natürlichen Entwicklung gibt, welche dem Menschen günstige Anpassungschancen läßt. Die Erfahrung lehrt, daß die sich ständig entwickelnde Natur ohne Eingriff des Menschen dem Menschen für sehr lange Zeiträume Lebensmöglichkeiten offenhält.« Unklar ist dabei, wie der Mensch in der Natur leben kann, ohne in die Natur einzugreifen oder auf die Bäume zurückzuklettern. Im weiteren müßte der zweite Satz ergänzt werden durch "..., sofern er sich den stets wechselnden Rahmenbedingungen anpaßt." Weiter unten führt er als Beispiel für die Störung der relativen Stabilität die Klimakatastrophe an. Gerade bei diesem Beispiel zeigt sich aber bei Berücksichtigung der neueren Forschungsresultate, daß die Natur offensichtlich alles andere als stabil ist, daß Änderungen schnell und groß sein können und daß die Vorstellung eines konstanten Klimas eher den Wunschvorstellungen der Menschen als den natürlichen Gegebenheiten entspricht (vgl. hiezu auch den Artikel von Schlüchter in diesem Buch). Ruh ist in seiner Argumentation ein typischer Vertreter der deutschsprachigen Nachhaltigkeitsdebatte, in der die Aspekte der Dauerhaftigkeit und des Bewahrens im Vordergrund stehen und die ein Naturbild transportiert, das nicht der Realität entspricht. Die Sustainability-Debatte im angelsächsischen Raum dagegen geht viel stärker vom Aspekt des Erträglichen oder Aushaltbaren aus, wobei sich die Frage nach der Erträglichkeit ebensogut auf Natursysteme wie auf wirtschaftliche oder soziale Bereiche beziehen kann (was allerdings dazu führt, daß alles und jedes sustainable sein kann und das Wort häufig zur reinen Worthülse wird).

Sehr problematisch ist der Schlußteil von Ruhs Postulat. Er schreibt hier vom Menschen: »Er beachtet zu wenig die Mechanismen der Natur, welche zur relativen Stabilität und zu den langsamen natürlichen Veränderungsprozessen führen. Hier kann er korrigierend eingreifen, indem er seine Eingriffe in die Natur so gestaltet, wie es die Natur, z.B. in Form geschlossener Stoffkreisläufe, vormacht. Tut er das, dann ist er nachhaltig.« Hier stellt sich die Frage, was zu tun ist, wenn der Mensch seine Eingriffe der Natur angepaßt gestaltet, durch diese Selbstbeschränkung aber seine Lebensgrundlagen gefährdet, die sozialen Ungleichheiten vergrößert und sich selbst Schaden zufügt. Unklar bleibt, wie mit Nutzungskonflikten umzugehen ist und wie kurzfristige mit langfristigen Perspektiven in Übereinstimmung gebracht werden können. Die Gefahr ist groß, daß wir hier in einen Wohlstands-Umweltschutz abgleiten, der sich im eigenen Raum "umweltangepaßt" verhält und allfällige negative Folgen ins Ausland delegiert.

Mit diesen letzten Ausführungen habe ich den für mich wichtigsten Aspekt der Nachhaltigkeits-Diskussion angetönt. Die Forderung nach nachhaltiger Entwicklung führt immer in ein Feld konkurrierender Bedürfnisse. Natur und Mensch, Gegenwart und Zukunft, arm und reich, alles ist gegeneinander abzuwägen und so gut als möglich miteinander in Einklang zu bringen. Die Forderung nach nachhaltiger Entwicklung ist eine Aufforderung zum Dialog über alle gesellschaftlichen und fachlichen Grenzen hinweg. Nachhaltiges Verhalten hat seine Basis im Dialog und nicht in der Technik.

Ist nun Autarkie »ein mögliches Konzept einer solchen Nachhaltigkeit«, wie Ruh behauptet? Ich habe schon früher betont, daß Autarkie und Nachhaltigkeit in einem unterschiedlichen Zeithorizont stehen, Autarkie bezieht sich auf die jeweils gegenwärtigen Verhältnisse, Nachhaltigkeit hat eine zeitübergreifende Perspektive. Es fragt sich nun, ob Autarkie nachhaltig ist. Hier ist in unserem Zusammenhang zu unterscheiden zwischen einer strukturellen Autarkie (der Selbsterhaltung eines Systems) und einer materiellen Autarkie (der Selbstversorgung eines Systems).

– Zur *Selbsterhaltung:* Wenn wir nachhaltige Entwicklung definieren als Entwicklung, die nicht einmünden soll in eine menschengemachte Selbstzerstörung, sondern die Möglichkeiten zur weiteren Gewährung eines menschenwürdigen Lebens intakt halten soll, ist die strukturelle Autarkie der Nachhaltigkeit immer vorgeordnet. Nachhaltige Entwicklung ist der Weg zur Fortführung der Selbsterhaltung.

– Zur *Selbstversorgung:* Ein Entwicklungskonzept auf Selbstversorgung aufzubauen ist nur sinnvoll, wenn dadurch die Lebensumstände verbessert werden, wenn also die Chancen zur Selbsterhaltung zumindest nicht sinken. Ist dies der Fall, dann können wir sagen, eine materielle Autarkie sei sinnvoll im Rahmen einer nachhaltigen Entwicklung. Allerdings ist es gefährlich, aus dem Umstand, daß eine materielle Autarkie für die Erhaltung unserer Lebensgrundlagen sinnvoll sein kann, den Schluß zu ziehen, materielle Autarkie führe automatisch zu einer nachhaltigen Entwicklung. Materielle Autarkie kann ebensogut in die Selbstzerstörung führen, etwa dann, wenn übernutzte Gebiete (wie beispielsweise Westeuropa), um dem Anspruch der Selbstversorgung zu genügen, ihre Ressourcen über Gebühr beanspruchen müßten. Das Anstreben einer vollständigen materiellen Autarkie ist in diesem Fall überhaupt nicht nachhaltig.

Materielle Autarkie (Selbstversorgung) ist also eine ambivalente Größe und kann, wenn sie ökologisch sinnvoll sein soll, immer nur ein Mittel zum Zweck sein (vgl. mein Artikel am Anfang des Buches). Aufgrund dieser Ambivalenz kann sie auch kein selbständiges Nachhaltigkeitskonzept, sondern nur Teil eines übergeordneten Konzeptes sein. Bei der strukturellen Autarkie (Selbsterhaltung) kann erst recht nicht von einem Nachhaltigkeitskonzept gesprochen werden. Hier wäre Ruhs Behauptung, Autarkie sei ein mögliches Konzept von Nachhaltigkeit, sogar umzudrehen. Die strukturelle Autarkie ist das Ziel, und die Frage nach einer nachhaltigen Entwicklung ist die Frage nach Konzepten zur Aufrechterhaltung und Fortführung der Selbsterhaltung der Menschen, ihrer Gesellschaftsformen und ihrer natürlichen Lebensgrundlagen.

Autoren

MARIO F. BROGGI, Dr. Ing.: Studium der Forstwirtschaft an der ETHZ, Dissertation an der Universität für Bodenkultur in Wien mit einem raumplanerisch-ökologischen Thema (Landschaftswandel in Liechtenstein). Ab 1969 in Liechtenstein wohnhaft und seither dort mit einem Ökobüro als freierwerbender Naturschutzexperte tätig, mit Bürozweigstellen in Zürich und Wien; Schwerpunkt der Tätigkeit: Verträglichkeit der Land- und Forstwirtschaft mit Natur- und Umweltschutz. Im internationalen Bereich für den Europarat als Experte tätig, ebenso in IUCN (Commission on National Parks and Protected Areas), 1983-92 Präsident der Internat. Alpenschutzkommission CIPRA; Mitglied des wissenschaftlichen Beirates der Europäischen Akademie Bozen; Geschäftsführer der Ruth und Herbert Uhl-Forschungsstelle für Natur- und Umweltschutz, Schaan FL; Geschäftsführer Kuratorium Binding-Preis für Natur- und Umweltschutz.

HANSJÜRG BÜCHI, dipl. phil. II.: Studium der Geologie an der Universität Zürich (1982-87), anschliessend als Baugeologe in der Privatwirtschaft.; ab 1989 zuerst berufsbegleitend, später vollzeitlich Weiterbildung in Theologie und Philosophie; seit 1992 Assistent in der Evangelischen Studiengemeinschaft an den Zürcher Hochschulen (ESG). Arbeitet seit 1992 am Institut für terrestrische Ökologie der ETH Zürich an einem Forschungsprojekt mit dem Arbeitstitel "Autarkie als ökologisches Leitziel?" (Projektbegleitung: Prof. H. Sticher, gemeinsam mit den Professoren H. Ruh, Ch. Schlüchter, und A. Reller).

MARKUS HUPPENBAUER, Dr. phil. I.: Studium der Philosophie und Theologie in Zürich, Lizentiat 1985, Promotion 1990 mit einer Arbeit über "Mythos und Subjektivität". Seit 1992 Leiter der Evangelischen Studiengemeinschaft an den Zürcher Hochschulen (ESG). Lehraufträge an ETH und Universität Zürich. Arbeitsschwerpunkte: Umweltethik, Religionsökologie, Dialog zwischen Naturwissenschaft und Theologie, interdisziplinäre Kommunikation.

HANS ULRICH JOST, Prof. Dr. phil.-hist.: Nach der Matura Militärdienst (1960/61 als Militärpilot), anschliessend Studium der Geschichte und der Soziologie an der Universität Bern; Promotion 1970; Assistent und Oberassistent am Historischen Institut der Universität Bern; 1981 ordentlicher Professor für neuere Allgemeine und Schweizergeschichte an der Universität Lausanne, Faculté des lettres. Größere Publikationen: "Linksradikalismus in der deutschen Schweiz, 1914-1918" (1973); "Die Altkommunisten" (1977); "Bedrohung und Enge, 1914-1945" (1983, in: Geschichte der Schweiz und der Schweizer, Bd. 3); "Die Reaktionäre Avantgarde: die Geburt der Neuen Rechten in der Schweiz um 1900" (1992).

ELIAS LANDOLT, Prof. em. Dr. sc. nat.: Studium der Naturwissenschaften an der ETH und Dissertation am Institut für spezielle Botanik ETH über "Die Artengruppe des Ranunculus montana Willd. in den Alpen und im Jura"; 1953-55: Studienaufenthalt am Carnegie Laboratory in Stanford (Kalifornien) und am California Institute of Technology in Pasadena; 1957: Habilitation an der ETH über "Physiologische und ökologische Untersuchungen an Lemnaceen". 1964 Professor für systematische Botanik an der ETH Zürich, 1966 Professor für Geobotanik und Vorsteher des Geobotanischen Institutes ETHZ, Stiftung Rübel; 1993 emeritiert. Veröffentlichungen: "Unsere Alpenflora"; "Flora der Schweiz" (gemeinsam mit H.E. Hess und R. Hirzel); "Geschützte Pflanzen der Schweiz"; "Monographie der Lemnaceen (Wasserlinsen)"; "Rote Liste der Farn- und Blütenpflanzen der Schweiz". In Vorbereitung: "Flora der Stadt Zürich".

JÖRG LEIMBACHER, Dr. iur.: Studium der Rechtswissenschaften an der Universität Bern; Assistenz bei Prof. Peter Saladin am Seminar für öffentliches Recht der Universität Bern. Mitprojektleiter des Projektes "Rechtssubjektivität des Bodens?" im Rahmen des Nationalen Forschungsprogrammes 22 (Boden); selbständiger Gutachter mit Schwergewicht im öffentlichen, insbesondere im Umweltschutz- und Planungsrecht; Vorträge, Publikationen, Aufsätze, Schulungen; Beratung von Umweltschutzorganisationen. Buchveröffentlichung: "Die Rechte der Natur", Helbing und Lichtenhahn, Basel und Frankfurt a.M. 1988.

HARTMUT RAGUSE, PD Dr. theol.: Studium der Klassischen Philologie und Theologie in Hamburg und Göttingen; Vikar und Pfarrer in Berlin. Seit 1979 Ausbildung für Psychoanalyse in Basel. Mitglied der Schweizerischen Gesellschaft für Psychoanalyse seit 1990. 1992 Promotion in Basel im Fach "Neues Testament"; 1994 Habilitation für "Neues Testament und Hermeneutik". Privatdozent an der Theologischen Fakultät der Universität in Basel und in der Theologenfortbildung und freiberufliche Tätigkeit als Psychoanalytiker; Hauptarbeitsgebiet: Das Grenzgebiet zwischen Theologie, Literaturwissenschaft und Psychoanalyse. Wichtigste Veröffentlichungen: "Psychoanalyse und biblische Interpretation" (1993); "Der Raum des Textes – Elemente einer transdisziplinären theologischen Hermeneutik" (1994)

ARMIN RELLER, Prof. Dr. phil.II.: Studium der Chemie und Promotion an der Universität Zürich; Postdoktorat an der Universität Cambridge, England, anschliessend wissenschaftlicher Mitarbeiter am Anorganisch-chemischen

Institut der Universität Zürich. 1988-91 Koordinator für das Nebenfach Umweltlehre an der Universität Zürich; ab Herbst 1988 Übernahme der Leitung des Forschungsprogramms Thermochemie/Solarchemie (Bundesamt für Energiewirtschaft); Seit 1991 ordentlicher Professor am Institut für Anorganische und Angewandte Chemie der Universität Hamburg; Seit Sommer 1995 Leiter des Programms Solarchemie/Wasserstoff des Bundesamts für Energiewirtschaft. Forschungsaktivitäten: festkörperchemische und materialwissenschaftliche Themen, wobei die Energieforschung einen wichtigen Stellenwert einnimmt; daneben interdisziplinäre Projekte mit ökologischen und wissenschaftshistorischen Bezügen in Lehre und Forschung.

MARTIN C. ROTACH, Prof. em.: Studium des Bauingenieurwesens an der ETH (1947-52) und der Verkehrsplanung an der Yale-University (1954/55). Kantonsingenieur im Kt.Thurgau (1961-64); von 1964-93 Professor für Verkehrsingenieurwesen und Raumplanung an der ETH Zürich, Direktor des Instituts für Orts-, Regional- und Landesplanung der ETHZ (1965-71), Delegierter des Bundesrates für Raumplanung (1972-75). Interdisziplinäre Forschungs- und Beratungstätigkeit: Industriestandortstudie der Schweiz (1965-67), Landesplanerische Leitbilder der Schweiz und CK-73(1968-73), Szenarien der Schweiz (1980-82), Gemeinsames Forschungsprojekt MANTO der ETH Zürich und der ETH Lausanne: "Chancen und Risiken der Telekommunikation" (1983-86), Wissenschaftliche Begleituntersuchung zu den "Kommunikations-Modellgemeinden KMG" der PTT (1988-92), Integrale Beurteilung der Bahn2000 (NBS Basel-Olten; 1991-92), Stadtentwicklungskonzept der Stadt Bern (seit 1993), Umweltgerechtes Verkehrskonzept der Stadt Luzern (seit 1993).

HANS RUH, Prof. Dr. theol.: Studium der protestantischen Theologie in Zürich, Bonn und Basel; Dissertation in Basel bei Karl Barth. 1963 Theologischer Mitarbeiter der Gossner Mission in Berlin; 1965 Mitarbeiter des Schweiz. Evang. Kirchenbundes; 1971 ao. Professor für Sozialethik in Bern; seit 1983 ordentlicher Professor für Systematische Theologie mit Schwerpunkt Sozialethik und Leiter des Instituts für Sozialethik an der Universität Zürich; Lehraufträge im Bereich Umweltethik an der ETH Zürich. Größere Publikationen: "Argument Ethik" (1991); "Marktwirtschaft und theologische Wirtschaftsethik" (in: Wirtschaftsethik, Berliner Theologische Zeitschrift, Beiheft 1992); "Theologie und Oekonomie" (1992, Hrsg.); gemeinsam mit J. Schaad, P. Schellenbauer, E. Ulich: "Arbeitszeiten und Arbeitslosigkeit" (1994, Reihe 'Arbeitswelt', Bd. 11).

CHRISTIAN SCHLÜCHTER, Prof. Dr. phil.-nat.: Studium der Geologie in Bern, anschliessend Berufsjahr in Kanada. Bis 1986 als Geologe an der Abteilung für Bauingenieurwesen der ETH Zürich, anschliessend Oberassistent und ab

1990 Privatdozent am Geologischen Institut der ETH Zürich; seit 1993 Professor für Geologie an der Universität Bern; Schwerpunkte der Forschung: Geologie des Eiszeitalters, Paläoklimaforschung in der Antarktis, der Mensch als geologischer Faktor. Mitglied und Präsident mehrerer Kommissionen der Schweiz. Akademie für Naturwissenschaften (SANW), intensive Beratertätigkeit im In- und Ausland.

DIETER STEINER, Prof. Dr. phil.II.: Studium der Geographie an der Universität Zürich; weitere Ausbildung in Fernerkundung am International Training Centre for Aerial Survey, Delft (Niederlande). Berufliche Engagements an der Universität Zürich, der University of Chicago und der University of Waterloo (Kanada); seit 1975 Lehrstuhl für Quantitative Geographie an der ETH Zürich, seit 1984 Beschäftigung mit Fragen der Humanökologie. Neuere Veröffentlichungen: "Human Ecology – Fragments of Anti-Fragmentary Views of the World" (gemeinsam mit M. Nauser, Hrsg., 1993); "Vernunft angesichts der Umweltzerstörung" (gemeinsam mit W. Zierhofer, Hrsg., 1994).

HANS STICHER, Prof. Dr. sc. tech.: Studium der Chemie und Promotion an der ETH Zürich, anschließend Forschungsaufenthalt am Imperial College of Science and Technology in London; 1969 Habilitation. Seit 1975 Professor für Bodenchemie an der ETH Zürich; Arbeitsgebiet: Adsorption und Transport von Schadstoffen im Boden. Interesse an fachübergreifenden Problemen der Bodennutzung. 1977-79 Präsident der Bodenkundlichen Gesellschaft der Schweiz; 1984-88 Vorsteher (Dekan) der Abteilung für Forstwirtschaft der ETH Zürich; 1987-91 Präsident der Expertenkommission des Nationalen Forschungsprogramms "Nutzung des Bodens in der Schweiz" (NFP 22); 1989-92 Vorsteher der Instituts für Terrestrische Ökologie der ETH; 1989-95 Vorsitzender der Kommission Bodenchemie der Deutschen Bodenkundlichen Gesellschaft. Mitautor des Buches "Bodenökologie" (Thieme-Verlag, Stuttgart, 1990).

ROLF WEDER, Dr. rer. pol.: Studium der Volkswirtschaft an der Hochschule St. Gallen. 1984-87 Tätigkeit bei einer multinationalen Firma der Chemischen Industrie. Ab 1987 wissenschaftliche Assistenz am Institut für Volkswirtschaft der Universität Basel; 1989 Promotion zum Thema "Joint Venture"; 1991-93 Postdoctoral Fellow in Vancouver (Kanada). Zur Zeit Oberassistent am Institut für Volkswirtschaft/WWZ der Universität Basel; Forschungsschwerpunkte: Theorie des internationalen Handels, internationale Entwicklungszusammenarbeit, angewandte Fragen zur Industrieökonomie. Wissenschaftliche Publikationen in den Bereichen Entwicklungszusammenarbeit und Ökologie (z.T. mit Co-Autoren): "Schweiz-Dritte Welt. Impulse für eine künftige Entwicklungspolitik" (1992); "The New Growth Theory and Coasean Economics: Institutions to Capture Externalities" (1993); "Globale Umwelt und Entwick-

lung" (1993, in: R.L. Frey et al., Mit Oekonomie zur Oekologie); "Effiziente
Entwicklungszusammenarbeit durch Spezialisierung. Die Schweiz auf dem
Prüfstand" (1995).

BRIGITTE WEISSHAUPT, Dr. phil.: Studium in Philosophie, Germanistik, Roma-
nistik und Kunstgeschichte in Freiburg i. Br., München und Heidelberg, 1967:
Promotion in Philosophie mit einer Arbeit zum Thema "Der Geist als Grund
der Zeit. Zur Zeitauslegung bei Augustinus, Kant und Aristoteles", 1967-68
Postgraduate in Heidelberg, seit 1972 Gymnasiallehrerin für Philosophie und
Deutsch, daneben Lehraufträge und Gastvorträge an verschiedenen Universitäten in der Schweiz und in Deutschland. 1974: Mitbegründerin der Internationalen Assoziation von Philosophinnen e.V., 1989-91 Präsidentin der Schweizerischen Philosophischen Gesellschaft. Ausgewählte Publikationen: "Sisyphos
ohne Pathos. Selbsterhaltung und Selbstbestimmung im Alltag" (1980, in:
Studia Philosophica, 40/81); "Selbstlosigkeit und Wissen" (1986, in: J. Conrad
und U. Konnertz, Weiblichkeit in der Moderne); "Schatten des Geschlechts
über der Vernunft" (1989, in: Studia Philosophica, 48/89); "Zur ungedachten
Dialektik von Eros und Logos. Die Ausschließung des Weiblichen durch
Logifizierung der Liebe" (1992, in: Die Philosophin 6/92); Mitherausgeberin
der ersten beiden Bände von "Was Philosophinnen denken" (1983/86).

VINCENT ZISWILER, Prof. Dr. phil.II: Studium in Zürich, Forschungsaufent-
halte in Boston (Harvard), New York (American Museum of Natural History)
und Leiden; Forschungsreisen in die Umgebung des Kivusees, nach Neuguinea, Neukaledonien und den südwestpazifischen Inselgruppen; 1967 Privatdozent, 1972 ao. Professor. Seit 1981 Ordentlicher Professor für Zoologie an
der Universität Zürich; Direktor des Zoologischen Museums der Universität
Zürich. Forschungsgebiete: Evolution der Wirbeltiere, speziell der adaptiven
Radiation im Ernährungs- und Verdauungsbereich, Domestikation, Wissen-
schaftsgeschichte. Bücher: "Bedrohte und ausgerottete Tiere" (1965); "Extinct
and Vanishing Animals" (1967); "Thierbuch" (1965) und "Vogelbuch" (1969)
von Konrad Gessner (kommentierte Faksimileausgaben); Handbuchkapitel
über Verdauung (1972) und die Bürzeldrüse (1982) in "Avian Biology"
(Academic Press New York); Lehrbuchkapitel "Zoogeographie" (1980, in:
"Biologie", Springer Heidelberg). "Spezielle Zoologie · Wirbeltiere" (1976,
2 Bde.).

Index

Geographische Namen

Sachwortverzeichnis

Ökologie, Umwelt und Sozialwissenschaften

Niklas Luhmann

Ökologische Kommunikation

Kann die moderne Gesellschaft sich auf ökologische Gefährdungen einstellen?

3. Aufl. 1990. 275 S. Kart.
ISBN 3-531-11775-0

„(...) man kann die Lektüre dieses Buches nur jedem, der an ökologischen Problemen, an einem Verständnis der modernen Gesellschaft und an soziologischer Theorie Interesse hat, ans Herz legen. Selten kann man auf so relativ wenigen Seiten so viel über die Gesellschaft lernen, über Codes und Programme der großen Funktionssysteme, über die Chancen der sozialen Bewegungen, über die Schwierigkeiten einer Umweltethik oder über einen vielleicht doch noch möglichen Rationalitätsbegriff. Und fast nebenbei wird man in die neuesten Entwicklungen des Analyseinstrumentariums der Systemtheorie eingeführt und erfährt von den faszinierenden Ideen der Kybernetik, der Theorie der Autopoiesis und der Erkenntnistheorie. Das Buch über die ‚Ökologische Kommunikation' kann als eine hervorragende Einführung in die Luhmannsche Soziologie dienen. (...)"

Hessischer Rundfunk

Ulrich Hampicke

Ökologische Ökonomie

Individuum und Natur in der Neoklassik. Natur in der ökonomischen Theorie: Teil 4

1992. 487 S. Kart.
ISBN 3-531-12196-0

Muß eine Gesellschaft, die den Regeln der neoklassisch-marktwirtschaftlichen Ökonomie folgt, die Natur zwangsläufig zerstören? Der Autor erklärt die ökonomischen Voraussetzungen, unter denen ein Substanzerhalt der Natur möglich ist. Ausführlich erörtert werden die Probleme intertemporaler Diskontierung und intergenerationeller Gerechtigkeit sowie die Normenfolgsamkeit der Individuen im Zusammenhang mit öffentlichen Gütern.

Dagmar Reichert/
Wolfgang Zierhofer

Umwelt zur Sprache bringen

Über umweltverantwortliches Handeln, die Wahrnehmung der Waldsterbensdiskussion und den Umgang mit Unsicherheit

1993. XII, 377 S. Kart.
ISBN 3-531-12459-5

In „Umwelt zur Sprache bringen" werden umweltverantwortliches Handeln und Ansatzmöglichkeiten zu gesellschaftlichen und politischen Veränderungen angesichts der Umweltzerstörung diskutiert und das Konzept einer „verständigungsorientierten Umweltpolitik", welche die unterschiedlichen Lebensalltage von Menschen und ihre Intentionen berücksichtigt und auf kommunikativen Einigungsverfahren beruht, vorgestellt. An konkreten Fallbeispielen werden Idealvorstellungen von umweltverantwortlichem Handeln, aber auch die damit verbundenen Schwierigkeiten dargestellt.

WESTDEUTSCHER
VERLAG
OPLADEN · WIESBADEN

Ökologie, Umwelt und Sozialwissenschaften

Bernhard Glaeser/
Parto Teherani-Krönner (Hrsg.)

Humanökologie und Kulturökologie

Grundlagen – Ansätze – Praxis
1992. 443 S. Kart.
ISBN 3-531-12375-0

„Humanökologie und Kulturökologie" umreißt ein Forschungsfeld, das es – zumindest so – noch nicht gibt, obwohl beide Disziplinen auf einige Jahrzehnte Forschung zurückblicken. Während Humanökologie sich als Lehre der Mensch-Umwelt-Interaktion versteht, deren Traditionen in verschiedenen Natur- und Sozialwissenschaften wurzeln, untersucht Kulturökologie die besondere Ausgestaltung der Mensch-Natur-Beziehungen als Folge kultureller Leistungen. In diesem Band werden Gemeinsamkeiten und Unterschiede zwischen beiden Wissensgebieten ausgelotet, zugleich wird die Brücke geschlagen von eher theoretischen Kulturkonzepten der Natur zu mehr praxisorientierten Anwendungen der beiden Denk- und Forschungsrichtungen. Beteiligt sind dabei die Fachdisziplinen Kultur- und Sozialanthropologie, Soziologie, Bevölkerungswissenschaft, Geographie und Medizin.

Hans-Jürgen Seel/Ralph Sichler/
Brigitte Fischerlehner (Hrsg.)

Mensch – Natur

Zur Psychologie einer
problematischen Beziehung
1993. 249 S. Kart.
ISBN 3-531-12432-3

Das aktuelle Naturproblem ist letztlich ein Problem unseres Umgangs mit der Natur, also ein Problem unserer Einstellung und unseres Verhaltens. Deshalb müßte die Psychologie eigentlich eine der ersten Wissenschaften sein, die sich mit dem menschlichen Naturverhältnis und den damit verbundenen ökologischen Krisen zuwendet; sie muß sich die Frage stellen: Welche Beziehung haben wir eigentlich zur Natur, daß wir mit ihr so zerstörerisch umgehen, und wie können wir dies ändern? Dabei muß der Mensch in seiner Leiblichkeit selbst als Naturwesen reflektiert und außerdem die bloß individualistische Sichtweise um eine gesellschaftspsychologische Perspektive ergänzt werden.

Bernhard Glaeser (Hrsg.)

Humanökologie

Grundlagen präventiver
Umweltpolitik
1989. 303 S. Kart.
ISBN 3-531-11940-0

Kann Humanökologie zur Fundierung einer präventiven Umweltpolitik beitragen? Nach der Diskussion der Ansprüche präventiver Umweltpolitik zwischen Theorie und Praxis wird der Forschungsansatz „Humanökologie" unter sozialwissenschaftlichem Blickwinkel vorgestellt. Sodann wird die Frage des Begründungszusammenhangs einer umweltbezogenen Ethik behandelt, Anwendung und Umsetzbarkeit humanökologischer Überlegungen werden anhand verschiedener Politikbereiche getestet, Pro und Contra der Realisierungschancen einer präventiven Umweltpolitik erörtert.

WESTDEUTSCHER
VERLAG
OPLADEN · WIESBADEN